朝鮮後期史學史研究

趙誠乙 著

국립중앙도서관 출판시도서목록(CIP)

朝鮮後期史學史硏究 / 趙誠乙 著. -- 파주 : 한울, 2004
    p. ;   cm. -- (한울아카데미 ; 653)

ISBN   89-460-3260-X 93910

911.057-KDC4
951.902-DDC21   CIP2004000950

머리말

　필자가 조선후기 사학사에 관심을 갖게 된 것은, 1985년 5월 서울대학교 국사학과 대학원 출신의 젊은 연구자들이 중심이 되어 결성한 '근대사연구회'가 조선후기 연구에 대한 연구사를 정리하는 작업에서 사학사 부분을 맡게 되면서부터이다. 근대사연구회 시절 처음에는 공부할 장소가 없어, 돌아가면서 각 회원의 집에 모여서 공부하였다. 이런 과정에서 연구사의 정리가 우선적으로 필요하다는 데에 의견이 모아졌다. 본격적인 연구사 정리 작업은 대략 1986년 후반부터 시작된 것으로 기억된다. 이 작업의 성과로『한국중세사회 해체기의 제 문제』(상·하; 도서출판 한울)가 1987년 11월 유신 이후 최초의 대통령 직접 선거의 열기 속에서 간행되었다. 이 책의 상권(정치·사상편)에는 다른 분들의 조선후기 정치제도사, 정치세력, 정치운영, 유학사상, 정치사상, 사회·경제사상, 실학 등에 대한 연구사 정리와 함께 필자의「조선후기 사학사 연구현황」이 실려 있다. 이 논문이 바로 필자의 조선후기 사학사 연구의 출발점이다.

　처음 조선후기 사학사에 대한 연구를 정리할 때부터 필자는 조선후기 사학사 연구에 민족주의적 담론이 과잉되어 있음을 느꼈다. 특히 정통론·화이관에 대한 연구에서 성리학적 입장과 실학적 입장을 명확히 구분하지 않고 뒤섞어놓은 채 모두 '민족적' 또는 '자주적' 성격이 있다고 하는 것, 조선후기 역사학에서 나타나는 고구려사 중심적 관점과 고토회복론, 발해사에 대한 관심을 '민족적' 관점에서 매우 긍정적으로 평가하며 실학자들의 역사학을 일률적인 관점으로 보는 것에 의아심을 느꼈다. 그리고 역사이론과 방법론에 대한 관심이 상대적으로 적고 실학의 조선후기 역사학이 도대체 구체적으로 어떻게 우리 근대 역사학과 연결될 수 있을지에 대한 고찰이 없는 것이 불만이었다.

이리하여 앞의 논문에서 나름대로 필자의 생각을 조금 정리하였고 1987년도 논문의 결론 부분에서 "현재적 관심이나 가치관은 역사학의 출발점으로서 기본적으로 필요하기는 하지만 그것을 지나치게 과거에 투영하는 것은 지양되어야 할 것이다. 우리 사회 일각에서는 지금 민족의식이 과도하게 팽배하여 있다. 이러한 경향은 국학을 연구하는 사람들에게는 특히 강할 수 있다. 그런데 이 민족의식이라는 것이 매우 혼란되어 있다. 국수적인 것, 전근대적인 것, 국가주의적인 것, 민중적인 것 등이 정리되지 않은 채로 뒤섞여 있다. 연구자들도 이런 혼란의 와중에서 독립하여 있지 않다. 이리하여 민족의식을 과거에 투영할 때 매우 잡박한 형태를 띠게 된다. 또 그것이 학문적으로 정리되지 않은 만큼 무리하게 현재적 희망을 과거에 투사하게 된다. 이것은 역사를 사실 그대로 파악하여 상대적으로 역사적 위치를 인식하는 데 방해가 된다. 특히 사학사 연구에서 이런 경향이 강할 수 있다. 어떤 입장을 갖는 것과 사실을 무리하게 해석하는 것은 별개의 문제이다"라고 하였다. 이러한 과거의 주장에 필자는 지금도 상당 부분 공감한다.

그러나 이때 필자 역시 '민중적 민족주의'와 '일국사적·내재적 발전론'이라는 담론, 그리고 도식적 발전 단계론에 매몰되어 있었다. 그리고 이후 필자의 조선후기 사학사 연구를 되돌아보면 위의 주장을 포함하여 위 논문에서 제기된 여러 문제들에 대하여 스스로 연구를 별로 진행하지 않았으며, 위의 주장을 진전시켜가면서 새롭게 자기 나름의 이론과 '조선후기 사학사像'을 정립하지도 못하였다. 더욱이 조선후기의 歷史像, 그리고 한국사 전체의 歷史像에 대하여 내 나름의 생각을 갖는 것은 현재 거의 난망한 상태이다. 지금 돌이켜보면 20년 가까운 세월을 거의 허송한 셈이다. '少年易老學難成'이라는 말을 새삼 느낀다. 이렇게 된 것은 일차적으로 나 자신의 게으름과 지적 성실성의 부족, 기초적 바탕의 부실함에 원인이 있다. 다만 민족주의의 과잉으로 생겨난 억압이 우리를 의식적·무의식적으로 짓누르고 있는 한, 우리 모두가 자유롭고 활달하게 자신의 생각을 펼치기는 쉽지 않다.

이런 가운데 1990년 냉전체제의 붕괴 이후 우리 사회의 지적 지형도에도 변화가 일어나기 시작하였다. 거대 담론에 대한 회의와 비판이 일어나 1980년대의 거대 담론이 철 지난 유행처럼 간주되는 분위기도 나타났다. 이리하여 1990년대에는 우리 학계에, 사회 전반에 포스트 모더니즘의 사조가 밀려오기 시작하였다. 그러나 국학 쪽에서는 일부를 제외하고는 대체로 이런 변화에 무관심하였다. 여전히 민족주의적 입장에서 '일국사적·내재적 발전론'을 고수하거나 막연히 논문을 써왔다. 이런 가운데 한국사를 포함한 한국학 관련 논문은 이제 양산 체제로 들어가고 있다. 그런 가운데 대학은 구조 조정의 소용돌이 속에서 기존보다도 더 지적으로 황폐해지고 이제 국학만이 아니라 한국의 인문학 — 원래 존재하였는지조차 의심스럽지만 — 전체가 파탄의 위기를 맞고 있다.

한국 인문학의 파탄은 직접적으로는 사회환경의 변화와 구조 조정이라는 외적 조건에 기인하는 것이기는 하지만 본질적으로는 우리 인문학이 이 사회에 유용한 담론을 생산해내지 못한 데에 있다. 다른 분야에 비하여 프리미엄을 누렸던 '國學'의 책임은 더욱 크다. 얼마 전까지만 해도 대학에서 교양 국어와 교양 국사는 국민윤리와 더불어 필수 과목이었으며 현재에도 연구비의 측면에서 인문학 가운데 타 분야보다는 우선적이다. 연구자의 수도 서양사나 동양사에 비하여 많다. 그런데도 극히 일부를 제외하고는 새로운 이론적 모색은 찾아보기 어렵다. 이제는 시효가 만료된 민족주의에 입각한 '일국사적·내재적 발전론'에 집착하고 있거나 전혀 이론을 도외시하거나 서구의 근대화론 또는 일본의 이론을 비판 없이 수입하고 있다. 기초 연구도 제대로 하고 있지 않다. 이런 가운데 해외 한국학 연구자들의 도전이 시작되고 있다. 이들의 수준이 별로 높지 않은데도, 해외 유학파를 비롯한 국내의 사회과학 연구자에게는 국내 국학 연구를 무시하고 이들의 연구에 쏠리는 경향이 있다. 이것은 우리나라 사회과학자들의 이론적 경향이 미국 등 서구의 주류 담론에 기울어져 해외 한국학자들의 연구에 대하여 자연히 선택적 친화성을 갖기 때문이라고 볼 수도 있다. 그러나 더욱 근본적인 원인은 국내의 '국학자'들이 제대로 된 나름의 이론을 제시하지 못하며 창조적 연구 성과를 활발히 내고 있지 않은 데에 있다고 생각된다. 우리의 국학은 우리가 갈 길에 현재 별로 도움이 되지 못하고 있다.

'國學'이 제대로 정립되고 우리 사회가 가는 길에 도움이 되려면 일차적으로 '國學'에서 벗어나야 하며 '國史'는 해체되어 '한국사'로 거듭나야 한다. 20세기의 민족주의 담론으로는 21세기의 난관을 돌파할 수 없다. 세계화의 추세에 대응하여 이것을 극복할 수 있는 현실적 담론을 생산해내야 한다. 필자도 이런 작업에 동참하고 싶다. 그 출발점의 하나로 나 자신의 조선후기 사학사 연구를 되돌아보았다. 조선후기 사학사 자체의 재검토와 필자 자신의 연구에 대한 반성을 통하여 새로운 길이 어렴풋이나마 비춰질 수 있기를 바라서였다. 그러나 자신의 연구를 되돌아보면서 17년 전에 비하여 별로 발전한 것이 없는 점에 새삼 크게 놀랐다. 다만 대략 1999~2000년 사이를 지나면서, 필자가 민중적 민족주의와 국가적 민족주의의 구별이 무의미함을 깨달음으로써 민족주의와 완전히 결별하였고, 근대성 담론과 오리엔탈리즘에 무의식적으로 매몰된 것을 자각하면서 이것을 극복하려고 노력해온 사실을 확인한 것이 성과라면 성과라고 할 수 있겠다.

이 책에서 필자는 자신의 과거 논문들을 대상화시켜 현재의 관점에서 비판적으로 보는 방식을 취하였다. 달라진 현재의 내가 과거의 내 논문을 보면서 다른 사람들의 연구를 대하는 자세로 임하였다. 이렇게 함으로써 필자는 민족주의와 근대성, 그리고 도식적 발전단계론의 편견에 사로잡혔던 과거의 나에게서 완전히 벗어나고 무의식적으로 갖고 있던 전체주의적·집단주의적·폐쇄적 멘탈리티를 말끔히 털어버릴 수 있기를 바랐다. 이것이 성공하였는지 아직 모르겠다. 그러나 이런 입장에 서서 새로이 연구를 진행하고 내 나름의 이론 정립에 매진하려고 한다. 또 이론 정립 작업을 함에 있어서 이 책에서 언급한 조선후기 사학사 연구의 새 방향을 디딤돌 가운데 하나로 삼고자 한다. 조선후기 역사학은 21세기 한국사학의 새 출발을 위한 귀한 이론적·실증적 자산을 갖고 있다. 그리고 전체적으로 보아 조선후기 실학은 민중적 입장에 서면서 매우 개방적 입장의 대외관을 갖고 있었다. 이런 실학을, 근대를 넘어 전 세계 민중이 하나로 뭉칠 수 있게 하는 사상으로 발전시키는 것은 지금 우리의 책임이며 특권이기도 하다.

끝으로 다른 분들의 논문을 평하는 가운데 그분들의 본지를 오해한 경우가 많고 잘못 비판한 것도 적지 않을 것이다. 이 점에 대하여 사과드리며 필자의 잘못에 대하여는 매서운 비판을 가해주시기를 바란다.

2004년 2월 하순
아주대 다산관 연구실에서 새봄의 기운을 느끼며
조성을

차례

제4부 實學의 華夷觀

제1부
朝鮮後期 歷史學의 發達과
史學史 研究 動向

제1장 朝鮮後期 歷史學의 發達

1. 序言

朝鮮後期 社會變動과 더불어 사상과 학문에도 변화와 발전이 일어났다. 이것은 흔히 새로운 학문으로서의 實學의 發展으로 설명된다. 아울러 이 시기의 사회변동은 기존 朝鮮朱子學에도 자극을 주어 그것에 적응하여 발전하게 하였다. 이 두 계통으로의 思想的 分岐는 기본적으로 사회변동을 어떤 입장에서 대응하는가에 달린 것이었다. 이것은 現實 認識의 差異에 따라 社會思想이나 國家政策에 대한 見解 差異로 나타났다. 현실 인식의 차이는 過去에 대한 認識의 差異와 밀접히 관련되어 있었다. 각기의 입장에 따라 과거를 되돌아보고 歷史의 方向性을 摸索하였다. 여기에서 새로운 歷史意識과 歷史學이 발달하게 되었다.

朝鮮後期 歷史學의 發達에서 가장 두드러진 현상은 正統論 史學의 擡頭이며, 이와 더불어 우리 歷史의 體系化가 이루어졌다. 아울러 조선후기에는 종래의 華夷觀에 變化가 일어났고 三國, 高麗 등 個別王朝에 대한 認識이 深化되었다. 새로이 歷史地理學과 社會經濟史 硏究가 전개되었고, 文獻考證 등 歷史學의 方法이 발전하였으며, 깊이 있는 歷史理論이 전개되었다. 조선후기 역사학의 발달은 일제시기에 전개된 우리의 近代 歷史學, 즉 民族主義 歷史學, 文獻考證史學의 한 基盤으로 작용하기도 하였다. 또 조선후기

역사학 자체에서도 時期에 따른 變化·發展이 있으며 계통이 서로 다른 역사
학 사이에 相互 影響을 주고받았다.

이런 조선후기 역사학에 대하여는 1980년대 이후 비교적 많은 연구가 이
루어졌다. 이제는 이 연구 성과를 토대로 조선후기 역사학의 발달 전체를
체계화하고 이것이 우리 史學史에서 갖는 歷史的 位置와 現在的 意味를 생
각할 필요가 있다.[1]

이 글에서는 이상의 점을 염두에 두고 조선후기 역사학의 발달을 正統論
史學의 展開와 華夷觀의 變化, 國史의 體系化와 個別王朝 認識의 深化, 歷
史地理學의 展開와 社會經濟史 硏究, 歷史學 硏究 方法의 發展과 歷史理論
의 擡頭로 나누어 검토한 뒤, 相互 影響, 時期에 따른 差異, 歷史的 位置와
現在的 意味 등에 대하여 생각해보려고 한다.

---

1) 朝鮮後期 史學史의 硏究 動向을 개략적으로 검토한 기존의 논고를 열거하자면 다
음과 같다.
趙珖, 「朝鮮後期의 歷史認識」, 『韓國史學史의 硏究』, 乙酉文化社, 1985.; 鄭求福, 「朝
鮮後期의 歷史意識」, 『韓國思想史大系』 5, 韓國精神文化硏究院, 1992.; 趙誠乙, 「조
선후기 사학사 연구 현황」, 『韓國中世社會 解體期의 諸問題』(상), 도서출판 한울,
1987.; 趙誠乙, 「조선후기 사학사 연구 동향(1985~1994)」, ≪韓國史論≫ 24, 國史
編纂委員會, 1994.; 朴光用, 「역사서와 역사인식」, 『한국역사입문』 2, 풀빛, 1995.
한편 朝鮮後期 史學史 자체를 체계적으로 다룬 연구서로는 韓永愚, 『朝鮮後期 史學
史硏究』(一志社, 1989)가 있으며, 韓國史學史 전체를 다룬 저서로 조동걸·한영우·박찬
승 편, 『한국의 역사가와 역사학』(상·하; 창작과비평사, 1994)이 있다. 이 가운데 朝
鮮後期 史學史 부분은 새로운 연구 성과를 많이 포함하고 있다.
補: 최근 박인호의 『한국사학사대요』(제3판; 이회, 2002)의 조선중기의 역사학과 조
선후기의 역사학 부분 및 한영우의 『역사학의 역사』(지식산업사, 2002)의 조선시대
의 역사서술 부분에서 조선후기 역사학의 전개 과정을 개략적으로 체계화하여 정리
하였다(이 책의 조선후기 사학사 연구 동향 3(1985~2003) 부분에서 이들에 대하여
소개하였다).

2. 正統論 史學의 展開와 華夷觀의 變化

1) 正統論 史學의 展開

正統論은 원래 儒敎의 名分論에 따라 역대 왕조와 그 인물 및 사건을 체계적으로 논하는 것이다. 정통론을 가장 뚜렷하게 내세우는 것은 朱子의『資治通鑑綱目』에 의거한 綱目體 史學으로, 조선후기에 크게 발전하였다. 朝鮮의綱目體 史學은 17세기에 시작되어 18세기에 전성기에 이르고 19세기 전반까지도 지속되었는데, 다른 어느 역사학보다도 더 엄격하게 名分秩序에 토대하고 있으며 이에 입각하여 정통론을 극히 강조하였다.

17세기의 강목체 역사서로는 兪棨의『麗史提綱』과 洪汝河의『彙纂麗史』및『東國通鑑提綱』이 있고 18세기의 것으로는 林象德의『東史會綱』과 安鼎福의『東史綱目』이 있으며 19세기의 것으로는 李源益의『東史約』이 있다. 우리의 강목체 역사서 가운데 최초의 것은 兪棨의『麗史提綱』이라고 생각된다.『여사제강』의 저술시기는 병자호란 직후로서 유계가 斥和論을 주장하다가 유배 가 있던 때이다.[2] 이 책은『三國史記』,『高麗史』,『東國通鑑』,『東史纂要』와 같은 기존 역사서에 대한 비판으로 시작되고 있다.『삼국사기』는荒誕한 것이 많고 國政의 沿革과 人物의 出處에 믿을 만한 것이 없으므로 고려에서 역사 기술을 시작하며,『고려사』는「世家」에 단지 綱領만 있고 국정의 연혁이나 인물의 출처는 여러「志」와「列傳」에 흩어져 산만하다고 하였다.[3] 또 吳澐의『동사찬요』는『고려사』보다는 보기에 편리하나 편년의 기술이 소략하며 상고할 만한 것은「列傳」에 따로 있으며,『동국통감』은 한곳에 기사가 모아져 있으나 綱과 目의 구분이 없다고 하였다.[4]

이런 비판 위에서『麗史提綱』은『高麗史』「世家」및 기타 서적 가운데

---

2) 유계의『여사제강』은 30~33세 사이에 저술된 것으로 1637~1640년(인조 15~
 18)에 해당한다.『휘찬여사』는 홍여하가 19세(1639, 인조 17)에 시작해 몇 년 사이
 에 지은 것이므로 거의 같은 시기이나『휘찬여사』의 완성시기가 약간 뒤진다.
3)『麗史提綱』「凡例」.
4) 위와 같음.

특기할 것을 綱으로 하고 『高麗史』 「列傳」 및 여러 「志」와 여러 서적에 있는
사적을 目으로 하여 한 사건을 綱과 目으로 구분하여 일목요연하게 볼 수
있도록 하였다. 아울러 『여사제강』의 正統論에서 주목되는 것은 後三國 시
기에 대하여는 고려와 후백제를 신라의 臣下로 보되 無正統으로 처리한 점
이다.5) 다음으로 홍여하의 『彙纂麗史』는 『高麗史』를 저본으로 하여 이를
주자의 강목체 사학의 입장에서 재정리한 것이다. 다만 형식은 紀傳體를 취
하였다. 「世家」에서는 宋나라, 金나라, 元나라의 興亡 등 중국 측의 사항을
보충한 점이 주목된다. 明나라와 淸나라의 交替라는 大陸 政勢의 變動과
이에 따른 丙子胡亂이라는, 홍여하가 겪었던 경험이 고려 시기의 국제 정세
변동에 관심을 갖게 한 것으로 여겨진다.

『휘찬여사』 「志」의 경우 『고려사』에서 「志」가 조목별로 나열되어 산만한
것에 비하여 「志」의 서두에 요점을 論贊의 형식으로 체계적으로 정리하였
다. 이 가운데 「地理志」에서 천하와 국가의 治亂과 存亡은 地理의 廣狹에
있는 것이 아니라 治者의 德에 있는 것이라고 한 것이 주목된다. 「列傳」에서
는 「儒學傳」, 「行人傳」을 새로 세워 전자에 禹倬, 吉再 등 여말의 성리학자
를 싣고 후자에 외교 활동가를 넣었다. 「유학전」을 넣은 것은 道學의 강조이
며 「행인전」을 넣은 것은 외교의 중시이다. 아울러 外夷에 관한 기사를 부록
으로 실은 것도 이런 맥락에서이다.6)

유계의 『여사제강』과 홍여하의 『휘찬여사』의 차이를 살펴보면 전자가 대
체로 宰相 또는 臣下의 입장을 강조한 데 비하여 후자는 王權을 보다 강조하
며, 전자가 전형적으로 綱目體 사서인 데 비해 후자는 열전을 따로 두는 등
강목체이면서 아울러 紀傳體의 형식을 취하였다. 또 전자에 비해 후자에 명
분론이 강하게 나타난다. 이런 차이점은 아마도 유계가 서인이고 홍여하가

---

5) 유계의 『여사제강』에 대하여는 다음의 논문이 있다.
   韓永愚, 「17世紀 中葉 西人의 歷史敍述 —兪棨의 麗史提綱」, 『東國大開校八十周年紀
   念論叢』, 1987.
6) 홍여하에 관해서는 다음의 논문이 있다.
   韓永愚, 「17世紀 中葉 嶺南南人의 歷史敍述 —洪汝河의 彙纂麗史와 東國通鑑提綱」,
   『邊太燮博士華甲紀念史學論叢』, 三英社, 1985.
   김선화, 「洪汝河의 歷史認識」, 한양대학교 사학과 석사학위논문, 1987.

영남남인인 데 따른 학문적 특성의 차이에서 유래하는지도 모르겠다.

다만 유계의『여사제강』과 홍여하의『휘찬여사』는 모두 병자호란 직후에 이루어진 것으로서 이 두 저술은 17세기 전반기의 민족적 위기 속에서 淸나라에 대한 敵對感과 지배층 일반의 危機意識 및 國家와 社會를 朱子學的 名分秩序의 立場에서 再建해야 한다는 생각을 공통적으로 갖고 있었다. 이것이 바로 명분질서를 강조하는 강목체 역사서의 편찬으로 표출되었다.

한편『동국통감제강』은 홍여하가 서인의 공격으로 관직에서 물러나 학문에 전념하고 있던 만년에 저술하였다.[7] 이 책은 조선전기의『東國通鑑』을 朱子의 강목법에 의거해 재정리한 것으로서 기존 역사서에 대한 비판에서 출발하고 있다.『삼국사기』는 소략하고 오류가 있으며『東國通鑑』역시 문제가 많다고 하였다. 이『동국통감제강』은「조선기」,「삼국기」,「신라기」로 구성되었고 箕子 - 馬韓 - 新羅를 정통으로 보았으며, 특히 기자를 강조하였다. 기자 - 마한 - 신라의 정통론은 그에게서 처음 주장된 것으로 嶺南南人의 입장이라고 볼 수 있을지 모르겠다. 뒤에 李瀷, 安鼎福과 같은 畿湖南人들은 다소 다른 입장을 취하였다.

다음으로 林象德의『東史會綱』은 그의 나이 29세(1711, 숙종 37)에 지은 것으로 추정된다.『東史會綱』은 유계의『여사제강』을 계승하는 한편 조선전기의『동국통감』을 저본으로 하여 고대사 부분을 보충하였고 강목체 사학의 체제를 정비하였다. 그러나 마한은 나라를 잃은 기자의 후예가 피난을 와서 세웠다는 이유로 정통에서 제외하고 삼국을 無統으로 보았다. 이것은 홍여하의 입장과 다르다. 임상덕은 강목체의 명분론에 서면서도 현실을 중시하였음을 알 수 있다.

또 임상덕의『동사회강』은 유계의『여사제강』의 고려 말 기사가 조선의 건국을 부정적으로 해석하는 듯한 인상을 주는 것을 비판하였다. 당시『여사제강』은 老論 系列에서 추앙되던 역사서였다. 임상덕이 이를 비판한 것은 小論 系列로서의 그의 입장과 관련이 있다고 생각된다.『東史會綱』의 저술

---

7) 완성시기는 1672년(현종 13)이다.

시기는 숙종 후반 노론의 집권이 점차 공고해져가던 때이다.[8]

한편『東史綱目』은 안정복이 43세에 시작하여 5년에 걸쳐 저술하였다. 즉, 1754년(英祖 30)에서 1758년(영조 34)까지가 저술시기가 된다. 영조 말에 해당하며 영조의 蕩平策을 따르는 탕평파가 또 하나의 戚臣 勢力을 형성하며 다시 노론 계열의 독주가 강화되어가는 시기이다. 기자 - 마한 - 삼국 무통으로 되어 있다. 마한을 정통으로 본 것은 홍여하의 입장을 계승한 것이다. 하지만 삼국을 무통으로 본 것은 영남남인과는 다른 기호남인으로서의 입장인한편 삼국의 현실을 좀더 고려한 것으로도 볼 수 있다. 18세기에 들어와서는 같은 강목체의 정통론이라 하더라도 17세기에 비해 현실이 보다 중요시되었다. 이 점은 임상덕과 안정복이 서로 같다. 그러나 안정복은 마한을 정통으로보는 점에서 임상덕에 비해 명분론에 더 충실하였다.[9]

19세기의 강목체 역사서인『東史約』은 강목체를 기본으로 하면서도 是非褒貶보다는 역사적 사실의 확인과 고증에 더 힘을 쏟는 점에서 주목된다. 이것은 강목체 역사학의 변질인 동시에 조선후기 역사학이 꾸준히 걸어온 실증적 경향이 확대된 결과이다. 아울러『東史約』은 고조선에서 조선의 순조 말까지 전 역사 시기를 다루어 명실공히 通史를 이루었다. 특히 조선시대가 전체 분량의 4분의 3을 차지하고 있다. 이것 역시 당대사에 대한 관심이제고되어 이에 대한 역사 연구가 발전하는 조선후기 역사학의 전체 추세와같은 맥락이다.[10]

---

8) 임상덕의 역사학과 관련해서는 다음의 논문이 있다.
韓永愚, 「18世紀初 小論學者의 歷史敍述 ―林象德의 東史會綱」, 『金元龍教授停年紀念論叢』, 1987.
補: 앞으로 임상덕의 정치적 입장에 대하여 생각해볼 필요가 있다. 아마도 그는 臣權, 宰相 중심이라는 노론의 정치적 입장에 비판적이고 왕권강화를 생각하지 않았을까 여겨진다.
9) 안정복에 대하여는 다음의 논저가 있다.
李佑成, 「李朝後期 近畿學派에 있어서의 正統論의 展開」, 《歷史學報》 31, 1966.; 韓永愚, 「安鼎福의 思想과 東史綱目」, 《韓國學報》 53, 1988.; 車長燮, 「安鼎福의 歷史觀과 東史綱目」, 《朝鮮史研究》 1, 1992.; 沈喁俊, 『順菴安鼎福研究』, 一志社, 1985.; 姜世求, 『東史綱目研究』, 民族文化社, 1994. (補: 강세구, 『순암 안정복의 학문과 사상 연구』, 혜안, 1996.; 강세구, 「순암 안정복의 고려시대 인식」, 《실학사상연구》 14, 2000.; 강세구, 「안정복의 역사이론의 전개와 그 성격」, 《국사관논총》 93, 2000.)

한편 정통론은 강목체 사학자만 주장한 것이 아니다. 洪萬宗, 李瀷 등은
강목체 사학이 아닌 입장에서 정통론을 전개하였다. 그 시기는 대략 18세기
이후이다. 즉, 강목체적 정통론에 대한 응전이다. 홍만종의 사서로는『東國
歷代總目』이 있다. 이익은 역사서를 저술하지는 않았으나『星湖僿說』등에
서 독창적인 史論을 전개하였다.

먼저『東國歷代總目』은 홍만종이 63세에 저술하였다.[11] 그는 소론계로서
노론계가 중시하던『여사제강』에 대한 비판의식을 갖고『동국역대총목』을
지었다. 이 점은 임상덕의『東史會綱』과 같다. 그러나 임상덕의『東史會綱』
은 17세기의 강목체 사서에 비해서는 현실적인 요소를 보다 더 인정하였지
만 기본적으로 강목체의 주자학적 명분을 옹호하는 입장에 섰다. 이와 달리
『동국역대총목』은 實勢 爲主로 歷史를 把握하였다. 또 우리 역사를 檀君을
정통으로 하여 시작하였다. 홍만종의 부친 洪柱世는 서인이지만 명분보다
현실을 중시하는 漢黨 계열이었다. 또 홍만종은 道家와 같은 이단적 사상도
포용하고 있다. 이 점은 그가 檀君朝鮮을 正統으로 잡은 것과 관련이 있
다.[12]

李瀷의 역사학은 유계의『麗史提綱』에 대한 비판 및 홍만종에 대한 부분
적인 불만과 더불어 시작되었다.『星湖僿說』에 실린 여러 史論의 저술시기
는 대체로 40세 이후로 추정된다.[13] 이익은 우리 역사를 중국사와 대등하게
견주면서 우리 역사의 정통을 단군 - 기자 - 삼한 - 삼국 무통 - 통일신라 - 고
려로 확립하였다. 즉, 이익의 정통론은 중국과 우리의 문화적 대등성을 전제

---

10) 이원익의『동사약』에 대하여는 다음의 논문이 있다.
  韓永愚,「19世紀 中葉 李源益의 歷史敍述.—東史約 解題」,『東史約』, 國史編纂委員
  會 영인본, 1990.
11) 1705년(숙종 31)에 해당한다. 이 시기는 숙종 말로서 서인이 노론과 소론으로 분
  열하여 대립하던 때이다.
12) 홍만종에 대하여는 다음의 연구가 있다.
  韓永愚,「17世紀 後半~18世紀初 洪萬宗의 會通思想과 歷史意識」,≪韓國文化≫ 12,
  1992.; 홍인표,『洪萬宗詩論硏究』, 서울대출판부, 1986.
13) 이 시기는 1720년(경종 즉위년) 이후의 시기로서 이미 남인은 실세하여 중앙 정
  계에서 물러나고 노론과 소론 사이에 피비린내 나는 투쟁이 전개되다가 결국 일부
  소론의 반란(이인좌란)으로 귀결되어가는 때이다.

로 하여 우리 역사의 독자성과 개체성을 인정하였다. 三韓正統論도 중국 역사에 대한 우리 역사의 독자성·개체성에 대한 고려와 연결되는 것으로 여겨진다.[14]

2) 華夷觀의 變化

조선후기에는 身分制의 動搖 및 解體와 더불어 中世的인 華夷觀이 變化되어갔다. 이것은 조선후기 洪汝河, 兪棨, 林象德, 安鼎福과 같은 강목체 사학자의 역사서 및 許穆, 洪萬宗, 李種徽 등 비강목체 사학자의 역사서와 李瀷, 洪大容, 朴趾源, 朴齊家, 丁若鏞 등 실학자의 단편적인 글에서 살필 수 있다.[15]

17세기 전반 홍여하의 화이관은 그의 『동국통감제강』과 『휘찬여사』에서 엿볼 수 있다. 그는 箕子로부터 中華의 문화가 시작된다고 보았으나 『휘찬여사』에서 고려의 국왕을 「世家」에 넣는 등 중국의 우월성을 전제로 하였다. 다만 우리 역사서로서는 처음으로 주변국가를 外夷라 하여 오랑캐라는 관점에서 다루었다. 이것은 주변국가에 대한 우리의 우월성을 명확히 하는 것이다. 또 明나라가 멸망하는 상황에서 조선 중심의 중화적 질서, 국제 질서를 생각해보는 단초로도 여겨진다.

영남남인인 홍여하의 對蹠的 位置에 서 있던, 서인의 대표적 역사가 유계

---

14) 이익에 대하여는 다음의 연구가 있다.
　　韓㳓劤, 「星湖 李瀷 硏究의 一端 —그의 史論과 朋黨論」, ≪社會科學≫ 1, 1957.; 李佑成, 「李朝後期 近畿學派에 있어서의 正統論의 展開」, ≪歷史學報≫ 31, 1966.; 宋贊植, 「星湖의 새로운 史論」, ≪白山學報≫ 8, 1970.; 韓永愚, 「星湖 李瀷의 史論과 韓國史 理解」, ≪韓國學報≫ 40, 1987.; 鄭昌烈, 「實學의 歷史觀 —李瀷과 丁若鏞을 中心으로」, 『民族史의 展開와 그 文化』 下, 창작과비평사, 1990. [補: 정창렬, 「이익의 역사이론에 관한 연구」, ≪한국학논집≫ 36, 한양대학교, 2002.10.; 졸고, 「주희와 이익의 역사이론 비교」, ≪한국사연구≫ 122, 2003.9.(이 논문은 이 책 역사이론 부분에 수록)]
15) 조선후기 화이관의 변화에 대한 개략적 검토로 다음의 논문이 있다.
　　졸고, 「조선후기 華夷觀의 변화—근대의식의 성장과 관련하여」, 『근대국가와 민족문제』, 지식산업사, 1995. (이 책 화이관 부분에 수록)

의 화이관은 그의『여사제강』에서 살필 수 있다. 홍여하의 화이관이 尊華의
名分에 보다 충실한 데 비해 유계는 尊華 측면과 더불어 自主性을 강조하는
측면이 있다. 그러나 양자는 기본적으로 種族的 華夷觀과 地理的 華夷觀은
脫皮하면서도 朱子學的 立場에서의 文化的 華夷觀을 갖는 점에서 기본적으
로 일치된다.16)

18세기 초엽 임상덕의 화이관은 東史會綱에서 살필 수 있다. 그는 17세기
西人의 明나라에 대한 義理論, 尊華攘夷論의 延長線上에 서서 中華와 夷狄
을 엄밀히 구분하고 倭와 胡(淸나라)를 蔑視하였다. 즉, 그 역시 朱子學的 立
場의 文化的 華夷論者이다. 다만 우리의 문화 전통에 대한 자부심이 크고
우리를 中國과는 分離된 個體로 인식하였다. 18세기 중엽의 안정복 역시
『東史綱目』등에서 우리를 중국과 분리된 개체로 인식하였다.

18세기의 임상덕과 안정복의 화이관은 기본적으로 주자학적 입장의 문화
적 화이론자이지만 우리의 개체성을 명확히 인식한 점에서 17세기의 강목체
사학보다는 발전된 것이다. 이것은 明나라가 멸망한 상황에서 朝鮮만이 唯
一한 中華의 保有者가 되었다는 생각이 우리 역사 전체에 대한 존중으로
발전되어간 결과이다. 즉, 朝鮮 中華主義가 우리 역사 전체에 대한 존중으로
확산되어 중국과 다른 개체가 애초부터 존재하였다고 보게 된 것으로 여겨
진다. 그리고 안정복에게는 그에 앞서 우리를 중국과의 별개의 개체로 본
李瀷의 直接的인 影響도 있다.

다음으로 非綱目體 史學者 許穆, 洪萬宗, 李種徽의 화이관을 살펴보기로
한다. 허목의 화이관은 그의『東事』에서 엿볼 수 있다.『동사』를 편찬한 것
은 73세 때이다.17) 17세기 중엽 허목의 화이관은 古學(原始儒學) 志向의 입장
에 선 것으로 우리의 固有文化에 대하여 고학과 통한다는 입장에서 긍정하
였다. 이 점에서 그 역시 文化的 華夷論者이지만 中華의 개념이 정통 주자학
자와 다른 유학이라는 점에서 實學者의 文化的 華夷論의 先驅를 이룬다.18)

16) 이 세 가지 화이관에 대해서는 졸고, 앞의 글(1995) 참조.
17) 1667년(현종 8)에 해당된다. 禮訟은 있었으나 아직은 남인과 서인 朋黨 사이에
    共存이 유지되던 시기이다.

18세기 초엽 홍만종의 화이관은『동국역대총목』에서 살펴볼 수 있다. 여기서 그는 三敎會通的인 입장에서 우리를 中國과 對等하게 보았다. 이것은 이익보다 앞선 것으로 이익이 우리 역사를 중국과 별개의 개체로 본 것과 같은 맥락의 생각이다.

18세기 후반 이종휘의 화이관은 그의 문집『修山集』에 수록된『東史』에서 엿볼 수 있다.『東史』의 저술시기는 42세(1776, 정조 즉위년)에 벼슬길에 나아가기 이전으로 추정된다.[19) 이종휘는 非朱子學的 立場의 文化的 華夷論者로서 中國과 우리의 對等性을 생각하였다. 다만 소론인 그는 淸나라, 日本을 夷狄으로 보고 우리만을 中華로 보는 점에서 畿湖南人 實學者 李瀷과 다르다.[20)

다음으로 李瀷, 洪大容, 朴趾源, 朴齊家, 丁若鏞 등 實學者의 華夷觀의 變化를 살펴보기로 한다. 柳馨遠 단계에서는 아직 화이관의 변화가 명확히 나타나지 않았다. 실학자에서의 화이관의 변화는 이익에게서 명확히 나타나기 시작하였다. 18세기 전반의 이익은 중국에 대해 우리의 개체성을 분명히 하였다. 아울러 이익은 지리적인 측면에서 중국이 세계의 중심이 아니라는 것을 명확히 인식하였으며 種族에 따른 差別을 否定하였다.

이익이 개체성을 명확히 한 것은 안정복에게 영향을 주었고 이익에 앞서서는 홍만종이 있었다. 다만 이익은 原始儒學 志向的 입장의 文化的 華夷論

---

18) 허목에 대하여는 다음의 연구가 있다.
   鄭玉子,「眉叟 許穆 硏究」,≪韓國史論≫ 5, 서울대학교, 1979.; 韓永愚,「17世紀 中葉 南人 許穆의 古學과 歷史認識」,≪韓國學報≫ 40, 1985. (補: 윤사순,「미수 허목 연구의 어제와 오늘」,≪미수연구논문집≫ 1, 미수연구회, 2002.4.; 이황,「허목의 재이관」,≪미수연구논문집≫ 1, 2002.4.; 배재홍,「삼척부사 허목과 척주지」,≪미수연구논문집≫ 1, 2002.4.; 신병주,「17세기 중후반 근기남인 학자의 학풍―허목, 윤휴, 유형원을 중심으로」,≪미수연구논문집≫ 1, 2002.4.; 양태진,「실록 속의 허목」,≪미수연구논문집≫ 1, 2002.4.; 최강현,「미수 허목의 기행문을 살핌」,≪미수연구논문집≫ 1, 2002.4.
19) 영조 말 노론계 탕평파의 척신들이 발호하여 차후 정조의 등극마저 위협받고 있던 시기이다.
20) 이종휘에 대하여는 다음의 연구가 있다.
   金哲埈,「修山 李種徽의 史學」,≪東方學志≫ 15, 1974.; 韓永愚,「18世紀 中葉 少論學人 李種徽의 歷史認識」,≪東洋學≫ 17, 1987.

者이고 안정복은 朱子學者이며 홍만종은 三敎會通論者라는 점에서 세 사람
은 모두 입장이 다르다. 또 이익과 달리 안정복에게는 種族的 華夷觀의 殘滓
가 남아 있다.

18세기 후반 홍대용, 박지원, 박제가 등의 北學派는 非朱子學的 입장의
文化的 華夷論者이다. 홍대용은 「醫山問答」에서 種族的·地理的 華夷觀의
克服을 가장 명확히 표명하였으며 明나라에 대한 義理論을 완전히 벗어났
다. 다만 그 역시 화이관을 완전히 극복한 것은 아니며 아직 중화, 특히 유교
를 문화의 척도로 생각하였다.[21]

박지원과 박제가는 명나라에 대한 의리론을 그대로 유지하고 청나라를 멸
시한다는 점에서 홍대용의 개방적 자세와는 차이가 있다. 두 사람의 北學論
은 청나라 朝廷과 그 文物을 분리하고 후자를 청나라 이전 中華로 보아 그
수용을 생각한 것이다.

정약용의 화이관은 『與猶堂全書』에 수록된 「東胡論」, 「拓拔魏論」 같은
글에서 살필 수 있다. 정약용 역시 非朱子學的 입장의 文化的 華夷論者이다.
그는 홍대용과 마찬가지로 종족적·지리적 화이관을 완전히 극복한 동시에
명나라에 대한 의리론을 전혀 갖지 않았다.[22]

한편 조선후기 화이관의 변화·발전은 역사학자가 아닌, 노론 계열의 정통
주자학자에게서도 살필 수 있다. 이 가운데 대표적인 사람으로는 宋時烈,
韓元震, 李恒老 등이 있으며 각기 17세기, 18세기, 19세기에 활동하였다. 대
체로 朱子學的 입장의 文化的 華夷論者인 이들의 화이관의 변화·발전은 역
사서가 아니라 단편적인 글에서 찾아볼 수 있다.[23]

---

21) 홍대용의 화이관에 대하여는 趙誠乙, 「洪大容의 歷史認識 —華夷觀을 中心으로」,
≪震檀學報≫ 79, 1995 참조. (이 책 화이관 부분에 수록)
22) 정약용의 역사인식에 대하여는 다음의 연구가 있다.
高柄翊, 「茶山의 進步觀 —그의 技藝論을 中心으로」, 『曉城趙明基博士華甲記念佛敎
史學論叢』, 1965.; 韓永愚, 「茶山 丁若鏞의 史論과 對外觀」, 『金哲埈博士華甲記念史
學論叢』, 지식산업사, 1983.; 鄭昌烈, 앞의 논문, 1990.; 趙誠乙, 「我邦疆域考에 나타
난 丁若鏞의 歷史認識」, ≪奎章閣≫ 15, 1992.; 趙誠乙, 「정약용」, 『한국의 역사가
와 역사학』(상), 창작과비평사, 1994. (補: 졸고, 「정약용의 역사이론의 전개와 그 성
격」, ≪국사관논총≫ 93, 2000.)
23) 졸고, 앞의 논문, 1995 참조.

송시열의 화이관은 그의 『宋子大全』에 실린 「雜錄」이라는 글에서 볼 수 있다.[24] 여기서 그는 箕子를 매우 높이면서 孔子와 같이 존중할 것을 주장하였다. 기자를 유교의 聖人으로 존중하는 것은 16세기 朝鮮 朱子學者들의 견해이지만 송시열은 그들보다 한 걸음 나아가 기자를 공자와 동일한 수준으로 보았다. 이것은 우리나라가 이미 기자 단계에서 공자의 유교와 대등한 유교가 발전하였다고 보는 것이다. 그리고 송시열은 李滉, 李珥 등의 단계에 이르러서는 조선의 주자학이 명나라보다 앞섰다고 생각하였다.

이것은 단순히 그를 崇明 事大論者라고만 볼 수 없게 한다. 즉, 송시열은 주자학의 입장에서 당시 조선 문화에 대해 극단적인 우월감을 갖고 있었다. 아울러 그는 명나라가 멸망하고 오랑캐인 청나라가 중국을 차지한 당시 상황에서 조선이 중화의 유일한 계승자라고 생각하였다. 이렇게 생각하면 우리가 中華 文化의 唯一한 擔當 主體로서 그 本流가 된다.

한원진은 송시열을 충실하게 계승하면서 이론적으로 더욱 발전시켰다. 그는 「拙修齋說辨」이라는 글에서 중화에 대립되는 것을 禽獸, 夷狄, 亂賊, 異端으로 세분하고, 금수의 폐해는 얕고 이적의 폐해는 깊으며, 이적의 폐해는 얕으나 난적의 폐해는 깊고, 난적의 폐해는 얕으나 이단의 폐해는 깊다고 하였다.[25] 원래 송시열의 화이관은 이적을 배척하기 위한 것, 즉 외세 배척이라는 의미가 어느 정도 있었으나 한원진 단계에 와서는 이단을 배척하기 위한 對內的인 지배 이데올기로서만 기능하게 되었다. 아울러 한원진은 이적은 중화로 변화될 수 없다고 보았다.

外勢 排斥의 意味를 喪失하였던 18세기 한원진 단계의 화이관은 19세기에 들어 외세가 밀려오자 다시 외세 배격이 강조되었다. 이것이 이항로의 화이관이다. 그의 화이관은 『華西先生雅言』에 실린 「堯舜」, 「洋禍」와 같은 글에서 살펴볼 수 있다.[26] 이항로는 夷狄과 禽獸를 區分하였다. 한원진이 금수보다 이적의 폐해가 더 크다고 한 것에 비해 이항로는 청나라는 이적이

---

24) 『宋子大全』 권 131, 「雜著」.
25) 『南塘先生文集拾遺』 권 6, 「雜著」.
26) 『華西先生雅言』 권 12.

므로 오히려 말이 통하지만 서양은 금수이므로 말이 안 된다고 하였다. 이것은 夷狄에 대한 排斥이 西洋에 대한 排斥으로 轉化한 것이다. 송시열 이래의 尊華洋夷論이 이항로 단계에서는 開港期 反外勢思想이 發展하는 媒介 機能을 하게 되었다. 더욱이 이항로는 淸나라를 어느 정도 肯定하면서 夷狄의 中華로의 變化 可能性을 認定하였다.

3. 國史의 體系化와 個別王朝 認識의 深化

1) 國史의 體系化

정통론의 발전 및 화이관의 변화 등은 우리 歷史의 體系化에 대한 관심을 높였다. 이런 國史의 體系化 역시 正統論的인 것과 非正統論的인 것의 두 가지 흐름으로 나눌 수 있다. 정통론적인 것은 다시 綱目體的 입장의 것과 非綱目體的 입장의 것으로 나누어진다. 앞서 언급하였듯이 정통론 가운데 강목체 사학자는 홍여하, 유계, 임상덕, 안정복 등이며 정통론 가운데 비강목체 사학자는 홍만종, 이익 등이다.

17세기 중엽 洪汝河는 『東國通鑑提綱』에서 箕子 - 馬韓 - 新羅를 정통으로 하는 체계를 확립하였다. 馬韓을 正統으로 한 것은 名分論의 強調이다.[27] 같은 시기의 兪棨의 경우 『麗史提綱』만을 지었으므로 체계를 살필 수 없다. 유계가 『여사제강』만을 지은 것은 고려 이전 시기는 주자학적 입장에서 언급할 가치가 없다고 생각했기 때문으로 여겨진다. 이 역시 강한 명분론적 입장이다.

18세기 초엽 林象德은 『東史會綱』에서 三國(無統) - (統一)新羅 - 高麗(統一以後)로 체계화하였으며 마한은 정통으로 인정하지 않았다. 三國無統과 馬韓 否定은 現實을 重視하는 입장이다. 18세기 중엽 안정복은 東史綱目에서 檀君 -

---

27) 이익이 마한을 정통으로 한 것은 명분의 측면도 있지만 우리나라를 중국과 대등한 독립된 개체로 생각하였기 때문이다. 이 점에서 양자는 다르다.

箕子 - 馬韓 - 三國(無統) - (統一)新羅 - 高麗(統一以後)로 체계화하였다. 삼국 무통은 역시 현실을 중시하는 입장이다. 18세기는 강목체 사학의 국사 체계화가 17세기에 비해 현실 중시의 방향으로 나아갔다.

다음 정통론 가운데 非綱目體的 立場의 國史 體系化를 살펴보기로 한다. 18세기 초엽 洪萬宗은 단군 - 기자 - 마한 - 삼국 무통 - 통일신라 - 고려 - 조선으로 체계화하였다.[28] 檀君을 正統에 놓은 것은 三敎會通의 非綱目體的 입장의 반영이며 三國無統은 現實 重視의 입장이다. 18세기 전반 李瀷은 단군 - 기자 - 마한 - 삼국 무통 - 통일신라 - 고려 - 조선으로 체계화하였다. 홍만종은 소론계이며 이익은 기호남인인데 국사의 체계화가 같게 되었다. 다만 이익에게는 정통론 자체를 회의하는 경향이 있다. 이상 정통론적 입장의 체계화는 강목체이든, 비강목체이든 一元的 체계화라는 점에서 공통된다.

한편 비정통론적 입장에서도 우리 역사의 체계화가 이루어졌다. 이런 체계화를 행한 사람으로는 許穆·李種徽 외에 역사지리학자인 韓百謙, 柳馨遠, 申景濬, 丁若鏞 등이 있다. 한백겸은『東國地理誌』를 지어 조선후기 역사지리학의 효시가 되었으며 유형원은『東國輿地志』, 신경준은『疆界考』, 정약용은『我邦疆域考』를 저술하였다. 허목·이종휘와 역사지리학자들은 일원적 체계화가 아니라는 점에서 공통된다.

먼저 역사지리학에서의 체계화를 살펴보기로 한다. 한백겸은 17세기 초엽『동국지리지』에서 三朝鮮 - 四郡 - 二府 - 高句麗의 흐름과 三韓 - 三國(百濟, 新羅, 伽倻)의 南北 二元體系로 정리하였다.[29] 이런 이원체계는 유형원도 마찬가지였다.[30] 18세기 중엽 신경준은 45세 때(1756, 영조 32) 편찬한『강계

---

28) 홍만종의『東國歷代傳統之圖』에서는 삼국시대 신라를 정통으로 보았고『東國歷代總目』의「凡例」에서는 三國無統으로 보았다. 한영우, 앞의 글(1992)에서는 후자가 더 확실한 것으로 보았다. 이 견해를 따른다.
29) 한백겸에 대하여는 다음의 연구가 있다.
   鄭求福,「韓百謙의 東國地理誌에 대한 一考─歷史地理學派의 成立을 中心으로」,《全北史學》 2, 1978.; 尹熙勉,「韓百謙의 東國地理誌」,《歷史學報》 93, 1982.; 鄭求福,「韓百謙의 史學과 그 影響」,《震檀學報》 63, 1987. (補: 원유한,「한백겸의 東國地理誌 성립 배경과 성격」,《국사관논총》 93, 2000.)
30) 유형원의 역사인식에 대하여는 다음의 연구가 참고된다.
   朴仁鎬,「柳馨遠의 東國輿地志에 대한 一考察─歷史意識과 관련하여」,《淸溪史學

고』에서 한백겸의 남북 이원체계를 그대로 따랐다.[31]

한편 18세기 말 19세기 초의 정약용은 50세에(1811, 순조 11) 저술한『我邦疆域考』에서 역시 한백겸을 따라 이원체계로 정리하였으며 발해는 우리 역사에 넣지 않았다.[32] 발해를 우리 역사에 넣지 않은 것은 당시 발해를 우리 역사에 넣자는 주장에 대한 의식적인 비판이다. 이것은 우리 고대사의 무대를 한반도 중심으로 보려는 의도와 관련이 있다.

다음으로 17세기 중엽의 허목은 그의 문집『記言』에 수록된「東事」에서 우리 고대사를 단군 - 부여 - 고구려의 흐름과 기자 - 마한의 이원적 체계로 파악하였다. 18세기 후반의 이종휘는 그의 문집『修山集』에 수록된『東史』에서 단군 - 부여 - 고구려의 흐름에 중점을 두면서 기자 - 마한의 흐름이 고구려에 계승되는 것으로 체계화하였다. 이원적으로 보는 것은 허목과 같으나 허목이 두 흐름을 대등하게 본 데 비해 이종휘는 단군 - 부여 - 고구려의 흐름에 중점을 두었으며 기자 - 마한의 흐름이 고구려에 연결되는 것으로 본 점에서 서로 다르다.

2) 個別王朝 認識의 深化

국사의 체계화와 더불어 個別王朝에 對한 認識도 深化되었다. 먼저 檀君朝鮮의 경우 兪棨의『麗史提綱』에서는 고려시대만을 다루므로 언급되지 않았고 洪汝河의『東國通鑑提綱』에서는 夷의 문화로 보았다. 그러나 洪萬宗의『東國歷代總目』은 檀君朝鮮의 文化를 道家的인 관점에서 보고 그 자체로서 肯定한 느낌을 준다. 李瀷은 堯舜과 夏나라의 영향을 받은 華로 파악하

≫ 6, 1989. (補: 김준석,「조선후기 진보적 역사관의 성립—유형원의 변법사관」,≪국사관논총≫ 93, 2000.; 졸고,「유형원의 고려시대 인식—제도에 대한 견해를 중심으로」,『한국사의 구조와 전개』(하현강교수정년기념논총), 2000.)
31) 신경준에 대하여는 다음의 연구가 있다.
李相泰,「申景濬의 歷史地理認識」,『史學研究』38, 1984. (補: 박인호,「신경준」,『한국의 역사가와 역사학』(상), 창작과비평사, 1994.)
32)『我邦疆域考』는 해배 이후 많은 내용이 증보되었다. 이에 대하여는 졸고, 앞의 글(1992) 참조.

였다. 許穆의「東事」는 단군조선의 문화를 긍정적으로 평가하였으나 이것은
중국의 유교문화와 다른 우리의 고유한 문화라는 관점에서보다는 原始儒學
지향적인 입장에서 긍정한 것이라고 여겨진다. 李種徽의『東史』역시 檀君
을 儒敎의 聖人으로 보는 한편 우리 歷史의 主流를 檀君族으로 파악하고
부여 - 고구려로 연결되는 흐름을 강조하였다.

허목의 관점은 이익에게 영향을 주었을 것으로 여겨진다. 안정복도 단군
조선을 긍정적으로 평가하였다. 朱子學의 正統論的 입장에서이기는 하지만
단군조선을 우리 역사의 처음에 정통으로 놓았다. 단군조선을 중시하는 것
은 홍만종, 허목, 이익 등 비주자학적 입장의 흐름에서 상대적으로 두드러지
는데 주자학자인 안정복이 단군조선을 정통으로 명확히 인정한 것은 직접적
으로는 이익의 영향이라고 생각된다.

箕子朝鮮에 대하여는 홍여하의『東國通鑑提綱』에서 中國과 君臣關係라
기보다는 주인과 손님의 관계라 하여 상대적으로 그 위치를 높게 보았다.
임상덕의『東史會綱』에서는 朝鮮中華의 起源을 여기서 찾았으며 안정복의
『東史綱目』에서는 기자가 중국 周나라에 의해 受封되지 않았다고 하여 그 獨
自性 또는 獨立性을 强調하였다. 이종휘의『東史』에서는 箕子朝鮮은 中國의
三代와 맞먹는다고 보았다. 기자조선을 유교적 관점에서 높이 평가하는 것은
우리 역사를 중국과 대등하며 독립된 개체로 보려는 생각과 연결된다.

다음 三韓에 대하여 이익은『星湖僿說』의 三韓이라는 글에서 箕準이 마
한 땅을 빼앗아 임금이 되었으니 箕氏 전부터 나라가 있었던 것이라 하여[33]
기준의 南下 以前에 馬韓이 이미 存在했다고 하였다. 또 삼한의 위치에 대하
여는 대체로 漢江 以南 또는 古朝鮮의 南쪽인 것으로 비정하였다.[34]

三國에 대해 홍여하 단계에서는 신라를 정통으로 보았으나 점차 무통으로
보는 방향으로 나아갔다. 이것은 앞서 언급했듯이 歷史地理學 및 二元體系
의 發展과 관련이 있다. 다만 허목은 신라를 중국의 三代 이상으로 생각하였
으며 이익은 단군과 기자의 문화적 전통이 한강 이남으로 이어진다고 보았

---

33)『星湖僿說』권 3, 29쪽.
34) 위와 같음.

다. 안정복은 고구려가 事大外交를 하지 않고 중국과 마찰을 빚은 것을 비판하였다. 이에 비해 이종휘는 단군 외에 기자, 마한의 전통이 고구려에 이어지는 것으로 보았다. 통일신라에 대하여는 이종휘가 통일신라 下代의 亂政을 비판하였다. 조선후기 역사학에서는 전체적으로 보아 이전 시기에 비해 고구려에 대해 관심이 더 커지고 보다 강조하려는 경향이 나타났다.

渤海의 경우 柳得恭의『渤海考』등 渤海 歷史를 우리 역사에 넣으려는 흐름이 나타났다. 그러나 丁若鏞은 이와 달리『我邦疆域考』에서 발해를 우리 역사에서 제외하는 견해를 제시하였다. 그러나 조선후기 발해에 대한 관심은 전체적으로 점차 커져갔으며 실증적 연구가 진전되었다.

高麗에 대해서 홍여하는『高麗史』에 비해 名分論的 관점을 강하게 보이는 한편 유계에 비해서는 君主權을 강조하였다. 이에 비해 유계는 臣權을 강조하였으며 고려의 對外 抗爭을 강조하였다. 이종휘는 고려의 高句麗 古土 회복을 위한 노력이 실패한 것을 아쉬워하고 强靭한 對外 抗爭을 주목하였다.

朝鮮에 대하여는 自己 時代에 대한 解明이라는 점에서 접근하였다. 이런 同時代에 대한 關心은 朝鮮後期 黨爭이 激化된 것과도 관련이 있다. 특정 政派의 입장을 밝히기 위한 저서가 많이 나왔으며 이것은 중국에 비해 두드러진 것이었다. 이런 가운데에서도 객관적 사실에 입각해 사건의 本末을 이해하려는 저술이 나타났다. 그 대표적인 것이 李肯翊의『燃藜室記述』이다.35)

또『大東野乘』이나『稗林』과 같이 기존의 野史를 모아 총서로 편찬하기도 하였다.36) 이런 동시대적 관심과 강목체 사학을 결합하여 19세기 전반기

---

35) 이긍익에 대하여는 다음의 연구가 있다.
李存熙,「燃藜室記述의 分析的 考察」,≪韓國學報≫ 24, 1981.; 金世潤,「李肯翊의 燃藜室記述」,≪釜山女大論文集≫ 17, 1984.; 鄭求福,「燃藜室記述 別集에 대한 檢討」,『韓國古典심포지엄』3, 一潮閣, 1986.; 鄭萬祚,「燃藜室記述 續集의 檢討」, 앞의 책, 1986.; 金世潤,「燃藜室記述 紀事本末體에 대한 再檢討」,≪釜山女大史學≫ 6·7합, 1989.; 金世潤,「燃藜室記述 元集의 人物條」,≪釜山女大史學≫ 8·9합, 1991. (補: 정만조,「연려실기술의 편찬체제에 대한 재고찰」,≪한국학논총≫ 17, 국민대학교, 1995.)

李源益은, 우리 역사를 고조선에서 조선조까지 포괄한 완전한 통사인『東史約』을 저술하였다. 더욱이『東史約』은 當代인 조선조를 중점적으로 서술하였다.

4. 歷史地理學의 展開와 社會經濟史 硏究의 發達

1) 歷史地理學의 展開

조선후기에는 歷史地理에 대한 연구도 활발하여 歷史地理學이라는 독자적 학문 분야가 발전하게 되었다. 역사지리를 연구한 사람으로는 韓百謙, 柳馨遠, 申景濬, 丁若鏞, 南九萬, 李世龜 등의 역사지리학자 외에 강목체 사학자인 林象德, 安鼎福 및 韓鎭書 등이 있다.[37] 임상덕과 안정복의 역사지리 연구는 그들이 지은 강목체 역사서『東史會綱』과『東史綱目』에 포함되어 있다.

17세기 초엽 한백겸의『東國地理誌』는 朝鮮後期 歷史地理學의 嚆矢가 된다. 이 책은 우리의 古代史 체계를 漢江을 境界로 北과 南(古朝鮮과 三韓)의 二元體系로 보았으며 유교적 명분이 아니라 地理的 觀點에서 우리 歷史를 體系化하려 하였다. 아울러 중국 측 역사서 등을 사용한 緻密한 考證 방법을 발전시켰다. 그의 역사지리학은 이후 유형원, 신경준, 정약용 등 외에, 안정복과 같은 강목체 사학자에게도 많은 영향을 주었다. 유형원은『東國地理誌』를 계승하는 한편 조선전기의『東國輿地勝覽』이 현실과 유리되었다는

---

36) 朝鮮後期 野史에 대하여는 다음의 논문이 참고된다.
   李泰鎭,「朝鮮時代 野史 發達의 推移와 性格」,『又仁 金龍德博士 停年紀念 史學論叢』, 1988.; 안대회,「朝鮮後期 野史叢書 編纂의 意味와 性格」,『民族文化』15, 1992. (補: 김세윤,「조선후기 사찬사서연구」, 서강대학교 박사학위논문, 1992.)
37)『海東繹史』는 韓致奫이 지었으나「地理考」부분은 그의 조카 韓鎭書가 지었다 (補: 박인호,「해동역사속 지리고에 나타난 역사지리 인식」, ≪조선사연구≫ 11, 2002 참조). 필자의 생각으로는『海東繹史』「地理考」와 丁若鏞의『我邦疆域考』는 相互 影響을 준 듯하다.

인식 위에 서서 사회개혁론의 기초 자료로 활용하기 위해 『東國輿地志』를
저술하였다. 한백겸과 유형원은 기호남인이었다.

한편 南九萬과 李世龜와 같은 소론계 학자의 역사지리 연구도 있었다.[38]
17세기 말의 남구만은 漢四郡의 위치를 일부 滿洲에 비정하였고 중국이 설
치했다고 하는 漢四郡, 二府 가운데 이부의 설치를 부정하였다. 남구만을
계승한 이세구는 漢四郡이 韓半島와 遼東에 걸쳐 있는 한편 삼한의 북쪽에
있었던 것으로 보았다. 이들의 역사지리 인식은 대체로 소론계의 입장을 반
영하는 것으로, 17세기 이후 北伐論과도 결부하여 滿洲의 故土 회복을 생각
하는 그들의 領土意識과 관련이 있다. 아울러 이들의 연구는 우리 고대사의
영역을 만주로 확장하려는 경향의 선구를 이루며, 이것은 신경준으로 계승
된다.

신경준은 『疆界考』에서 우리 고대사가 古朝鮮과 震國(三韓)의 二元體系였
다는 입장에 서서 漢四郡은 고조선 지역에 설치된 것으로 보았다. 고조선을
한반도 북부와 만주(요동)에 걸친 것으로 보고 그에 따라 한사군의 위치를
비정하였다. 삼한의 위치에 대하여는 한백겸의 설을 지지하였다. 아울러 신
경준은 고려와 조선조의 북방 국경에 대한 관심을 크게 보였다. 이것은 당시
조선의 영토 의식의 발전과 관련된 것으로 이런 관심은 정약용의 『我邦疆域
考』로 이어진다.

정약용은 한백겸을 계승하여 『我邦疆域考』에서 우리 古代史를 漢江을 境
界로 南과 北의 二元體系로 보았다. 다만 古朝鮮의 위치를 韓半島 北部에
비정하는 半島中心論이라는 점에서 신경준과 다르다. 그의 半島中心論은
領土意識의 반영이다. 한반도를 우리 영토로 확보하려는 것이며 이런 영토
의식은 近代 民族國家와 民族主義 形成의 한 基盤이 된다(補: 정약용의 역사
지리 인식과 영토관을 근대 민족국가 및 민족주의와 연결시키려는 관점에 대하여
현재 필자는 유보적인 견해를 갖고 있다). 또 한반도 내에 영토를 국한하려는
것은 北伐論 등의 虛構的 名分論을 批判하는 內治 위주의 改革論과 관련이

38) 이에 대하여는 다음의 논문이 참고된다.
朴仁鎬, 「南九萬과 李世龜의 歷史地理研究」, ≪歷史學報≫ 138, 1993.

있다. 정약용의 반도중심론은 기호남인의 정치적 입장의 반영이다. 이것은 한편 17세기 후반 이래 소론계를 중심으로 우리 고대사의 영역을 점차 북방으로 확장해서 보려 하고 고구려 중심의 고대사 인식을 발전시키려는 것에 대한 비판이라고도 여겨진다.『아방강역고』에는 고구려에 대한 비판이 강하게 나타난다. 아울러『해동역사』「지리고」의 위치 비정은 대체로 정약용의 『아방강역고』의 그것과 일치한다. 또 이 두 저술에서는 우리 民族의 種族的 淵源에 대한 關心이 增大되고 있는 것이 주목된다.

다음으로 강목체 사학자인 18세기 초의 임상덕도『東史會綱』에서 우리 고대사에 대해 남북 이원체계의 입장에 섰으나 한백겸과 달리 황해도 지역까지 삼한으로 보았다. 이것은 그가 우리 고대사의 영역을 보다 확장해서 보려는 것과 관련이 있다. 삼한의 영역이 북쪽으로 확장되면 고조선의 영역은 당연히 더 북쪽으로 비정된다. 이런 입장은 그가 소론이었다는 점과 관련이 있다. 한편 같은 강목체 사학자인 안정복은 고조선의 영역을 만주까지 확장해서 보기는 하였으나 삼한의 영역을 한강 이남으로 하였다. 이것은 기호남인의 입장이 반영된 것이다.

(補: 고조선 또는 상고사의 영역을 만주 또는 요동 지역으로 확장해서 보려는 견해가 바로 고토회복론과 연결되는 것은 아니다. 안정복의 경우 고토회복론자로 볼 수 없다. 이런 입장은 아마도 이익을 계승한 것으로 보인다. 이익은 우리 상고사의 무대를 만주 지역까지 확장해 보면서 북벌론의 허구성을 인식하고 그것을 반대하는 입장이었으며 조선의 영토는 압록강과 두만강 이남이 되어야 할 것이라고 생각했다. 유형원의 경우 일반적으로 북벌론에 찬성하는 것으로 생각되어왔지만 이 문제에 대하여는 앞으로 좀더 검토를 요한다. 윤휴의 경우 기호남인 가운데 대표적인 북벌론자로 간주되지만 이에 대하여도 좀더 검토를 요한다. 그가 북벌론을 이야기한 것은 軍權을 장악하기 위한 정치적 의도에서 나온 일종의 방편이라고 생각할 수 있기 때문이다. 사실은 서인의 대표자 송시열도 북벌론을 정치적으로 이용하려 하였을 뿐이지 진정으로 북벌을 원하였던 것은 아니다. 어쩌면 병자호란 후 얼마 동안은 청나라에 대한 복수라는 대의에 표면적으로 누구도 반대하기 어려웠고 이것을 서인 측이 정치적으로 이용한 것이라고 볼 수 있을 것이다.)

2) 社會經濟史 硏究의 發達

우리나라 社會經濟史에 대한 硏究는 柳馨遠의『磻溪隨錄』, 柳壽垣의『迂書』, 丁若鏞의『經世遺表』등에서 그들의 개혁론과 관련하여 우리 歷代 制度의 沿革을 고찰하는 데에서, 그리고 19세기에 들어 중인층이 자기 정체성의 확립과 당시 신분제의 비판을 위해 자신들의 역사를 살펴보는 데에서 발전하였다.[39]

『반계수록』에서는 田制, 教選之制, 任官之制, 職官之制 등 제도의 개혁론을 체계적으로 서술하면서 그 개혁론의 타당성을 입증하기 위해 각 개혁론의 뒤에 攷說을 붙여 해당 분야의 중국과 우리나라 역대 제도에 대하여 고찰하였다. 이런 방식은 뒤에 정약용의『경세유표』에 계승되었다. 이익의 경우 이런 체계적인 저술은 없으나『星湖僿說』등에서 역대 제도에 대해 많이 고찰하였는데, 이 역시 그의 개혁론과 관련되어 있다. 유수원의『迂書』에도 고려시대 제도에 대한 고찰 등 우리나라 역대 제도에 관한 서술이 많다. 이 역시 그의 개혁론과 관련된 것이다.

『經世遺表』에서는 개혁론을 주장하기 위해 우리나라의 역대 제도를 고찰하는 과정에서「邦田議」,「邦賦考」와 같은 아주 전문적인 저술을 하였다.[40] 이것은 오늘날 식으로 말하면 각기 한국토지제도사, 한국조세제도사에 해당된다고 하겠다. 정약용은「방전의」에서 우리나라 토지제도에 관해 箕子 이래 井田이 있었다는 종래 실학자의 주장을 부인하였다. 토지제도를 위와 같이 보는 것은 정약용의 井田制 개혁론이 箕子 井田에 입각한 유형원 등의 주장과 다르기 때문이다. 또「結負考辨」에서는 조세제도와 관련해서, 단위 소출량을 토지의 계산 기준으로 하여 그에 따라 토지의 면적을 달리하는 토

---

39) 이런 접근 방법은 中國 明末清初의 經世致用 學派에서도 전형적으로 드러난다. 그 대표적인 것으로 黃宗羲의『明夷待訪錄』을 들 수 있다. 이 책은 李瀷 등에게 직접 영향을 준 것으로 생각되기도 하였다. 中國의 經世致用 學派와 우리 實學者들과의 類似性은 東아시아 解體期의 普遍性을 보여주는 것이라 하겠다(補: 이익에 대한 황종희의 직접적 영향 여부는 지금 단언할 수 없다. 앞으로 좀더 검토가 요구된다. 청대에『명이대방록』은 금서였다).

40) 『經世遺表』권 6,「田制考」6 및『經世遺表』권 12,「賦貢制」7.

지 파악 방식인 결부제를 고려 말에 생겨난 것으로 보았다.[41] 조세제도를 이렇게 보는 것은 結負法을 면적 단위의 계산 방식인 頃畝法으로 고치려는 그의 개혁사상을 역사적으로 정당화하려는 것이다.

한편 中人層의 正體性 確立 및 身分制 批判과 관련된 것으로는 庶孽의 歷史인『葵史』, 鄕吏의 歷史인『掾曹龜鑑』및 中人의 傳記인『壺山外記』와 같은 저술이 있다. 이들 저술은 신분제의 비판 또는 개혁의지가 담겨 있는 외에 새로운 자료의 발견, 우리 최초의 사회사적 저술, 인간 중심의 서술이라는 특징을 아울러 갖고 있다. 이것은 양반 중심의 역사 서술에서 平民中心의 歷史學으로 轉換하는 한 지표로 볼 수 있으며 일제시기 李能和의 몇몇 사회사적 저술 및 張志淵의『遺史逸史』등에 계승되었다.[42]

5. 歷史學 硏究方法의 發展과 歷史理論의 擡頭

1) 歷史學 硏究方法의 發展

歷史學의 硏究方法의 發展에 대해 살펴보기로 한다. 역사학의 연구방법 자체를 전문적으로 논한 조선후기의 저술은 아직 발견되지 않고 있다. 그러나 이 시기『東國地理誌』,『疆界考』,『我邦疆域考』등 역사지리서, 그리고 이익의 역사관계 저술, 유득공의『渤海考』및 안정복의『東史綱目』, 이긍익의『燃藜室記述』, 한치윤의『海東繹史』와 같은 이른바 朝鮮後期의 代表的 三史 등을 보면 역사학의 방법이 매우 발전되고 있었음을 알 수 있다.

『동국지리지』는 조선후기 역사학에서 문헌 고증학이 발전하며 歷史를 道德과 分離시키는 시초가 된다. 여기에서는 국내 자료가 취약한 三國 이전

---

41)『經世遺表』권 9,「田制別考」1.
42) 19세기 중인층의 역사 서술에 대하여는 다음의 논문이 참고된다.
李基白,「19世紀 韓國史學의 새 樣相」,『韓㳓劤博士停年紀念史學論叢』, 知識産業社, 1981. (補 정옥자,「조희룡」,『한국사 시민강좌』4, 1989.; 이훈상,「이잔홍과 이명구」,『한국사 시민강좌』8, 1991.)

및 遼東지역의 경우 중국의 자료가 사용되었다. 우리 역사의 고증에 중국 측 자료가 많이 사용되는 것은 『동국지리지』에서 비롯된다.[43]

다음 단계인 신경준의 『강계고』에 와서는 金石文 및 寺刹 資料의 이용 등 史料의 擴大가 있었으며 언어학적 방법이 이용되었다. 『아방강역고』에서는 광범위한 자료를 수집하고 엄격한 사료 비판에 근거하여 논리적으로 타당한 결론을 끌어냈으며 자료의 연대적인 배열을 중시하였다. 더욱이 자료 비판 과정에서 의심스러운 자료를 그냥 버리는 것이 아니라 그것이 나오게 된 배경, 의미 등을 생각하였다.

이익 역시 여러 사서의 상호 비교 및 사료 비판을 통해 문헌 고증과 논리적 추론을 강조하였다. 아울러 自國史를 연구할 때에는 國內 史書를 中心으로 해야 하며 野史나 稗官類를 重視할 것도 주장하는 등 歷史學의 方法에서 主體性을 주장하였다.[44]

이에 반해 유득공은 『삼국사기』, 『삼국유사』 등에 전적으로 의존하는 것을 비판하는 외에 우리 역사서에 황당한 것이 많다는 입장을 취했다.[45]

다음으로 삼사 가운데 『東史綱目』의 경우 고증에 필요한 확실한 전거를 갖는 문헌을 여러 가지 제시하고 그것들을 상호 비교·분석하여 타당한 기록을 선택하거나 절충·종합하는 방법을 취하였다. 이런 문헌 고증의 방법은 中國 中世史學인 司馬光의 『通鑑考異』의 방법을 수용한 것인 한편 한백겸

---

43) 中國 側 史料의 利用은 金富軾의 『三國史記』에 이미 나타났지만 중국 측 사료를 緻密한 文獻考證적 방법으로 이용하는 것은 『東國地理誌』에서 시작된다.
44) 하우봉, 「이익」, 『한국의 역사가와 역사학』(상), 창작과비평사, 1994.
45) 송기호, 「유득공」, 앞의 책. 유득공이 중국 측 사료를 중시하는 것은 그가 한치윤의 『海東繹史』의 서문에서 한치윤이 중국 측 사료에 의존하여 저술한 것을 매우 긍정적으로 평가하는 것에서 알 수 있다. 유득공은 三國史記, 三國遺事 등 우리 사료에 매우 비판적이었다. 정약용의 『我邦疆域考』도 중국 측 자료를 더 신뢰하는 문제점이 있다. 더욱이 신경준의 경우 『盛京通志』, 『遼史』와 같이 우리 역사를 滿洲史에 흡수시키는 사료를 무비판적으로 수용하였다. 그리고 『海東繹史』는 중국의 문헌을 더 존중하는 외에 日本 側 史料를 無批判的으로 利用하였다. (補: 최근 『발해고』에 대해서 다음 두 편이 논문이 발표되어 종래의 1권본 『발해고』 외에, 수정증보 4권본 『발해고』가 있음이 밝혀지게 되었다).
박인호, 「발해고에 나타난 유득공의 역사지리 인식」, 《한국사학사학보》 6, 2002.;
송기호, 「유득공의 발해고와 성해응」, 『조선의 정치와 사회』, 집문당, 2002.11.

의『동국지리지』이래 조선후기 역사학에서 문헌 고증의 방법이 치밀해지고
있는 추세의 연장선상에 있는 것이다. 다만『東史綱目』의 문헌 고증과 비판
의 정신은 근대적인 의식이 아니라 유교적·주자학적 합리성을 기초로 하는
것이었다.

『연려실기술』은 紀事本末體로서 자기의 主觀性을 排除하고 資料의 體系
的 提示를 통해 사건의 경과를 因果關係的으로 이해하도록 하였다. 아울러
『연려실기술』은 기사본말체를 기본으로 하면서도 개별 국왕의 기사는「本紀」,
인물조는「傳」의 형식으로 하여 紀傳體的 요소를 가미하였다.[46] 이런 기사
본말체와 기전체의 결합은 18세기의 사회변동을 반영하여 역사에 다양한 요
소를 넣기 위한 것이다. 이것은 중세 단계의 기사본말체가 근대로 이행해가
는 모습을 보이는 것이다.『해동역사』는 중국의 사료는 물론, 일본의 것까지
포함하여 외국의 자료를 방대하게 이용하였다. 대체로 기호남인 학자의 경
우 일본 및 그 자료에 대해 친숙성이 있었다.

이상 조선후기 역사학의 방법은 자료가 중국 측 문헌 등으로 확대되는 외
에 광범위한 문헌의 비교 및 비판과 합리적 추론 등 치밀한 문헌고증 방법과
역사학의 인과적 서술방식을 발전시켰다. 다만 안정복 같은 강목체 사학의
경우 문헌 비판의 토대 또는 기준이 아직 주자학적 합리주의에 머물고 있으
며, 이긍익의 경우 인과관계를 자료 제시를 통해 객관적으로 보이려고 했음
에도 불구하고 아직 소론이라는 당파적 입장을 완전히 벗어나지는 못하였다.
또 사료 이용에 있어 점차 중국 측 사료를 더 신뢰하는 경향이 증대하였으며
일본 측 사료를 무비판적으로 받아들이는 문제점이 생겨나기 시작했다.[47]

2) 歷史理論의 擡頭

다음으로 歷史理論의 발달은 주로 李瀷과 丁若鏞에 의해 이루어졌다.[48]

---

46) 金世潤, 앞의 논문, 1989.
47) 일본 측 사료의 무비판적 수용은 韓末 張志淵의 『大韓疆域考』에서도 나타나는
   문제이다.

이와 관련되는 것으로 이익의 「讀史料成敗」, 「陳迹論成敗」 및 정약용의 「技藝論」, 「新羅論」, 「高句麗論」, 「百濟論」 등이 있다. 즉, 이익과 정약용은 역사이론의 문제에 대해 체계적이고 종합적인 저서를 지은 것이 아니라 몇 가지 논문으로 단편적인 언급을 하였다. 그러나 이런 속에서 그들은 근대적 인식에 접근하거나 그것을 상회하는 역사이론을 전개하였다(補: 근대적 인식과 관련하여 설명하려는 방식에는 앞으로 좀더 신중함이 요구되며 조선후기 실학에서 근대를 넘어서는 측면을 주목하는 것이 앞으로 논의를 더욱 생산적으로 할 수 있을 것으로 생각된다). 이익은 「독사료성패」와 「진적론성패」 두 글에서 歷史의 運動을 時勢와 人間 行爲의 統一로 보되 인간 행위는 제한적으로 역사에 개입한다고 보았으며 역사의 운동은 어떤 가치를 담지할 수 없다고 하여[49] 역사를 도덕에서 분리하였다. 아울러 역사의 형성에는 서민도 일상생활을 통해 참여한다고 하였다.

정약용은 이익이 역사에서 도덕을 분리한 입장을 계승하는 한편 物質的 進步라는 歷史의 法則性을 發見하였으며 이런 물질적 진보에는 民衆이 主導的 役割을 하는 것으로 보았다.[50] 아울러 「고구려론」에서는 歷史의 形成에 人間의 參與라든가 主體的 努力을 認定하였다.[51] 그러나 「백제론」에서는 기본적으로 主觀的 要因보다 客觀的인 힘이나 地理的 要因 등이 重要하다고 보았다.[52] 다만 정약용의 경우 객관적인 힘에서는 물질적 진보, 기술의 발전 등이 중시되는데 이것은 민중의 지속적인 노력에 의해 형성된다. 즉, 객관적 힘 속에 인간의 주체적 요소가 이미 들어가 있다.

---

48) 이익과 정약용의 역사이론에 대한 깊이 있는 이해를 위해서는 鄭昌烈, 앞의 글, 1990 참조. (補: 최근 이익과 정약용의 역사이론에 대하여 다음의 논문들에서 심도 있는 논의가 이루어졌다. 조선후기 사학사 연구 동향 1995~2003 부분 가운데 역사이론 관련 항목 참조).

졸고, 「정약용의 역사이론의 전개와 그 성격」, ≪국사관논총≫ 93, 2000.; 정창렬, 「이익의 역사이론에 관한 연구」, ≪한국학논집≫ 36, 한양대학교, 2002.10.; 졸고, 「주희와 이익의 역사이론 비교」, ≪한국사연구≫ 122, 2003.9.

49) 『星湖僿說』, 經史門 권 27, 20쪽 및 앞의 책, 經史門 권 27, 68쪽.

50) 「技藝論」, 『與猶堂全書』 제1집 詩文集, 제11권, 10쪽 이하.

51) 『與猶堂全書』 제1집 제12권, 10쪽.

52) 위와 같음.

6. 結語

조선후기 역사학 발달의 추세를 주제별로 살펴보았다. 그 요점은 대략 다음과 같다. 첫째, 正統論은 17세기에는 주자의 綱目體 史學에 입각해 도덕성을 강조하였으나 非綱目體的 입장에서의 정통론도 나타났으며 18세기 이후에는 강목체 사학의 정통론에서도 현실을 고려 또는 중시하는 방향으로 나아갔다. 19세기에는 강목체 사학이 남아 있기는 하였으나 이미 상당히 변질된 데다가 그 현실적 역할과 의미를 상실하였다.

둘째, 華夷觀의 측면에서는 種族的·地理的 華夷觀을 克服하였다. 다만 실학자이든, 주자학자이든 모두 文化的 華夷觀에 머물렀으며 양자의 차이는 中華의 실체를 주자학적인 것으로 보느냐, 비주자학적인 유교로 보느냐에 있었다.

셋째, 國史 體系는 정통론적 입장에서는 일원적이며 비정통론적 입장에서는 그렇지 않았다. 문제가 되는 것은 箕子 - 馬韓의 正統 여부와 三國의 無統 여부 등이었다. 이것은 삼국을 고구려 중심으로 보느냐, 신라를 중심으로 보느냐와 관련되는 문제이기도 하다. 신라를 중심으로 하는 기존의 견해에 비해 고구려 중심의 견해는 조선후기의 새로운 현상이다.

넷째, 個別王朝에 대한 인식은 단군조선, 고구려가 강조되는 한편 기자조선에 대한 관심도 깊었으며 발해를 우리 역사에 편입하려는 견해가 나타났고 고려에 대하여는 대외 항쟁이 주목되었다. 또 黨爭과도 결부하여 同時代인 朝鮮에 대한 關心이 매우 컸다.

다섯째, 歷史地理學은 대체로 우리 고대사를 이원적 체계로 보고 역사에서 현실을 직시하게 하여 명분론을 벗어나게 하는 데 기여하였다. 또 역사지리학에는 우리 고대사의 영역을 만주 지역까지 확대하여 보려는 것과 한반도 중심으로 보려는 두 경향이 있었다. 대체로 서인, 소론계가 우리 영토를 보다 북방으로 확장해서 보려는 견해를 가졌다.

여섯째, 社會經濟史 研究는 실학자의 개혁사상을 뒷받침하기 위해 행해진 것이며 그 연구의 일부는 근대의 사회사 연구에 계승되기도 하였다.

일곱째, 歷史學의 方法은 자료의 망라와 상호 비교, 합리적 추론 등 緻密
한 文獻考證이 발달하였다. 우리 근대의 문헌고증사학은 외부의 영향이기도
하지만 조선후기 문헌고증적 연구에서 많은 도움을 받았다.

여덟째, 歷史理論은 역사에서 道德性을 排除하고 物質的 要因을 重視하
고 歷史의 法則性을 發見하는 한편 歷史의 擔當 主體로서 民衆을 發見하는
방향으로 나아갔다.

이상과 같은 조선후기 역사학의 발달 과정을 다시 相互 影響 및 繼承關係
의 측면에서 살펴보기로 한다. 강목체 사학의 상호 영향 관계를 생각해보면
兪棨와 洪汝河는 서로 영향을 직접 주고받지는 않은 것 같다. 吳澐의『東史
纂要』는 유계가 보았다.『麗史提綱』의 저술은 직접적으로 오운의『東史纂
要』에 대한 불만에서 비롯된다.『彙纂麗史』는『東史綱目』의 참고서목 가운
데 있으며 安鼎福이『東國通鑑提綱』의 서문을 쓰기도 하였으나 홍여하의
역사학이 안정복에게 직접적으로 큰 영향을 준 것 같지는 않다. 유계의『彙
纂麗史』의 비판적 계승이 임상덕의『東史會綱』이며,『東史會綱』의 비판적
계승이『東史綱目』이다.

묘하게도『麗史提綱』은 뒤에 노론 측에서 중시되었고『東史會綱』은 소론
계의 저술이며『東史綱目』을 지은 안정복은 기호남인이다. 이들 셋은 모두
주자학자이며 주자의『資治通鑑綱目』을 신봉하는 점에서 공통된다. 종래 安
鼎福의 역사학을 李瀷과 관련시키는 견해가 있어왔고 최근에는 柳馨遠과
안정복의 관련이 주목되고 있다. 안정복에 대한 유형원·이익의 영향을 생각
할 수 있으나, 안정복은 토지·신분 문제 등에서 근본적으로 이익·유형원과
입장이 다르다. 특히 이익의 경우 더욱 그렇다.

비강목체 정통론 사학에서는 洪萬宗과 李瀷의 역사학이 대체로 비슷한
방향으로 가고 있었다. 그러나 이익이 홍만종을 그대로 계승한 것은 아니다.
이익은 홍만종이『東國歷代傳統之圖』에서 삼국시대 신라를 정통으로 본 것
을 비판하였다. 홍만종도『東國歷代總目』「범례」에서는 통일기의 신라만을
정통으로 보았다. 이익의 비판은『東國歷代傳統之圖』에 대한 것이다. 따라
서 이익의 三國無統論은 홍만종의 영향이라기보다는 독자적 연구에 의한

것이다. 다만 홍만종이 기자조선이 아니라 단군조선에서 정통을 시작한 것
은 이익 등에 영향을 주었을 수 있다. 그러나 홍만종이 三敎會通적인 입장에
서 정통론을 전개한 데 비하여 이익은 原始儒學 지향의 입장에서 단군조선
을 정통으로 보았다. 이런 비주자학적 입장의 정통론이 나타난 데에는 선행
하는 강목체 정통론의 영향이 있었다.

  한편 우리 歷史를 中國과 獨立된 對等한 個體로 인식하는 생각은 비주자
학적인 정통론 쪽에서 홍만종에 의해 시작되고 다음에 이익에게서 나타났다.
주자학 쪽에서는 유계의 경우 우리 역사를 중국과 대등하게 보지 못하였으
며, 홍여하는 우리 역사를 중국에 종속된 것으로 보았다. 宋時烈의 경우 우리
역사 전체를 중국과 대등하게 보지는 않았으며 우리 역사서를 저술하지는
않았지만 적어도 朝鮮朱子學의 성립 이후는 중국과 대등 혹은 그 이상으로
본 측면이 있다. 홍만종 및 이익과 같은 견해가 형성된 데에는 송시열 등의
이와 같은 생각이, 입장은 다르지만, 일정 부분 영향을 주었으리라고 생각된
다.

  林象德의『東史會綱』단계에서는 주자학적 입장에서 우리 역사를 독립된
개체로 인정하는 것에 거의 접근하게 되고 안정복의『東史綱目』에 이르러서
는 주자학적 입장에서 우리 역사를 독립된 개체로 인정하게 되었다. 안정복
이 여기에 도달하게 된 데에는 이익의 영향도 있다. 따라서 안정복은 비주자
학적 역사학의 발전과 주자학적 역사학 발전의 흐름이 합류된 것이라 하겠
다. 안정복은 역사지리학의 흐름도 흡수하였다. 비주자학적 역사학은 韓百
謙의 역사지리학에서 시작되어 이익 등에 계승되는 한편 시대가 내려옴에
따라 범위가 확대되어갔다.

  우리 상고사를 남과 북의 이원체계로 보는 한백겸의 역사지리학은 이후
조선후기 역사지리학, 크게는 역사학 전체에 영향을 미쳤다. 國史의 體系化
의 측면에서 보면 二元體系의 형성과 관련이 있다. 이런 점에서 생각하면
許穆의「東事」및 李種徽의『東史』는 우리 상고사를 이원체계로 보는 한백
겸의 연장선상에 있다. 허목과 이종휘의 국사 체계가 상대적으로 고구려를
중시하고 있는 것은 이원적 체계라는 점과 관련된다. 일원적 체계일 경우

대체로 삼한을 중시하며 삼한에서 고구려가 배제되어 고구려가 상대적으로 홀시되는 결과를 낳는다. 임상덕의 경우 일원체계이지만 마한을 고구려와 연관시켜 보았다. 이것은 그가 고구려를 중시하는 것과 관련이 있다. 이와 같은 체계의 형성 및 고구려 중시 경향의 대두가 일정 부분 정통론 사학에 영향을 주어 삼국 무통론의 방향으로 나아가게 한 것이 아닌가 생각된다.

다음으로 朝鮮後期 歷史學의 時期的 變化 또는 發展 樣相을 생각해보기로 한다. 이것은 사회변동 상황과 밀접한 관련이 있다. 같은 조선후기라고 하여도 시기별로 그 상황은 다르다. 17세기는 16세기에 이미 시작된 우리 中世社會의 動搖라는 사회변동 상황이 兩亂과 東아시아 體制의 變化를 겪으면서 더욱 진전되었으나 한편으로는 사회변동을 억제하여 旣存體制를 再編·維持하려는 움직임도 나타났다. 이런 속에서 朝鮮을 唯一한 中華로 보는 생각도 대두하였다.

그러나 17세기 말에 이르면 사회변동이 본격화하기 시작하고 사회적 갈등이 격화되어 이것이 정치적 투쟁으로 표출되었으며 18세기에 들어서서는 비교적 안정된 국제 정세 아래 資本主義的 生産關係가 發生하고 商工業이 急速히 發展하였다. 한편 17세기 말부터 朝鮮 中華主義는 우리를 中國과 分離된 對等한 個體로 인정하는 방향으로 발전하기 시작하였다. 19세기에 들어서서는 이제 勢道政權 아래 기존체제는 그 모순이 극에 달하는 동시에 본격적으로 와해되었다.

17세기 綱目體 史學의 대두는 주자학으로 중세체제의 동요에 대응하려는 지배층의 입장에서 旣存秩序를 再建·維持하려고 하는 시대적 상황의 반영이었다. 또 이와 반대편에서 사회변동 상황을 수용하는 입장에서 歷史地理學이 발전하기 시작하였다. 우리 고대사를 지리적 관점을 토대로 하여 남과 북의 이원체계로 보려는 생각은 앞서 언급하였듯이 名分論的 歷史認識을 벗어나는 데 기여하였다. 또 역사지리학과 더불어, 그와 마찬가지로 二元的 입장에서 우리 역사를 체계화하는 許穆의 「東事」와 같은 저술도 나타났다.

18세기에 들어서서는 非朱子學的 입장에서 正統論을 채택하는 洪萬宗, 李瀷의 역사학이 나타나는 한편, 18세기 林象德, 安鼎福 등의 강목체 사학은 점차 탄력성 있는 현실 중시의 방향으로 나아가고 歷史地理學의 성과를 받아들였다. 전자는 朝鮮 中華主義가 보다 진전된 결과로 볼 수 있으며 후자는 18세기에 사회변동이 더욱 본격적으로 진행된 현실의 반영이다. 또 이 시기에는 17세기 말 이래의 黨爭의 激化와 관련하여 당시 정치현실에 대한 관심을 반영하는 當代史 저술이 나타났다.

19세기에 들어 우리 中世社會는 이미 본격적 解體期를 맞이하여 강목체 사학은 이미 그 힘을 잃게 되고, 역사에서 여러 사회 현상, 문화 현상을 종합하려고 하는 『海東繹史』와 같은 文化史的 認識이 나타났으며, 丁若鏞의 역사 연구는 文獻 批判에 기초한 매우 발전된 文獻 考證 단계에 도달하였다. 그러나 이런 가운데 勢道政治라는 상황을 반영하여 일정 부분 歷史意識의 退潮, 歷史學의 現實 批判的 機能 喪失이라는 현상도 진행되었다.

끝으로 조선후기 역사학의 발달이 우리 史學史, 즉 역사학의 역사에서 차지하는 위치 및 근대 역사학과의 관련, 현재적 의의 또는 계승·발전시켜야 할 점 등에 대하여 생각해보기로 한다. 먼저 역사적 위치의 경우 조선후기 역사학의 발전은 결국 우리의 역사학이 華夷論 등 中世的 歷史觀을 內在的으로 '民族的' 입장에서 克服하였으며 歷史學의 理論과 方法 면에서 近代 歷史學의 방향으로 가고 있었음을 보여준다(補: 근대 역사학과의 연속·단절의 문제는 추후 다시 검토를 요한다).

한편 일제시기 이래 民族主義 歷史學, 文獻考證史學, 社會經濟史學으로 발전한 우리 역사학 가운데, 민족주의 역사학은 조선후기 이래 우리 고대사의 영역을 만주 지역까지 확장하여 보고 상대적으로 고구려를 중시하는 역사학의 흐름에 영향을 많이 받았다. 문헌고증사학 역시 조선후기 역사학에서 많은 영향을 받았다. 우리 고대사의 영역을 한반도에 제한하여 보려는 태도는 일본인의 한국사 연구에 영향을 받은 점도 있겠으나 丁若鏞 등의 영향도 있다고 생각된다. 일제시기 사회경제사학 가운데 李能和의 사회사 연구는 19세기 중인층의 사회사 연구의 직접적인 영향이 있다. 白南雲의 社會經濟史 연구도 방법론과 이론은 다르지만 실학자들의 선행적인 자료 정리, 문제의식에 도움을 많이 받았다고 여겨진다.

다만 조선후기 역사학에는 아직 문헌 고증과 사료 비판이 철저하지 못한 점이 있으며 사료의 확대 과정에서 중국의 사료를 더 신뢰하거나 일본 측 사료를 비판 없이 받아들이는 현상이 나타났다. 그리고 고대사의 영역을 반도 중심으로 인식하려는 것과 만주 지역으로 확장하여 고구려 중심으로 보려는 인식의 대립을 지양하지 못하여서 일제시기 우리 近代 歷史學에서 이 두 對立이 그대로 나타나는 한 요인이 되기도 하였다. 이런 대립은 南北韓의 歷史認識의 差異를 낳기도 하였다.

한편 人間과 狀況이 어떻게 합쳐져서 歷史를 形成해가는가를 깊이 있게 고찰한 李瀷과 丁若鏞의 歷史理論은 우리에게 계승되지 못하였다. 이들의 역사이론은 오늘날 史觀의 對立을 克服하게 하는 한 지침이 될 수도 있다.

朝鮮後期 歷史學의 文獻考證的 成果를 批判的으로 繼承하는 한편 歷史認識上의 두 對立的 흐름을 止揚하고 李瀷과 丁若鏞이 제시한 歷史理論을 보다 發展시키는 것은 오늘날 우리의 課題로 남는다. 이것은 南北韓 歷史學의 對立을 克服하고 統一的 歷史觀과 歷史像을 定立하는 데에도 寄與할 수 있을 것이다.

(補: 조선후기의 사회변동을 우리 중세사회의 동요와 해체로 볼 수 있는지, 또 우리 중세사회 개념, 그 구조와 하한을 어떻게 설정할지에 대하여 앞으로 우리는 치열한 고민과 치밀한 연구를 행해야 할 것이다. 사실 이제까지의 '조선후기 중세사회 해체론'이라는 것이 그 전 단계인 조선전기 및 고려시기 사회의 구조와의 연관 속에 논리적·실증적으로 선명한 이론으로 정립되어 있었다고는 보기 어렵다. 또 조선중기의 설정 여부, 조선후기의 기점, 조선후기 내에서의 시기 단계 구분, 이런 문제에 대하여도 정치·경제·사회·사상·문화의 각 부문을 아우르면서 천착할 필요가 있다. 또 한국사의 근대와 근대성의 문제, 한국 근대의 연속과 단절의 문제 등도 다시 고민해야 한다. 이와 관련하여 조선후기 사학사의 전체 흐름이 단계적으로 설명되어야 할 것이다. 그러나 이 논문을 쓸 때까지 필자는 이와 같은 고민을 심각하게 하지 못하였으며 현재 필자 나름의 정리된 생각을 갖고 있지 못하다. 통일 사관의 정립 문제도 성급히 논해서는 안 될 것이다.)

제2장 朝鮮後期 史學史 研究 動向

1. 朝鮮後期 史學史 研究 動向 1(1945~1984)[1]

1) 서언

역사 연구는 일반적으로 연구자가 처한 시대적·지적 분위기에 영향을 많이 받는다. 사학사 연구도 예외는 아니다. 오히려 사학사 연구는 역사인식의 문제를 다루므로 시대적·지적 분위기에 가장 많은 영향을 받는다고 할 수 있다. 1960년대 이후 4·19혁명의 영향 아래 사회 일각에서 민족주의적 지향이 나타났다. 이리하여 우리 역사학계에서도 민족주의적 관점에서의 연구가 대두하고 조선후기 역사에서 근대적인 요소를 찾으려는 노력이 활발해졌다.

이에 따라 조선후기 사학사 연구자들은 대체로 조선전기의 중세적인 성리학적 역사인식을 극복하는 민족적·근대적인 요소가 조선후기에 싹트고 있었다는 기본전제를 갖고 연구하게 되었다. 이것은 조선후기 실학을 민족적·근대지향적 각도에서 이해하려는 일반적인 태도와도 상응하는 것이었다. 이러한 태도는 조선후기 사학사 연구를 지나치게 민족적·근대적 요소를 부각시

---

1) 補: 본 논문은 원래 1986년 논문까지 다룬 것이다. 이 책에 수록된 다음 논문「조선후기 사학사 연구 동향 2(1985~1994)」와 1985년과 1986년에 대한 언급이 중복되지만 논문의 원래 상태를 유지하기 위하여 중복되는 부분을 깎아내지 않고 그대로 두었다.

키는 방향으로 나아가게 한 점이 없지 않았다. 이것은 우리의 현재를 지나치게 과거에 투사하는 것으로서, 조선후기를 조선후기 자체로 이해할 수 있도록 하는 역사적·상대적 시각의 결여를 가져오기도 하였다. 또 조선후기도 300여 년에 걸친 장구한 세월이므로 단계적인 변화와 발전이 있으며 學統·黨色에 따라 학문상의 차이가 있다. 따라서 일률적으로 한 관점에서만 설명할 수 없으며 어느 한 부분만을 강조해서도 안 될 것이다. 그런데 이 점이 간과되었다. 그리고 이른바 '민족적'인 것, '근대적'인 것이 무엇인가에 대하여도 개념규정이 모호하여 혼란이 있었다.

조선후기 역사학의 특징으로 흔히 正統論의 대두와 華夷觀의 변화를 든다. 그리고 이들을 민족적인 관점에서 이해하는 시각이 있다. 정통론의 우리 역사에의 적용은 우리 역사를 중국사와 대등하게 본 것이며, 화이관의 변화는 우리와 중국을 대등하게 본 것이라는 것이다. 그런데 정통론은 중세사학의 특징 가운데 하나로서 역사에서 도덕성을 강조하여 왕조의 정당성을 따지는 것이다. 이 도덕성이란 본질적으로 유교적인 상하관계의 명분질서이다. 이런 정통론은 宋代 성리학의 대두로 보다 강화되었다. 그렇다면 조선후기 정통론의 전개를 어떻게 '민족적'인 것이라고 이해할 수 있을지가 문제이다. '민족적'인 것은 근대적인 것과 표리관계에 있는 것으로써 근대적 요소를 내부에 포함하기 때문이다.

화이관의 변화도 이것을 화이관의 극복으로 보고 '민족적' 관점에서 이해하려는 시각이 있다. 그러나 조선후기 화이관의 변화가 그것의 극복으로까지 나아갔는지는 의문이다. 원래 화이관이란 중국이 주변의 국가에 대해 자신의 우월성을 강조하여 스스로와 주변국가를 구별하는 것으로서 종족적·지리적·문화적인 세 가지 측면으로 이루어진 것이다. 종족적 측면은 중국인이 모든 종족 가운데 가장 우수하다는 것이며, 지리적 측면은 중국이 지리적으로 세계의 중심지라는 것이고, 문화적 측면은 중국문화가 가장 우월한 문화라는 것이다. 여기에서 문화적 측면이 가장 중시되며, 우월한 문화란 중국문화에서 유교가 정통이었으므로 대체로 유교 도덕(聖人으로서의 道)을 의미한다. 조선후기에서 화이관의 변화는 대체로 종족적·지리적인 측면이 극복되

고 문화적인 측면이 남은 것이다. 이때 중국문화(유교 도덕)의 우월성이 부정
되는 것은 아니다. 이것을 민족적인 관점에서 어떻게 설명할 수 있을지가
또 하나의 문제이다.

조선후기 사학사 연구는 시대로 보아서 주로 고대사 인식에 관심이 집중
되고 고대사의 체계 문제가 중요시되었다. 이는 조선전기의 체계를 얼마나
어떻게 벗어났는가, 또는 고구려 중심인식이 어떻게 나타났는가를 살펴 거
기에서 '민족적' 요소, 즉 후대 계몽기 사학이나 민족사학과 연결되는 요소
를 찾으려는 노력이었다고 생각된다. 이러한 태도에도 민족적인 요소를 강
조하기 위해 무리한 해석을 행하거나 어떤 한 부분을 지나치게 강조할 위험
성이 내재해 있었다. 한편 최근 단군조선, 기자조선, 고구려, 발해 등 고대사
에서 개별 인식을 주제로 하는 연구들이 나오고 있어 연구의 심화에 기여하
고 있다. 또한 여기서도 우리 상고사를 적극적으로 볼 것을 강조하려는 경향
이 있다. 그러나 개별 연구이면서도 대체적으로 조선후기 전 시기를 포괄하
면서 여러 학통·당색을 망라하는 체계적인 연구는 나타나지 않고 있다.

한편 조선후기 역사인식에서의 '근대적' 요소와 관련해서는 조선후기 역
사서에 나타나는 역사학 방법에서의 실증적·합리적·객관적 요소를 부각시
키려는 경향이 강하였다. 그러나 여기서도 근대 사학적인 요소를 지나치게
강조한 느낌이 든다. 이렇게 될 때 조선후기 역사학과 근대 역사학과의 차이
점이 모호하게 된다. 이것은 우리 근대 역사학에 대한 피상적 이해와 조선후
기 역사학에 대한 보다 깊은 이해의 결여에서 기인하는 것이라고 생각된다.
아울러 역사학의 방법과도 관련되는 역사이론·철학의 문제에 관심이 적은
것도 문제이다. 이것은 당시 이것과 관련되는 저작이 적은 데 기인하는 것일
수도 있다. 그러나 어느 시대라도 역사학자라면 누구나 자기 나름의 역사학
방법론과 역사철학·이론을 근저에 갖고 있으며 전문 역사학자가 아닌 사람
도 그러한 것을 가질 수 있다. 이러한 방면에 대한 관심이 적은 것은 오늘날
우리에게 역사이론·철학이 빈곤한 데도 한 이유가 있지 않나 생각된다.

조선후기 사학사 연구의 폭은 아직도 매우 좁은 편이다. 다만 1970년대
말에 역사지리학에 대한 연구가 시작되고, 1980년대 초에 사회사적 저술에

대한 관심이 생겨나 연구의 폭이 다소 넓어졌다. 그러나 역사지리학과 사회
사적 저술들이 출현한 배경 및 그 영향·의미에 대하여는 조선후기 사회변동
과 관련하여 보다 깊이 있는 연구가 나와야 할 것이다.

이상과 같은 점을 염두에 두고 기존의 조선후기 사학사 연구를 정통론과
화이관, 고대사 인식, 역사학의 방법과 역사이론·철학·역사지리학과 사회사
로 나누어 검토하여 그 문제점을 살피고 마지막으로 연구의 진전을 위한 길
을 모색해보기로 한다.

본론에 들어가기에 앞서 연구 현황을 알기 위해 시기별 연구 동향 및 주제
별 연구 동향을 표로 만들면 다음과 같다.

<표 1> 조선후기 사학사 연구논문 시기별·주제별 분포

주제\시기	정통론	화이관	고대사 체계	개별 인식	역사학 방법	역사이론·철학	역사지리학	사회사	일반	계
1945~1959		1				1				2
1960~1969	1	1			2	1				5
1970~1979	2	1	2		1	1	2		1	10
1980~1986	2	8	3	5	5	3	2	1	3	32
계	5	11	5	5	8	6	4	1	4	49

① 이 표는 말미의 논저목록에 의거하여 작성하였다.
② 학술잡지나 학술서적에 발표된 것만을 수록하는 것을 원칙으로 하고 해제류는 제외
하였다. 단, 21은 예외로서 일반 잡지에 실린 것이다.
③ 한 논문이 여러 주제에 중복되는 경우 가장 알맞은 주제에 넣어 분류하였다.
④ 1986년까지 발행된 것을 싣는 것을 원칙으로 하였으나 27은 1987년의 것으로 예외
이다.
(補: 이 표는 1987년 작성되어 1945~1986년까지의 논문을 대상으로 작성되었다.)

2) 시기별 연구동향

사학사의 연구는 앞서 말한 바와 같이 연구자가 처한 시대적·지적 분위기
와 밀접한 관련을 갖는 것은 물론, 역사학의 다른 분야, 특히 사상사 연구의
영향을 많이 받는다. 우리나라 근대 역사학의 성립을 대체로 일제시기의 박
은식과 신채호로 잡지만 이때에는 아직 우리 사학사 연구가 시작되지 않았

다. 그것은 이 시기에 아직 우리나라 역사학의 제 분야 및 사상사 연구가
본격적으로 시작되지 않았으며 일제 식민사학에 의해 우리 역사의 정체성과
타율성이 강조되고 우리 민족 자신이 이에 압도되는 시대적·지적 분위기에
서 우리의 역사학을 객관적으로 돌아볼 여유가 없었기 때문일 것이다. 이리
하여 우리 사학사의 연구는 해방 후에야 이루어지게 된다. 그것도 해방 직후
의 격동과 6·25전쟁의 시련에서 다소 안정을 찾고 조선후기 사상사 연구가
시작된 이후에야 가능하였다.

제1기: 1945～1959년

조선후기 사학사의 최초 논문은 韓㳓劤의 「성호 이익 연구의 일단 — 그의
사론과 붕당론」(1957)이다. 이는 이익의 실학사상 연구의 일단으로 이루어진
것이다. 1950년대의 조선후기 사학사 연구는 이 한 편밖에 없다.2) 이 시기는
이미 조선후기 실학 연구가 시작되었으나 몇몇 개인에 제한된 것이었으며
사회·경제사 분야에서는 경제론을 극복하는 내재적 발전론적인 관점에서의
연구가 아직 제대로 진행되지 못하였다. 그리고 이때에는 전후 냉전체제 속
에서 민족주의의 고양을 금기시하는 시대적 분위기도 있었다.

제2기: 1960～1969년

1960년의 4·19혁명은 전후 냉전체제의 고착 아래 경직·침체되었던 1950
년대의 시대 분위기에 다소 활력을 불어넣었다. 1960년대 이후 국학 연구의
활성화와 민족주의적 관점에서의 우리 역사 연구의 진전은 어느 정도 이것
과 관련이 있다. 이 시기에는 한치윤·정약용·이긍익 등 이른바 실학자들에
대한 개인 연구가 중심이었다. 연구자들은 대체로 실학자들의 사상에 근대
적·민주적 요소가 있는 것으로 보고 역사인식에서도 근대적·민족적인 것을
찾으려는 문제의식을 공통으로 가졌다. 이것은 물론 당시의 시대적 분위기
와 관련이 있다. 하나 특기할 만한 것은 이우성이 「조선후기 근기학파에 있

---

2) 천관우, 「홍대용의 실학사상」, 1958에 화이관에 대한 언급이 있으나 이는 단편적
   인 것이고, 또 이 논문은 사학사상을 대상으로 한 것이 아니다.

어서의 정통론의 전개」(1966)에서 기호남인의 정통론 전개를 조선후기 역사학의 한 특징으로 보고, 이를 이익·안정복·정약용 등을 통해 계통적으로 다루어 근기학파(기호남인)의 특색으로 파악하려고 한 점이다. 이는 사학사에서 처음으로 개인을 넘어 한 학파의 흐름을 문제 삼은 것이다. 이 시기 연구 대상은 南人인 경우가 많았다.

제3기: 1970~1979년

1970년대에 들어오면 종래의 개인 연구가 계속되어 연구 대상이 이종휘 등으로 확대되는 가운데 역사지리학에 대한 관심(정구복, 「이백겸의 동국지리학지에 대한 일고」, 1978)이나 고대사 인식을 체계적으로 이해하려는 노력(이만열, 「17·18세기 사서와 고대사 인식」, 1974) 및 이른바 도가사학에 대한 관심(한영우, 「17세기 반 중화적 도가사학의 성장」, 1975)이 나타났다. 1970년대의 연구는 1960년대에 비해 연구의 폭이 넓어지고 대체로 민족적 요소를 부각시킨 느낌이 있다. 이것은 연구의 자기 발전의 결과이기도 하다. 그리고 연구자 개인의 경우에 따라 다르겠으나, 당시 사학계에서 민족주의가 고창되던 분위기와 무관하지 않다고 여겨진다.

제4기: 1980~1986년

1980년대에 들어서서는 개별 역사학자 연구로서 오운, 조정 및 홍여하, 신경준, 유득공, 허목 등에 관한 연구가 추가되었다. 특히 한영우가 「17세기 초의 역사서술 — 오운의 동사찬요와 조정의 동사보유」(1985)에서 黨派의 성립을 사상적 분화의 반영으로 보고 사상사를 사학사적 측면에서 접근하여 당파에 따른 역사인식의 차이라는 관점을 명확히 하면서 영남남인의 오운과 북인계 인물인 조정을 검토한 것은 주목할 만한 일이다. 한영우는 사학사에서 개인을 다룰 경우 대체로 당색의 차이를 염두에 두고 있다.

1980년대에 들어 새로운 연구경향은, 첫째, 단군조선·기자조선·발해사·고려사·신라 등 고대사에서의 개별사 인식에 대한 연구가 나타나며, 둘째, 사서 이외의 시나 악부 등을 통해 역사인식을 검토하려는 시도가 행해지고,[3]

셋째, 해동역사와 동국지리지 등을 둘러싸고 심포지엄이 행해졌으며,[4] 넷째, 화이관의 문제와 관련하여 보다 깊은 논의가 이루어졌다. 특히 조영록이 「1 7~18 세기 존아적 화이관의 한 시각」(1982)에서 조선후기 사회사 연구사와 겸하여, 기존 연구에 입각한 조선후기 역사인식의 체계화를 행한 것도 사학사 연구의 이정표로서 기록될 만하다.

1980년대의 이러한 사학사 연구의 활발한 진전과 심화는 다른 분야에서의 양적·질적인 면에서의 비약적인 발전과도 궤를 같이 한다. 1970년대 이후 1980년대 초반에 이르는 사회 상황은 많은 사람들로 하여금 우리 역사의 미래 방향에 대한 위기의식을 느끼게 했다. 이것이 역사 연구에 참여하는 사람들의 숫자를 증가시킨 한 원인이 되었다고 생각된다. 다만 이러한 위기 의식은 아직은 구체적인 역사적 지향으로 방향이 잡힌 것 같지는 않고 다양 한 형태로 표출되고 있다고 할 수 있다. 아직 어떤 새로운 연구 방향이 잡히 지 않은 것은 사학사 연구에서도 마찬가지이다(補: 다음 논문에서는 1985년부터 다시 조선후기 사학사 연구의 새로운 단계가 시작되는 것으로 하였다).

3) 주제별 연구동향

(1) 正統論과 華夷觀

① 正統論
조선후기 역사인식에서 정통론이 대두한 것을 가장 먼저 언급한 논문은

---

3) 송기호, 「시에 나타난 유득공의 민족사관 연구」, 1980 및 김종진, 「해동악부를 통해 본 성호의 역사 및 현실인식」, 1983이 있다. 이는 문학 쪽에서의 연구로 역사학 쪽에서는 아직 이런 연구가 없다. 이 두 논문도 역사학계와 다른 새로운 관점을 보여주지는 못하였다.
4) '해동역사의 종합적 검토'라는 주제의 심포지엄이 1982년 4월 10일에 진단학회 주최로 열렸다. 여기서 이태진이 「해동역사의 학술사적 검토」, 황원구가 「해동역사의 문화사적 이해」를 발표하였다. 진단학회는 1987년 5월 『동국지리지』에 대한 심포지엄을 개최하였는데, 여기서 정구복은 「한백겸의 사학과 그 영향」, 윤희면은 「한백겸의 학문과 동국지리지 저술동기」를 발표하였다.

이우성의 9이다.[5] 이 논문에서 이우성은 "근기학파의 사론에 있어서 우리의 주목을 끄는 것은 정통론이다. 성호의 三韓正統論을 위시하여 순암·다산에 있어서의 정통론의 발전적 계승이 그것이다"라고 하였다. 여기서 근기학파란 기호남인의 이른바 經世致用 학파를 말하며 삼한정통론이란 우리 역사의 정통이 기자조선에서 위만조선이 아니라 마한으로 이어졌다는 주장이다. 그 근거는 위만조선이 僭位이고 기자조선의 마지막 왕 기준이 남쪽으로 달아나 마한을 건설하였다는 데 있다. 이우성은 위 논문에서 이러한 이익의 三韓正統論은 중국의 정통론이 소속 왕조에 대한 의리에 근거하고 있던 것과 달리 우리 역사에 일정한 계통을 세워보려는 것으로서, 이는 안정복에게 계승되어 종래 『東國通鑑』에서 단군·기자조선 뒤에 위만조선을 붙여 삼조선으로 한 것은 부당하고 위만은 讖緯이니까 마한을 정통으로 해야 하며 『동국통감』에서 단군·기자를 모두 「外記」에 넣은 것은 부당한 일이고 고구려·백제·신라의 삼국 병립시기는 無統으로 처리해야 한다는 주장으로 발전했다고 하였다.

위 논문에서는 정약용의 正統論에 대해서는 언급이 없다. 다만 이익·안정복에게 남아 있던 華夷思想의 잔재가 정약용에 이르면 일소되었다고 하였다. 아마도 정통론의 발전을 화이사상의 잔재를 일소한 것으로 보는 것 같다. 또한 화이관과 관련하여 "성호의 達識은 중국중심주의의 세계관을 이미 타파하였다"라고 하였다. 명확한 언급은 없으나 역시 정통론의 대두가 '중국중심주의의 세계관'의 타파와 연결되는 것이라는 생각을 염두에 둔 것으로 여겨진다. 양자가 연결될 수 있는 근거는 정통론을 우리 역사에 적용하는 것이 우리와 중국을 대등하게 본 것이라고 생각하는 데 있다. 여기에서 일단 이우성은 정통론의 대두를 '민족적'인 것으로 보려는 의도를 가진 것으로 생각할 수 있겠다.

다음 이만열의 13에서는 이익·안정복 외에 정통론 사가로서 유계·홍여하·임상덕을 다루고 있다. 그러나 정통론 논의에서는 노론의 유계나 소론의 임

---

5) 번호는 글의 말미에 수록된 논저 목록의 번호를 가리킨다.

상덕은 배제되고 남인에 한하여 언급하여 삼한정통론은 이익에 앞서 홍여하에 의해『東國通鑑提綱』에서 처음 대두하였으며, 17~18세기 여러 강목체 사서에 나타나는 정통론은 중국중심주의 세계관에 대한 주체적 역사인식의 한 요소이며, 정통론은 남인에 의해 더욱 강조되었다고 하였다. 정통론이 왜 중국중심주의 세계관에 대한 주체적 인식의 한 요소가 될 수 있는지에 대해서는 정통론의 등장은 정통국가가 중국과 꼭 같이 한국에도 존재할 수 있다는 의미에서 자주성의 강조라고 설명한다. 이 문제와 관련하여 변완림은 12에서 "역사의 전개 과정에 있어서의 정통론은 본래 중국에서만 논의되었던 것으로 이것을 우리 역사에 적용하였다는 것은 중국중심적인 세계관에 대한 그의(안정복: 인용자) 도전을 의미한다"라고 보다 명료하게 언급하였다.

한편 한영우는 21에서 정통론을 채용한 17~18세기의 강목법 사서를 '尊華的' 애국심에서 나온 것으로 보고 있다. 한영우는 이 시기가 선초에 비해 존화의식이 심화되었다고 생각한다. 그러나 이익과 안정복의 사학은 앞서의 오운·유계·홍여하·임상덕 등의 강목체 사학에 비해서는 탄력성을 많이 지니고 점차 주자학을 탈피하려는 노력이 보인다는 점에서 별파로 간주하려 한다. 그 근거는 단군조선 등 우리 고대사에 대한 적극적 평가이다. 이것은 정통론 사학을 서로 성격이 다른 두 가지로 나누어 보려는 것으로 13에서 정통론 사학을 일률적으로 파악한 이만열과는 차이가 있다.

문제는 '정통론의 대두 = 중국 중심 세계관의 타파 = 민족적'이라는 등식이 성립할 수 있는가 하는 것이다. 조선후기 정통론 사학은 강목체 사학과 표리관계에 있는데, 강목체 사학은 주자학의 명분질서 관념에 입각한 도덕적 포폄을 기본으로 하는 것이기 때문이다. 앞의 논문 12는 안정복의 사학을 성리학적인 것이라고 본다. 그러면 성리학적 사학이 중국중심주의 세계관의 타파와 어떻게 연결될 수 있을까. 정통론을 우리 역사에 적용한 것이 자주성의 강조라는 근거 외에도 또 다른 설명이 필요하리라 생각된다. 또 중국중심주의 세계관의 개념 자체가 모호하다. 이것을 화이관과 바꿔 쓸 수 있을지가 의문이다.

다음 기존 연구에서 위의 논의 이외에 홍여하·이익·안정복의 사론을 각각 어떻게 이해하려 했는지 살펴보기로 한다. 한영우는 25에서 홍여하의 역사 인식을 영남남인이라는 관점에서 이해하였다. 정통론과 관련하여서는, 기자 →마한→신라로 이어지는 흐름만 정통왕조로 인정한 것은『東國通鑑』에서 삼조선과 삼한·삼국을 대등하게 취급한 것과는 판이하며 신라가 정통이 되는 이유를 신라가 삼국을 통일한 것만이 아니라 마한을 존중하여 기자의 統을 이었고 이문진의 고구려사는 믿기 어려우며 최치원의 신라사는 믿을 수 있다는 데 두고 있다고 보았다. 또 기자→마한→신라로 국사 체계를 바꾼 이유는 尊王洋夷를 기치로 내건 春秋 정신을 극단적으로 이데올로기화한 주자의 강목법 사학을 받아들였기 때문이라고 하였다. 그런데 위만조선이 아니라 마한을 정통으로 보는 것은 강목법 사학의 영향이라고 설명할 수 있으나 삼국 가운데 신라를 정통이라 한 것을 반드시 그렇게 설명하기는 어렵지 않은가 한다. 같은 강목법 사학이라도 안정복은 삼국시대를 무통으로 처리하고 있기 때문이다. 여기에는 안정복이 백제사·고구려사를 어떻게 보았는가도 관련이 있다.

이익에 대하여는 한영우가 27에서 이익이 중국사의 정통을 하·은·주 삼대에 국한시키려 하였는데 이것은 주자를 비롯하여 성리학자의 통념과는 다르고, 한국사의 정통은 단군·기자에서 시작하여 삼한으로 이어지며 삼국은 무통, 통일신라와 고려(태조 19년 이후)로 정통이 이어진다고 보았는데, 이는 한국사가 중국사보다 정통이 오래 지속되었으며, 조선조 영남과 기호에는 삼대의 유풍이 남아 三代가 불원간 재흥하리라는 자긍과 기대에서 비롯된 것이라고 하였다. 이익이 중국의 정통을 삼대에 국한시키려 한 것은 매우 주목되는 일이다. 이익이 중국사와 한국사의 전개를 비슷한 것으로 파악하였다면 그가 우리 역사를 조선조까지 정통으로 보려 했다고 평가하는 것은 다소 무리가 아닐까 한다. 당시의 상황을 매우 비판적으로 보던 이익이 삼대가 불원간 우리나라에서 재흥하리라고 생각했는지도 의문이다.

안정복의 정통론과 관련해서는 변원림이 12에서 ① 안정복은 김부식의 신라정통론을 비판하고 고구려 기원이 한무제 이전이라 봄으로써 김부식의 신라정통론의 근거 중 하나를 제거하였고, ② 안정복은『東史綱目』을 공민왕

麗年에서 끝내고 이조에 대해서는 자기의 소속 왕조라는 시대적 제약으로 그 정통문제를 직접 논의하지 않았으며, ③ 왕조혁명에 부정적인 견해를 표명하여 위만, 고려 태조, 이조 태조의 전 왕조 정복의 부당성을 논하였는데, 여기에서 그의 역사발전에 관한 인식의 결여를 느낄 수 있다고 하였다. ①은 안정복이 영남남인이 아니라 기호남인인 이유도 있다고 생각된다. 안정복에게 신라중심주의적 인식의 측면이 있으므로 이것과 ①을 어떻게 연관하여 이해할 것인지가 문제가 되며, ③에서와 같이 안정복이 과연 왕조혁명을 부정적으로 보았는지도 문제이다. 유학자라면 누구나 정당한 역성혁명은 인정한다. 특히 고려 태조에 대한 안정복의 견해가 어떠하였는지는 좀더 검토할 필요가 있고, 조선 태조에 대해서도 매우 조심스런 태도를 취했겠으나 부정적으로만 보았는지 살펴보아야 할 것이다.

이상에서 정통론의 대두를 민족적 관점에서 보는 것의 문제점과 홍여하·이익·안정복의 정통론에 관한 기존 연구의 문제점을 검토하였다. 끝으로 기존 연구의 또 다른 문제점을 살펴보기로 한다. 기존 연구에서 정통론은 주로 남인을 중심으로 연구되었다. 그러나 노론·소론에도 정통론 사학자와 사서는 있다. 그리고 남인 가운데도 정약용은 정통론의 전개에서 파악될 수 없으며 이익도 정통론 계열에 넣기는 다소 무리가 있다고 생각된다. 한영우는 이익을 정통론의 별파로 보았으나 오히려 정통론을 벗어난다고 볼 수도 있지 않나 생각된다. 이것이 가능하다면 남인의 역사인식을 둘로 나누어 허목→이익→정약용으로 이어지는 탈정통론적 인식과 홍여하→안정복으로 이어지는 정통론적 흐름으로 볼 수 있지 않나 한다. 이익과 안정복을 여태껏 주로 계승관계에서 파악하였으나 오히려 대립적 관점에서도 볼 수 있지 않을까 한다. 물론 18세기 후반 안정복의 정통론과 17세기의 정통론과는 차이가 있을 것이다.

정통론을 제대로 이해하기 위하여는 17세기와 18세기를 구분하고 남인만이 아니라 노론과 소론의 정통론에 대하여도 연구하여야 할 것이다. 17세기 정통론은 본질적으로 주자학적 명분질서를 강조함으로써 당시 동요하는 중세체제를 보수하려고 한 것으로 볼 수 있으므로 이를 중세체제 비판자인 이

익·정약용 등과 연결시키는 것은 무리라고 생각되며 18세기는 사회변동이
더욱 진전되었으므로 17세기의 정통론과 18세기의 그것은 차이가 날 것이라
고 여겨진다.

② 華夷觀

화이관의 문제와 관련되는 첫 논문은 천관우의 2이다. 이는 화이관을 본격
적으로 다룬 것은 아니다. 하지만 천관우는 이 논문의 4장 「조선 중심의 북학
론」에서 홍대용은 청조도 또한 중화로 볼 수 있다는 논의와 아울러 華夷의
分은 지역구분의 문제요 그 명칭에 구애될 것이 아니라고 하였고, 이 견해는
「의산문답」에서 발전·완성되어 여기서 화이의 구별이 본질적으로 있을 수
없다고 하였다고 하며, 공자가 域外에 살았더라면 역외를 중심으로『春秋』
를 지었을 것이라는 域外春秋論에서 慕華냐 혹은 북학이냐 하는 문제보다
더 근본적인 중국관과 민족의식이 담헌에게 있음을 볼 수 있다고 주장하였
다. 이상에서 천관우는 홍대용이 근본적인 민족의식을 갖고 화이관을 극복
한 것이라고 생각하였음을 알 수 있다.[6]

홍대용을 포함한 이른바 북학파의 화이관을 본격적으로 다룬 것은 손승철
의 38·39이다. 38에서는 소중화론이 16세기 후반에서 17세기에 이르러서 확
립된 것으로 보고 북학파들의 이에 대한 극복논리는 존주론을 바탕으로 하
고 있다고 보았다. 다시 말해 처음부터 華夷意識을 극복한 논리로부터 시작
되는 것이 아니라 도리어 존화양이의 명분 위에 전개되고 있다는 것이다.
그리고 '華夷一也'론에서 화이관념이 완전히 극복되며, 이 '화이일야'의 관
념이야말로 19세기 말에 나타나는 근대적 국가 개념인 국가평등관념의 선구
라고 하였다. 그런데 손승철은 최근 40에서 "이들(북학자를 포함하는 17∼18세
기 실학자: 인용자)의 대외인식의 기본틀은 …… 중화관 자체를 탈피한 근대적
인 국가평등의식이 전제되는 대외인식의 단계에까지 이르지 못했다고 생각

---

6) 한편 유근호는 「근세조선의 국제인식」(『조선조 정치사상』, 1980)에서 박제가와 박
   지원은 화이관을 극복하지 못했으나 홍대용은 '華夷一也'로 적극적으로 화이관을
   극복하였다고 하였다.

된다"라고 하여 종전에 비해 다소 후퇴하는 느낌을 주는 주장을 하였다. (39)
에서는 존주적 표현은 이단으로 취급당하지 않기 위한 노력이라고 하였다.
이는 38에서 존주론의 존화양이 논리를 바탕으로 하여 화이관 극복이 사작
된다고 한 것과 다소 모순된다.

한편 유봉학은 43에서 홍대용은 연행 이전에는 전통적 화이관을 갖고 있
었으나 연행에서 돌아온 이후 차이를 보여 최후로 역외춘추론에서 '華夷一
也'에 도달했으며, 여기서는 적어도 논리적으로는 '朝鮮 = 夷'의 주체가 긍
정되면서 동시에 '淸 = 夷'의 주체도 긍정되며, 박지원의 경우도 홍대용과
마찬가지로 燕行의 경험 이후 급전한다고 하였다.

손승철·유봉학과는 대조적으로 조영록은 41에서 북학파의 화이관을 文化
中心的 華夷觀으로 파악하고 있다. 조영록은 북학파는 지전설 등에 의해 중
화주의적 화이관(지리적 화이관)을 벗어났고, 홍대용의 역외춘추론은 지리적
화이관은 벗어났으나 문화적 화이관마저 부정한 것은 아니며 이는 박지원도
마찬가지라고 주장하였다.

홍대용의 경우 적어도 '華夷一也'의 단계에서는 천관우·손승철·유봉학이
대체로 화이관의 극복에 도달하였다는 관점에서 보고 있는 데 반해, 조영록
은 지리적 화이관을 탈피한 문화주의적 화이관으로 보고 있는 것이 양자의
차이이다. 여기서 초점은 홍대용이 말하는 '華夷一也'가 무엇을 의미하는가,
진정으로 華와 夷의 차별성을 완전히 극복한 것인가 하는 점이다. 유봉학은
조선을 夷로 긍정한 것이라고 하였는데, 夷를 긍정한다면 그때 夷를 어떤
의미에서 긍정하는가 하는 것이다. '華夷一也'는 域外春秋論과 같이 나타난
다. 역외춘추론은 春秋(= 공자의 이념 = 유교)의 부정은 아니다. 이 '華夷一
也'론과 역외춘추론에서 華와 夷의 의미, 양자를 서로 어떤 각도에서 부정
혹은 긍정하는지, 양자를 하나라고 할 때, 어떤 점에서 그렇게 주장하는지를
다시 정밀하게 따져야 할 것이다. 또 유봉학은 홍대용의 화이관이 燕行을
전후하여 변화가 있다고 하였는데, 이를 위해서 보다 철저한 자료의 뒷받침
이 요구되며 변화를 인정한다 하더라도 그것이 어떤 성격의 변화인지, 다른
북학파 인사에게 끼친 영향은 어떠한 것이었는지도 밝혀야 할 것이다.

손승철의 논문 38에서의 문제점은 북학파 몇 사람의 주장을 각각 한 단계에 비정하고 이것을 북학파 전반의 발전과정으로 파악하는 점이다. 또 尊周論 → 以華制夷 → 華夷一也의 발전과정에서 尊周論은 박제가의 것이며 華夷一也는 홍대용의 것인데 홍대용은 박제가보다 훨씬 선배이다. 40에서의 문제점은 이익의 화이관이 홍대용·박지원·박제가에 의해 더욱 계승·발전된다고 본 점이다. 이익은 북학파와는 학풍·당색이 다른데 양자를 계승·발전 관계로 파악하기 위하여는 특별한 설명이 필요하다. 조영록의 연구에서의 문제점은 북학파와 정약용, 이종휘를 모두 문화적 화이론자로 보면서 서로의 차이점을 드러내지 않은 것이다. 당색·학통의 관점에서 나누어 고찰할 필요가 있다.

기호남인에서의 화이관 문제는 이우성의 9에서 처음 언급되었다. 여기서는 이익의 달식은 중국중심주의 세계관을 이미 타파하였으며, 이익·안정복의 정통론에는 華夷思想의 잔재가 아직 남아 있었고, 정약용의 경우 현실론적 주장(華夷의 구분은 문명의 수준에 있다)으로 중화주의의 절대성의 잔재가 일소되었다고 하였다. 이익에 대해서는 송찬식이 11에서 "성호의 화이사상에 대한 비판은 실로 철저하다고 할 만하다"라고 하며 이익에 대해 이우성보다 한걸음 더 나아간 주장을 하였다.[7] 안정복과 관련해서는 변완림이 12에서 안정복이 사대사상과 모화사상에 비판적이었고 한민족의 우월성을 부정하였다고 하였다. 이만열은 13에서 18세기 말은 명·청 교체기에 주어졌던 화이관적 의식구조에 상당한 변화가 주어졌으며, 안정복 때까지만 하더라도 강렬하게 나타났던 '所出之處'를 중심으로 하는 華夷觀念은 그 다음 시기 정약용에 이르러서는 일단 부정되고 문화수준에 의한 화이론이 주장되었다고 하였다. 조영록의 앞의 논문도 정약용을 문화주의적 화이론자로 파악하였다.

---

7) 최근 한영우는 27에서 이익의 정통론과 관련하여 이익은 중국이 지리적으로 세계적 중심임을 부정하였으며, 또 그가 우리나라를 소중화로 자부하여 새로운 국사 체계를 수립하려고 한 것은 중국 밖에도 聖人이 얼마든지 있다는 확신에 기초한 것으로, 이 점에서 전통적인 화이관을 깔고 정통론을 도입한 선배들과는 일선을 획한다고 하였다.

남인의 화이관의 경우 아직 본격적인 연구가 없고 연구 대상도 주로 기호남인이었다. 영남남인의 화이관도 정통론과 마찬가지로 연구될 필요가 있다. 이익의 경우 이우성은 화이관의 잔재가 남은 것으로(그 잔재가 무엇인지 분명히 언급하지 않았다) 보았고, 송찬식은 철저히 벗어났다고 보았는데, 한영우는 지리적 화이관을 벗어난 소중화의식이라고 하였다(여기서 소중화의식은 문화주의적 화이관으로 바꿔 생각해도 좋을 것이다). 이우성은 이익에게서 중국중심주의 세계관은 타파되었으나 화이관의 잔재가 남아 있다고 하였는데 논문의 맥락으로 보아 중국중심주의 세계관을 종족적·지리적 화이관으로 파악해도 좋을 듯하며, 華夷思想의 잔재란 종족적인 화이관의 잔재라고 여겨진다. 송찬식의 경우 논문 전체 맥락으로 보아 화이사상을 地理的·種族的 의미로 사용하는 것 같다. 이 경우 이우성과의 차이는 이익이 종족적 화이관을 얼마나 벗어났는가에 대한 견해 차이가 된다. 이익에게 과연 종족적인 화이관의 잔재가 있는지 검토할 필요가 있다.

안정복의 경우 철저한 성리학자인데 그가 사대사상, 모화사상에 비판적이었다 하더라도 그것의 정도와 각도를 따져보아야 한다. 아직 종족적·지리적 화이관이 남아 있다고 보는 것이 온당할 것이다. (補: 이 점에 대하여는 추후 세밀한 검토가 필요하다. 문화적 화이관 측면에서의 안정복의 華 개념은 성리학적 이념 질서, 즉 상하관계적 신분질서를 의미한다. 다만 그는 토지개혁론자인 점에서 종래의 주자학자들과는 다르다. 이런 점에서는 안정복은 비록 학파와 당색은 다르지만 이항로와 유사하다. 이항로는 역시 상하관계적 신분질서를 옹호하지만 토지 문제 대하여는 개혁적 입장을 취하였다.) 이우성은 화이관 측면에서 안정복을 이익과 동일시한다. 하지만 오히려 양자의 차이에 주목할 필요가 있다.

정약용에 대하여 이우성은 중화주의의 절대성의 잔재가 일소되었다고 하였는데 이것은 종족적·지리적 세계관의 완전한 극복이라는 뜻으로 이해된다. 이런 뜻이라고 보면 조영록과 이우성의 견해는 타당하다. 문제는 이우성·송찬식 등이 사용하는 용어상의 혼란과 문화주의적 화이관을 화이사상의 극복이라고 보는 인식 태도이다.

소론의 화이관을 다룬 것으로는 김철준의 16과 조영록의 앞의 논문이 있으나 소론에 대하여는 연구가 별로 없는 실정이다. 김철준은 위 논문에서 이종휘는 유교사관을 옹호함과 동시에 사대정신을 비판하고 동방인의 생활 전통을 강하게 주장하였다고 하였다. 이런 김철준의 주장은 일견 모순된 것 으로도 보인다. 조영록은 이종휘는 유교적 문화중심의 화이관을 견지한 점 에서는 실학자의 경우와 같고 小華 의식이 철저한 점에서는 정통주자학과 같다고 하였다. 김철준의 경우 유교사관 옹호와 사대정신 비판의 공존이 어 떻게 가능한지 좀더 명확하고 논리적인 설명이 필요하다. 조영록의 경우 문 화주의적 화이관과 소중화의식을 모순되게 생각하였으나 양자는 모순되는 것이 아니라고 생각된다. 문화주의적 화이관은 小中華 의식이 발달된 한 형 태이다. 즉, 소중화 의식이 17세기의 尊華攘夷的인 것(정통론과 논리적으로 연 결. 補: 그러나 정통론의 입장이 반드시 강목체 사학의 주자학적 이념에 기초한 것은 아니다. 정통론에는 강목체적인 것과 비강목체적인 것이 있다. 이에 대하여는 다음 논문에서 자세히 언급하였다)에서 18세기의 문화주의적 화이관으로 발달한 것 이라고 생각한다.

다음 유교의 틀을 벗어나는 것으로서 17세기 도가사학의 성장을 주목한 것으로 한영우의 20이 있다. 여기에서 한영우는 도가사상은 신채호가 말하 는 郎家思想이며, 단군신화는 단군신앙이나 단군조선의 역사적인 의의에 관 한 한 도가의 공적이 가장 크고, 여말선초 민족의식이나 유교사학의 성장에 의외로 영향이 컸다고 보았다. 따라서 17세기 尊華攘夷적 역사의식 속에서 『揆園史話』로 나타난 도가적 역사인식의 성장이 유교사학의 수준을 한 단계 높여 존화의식을 탈피하는 밑거름이 되었으며 도가사상이 한말에는 민족주 의 사상을 태동시키는 기반이 되었다고 주장하였다. 한영우는 또 24에서는 허목의 역사인식을 도가사상과 관련하여 파악하고 있다. 문제는 조선후기의 도가사상을 어떻게 한 흐름으로 잡아낼 것인가, 또한 이것이 다른 유학자들 의 역사인식에 준 영향을 실증적으로 밝혀낼 수 있는가 하는 것과 도가사상 의 실체를 파악하는 일이다. 그리고 『규원사화』에 대하여는 한말·일제시대 대종교 계통 인물의 위작이라는 주장이 있다.[8] 서지적인 문제를 보다 치밀히

---

8) 송찬식, 「僞書辨」[≪월간중앙≫ 9월호, 1977. 최근 조인성은 「현존 규원설화의 사

검토할 필요가 있다.

華夷觀에 대한 기존연구의 문제점으로는 우선 화이사상의 개념에 대한 명확한 의식이 없으며 중국중심주의 세계관, 화이사상, 소중화의식 등의 용어를 명확하게 개념규정하지 않음으로써 혼란을 일으키고 있는 점을 들 수 있다. 이들 용어에 대한 명확한 규정이 필요하다. 화이사상의 변화는 종족적·지리적·문화적 요소로 나누어 그 변화가 어떤 측면의 것인지 분석적으로 검토할 필요가 있다. 또 기존 연구 가운데 종족적·지리적 화이관이 극복되어 문화주의적 화이관의 측면만 남은 것을 화이사상의 극복으로 보는 입장은 지양되어야 할 것이다. 이것도 조선후기에서 민족적 지향을 찾는 것을 지나치게 의식한 데에서 비롯된 것이 아닌가 한다. 문화적 화이관까지 완전히 극복되는 것은 한말·일제시기의 우리 근대민족주의의 태동에서 이루어지는 것이라고 여겨진다.

(補: 이런 서술은 이 논문 작성 당시에 필자가 이미 지나치게 근대 또는 민족주의를 실학이나 조선후기 사학사 연구에 투영시키는 것에 대하여 문제를 느끼고는 있었으나, 아직 크게 보아 실학을 근대지향적인 것, 근대민족주의와의 관련에서 파악하려 하며 민족주의 사학자류의 한국근대민족주의를 긍정적으로만 보던 한국사학계의 경향을 필자 역시 공유하고 있었음을 보여준다. 근대성과 민족주의 담론에 매몰되어서 아직 벗어나지 못하고 있었기 때문이다.)

조선후기 화이관의 변화는 대외관의 변화와도 밀접한 관계가 있다. 이 중에서도 직접적인 관련을 갖는 것은 淸과 日本에 대한 견해였다. 이들을 夷가 아니라 華로 간주하게 되는 것은 문화적 화이관의 형성과 상호관계가 있으며 화이관의 보편적 적용이라는 방향으로 나아가게 할 수 있다. 對淸觀은 종래부터 주목되었으나 일본관에 대한 관심은 최근의 일이다. 끝으로 일본관에 대한 연구를 살펴보기로 한다.

일본에 관련해서 이익에 대하여 하우봉의 46이 있고 정약용에 대하여는 한영우의 22와 하우봉의 45가 있다. 하우봉은 46에서 이익은 임란 후 150년

론적 성격에 관한 일검토」, 『두계이병도박사구순기념 한국사논총』(미간), 1986.12. 기고. (補: 본 논문 작성 당시 미간행이었으나 1987년 지식산업사에서 간행되었다)에서 『규원사화』를 근대민족주의 사학의 하나로 파악하였다.

이 지나면서도 일본에 대한 적개심과 주자학적 화이의식을 굳게 고수하고
있었던 당시 조선 지식인들의 일반적 경향과는 달리 국제정세의 현실을 정
확하게 보고자 하여 감정적 차원이나 비현실적인 화이의식에서 탈피하였으
며 일본의 물산 풍부, 기술 우수와 강성함을 인식·소개하고 문화에 대해서도
부분적으로 긍정하여 일본의 인쇄문화, 일본 유학자들의 충의를 칭찬하였다
고 하였다.

한편 한영우는 22에서 정약용은 만년에 이를수록 일본에 대한 문화적 이
해가 깊어지면서 동시에 일본의 침략가능성에 대한 위기감이 깊어지고 일본
을 문화적으로 야만시하고 왜란에 대한 적개심만 충만하던 고식적인 대일관
에서 벗어나 일본문물의 발전을 객관적으로 인정하였다고 하였다. 하우봉은
45에서 이익과 안정복의 일본 사회와 문화에 대한 새로운 인식은 그들의
화이관의 극복과 직접적인 관련이 있을 것으로 보고, 이익과 안정복의 이러
한 새로운 견해는 정약용에게 영향을 주었다고 보았다. 그리하여 정약용은
일본의 기술문명만이 아니라 유교문화에 대해서 칭찬하여 우리나라보다 더
훌륭하다는 정도로 평가하였다. 그러나 일본에 대한 위기의식도 느껴 방어
대책과 함께 일본에 대한 자료집으로서 『民堡議』와 『日本考』를 제시하였다
고 하였다. 이 연구들에서는 화이사상의 구조 및 논리와 연관하여 구체적으
로 대일관의 변화를 화이관의 변화와 연결짓지는 않고 있는데 앞으로 이 점
에 대한 검토가 필요하다. 또 하우봉도 45에서 정약용의 일본관을 계통적으
로 파악(기호남인)하기는 하였지만 이것을 좀더 심화시키고 상호간 비교할
필요가 있으며 다른 학파, 특히 북학파 등의 일본관 연구가 요청된다. 대청관
과의 연관문제도 구명되어야 할 것이다.

(2) 고대사 인식

① 인식체계

조선후기의 고대사 체계는 일원적인 것과 이원적인 것이 있다. 대체로 정
통론적인 것은 일원적이고 비정통적인 것이 이원적이다. 고대사 인식체계

문제를 처음 다룬 것은 이우성의 9이다. 여기에서 그는 이익의 삼한정통론이 안정복에게 발전적으로 계승되어 우리 역사의 정통을 단군 → 기자 → 마한 → 통일신라 → 고려로 파악하였다고 보았다. 다만 삼국은 무통으로 처리했고, 따라서 이익·안정복 모두 기자조선을 단군의 계승자로 보는 데는 이의가 없다고 하였다. 이러한 이우성의 주장은 이만열의 13에 계승되고 여기에서 고대사 인식체계가 본격적으로 논해지게 된다. 이만열은『東國史略』·『東國通鑑』·『東史纂要』에서 한국사의 체계적인 인식이 비로소 형성되는데 동국사략에서는 단군 → 기자 → 위만 → 사군이부 → 삼한 → 삼국으로 체계화하였으며,『동국통감』에서「외기」로 처리되었던 단군·기자·위만조선·사군이부·삼한은『동사찬요』에서는「본기」에 들어갔다고 하였다. 또한 홍여하는 단군 → 기자 → 마한 → 신라 → 통일신라로 연결되는 계통에서 한국사의 정통을 찾으려 하였으며, 안정복은 단군 → 기자 → 마한 → 삼국(무통) → 통일신라 → 고려로 체계화하였고(정통론적 입장), 이종휘는(홍여하·안정복과 같은) 정통론적 인식체계를 일부 계승하면서 이전의 기자 → 위만의 인식체계를 아울러 갖고 있으며 부여·고구려 중심의 한국사 체계로 전환하고 있는 듯하다고 하였다. 그렇다면 일원적 체계가 아닌 점에서 이종휘는 정통론을 벗어나고 있다고 볼 수 있다. 정구복은 28에서 조선전기「외기」로 처리된 상고사가 본권으로 통합되는 선례는 16세기 史略형 사서에 있다고 하였다.

한편 한영우는 24에서 허목의 고대사 체계는 기자 → 마한의 계승과 단군 → 부여 → 고구려·백제의 계승을 아울러 갖는 것으로, 기자 → 마한만을 주류로 보는 국사 체계와는 다르다고 하였다. 그렇다면 허목의 사관은 정통론적인 것이 아니다. 홍여하에 대하여는 한영우가 최근「17세기 중엽 영남남인의 역사서술」(1985)에서 기자 → 마한 → 신라로 이어지는 정통 계승관계를 정립하였다고 하여 홍여하의 인식체계가 단군부터 시작되었다고 본 이만열과는 다소 차이가 있는 주장을 하였다.[9]

고대사 체계의 연구도 이종휘를 제외하면 대체로 남인의 정통론을 중심으

9) 이익에 대하여는 최근 한영우가 27에서 단군·기자→삼한(특히 마한)→삼국(무통) →신라(문무왕 삼국통일 이후)→고려(태조 19년 이후)로 파악하였다고 하였다.

로 연구되었다. 남인의 정통론이 갖는 의미를 모색하고 다른 당색에서의 연구도 진전시킬 필요가 있다.[10] 남인의 정통론적 인식체계의 출발이 되는 홍여하의 경우 단군을 어떻게 보았는가는 매우 중요한데 한영우와 이만열의 견해가 서로 다르나, 정통론적 성격으로 보아 단군을 도외시하고 기자를 중시하는 경향이 강하지 않나 한다. 이익의 경우 기존의 연구는 대체로 정통론자로 보고 있으나 단군을 중시하는 점은 바로 그가 정통론적인 역사인식을 벗어나고 있다는 한 지표가 아닌가 한다. (補: 필자의 다음 논문에서는 이익을 비강목체적이지만 정통론적 역사인식을 가졌던 것으로 이해하였다.)

　허목의 경우에 문제가 되는 것은 이원적 역사인식의 유래 및 허목과 이종휘의 유사성을 어떻게 설명할 것인가 하는 것이다. 고대사 체계에서 정통론적 인식은 당연히 일원적 체계를 지향할 것이다. 따라서 허목·이종휘 등은 정통론적 인식에 넣을 수 없다. 정통론적 인식에서도 홍여하 (조선전기도 마찬가지)와 달리 삼국을 무통으로 본 안정복의 정통론이 갖는 의미를 생각하여야 할 것이다. 이는 기호남인과 영남남인의 차이 혹은 17세기 정통론과 18세기 정통론의 차이라고 볼 수 있을지 모르겠다. (補: 안정복이 이렇게 삼국을 무통으로 처리하게 된 것은 우리 상고사의 영역에 대하여 매우 구체적이고 진전된 역사지리학적 인식을 갖게 되었기 때문이 아닌가 생각된다. 종래의 신라 중심의 정통론적 인식은 정확한 역사지리학의 지식 및 이에 따른 역사의 현실적 상황에 대한 구체적 인식과는 모순된다. 이때 정통론적 입장을 포기하지 않는다면 삼국에 대하여 무통론으로 처리하게 되는 것이 논리적 귀결이 아닌가 생각된다. 이익이 이전 단계에 비하여 상고사 영역에 대하여 비교적 정확한 지식을 갖게 된 것, 즉 한백겸을 이어받아 삼한의 영역을 고조선과 별개 지역으로 분리하여 생각할 수 있게 된 것 역시 삼한정통론을 제시할 수 있게 된 한 계기였을 것으로 여겨진다.) 고대사계의 연구도 시기·당색을 나누어 고찰하여야 할 것이다. 또한 정통론에서 가장 문제가 되는 것의 하나인 삼한정통론이 갖는 의미도 다시 생각해야 할 것이다. 어쨌든 위의 한영우·이만열의 연구에서는 고대사 인식체계에서 대체로 고구려 중

---

10) 최근 한영우의 허목에 대한 연구 24는, 허목이 청남의 영수임에도 불구하고 정통론적 관점에 서 있지 않다고 하였다.

심의 인식을 강조하려는 경향이 있다. 이것은 우리의 현재의 의식과도
관련하여 주목되는 일이다.

고대사 인식체계에서 17세기 정통론을 벗어나게 하는 데 기여한 것은 역
사지리학의 대두이다. 그것은 정통론에 비해 현실주의적 색채를 띠기 때문
이다. 여기서 한백겸의『東國地理誌』가 주목된다. 정구복은 역사지리학적
관계 최초의 논문인 29에서 한백겸은 우리 상고사가 한강을 경계로 南北(고
조선과 삼한)이 '南自南 北自北'의 형태로(상호 간섭 없이) 진행되었다고 보았
으며, 이것은 오운·유형원·신경준·안정복·정약용·한진서에게 영향을 주었
고, 삼국을 고구려·백제·신라의 순서로 서술하게 하였다고 하였다. 이렇게
되면 우리 상고사를 고조선과 삼한의 이원으로 파악하는 것이다. 이는 허목·
이종휘 등의 이원체계(고구려계의 강조)와도 다르며 정약용의 경우 반도중심
사관과 연결된다. 그러나 정구복은 한백겸을 고구려 중심의 역사인식으로
파악하려는 것이 주목된다.

한편 이상태는 48에서 신경준은 고조선을 전·후로 위만조선으로 구분하
였고, '南自南 北自北'의 원칙에 입각하여 북쪽에 고조선이 건국되었을 때
남쪽에는 진국이 건설되었으며 진국은 뒤에 마한, 삼한으로 이어진다고 하
였다. 정약용에 관하여는 한영우가 22에서 북쪽은 조선(기자조선)이, 남쪽은
한국이 거의 병렬적으로 형성되었고, 조선은 사군 - 고구려 - 발해로 이어지
는 독자적 역사체계를 갖고, 한국은 마한 - 백제, 변한 - 가야, 진한 - 신라로
이어지는 또 다른 독자적 역사체계를 가졌다고 보았으며, 이것은 17세기 초
의 한백겸을 계승한 것이라고 하였다.

역사지리서는 한백겸 이래 대체로 '南自南 北自北' 설을 취하여 상고사를
고조선과 삼한(또는 진국)의 이원체계로 파악한다. 한백겸이 남인이고 그의
영향을 받은 것도 대체로 남인이라고 생각되는데 남인의 정통론적 역사인식
과의 관계가 문제이며 허목·이종휘의 고구려 중심의 이원체계와의 상관성도
밝혀져야 할 것이다. 또 역사지리학의 대두가 갖는 의미, 즉 그것이 조선후기
역사학 일반에 미친 영향, 이중환의『擇里志』같은 인문지리학의 대두와 관
계, '南自南 北自北'이 갖는 의미 등이 보다 깊이 추구되어야 할 것이다. 어

쨌든 고대사 체계의 연구자에게서 대체로 고구려 중심의 역사인식을 긍정적
으로 보고 이것을 강조하려는 경향이 있음이 느껴진다.[11]

---

11) 1987년『東國地理誌』에 대한 진단학회의 심포지엄에서 정구복은 「한백겸의 사학
  과 그 영향」을 발표하였다. 고구려→백제→신라의 순서로 된 것을 고구려 중심 인
  식으로 정구복이 해석하려는 것에 대해 토론과정에서 이것은 책의 편차상 그렇게
  된 것이 아닌가 하는 이만열의 지적이 있었다. 고구려 중심인지 여부는 내용 검토
  가 아울러 행해진 뒤 판단을 내릴 수 있을 것이다.
  (補: 최근 고구려사가 중국사에 속한다는 중국학계의 견해가 대두되고 이것이 매스
  컴에 의해 보도되자 한국의 '국사학계'에서는 고구려사는 당연히 '한국사'에 속한
  다는 입장에서 강한 반발이 있었고, 최근에는 고구려사 연구를 위한 별도의 단체가
  조직되기에 이르렀다. 이것은 한국 '국사학계'의 민족주의 경향을 보여주는 대표적
  사례라고 생각된다. 근대적 국민국가로서의 한국은 해방 이후에야 수립된 것이고
  아직도 형성 과정에 있다. 중국의 경우도 그것은 신해혁명 이후에 비로소 수립된
  것이며 한국과 마찬가지로 근대적 국민국가의 형성 과정에 있다. 이런 과정에서 중
  국에서는 21세기 이후의 변경 지역의 영토, 국제적 문제, 소수민족의 처리 등과 관
  련하여 이른바 '東北工程'에 착수하였을 것이다. 이것은 근대 국민국가가 '내셔널
  히스토리'를 창출하여 국민적 통합, 정치적 목적에 이용하려는 전형적 예이다. 이런
  정책은 필연적으로 인접국과의 '역사 전쟁'을 낳아 불필요한 마찰을 일으키게 한다.
  이렇게 국가가 중심이 되어, 현재를 일방적으로 과거에 투영하면서 주변의 역사까
  지 專有하려는 중국 정부, 그리고 이에 예속되어 연구를 진행하는 중국의 연구자들
  은 비판받아 마땅하다. 하지만 우리 '국사학계' 역시 이런 생각에 매몰되어 있는 측
  면이 많다고 여겨지며 북한 학계의 경우 더욱 그러하다고 생각한다. 이런 견해의
  싹은 조선후기 일부 역사학자들에게 이미 있었다고 생각되지만, 직접적으로는 강대
  한 고구려를 부각시키려 한 일제시기 민족주의 역사학자들에게 유래한다. 해방 후
  조선후기 사학사 연구자, 실학 연구자들, 고대사 연구자들 가운데 적지 않은 분들이
  이런 견해를 무의식적으로 공유하였고 지금도 그러하다고 생각된다. 역사 연구는
  결과적으로는 현실 사회에 이바지하고 또 그러하여야 하지만, 목전의 정치적 목적
  과 이익에 복무하는 것은 아니다. 학문의 독립성, 냉정한 자세가 필요하다. 결론적
  으로 말하면 高句麗史는 高句麗史일 뿐이다. 고대 동북아의 만주와 한반도에 걸쳐
  살았던 고구려 주민의 역사이다. 한국사도 아니며 중국사도 아니다. 오늘날 우리가
  갖는 한국과 한민족이라는 관념, 국사 체계는 근대에 만들어진 것이며 이것은 중국
  의 경우도 마찬가지이다. 물론 오늘의 민족 및 민족문화 형성이라는 현재적 관점에
  서 고구려사를 한국사 분야에서 취급할 수 있으며 중국의 경우에도 그럴 수 있다.
  그런 점에서 보면 고구려사는 한국사일 수도 있고 중국사일 수도 있다. 그러나 어
  느 한쪽이 專有할 수는 없다. 역사의 전유는 폭력이고 침략이다. 근대적 '국민국가
  (nation state)' 관점에서만 역사를 보고 절대화시키는 것은 역사의 여러 측면 가운
  데 하나만을 보게 한다. 이것은 결국 역사의 왜곡이다.)

② **개별인식**

1980년대에 들어와 조선후기 사학사 연구가 심화되는 가운데 상고사의 개별국가에 대한 조선후기의 역사인식에 관한 연구가 나타나기 시작하는 것은 앞서 시기별 연구동향에서 언급하였다. 단군조선에 대하여는 전형택의 논문 31, 기자조선에 대하여는 박광용의 논문 32, 신라에 대하여는 조광의 논문 18, 고구려에 대하여는 이만열의 논문 15, 발해에 대하여는 이만열의 논문 14가 있다.

전형택의 논지는 다음과 같다. 조선시대 역사서에는 단군에서 우리 역사의 정통을 끌어내는 계통과 기자 전통을 강조하여 기자를 우리 역사 정통의 시작으로 보는 두 계통이 있다. 조선초기에는 단군의 이해에 적극적인 태도가 나타나기도 했으나 성종조를 전후하여 나타나는 지배층의 보수화, 유교문화 이해의 진전으로 기자 전통이 강조되었다. 양란 이후 실학의 발생과 함께 단군조선의 서술에 다음과 같은 변화가 있었다. 이전 역사서에서 「외기」로 처리되었던 삼한 이전의 역사가 「본기」에 편입되었으며 단군조선도 예외가 아니다. 내용상의 변화는 단군의 인식이 구체화되어 신적인 존재가 아니라 인간적인 존재로 부각되고 있다. 단군조선이 부여·고구려로 계승되고 있는 것으로 파악하여 단군 - 부여 - 고구려의 상고사 이해체계가 나타났다. 이러한 변화는 찬사자의 학풍, 지방 전승과 야사 등의 반영 및 찬사자의 사회경제적 처지의 상이에서 유래한다. 정통 주자학보다는 도가사상이나 양명학이 우리 문화 전통의 이해에 적극적이었던 것과 관련, 남인·소론의 학자들이 단군조선 전통의 확인에 적극적이었다.

이 같은 견해는 대체로 선초의 단군조선에 대한 적극적 이해가 조선중기 후퇴했다가 조선후기에 되살아난다는 입장이다. 이를 입증하기 위하여는 선초의 단군조선 인식에 대한 연구가 보충되어야 할 것이다. 또 조선중기의 史略형 역사서에 처음으로 선초에 「외기」로 처리되었던 삼한 이전의 역사가 「본기」로 올라가는 것을 생각하면 반드시 조선중기가 선초보다 단군조선 인식에 있어서 후퇴한 것인지도 따져볼 필요가 있으며 단군조선에 대한 인식이 확대되는 것으로 볼 수도 있지 않나 한다. 그리고 정통주자학보다 도가사

학, 양명학 쪽이 우리 문화 전통의 이해에 적극적인 것을 인정한다고 하더라
도 이것을 어떻게 학통과 관련시켜 흐름으로 잡아낼 것인가 하는 것과 도가
사학의 양명학적 사학과의 관계도 추구될 필요가 있다.

기자조선에 대한 박광용의 위 논문에서의 논지는 다음과 같다. 고려중기
까지는 기자와 중국문화와의 연결성이 생기고 있지 않으며『帝王韻紀』에는
유교문화라는 측면에서 민족적 자부심도 나타난다. 고려시대의 인식은 대체
로 유·불·도교 등과 민간신앙이 복합된 것이다. 선초에는 단군·기자가 동등
하게 존중되고 기자의 周왕실에의 입조는 일절 거론되지 않는 등 자주성을
지키려는 면모가 복합되었다. 16세기 사림파의 대두 이후 기자 숭배가 존중
되어 상대적으로 단군조선이 평가절하된다. 17세기 서인은 기자조선 인식이
실제 현실에 도움이 되지 않는다고 보았다. 17세기 영남남인은 정통론을 도
입하여 성리학적 주장을 하였으며 기호남인은 勢에 따라 혈통적 측면과 도
학적 측면을 융합시킴으로써 기자문화에 대한 인식에 도달해야 한다고 하여
기자숭배는 강화되는 추세이다. 그러나 기자를 완전히 제거해야 한다는 도
가적 인식이 암류로 흐르기도 한다. 18세기에는 이상의 극단적 서술들이 비
판적으로 종합된다. 소론계의 이종휘는 기자 문화는 존중하지만 그 내용은
비판적으로 취사선택해야 한다고 하여 기자문화를 정통으로 인정하지만 학
구적인 문헌고증의 방법을 쓴다. 단군조선에도 중화문화의 전통을 인정한다.
같은 소론계의 이종휘는 기자문화는 殷나라 문화를 계승하여 周나라 문화보
다 우수하다고 주장하였다. 절의·왕도라는 관념적 인식 아래 자신을 東夷로
인식하고 동이문화의 원천으로서 기자문화에 초점을 맞춘다.

19세기에는 학문적 입장에서 기자조선을 재구성하려는 자료집 성격의 역
사서가 나타난다. 여기에서는 기자조선에 대한 인식 강화와 단군조선에 대
한 인식 강화를 대립적인 것으로 보며, 16세기 사림파의 등장으로 단군조선
에 대한 인식이 퇴조하고 기자조선에 대한 인식이 강화된다는 견해인데, 이
입장은 대체로 한영우·전형택의 그것과 같다고 생각된다. 박광용 논문의 특
징은 17세기 기호남인과 영남남인을 구분한 점인데 앞으로 이 점은 주목되
어야 할 것으로 여겨지며 고려·선초의 흐름 위에서 조선후기를 파악한 것은

다른 연구가 따라야 할 태도라고 생각된다.

조선후기 신라 인식에 대한 조광의 위 논문 18은 『東史綱目』만을 대상으로 하고 있어 전체상을 보기에는 미흡하다. 조광은 위 논문에서 『三國史記』 이래의 전통을 따라 신라 중심적이지만 그대로 맹종하지는 않고 고구려가 신라보다 먼저 건국되었음을 인정하였고, 성리학적 역사인식으로 유교의 가치관을 투영하여 춘추대의·충신·효열을 논했으며, 신라의 발전에 대한 불교의 공헌을 인정하지 않았다고 하였다. 문제점으로 지적될 수 있는 것은, 첫째, 대상이 제한되었더라도 다른 것과의 비교를 염두에 두었어야 할 터인데 그러지 않아 조선후기의 신라인식 전체 속에서 안정복의 위치가 드러나지 않았으며, 둘째 고구려 중심의 인식, 안정복의 고대사 체계에서 신라인식이 차지하는 위치, 안정복과 다른 고대사 체계에서의 신라인식과의 비교 등이 나타나지 않은 점이다.

다음 고려사 인식에 대해 살펴보면, 이만열은 위 논문 15에서 아주 상세히 정통론 역사서와 『東史』·『海東繹史』 등에 나타난 고구려사 인식을 다루었는데 그 논지는 다음과 같다. 조선후기 고구려사 인식은 정통론 역사서의 인식과 『동사』·『해동역사』의 두 흐름이 있다. 정통론은 『東史綱目』에서 정리되고 이어 새로운 사학이 대두·발전하여 어느 시기에는 두 흐름이 병존하였다. 정통론 역사서의 논찬은 대체로 『삼국사기』 및 선초의 것을 그대로 따랐다. 이러한 정통론적 가치관으로 인해 고구려사의 생생한 모습이 가려지게 되었다. 정통론 역사서의 고구려사 인식은 대체로 중국 중심, 신라 중심에다 유교적 대의명분을 강조하는 고구려중기 이후의 역사관이 반영되었다. 단, 정통론은 역사서에도 삼국 가운데 신라를 정통으로 보는 것과 무통으로 처리하는 것이 있다. 『東史』에서 유교사관적 입장과 부여·고구려의 부각이라는 두 측면이 나타난다. 삼국 가운데 고구려가 중심이나 그 인식은 복합적이다. 고구려가 기자조선의 영향을 받은 것과 고구려의 자주성 내지 대외항쟁력의 강조가 아울러 나타난다. 이러한 고구려에 대한 자부심은 발해에 대한 새로운 인식으로 발전한다. 『海東繹史』에서는 삼국을 고구려·백제·신라 순서로 배열하고 고구려 관계 기록이 제일 많다. 따라서 고구려 중심 인식이다. 이 글에서 나타나는 문제점은 고구려 인식의 두 흐름을 당색 및 학통과 어떻게 관련지을 수 있는가 하는 것, 두 흐름이 병존한 시기가 있다고 한 것, 정통론 역사서에 삼국을 무통으로 처리했을 때 신라 중심 인식과의 관계는 어떻게 되는가, 고구려의 자주성 강조를 유교사관적 입장과 모순된 것으로만 보아야 하는가, 『海東繹史』의 배열순서와 분량을 근거로 고구려 중심으로 파악하는 것에는 다소 무리가 있지 않은가, 고구려사의 강조가 반드시 발해의 인식으로 연결되는가 하는 것 등이다.

발해사에 대하여는 우리 역사 체계에 넣는 것과 그렇지 않은 것의 두 가지가 있다고 파악했다. 즉, 이익·안정복은 후자에 해당하고 전자에는 이종휘·유득공·정약용·한치윤·홍석주 등이 해당된다는 것이다. 그리고 발해사 인식이 적극화된 배경에는 고토회복 의식이 있으며, 발해사 인식의 두 흐름에 대해 한말에 계승되어 정통론적 입장을 계승하는 연구자들은 발해 역사에 소극적이나 신채호는 적극적이었다고 하였다.

여기서도 문제는, 첫째, 당색·학통과의 관련이 어떻게 되는가 하는 것을 충분히 고려하지 않은 점과, 둘째, 발해사를 한국사 체계에 넣었다고 분류되는 사람 가운데 그렇게 보기 어려운 사람(예를 들어 정약용)이 있는 점이다. 발해사에 관한 저술이 있는 경우, 발해사를 한국사 체계 속에 넣었다고 생각하기 쉬운데 발해사에 관련된 저술이 있다고 해서 반드시 그렇게 볼 수는 없다고 생각된다. 셋째, 발해사 인식이 적극화되는 배경에 고토회복 의식이 있다고 했는데 위에서 열거한 이종휘·유득공·정약용·한치윤·홍석주 등은 이미 북벌론이 쇠퇴하고 북학론이 대두한 이후 시기의 사람들이다. 넷째, 이만열은 고구려 인식이 상관이 있는 것으로 파악했는데 그것이 반드시 일치하는가도 문제이다.[12)

이상 상고사의 개별 인식에서의 전반적 문제점은 정통론이나 화이관에서와 마찬가지로 학파별 분류를 철저히 하고 있지 않은 점이다. 물론 박광용의 기자 인식에 대한 연구는 이 점에서 비교적 충실하나 이것도 보다 심화시킬

---

12) 발해사 인식에 관하여는 이용범의 「실학자의 발해사관」(『연세대 국학연구원 주최 제16회 실학공개강좌 발표요지』, 1983)도 참고된다.

필요가 있다. 둘째 문제점은 대체로 고대사 전체 체계 속에서 개별 인식을 파악하고 있지 않은 점이다. 셋째는 고구려사 중심이나, 혹은 발해사를 한국사 체계에 넣었다 할 때 그 논리가 대체로 빈약한 점이다. 대체로 개별 인식의 연구는 조선후기 역사인식 속에서 우리 상고사를 강대하고 발전적으로 파악하고 오늘의 관점에서의 긍정적 요소를 찾으려는 의도가 있음이 느껴진다.

(3) 역사학의 방법과 역사이론·철학

① 역사학의 방법

조선후기 역사학의 방법론을 체계적으로 다룬 논문은 아직 없다. 다만 황원구가 5에서 조선후기의 이른바 삼사인 『東史綱目』·『燃藜室記述』·『海東繹史』의 방법론을 간단히 비교하였다. 그는 이 논문에서 『동사강목』은 春秋的·綱目的인 史觀에 의하여 한국사 계통을 분명히 했으며, 『연려실기술』은 문헌적·실증적인 史眼이었고, 『해동역사』는 귀납적·객관적이었다고 하였다. 그리하여 이들이 구한말 사서보다 객관적이었다고 하였다. 대체로 삼사를 실증적이라고 보고 이들이 구한말·일제시기 애국적 역사가에게 영향을 준 것은 물론, 일본의 문헌 고증학자에게 입문집·자료집의 구실까지 했다는 것이다. 여기서 문제는 실증적·객관적이라는 것이 근대 역사학과 비교하여 어느 정도였는가 하는 것이다.

한편 『동사강목』의 방법에 대하여 변완림은 12에서 『동사강목』이 사료수집의 철저성과 사료고증의 중요성을 강조하고, 역사서술의 공정성을 주장하였으며, 서술에서 윤색을 배격하고 객관성을 강조하였으며, 합리적 관점에서 설화·전설·미신을 배격하였다고 하였다. 사료수집·사료고증·역사서술의 공정성·객관성을 강조한 것을 대개 근대 역사학에 가까운 것으로 보려는 전제가 깔린 것으로 생각되는데, 문제는 이러한 주장이 근대 역사학과 비교하여 어느 정도 차이와 유사점이 있는가 하는 것이다. 또 안정복이 자신의 주장대로 실제 역사연구에서도 성과를 이루었는지도 검토해야 한다. 역사가 치고 공정성이나 객관성을 강조하지 않는 사람은 없다. 이들 중세 역사가도 마찬

가지이다. 안정복의 성리학자로서의 합리성이 근대적 합리주의와 비교하여
어떻게 다른가도 따져야 할 것이다.

『연려실기술』에 대하여는 홍이섭이 10에서 사실을 전하고자 하는 '述而不
作'의 태도(객관적 방법)를 갖고 있으며, 그 서술이 서구의 근대적 역사서술에
접근하고 있다고 하였다. 이존희는 34에서 서술이 객관적·체계적이고, 기사
본말체의 대표로서 역사를 계기적·인과적으로 파악하였으며, 당쟁 고발이라
는 현실성을 갖고 있고, 사실을 사실대로 전하려는 입장은 랑케와 유사하며,
광범위한 사료를 구사하였다고 하였다. 최근 조은희는 49에서 종래의 성리
학적 역사인식이 표방하던 사실의 윤리적 해석과 도덕적 가치평가에서 탈피
하고자 노력하여 是非·褒貶을 떠나 객관적 사실의 서술에만 주력하였으며,
시간의 시작과 결말에 있어 인과관계의 중요성을 인식하여 인과적이고도 체
계적인 역사서술을 위해 기사본말체를 채택하였고, 유교적 전통사학에서 근
대적 역사학으로 이행하는 가교적 역할을 하였다고 하였다.

『연려실기술』은 기사본말체이므로 비교적 인과적 서술이 중심이 되고 따
라서 윤리적 포폄을 직접 드러내지 않는다. 그렇다고 하여 윤리적 포폄이
없었는가도 문제이다. 서술 혹은 편집 방침 속에 윤리적 포폄이 내재할 수
있는데 그것이 어떤 성격인가를 따져야 한다. 인과성의 추구도 근대 역사학
과 어느 정도 차이가 있는지 살펴야 그 역사적 위치가 제대로 드러날 것이다.
또 '述而不作'은 원래 공자 이래 유가가 전통적 가르침을 묵수하는 태도인데
이를 객관적인 태도로 볼 수 있는지도 문제이다. 이존희의 경우 랑케와 유사
하다고 하였는데 독일의 근대 역사주의와 이긍익의 객관성의 비교는 보다
신중하게 다루어져야 할 것이다. 객관성이란 어느 역사가도 강조하는 덕목
이며, 성리학적 역사가도 마찬가지이다. 객관성의 구체적 내용을 따져야 할
것이다.

『해동역사』에 대하여는 황원구가 4에서 '述而不作'에 입각하여 광범위한
외국사료로써 자국사의 객관적 인식을 시도하였고, 귀납적인 실증주의적 방
법을 썼으며, 역사와 지리의 합일을 꾀하였고, 체제가 마숙의 『繹史』를 모방
하였다고 하였다. 이태진은 42에서 『해동역사』에 대해 『역사』를 모방한 것

이 아니라 『통지』에 가장 가까우며, 북학파의 학문적 분위기와 관련되고(전거주의, 고증학적 성향, 대외교섭관계가 많은 것), 객관성을 역사가 광범위한 자료를 수집하였으며, 외국문헌을 존중하고 고기류를 불신하였고, 고유문화에 대한 배려가 미흡하며, 중국문헌에 대해 진위를 가리지 못한 것이 있다고 하였다.

대체로 광범위한 외국사료를 구사하여 객관적이고도 실증적인 연구를 했다는 데에는 연구자들의 견해가 일치하고 있다. 여기서도 객관성과 실증성의 정도를 따져야 할 것이다. 한편 『해동역사』가 『통지』를 모방한 것인지, 『繹史』의 체제를 따랐는지는 다시 세밀히 검토해보아야 한다. 황원구는 『해동역사』가 역사와 지리의 합일을 꾀하였다고 하였는데, 역사지리학과의 관련성이 문제이다. 또 이태진의 주장 가운데 북학파와 학문적으로 관련된다는 것은 한치윤을 일반적으로 남인으로 보고 있으므로 보다 실증적으로 검토되어야 한다.

전반적으로 역사방법에 관련된 논문은 이른바 三史에 집중되어 있는데, 다른 역사서의 방법론도 다루어야 할 것이다. 삼사의 방법론에 대해서는 대체로, 첫째, 객관적·실증적이며 사료를 광범위하게 구사했다고 하는데, 문제는 근대 문헌고증학과의 차이가 어떠한지 언급되지 않고 있으며 객관성의 의미에 대해 철학적 고찰이 없는 점이다. 둘째, 기사본말체를 인과·계기적 파악이라고 보고 근대 역사학에 접근한 것으로 보는데 이것의 근대 역사학과의 차이도 문제이다. 셋째, 대체로 서양 근대 사학과의 대비를 밑에 깔고 논의를 전개시키는 듯하나 서양 사학사, 사학개론에 대한 깊은 이해가 결여되어 있으며 같은 시기 일본 사학사나 중국 사학사와의 대비가 없다. 넷째, 조선후기 역사학을 경학과 사학의 분리라는 입장에서 보아서 그런지 몰라도 경학과의 연관관계 파악이 없다. 사학이 경학에서 독립한다고 하더라도 경학에서의 세계관·인간관 등 철학적 기초와 역사인식과는 논리적으로 연관관계가 성립할 것이다.

② 역사이론·철학

우리나라 역사학 관계 문헌 가운데 중국 劉知幾의 『史通』이나 章學誠의 『文史通義』 같은 역사철학 내지 이론에 관한 저작은 아직 발견되지 않고 있다. 그러나 우리나라 역사가에게도 역사철학이나 이론이 없지는 않았다. 예를 들어 정통론 같은 것은 매우 세련된 역사이론이다. 다만 이러한 문제를 이론적으로 얼마나 깊이 다루었는가 하는 것이 문제이다. 조선후기 역사가나 역사서에 대해 역사철학 내지 이론적 각도에서 접근한 논문은 드물다. 송찬식의 11, 한영우의 22·27, 고병익의 8에서 다소 이러한 문제를 다루고 있을 뿐이다.

송찬식은 위 논문에서 「讀史料成敗」 등에 의거하여 이익은 개인의 주관에 의해 역사를 마음대로 움직일 수 있다고 생각한 종래 관념적 역사관을 극복하고 객관적인 시세에 의해 역사의 변동을 설명하였으며, 이렇게 역사가 유교적 관념과는 별도로 인식됨에 따라 역사학은 경학으로부터 독립된 별개의 학문이 되었다고 하였다. 이에 대해 한영우는 27에서 「讀史料成敗」에 나타나는 역사인식 태도는 그의 창견이 아니라 정자의 「讀史論」을 부연한 것에 지나지 않으며 이이도 『聖學輯要』의 「讀史之法」에서 인용한 바 있으므로 이익의 주장은 기본적으로, 정자나 이이에서 벗어나는 것이 아니라고 하는 주목되는 주장을 하였다. 한영우는 「'다산의 역사관' 토론개요」에서도 "성호의 時勢論은 시세에 의해 역사적 사건의 성패가 흔히 결정되지만 도덕적 가치로 볼 때에는 시세에 의한 성공이 도덕적 가치에 중점을 두고 보아야지 시세에 의한 성패에 가치기준을 두어서는 안 된다는 것으로서, 말하자면 도덕사관의 입장을 강조한 것이라고 할 수 있다"고 하였다.[13]

이상과 같은 주장은 이른바 실학과 주자학의 관계를 생각하게 하는 것으로서 매우 주목된다. 이익이 도덕적 입장을 강조하는 것은 물론 인정된다. 이와 관련해서 시세를 역사의 동인으로 보고 이에 따른 법칙성이 있다고 생각하였는지가 문제가 된다. 이에 대한 해답은 이익의 사론 이외에 경학을 깊이 연구하는 데에서도 찾을 수 있을 것이다. 위의 논의와 관련되는 것으로

---

13) 『정다산연구의 현황』, 민음사, 1985, 343쪽.

이익의 역사인식에서 경학과 사학이 분리되었다고 하는데 과연 그러한지 의문이다. 가치관과 독립하였다는 의미에서의 경학과의 분리는 있을 수 없다. 문제는 역사학이 얼마나 독자적인 학적 체계와 방법론적 엄밀성을 가졌는가 하는 것이다. 이익에게는 본격적인 역사저술이 없는 점에서, 그가 사학을 독립적 학문으로 수립시켰다고 보기는 어렵지 않은가 한다. 또 이익이 성리학적 가치관을 얼마나 벗어났는지도 따져보아야 한다. (補: 이런 문제들에 대하여는 이 책의 이익의 역사이론 부분 참조.)

정약용에 대해서는 고병익이 위 논문에서 정약용의 '進步'는 二重的인 것으로 물질적인 진보는 인정하나 정신적인 것과 정치제도의 진보는 인정하지 않았으며, 물질 진보의 요인을 인구 증가에서 구하였다고 하였다. 한영우는 고병익의 주장을 기본적으로 받아들이면서 정약용은 물질적 진보의 원인을 衆人에 두고 있고, 정치제도에서의 尙古主義는 구체적 역사발전과 부합되지 않으며, 자연환경이 인간생활·사회발전에 미치는 영향을 강조하였다고 부연하였다.

이상에서 보면 정약용은 역사의 動因으로서 衆人이나 자연 환경 등을 강조한 셈인데 그도 유학자인 만큼 주관적·의지적 요소와 객관적·의지적 요소와 객관적·물질적 요소와의 관계 및 이들이 역사에 미치는 영향을 그가 어떻게 생각하였는지 의문이다. 여기에는 그의 인간관이 관련된다. 또 정약용에게는 정신적으로는 오히려 역사가 퇴보한 것으로 보는 측면도 있는데 물질적 진보와의 상관관계가 문제이다. 정신적 측면에서 퇴보하였다고 보는 경우 그의 사회개혁론의 실현 가능성을 어디서 찾을 수 있을지도 문제이다. (補: 이런 문제들에 대하여는 이 책의 정약용의 역사이론 부분 참조. 다만 여기에서는 정약용의 역사관을 단순히 尙古主義로 보아서는 안 된다는 점만을 지적해둔다.)

이상 역사철학·이론 연구에서는 연구의 적음과 더불어 부분적으로는 이론의 오해 및 깊이 있는 분석의 결여가 느껴진다.

(4) 역사지리학과 사회사

① 역사지리학

조선후기에는 한백겸의 『동국지리지』를 비롯하여 신경준의 『강계지』, 정약용의 『아방강역고』, 한진서의 『해동역사』 등 여러 역사지리학 저술이 있다. 이 역사지리서는 17세기 정통론적 사학(명분·질서 강조)이 대두하는 가운데 오히려 역사를 현실적으로 볼 수 있도록 시야를 확대해주었으며 역사에서 고증을 철저히 하도록 하여 우리 역사학의 과학성을 제고하는 데 도움을 주었다.

『동국지리지』에 대하여는 정구복의 28과 윤희면의 37이 있다. 위 논문에서 정구복은 『동국지리지』를 쓴 동기는 고지명 비정에 이설이 많으며, 16세기 지방읍지가 편찬됨으로써 군현변혁에 대한 관심이 고조되었고, 왜란으로 인해 지리적 관심이 늘어났으며 요새지의 지식이 지식인에게 크게 요구되었기 때문이라고 보았다. 그리고 서술은 크게 부족국가·삼국·고려의 세 부분으로 나눌 수 있는데 부족국가 부분은 중국 측 사료를 썼으며, 삼국을 고구려·백제·신라의 순서로 서술하였고, 삼국·고려에는 우리 측 사료가 많이 이용되었다고 하였다. 또한 역사를 연대가 아니라 지역을 바탕으로 이해한 결과 부족국가에 대해 많은 설명이 가해졌으며 삼국을 고구려·백제·신라의 순서로 서술(북방을 선진사회로 인식)했고, 정치사 중심에서 벗어나 국세의 변천을 파악하였으며, 왜란의 충격으로 지형적 요새를 알려는 현실적 문제의식에 발생의 근거가 있다고 보았다. 상고사는 한강을 경계로 남북이 간섭 없이 따로 진행되었다고 생각하였고, 종족에 대한 관심을 크게 표명하였으며, 고구려 영역을 반도에 설정하려는 설을 탈피하여 요동 지방을 재인식하였다고 보았다. 그리고 오운의 『동사찬요』, 유형원의 『동국여지』, 신경준의 『강계지』, 정약용의 『아방강역고』, 한진서의 『해동역사』「지리고」에 영향을 주었다고 하였다.

윤희면은 37에서 『동국지리지』에서 가장 힘들인 고증은 삼한의 위치 문제라고 하였다. 그러나 『동국지리지』의 영향은 내용보다는 고증방법 및 현실을 이해하기 위한 역사적·민족적 성찰이라고 하였다.

『동국지리지』 연구에서 나타난 문제점은, 첫째, 같은 시기에 대두한 정통론 역사서와의 관계이며, 둘째, 우리 상고사를 남북 이원체계로 보는 것이 갖는 의미이다. 셋째, 고구려·백제·신라 순의 배치를 고구려를 중심으로 파악한 것이라고 볼 수 있는가 하는 것이다. 역사지리서의 성격상 북쪽으로부터 서술하다가 그렇게 된 것이 아닌가 한다. 넷째, 역사지리학이 조선후기 역사인식의 진전에 어떠한 의미를 갖는가 하는 것이다. 조선후기 역사학이 현실주의적 지향으로 나아가는 데 영향을 미친 것으로 파악할 수 있느냐 하는 문제이다. 다섯째, 옛 지명이나 강역 비정을, 여러 역사지리서를 망라하여 항목별로 체계적으로 비교할 필요가 있다. 여섯째, 주로 역사지리학의 중심이 남인(그것도 기호남인)으로 되어 있는데 다른 당색에서는 어떻게 되는가 하는 것이다. 정구복은 당색을 초월하여 『동국지리지』가 영향을 주었다고 하는데 과연 그러한지 검토되어야 할 것이다.[14] 일곱째, 역사가의 견해가 표명된 사론에서 유교적인 관점이 완전히 배제되었다고 하는데 그것은 역사지리서이기 때문이 아닌가 한다. 역사지리서 안에 유교적인 논찬이 없는 것을 중시할 것이 아니라 역사지리학의 대두 자체에 현실주의적인 의미를 부여해야 할 것이다.

다음 신경준에 대하여는 이상태의 48이 있다. 여기서는, 신경준의 『강계고』는 다양한 고증방법을 구사하였으며, 고조선을 전조선(단군), 후조선(기자), 위만조선으로 나누고 있고, 삼한에 대하여서는 '南自南 北自北' 원칙에 의거하여, 고조선 때에 남쪽에 진국이 있고 이것이 뒤에 마한·삼한으로 이어진다고 보았다고 하였다. 또한 사군은 고조선 지역에 설치된 것으로 보았으며, 한사군의 위치비정에 관심이 있었으나 변화가 심해 확정하기 어려운 것으로 보았다고 하였다. 또한 북쪽부터 설명하므로 삼국 중 고구려부터 서술하였고, 고구려 멸망 후 패수 이북의 영유권 문제에 깊은 관심이 있었으며, 고려의 동북계가 길주 이남이라는 것은 실학시대 역사지리학의 정설이라고 하였

---

14) 앞의 주 11)의 『동국지리지』 심포지엄에서의 정구복의 발표요지, 「한백겸의 사학과 그 영향」, 31-32쪽.

다. 이 연구에서의 문제점은, 첫째, 여러 강역비정에 대한 체계적인 설명이 미흡하고 전후 역사지리서와의 비교사가 부족하고, 둘째, 사실을 나열하였을 뿐 사실이 갖는 의미를 해석하지는 않았다는 점이다.

정약용의『아방강역고』에 대하여는 한영우가 22에서 강역고의 내용은 고조선에서 발해에 이르기까지의 국가의 강역과 그 역사의 고증, 고구려와 백제의 수도의 위치 및 패수나 변산의 위치, 조선시대 8도의 연혁 및 서북의 연혁 등이며, 항목배열이 연대순이므로 이것이 저절로 역사체계가 되었고(어느 정도 통사적 성격), 서술은 먼저 편자의 결론을 제시하고 이에 대한 자료를 망라하면서 자기 견해로 비판·검증하는 식으로 중국과 우리의 사료를 종횡무진 이용했다고 하였다. 또한 조선, 한국의 이원적 역사체계는 남방사회가 북방사회와 거의 같은 시기에 독자적인 선진사회로 성장하였음을 말하려 한 것이며(기호의 마한과 백제를 주도적 위치로 봄), 고조선의 중심지와 한사군을 한반도에 비정하였는데, 이는 청의『만주원류고』가 만주 중심, 청나라 중심에서 본 데 비하여 한국사를 청나라 역사에서 독립시키는 데에 기여했다고 보았다. 또한 남인의 영향이면서도 기자조선과 마한을 분리시키고 백제사를 부각시키며 발해서 연구를 발전시킨 것은 독자적이고, 고대사 체계와 지리 고증이 북학파와는 대조적이라고 하였다.

여기서 문제는, 첫째, 고대사를 이원적 체계로 하는 것, 즉 한강을 경계로 하는 것이 의미하는 바가 한강 이남지역의 발전을 강조하는 것이라고 할 때 이것의 후대 역사(삼국)와의 관계가 어떻게 되는가 하는 것이다. 또 이원적 체계는 당연히 현실주의 역사인식과 관련되며 탈정통론적인 것이라고 할 수 있는데 전 단계의 이익·안정복 등 남인과의 관계가 문제가 된다. 둘째로, 고대사 중심지를 한반도에 비정하는 것이 갖는 의미(이는 초기 기자조선을 한반도 북부로 본 것과도 관련)를 단순히 청나라에 대해 우리 역사의 독립성을 주장하는 것으로만 볼 수 있는가 하는 것이다. 이것은 고토회복의식에 대한 비판의식, 내정개혁의 중시와도 관련되는 것이 아닌가 한다. 셋째, 북학파(노론)의 역사인식과 대비가 선명하게 드러나야 할 것이고 남인의 전통을 어떤 점에서 계승 혹은 극복하였는가 하는 점, 같은 시기『해동역사』,「지리고」와의 관계 등이 추구되어야 할 것이다.

『해동역사』「지리고」에 대하여 한영우는 23에서 『아방강역고』에는 『해동역사』가 인용되고 『해동역사』「지리고」도 『아방강역고』를 인용하지는 않았으나 참고한 흔적이 뚜렷하고, 외국 측 자료만이 아니라 국내자료도 참조하였다고 하였다. 정약용과의 관계만이 아니라 한치윤과도 개인적 관계가 있던 노론 유득공의 역사관과의 관계 내지 비교도 필요하리라 생각된다. 나아가 일반 기호남인의 흐름과의 동일성 및 차이를 세밀히 따질 필요가 있다. 역사지리학 연구는 대체로 체계적으로 진행되지 않았고 중요성에 비해 연구가 적다.

끝으로, 역사지리학 연구는 아니지만 이와 관련되는 것으로 조광의 「조선후기의 변경의식」이 있다. 근대국가 형성의 전제조건으로 영토 및 그에 대한 의식의 확정이 필요하다. 이와 관련하면 변경의식은 매우 중요한 주제이다. 여기에서 조광은 18세기 이후 대표적인 변경론자는 이익·신경준·홍양호·정약용 등으로서, 그들은 민족의 주체성과 언어 및 역사적 전통을 자각한 문화적 민족주의자였다고 보았다. 또한 문화적 민족주의는 변경의식과 관련되며 이는 민중의 관심사이고 변경론자는 영토회복의식을 갖고 있었다고 하였다. 조광의 주장의 문제점은 먼저 이론을 상정한 뒤, 조선후기 여러 학자를 계통 및 시기를 무시하고 무리하게 이론 틀에 맞추려 하였다는 점이다. 적어도 이익이나 정약용은 변경론자로 보기 어렵다(대체로 남인계가 그렇다. 이것은 그들의 사회사상, 정치적 입장과 연관되는 것이 아닌가 한다). 조광은 변경론자를 대체로 만주 고토회복론자로 생각하는 듯한데 조선후기에 영토의식이 확립되어간다고는 여겨지나 거기에는 서로 다른 흐름(고토회복론과 반도중심론)이 있다. 또한 문화적 민족주의의 개념이 엄밀히 정의될 필요가 있다. (補: 이 논문 조선후기 실학에서 근대적 요소를 추출해내려는 관점에 서 있었다. 앞으로는 실학자들의 영토관의 문제는 두 흐름으로 나누어 보는 외에 근대를 넘어서는 요소가 있는가 하는 점도 추가적으로 고려되어야 할 것이다.)

② 사회사

조선후기 역사인식에 대한 연구는 그 범위가 점차 확대되어가고 있다. 그러나 아직 우리나라 사회사·경제사 등에 관한 당시인의 인식이 어떠하였는지에 대한 연구는 아주 미흡하다. 경제사 인식에 대한 연구는 없고 사회사 인식에 대한 연구로는 이기백의 33이 있을 뿐이다. 이 논문에서는 서얼의 역사인『葵史』, 향리의 역사인『掾曹龜鑑』, 중인의 전기인『壺山外記』를 다루었다. 그는 글의 결론에서 19세기 역사학이 이전의 역사서와는 다른 특징이 있다면 양반이 아닌 중간 신분층을 대상으로 하는 사회사적 저술이 나타난다는 점, 자기가 소속된 신분층의 사회적 진출을 주장하는 현실개혁의 의도에서 저술된다는 점, 전기를 중요시하는 인간 중심의 서술이라는 점, 새로운 자료를 발굴하였다는 점 등이라고 하였다. 그리고 이것은 이능화의 몇 개의 사회사적 저술 및 장지연의『逸事遺事』에 계승되었으나, 이후 우리 역사학계에서 망각되었다고 하였다.

문제는 19세기 역사인식 전체와 이들 중인층의 사회개혁 동향이 어떻게 연관되는가 하는 것이다. 그리고 이 저술이 등장하게 된 정치적·사회경제적 배경도 밝혀져야 할 것이다. 또 이 역사서들이 얼마나 객관적인지, 자료상의 가치를 인정할 수 있는지도 검토되어야 할 것이다.

앞으로 사회사 관계 저술이 좀더 연구되고, 경제사 관계 저술도 새로 발굴·연구될 필요가 있다. 이는 현대의 사회·경제사 연구에도 많은 시사를 줄 수 있으리라 생각되며, 오늘의 사회경제사를 조선후기의 연구와 연결시키는 작업이기도 하다. 역사서는 아니더라도 조선후기 학자들의 글 속에는 이전 시기의 신분제·토지제도·조세제도 등에 관한 언급이 있으므로 이들을 체계적으로 연구하는 것도 필요하다. (補: 이와 관련하여 이 책의 고려시대의 인식 부분 참조)

4) 결어

이상에서 각 시기별 연구동향 및 주제별 연구동향을 살펴보았다. 시기별로 보면 1950년대 후반에야 비로소 연구가 시작되었으나 이때에는 아직 본격적인 진전이 없었다. 1960년대 이후는 국학의 활성화 및 민족주의적 관점에서의 우리 역사 연구의 진전과 더불어 민족적·근대적 지향이라는 방향으로 연구가 진척되었다. 1980년대 이후는 1970년대 이후 사회상황과도 관련하여 역사 연구자가 급증하는 가운데 조선후기 사학사 연구도 대폭 확대되는 경향이 나타났으나 이것이 어떤 새로운 방향으로 귀일되고 있는 것 같지는 않다.

주제별 검토에서는 전반적으로 시기별·학파(당색)별 연구가 중요함을 강조하였다. 개별주제와 관련해서는, 첫째, 조선후기 정통론의 대두와 화이관의 변화를 민족적 관점 및 화이관의 극복이라는 각도에서 살피는 데 따른 문제점을 지적하였다. 특히 화이관에서는 여기에 종족적·지리적·문화적 세 요소가 있다고 보고 이에 의거하여 화이관 극복에 치중한 연구에 의문을 제기하였다. 둘째로, 고대사 체계 연구와 관련해서는 대체로 연구자들에게 고구려 중심의 인식을 강조하는 경향이 있음을 지적하였고 고대사 체계를 정통론적인 것(일원적)과 비정통론적인 것(이원적)으로 나누어 여기에서 제기되는 문제점을 고찰하였다. 개별인식에서는 연구자에게 조선후기 역사인식 속에서 대체로 우리 상고사를 강대하고 발전적인 것으로 파악한 것 및 긍적적인 요소를 찾으려는 의도가 있음을 느낀다고 하였다. 셋째, 역사학의 방법과 관련해서는 조선후기 역사학의 방법을 지적하였다. 역사이론·철학에 대해서는 연구가 적다는 것과 부분적으로 나타나는 이론에 대한 오해와 깊이 있는 분석의 결여를 느낀다고 하였다. 넷째, 역사지리학 연구에 대하여는 정통론 극복의 출발이 되는 중요성에 비해 연구가 적고 체계적으로 진행되지 않았음을 지적하였다. [補: 최근 조선후기 역사지리학에 대한 체계적인 연구로 박인호, 『조선시기 역사가와 역사지리 인식』(이회, 2003)이 간행되었다. 이 저서에 수록된 논문에 대하여는 이 책의 연구사 가운데 1995~2003 부분 참조] 사회사와 관련해서는 연구가 적다는 점과 경제사 등으로 영역을 확대해야 할 것을 주장하였다. 이 밖에는 각 논문에 대해 비교적 자세하게 내용을 요약하고 문제점을 지적하였다.

이상과 같은 본론에서 살핀 문제점에 기초하여 조선후기 사학사 연구가 전반적으로 나아가야 할 방향을 생각해보기로 한다. 첫째, 연구자가 막연히 조선후기라고 상정하는 경우가 있는데, 조선후기 안에서의 시기(단계) 구분을 행하여 시기에 따른 발전·변화를 파악해야 할 것이다. 여기에는 사회경제사 및 정치사, 사상사 일반의 시기구분과 일치 내지 정합성이 필요하다.

둘째, 학파에 따른 구분이 요구된다. 이는 당색과 얽혀 있으므로 물론 정치적 입장 및 이와 연관되는 사회사싱과도 관련이 된다. 최근 이린 각도에서도 연구가 나타나고 있으나 보다 심화될 필요가 있다. 특히 역사인식을 사상사 일반과 관련시키는 것은 시급하며, 철학적인 측면(경학)과의 논리적 상관관계가 규명되어야 한다. 종래 경학과 사학의 분리라는 관념에 구애되었기 때문인지 이런 각도의 고찰은 없었다.

셋째, 정통론·화이관 등 전통 사학사상에 대한 보다 깊은 이해 및 근대사상, 근대 사학사상에 대한 올바른 이해가 요구된다. 이렇게 되어야 조선후기 사학사상의 역사적 위치가 제대로 규명될 수 있다. 특히 용어 사용에 있어서는 그 개념규정을 정확히 할 필요가 있다. 또 연구범위도 사회사·경제사 등으로 확대되어야 할 것이다.

넷째, 지금까지의 개인 중심의 연구에서 주제별 연구 중심으로 발전하여야 할 것이다. 주제도 조선후기 사상의 전반적 흐름과 관련하여 체계적으로 선정하고 각 주제에 대해서는 해당 인물이 망라되어야 한다. 개인 연구를 할 경우에도 주제를 체계적으로 선정하여 각 주제에 대한 그 사람의 생각을 살피고 전체 흐름과 관련지어 그 역사적 위치를 파악하는 방식이 요구된다.

다섯째, 같은 동아시아 문화권(한자 문화권)에서 조선후기와 같은 시기에 마찬가지로 중세사회 해체기를 맞았던 중국·일본 사학사와의 비교사적 검토가 아직 없다. (補: 동아시아의 이 시기를 중세사회 해체기로 보아야 할지는 앞으로 좀더 신중한 고찰과 모색이 필요하다.) 앞으로 이것이 요구되며 이것은 조선후기 사학사만이 아니라 사상사 일반의 과제이기도 하다. 물론 근대 사학 성립기의 서양 사학과의 비교도 필요하다.

여섯째, 현재적 관심이나 가치관은 역사학의 출발로서 기본적으로 필요하기는 하지만 그것을 지나치게 과거에 투영하는 것은 지양되어야 할 것이다. 우리 사회 일각에는 지금 민족의식이 과도하리만큼 팽배하여 있다. 이러한 경향은 '國學'을 연구하는 사람들에게는 특히 강할 수 있다. (補: 현재 필자는 한국의 역사와 문화 등 한국학 분야에 '國學的' 접근은 폐기되어야 한다고 생각하고 있다. 이에 대하여 한국학 혹은 동아시아학을 정립하는 문제도 신중을 요한다. 서구 중심의 지역사적 접근과는 다른 방식이 필요하기 때문이다. 일단은 '國史'는 분리될 것이 아니라 歷史學이라는 전체적 틀 속에서의 한 분과로서, 세계사 속에서 연구되고 교육될 필요가 있다고 생각한다.)

그런데 이 민족의식이라는 것도 매우 혼란되어 있다. 국수적인 것, 진근대적인 것, 국가주의적인 것, 민중적인 것 등이 정리되지 않은 채로 뒤섞여 있다. (補: 몇 년 전부터 필자는 국가주의적 민족주의와 민중적 민족주의의 구별이라는 것이 실제적으로는 거의 무의미하다고 생각하고 있다.) 연구자들도 이런 혼란의 와중에서 독립하여 있지 않다. 이리하여 민족의식을 과거에 투영할 때 매우 잡박한 형태를 띠게 된다. 또 그것이 학문적으로 정리되지 않은 만큼 무리하게 현재적인 희망을 과거에 투사하게 된다. 이것은 역사를 사실 그대로 파악하여 상대적으로 역사적 위치를 인식하는 데 방해가 된다. 특히 사학사 연구에서 이런 경향이 강할 수 있다. 어떤 입장을 갖는 것과 사실을 무리하게 해석하는 것은 별개의 문제이다.

일곱째, 조선후기 고대사 인식에 관하여만 연구가 집중되고 고려시기·조선전기에 대한 인식이 어떠하였는가에 관한 연구가 없다. 당시인의 고려시기·조선전기에 대한 인식은 밀접한 관련이 있을 것이므로 이에 대한 연구가 요망된다. (補: 고려시대 인식에 대한 관심이 나타나고 있다. 이 책의 고려시대사 인식 부분 참조.)

끝으로, 조선후기 사람들의 동시대 인식에 관한 연구가 없다. 이는 그들의 역사인식과 밀접한 관련을 가질 것이므로 이에 대한 이해는 그들의 역사인식을 파악하는 데 매우 중요하다. 앞으로 그들의 동시대 인식 및 그것이 그들의 역사연구에 어떻게 투영되었는가에 대한 연구가 진행되어야 할 것이다. (補: 이것은 조선시대사·정치사 등에 관련된 자료들을 비판적으로 검토하는 데에도 도움을 줄 것이다.)

논저 목록

補: 리영복. 1956, 「민족유산으로서의 대동여지도」, 평양: 국립출판사.

 1. 한우근. 1957, 「성호 이익 연구의 일단 ― 그의 사론과 붕당론」, ≪사회과학≫ 1.

 2. 천관우. 1958, 「홍대용의 실학사상」, ≪문리문학보≫ 11, 서울대학교 문리대.

 3. 천관우. 1965, 「담헌 홍대용」, 『한국의 인간상』, 신구문화사.

 4. 황원구. 1962, 「한치윤의 사학사상 ― 해동역사를 중심으로」, ≪인문과학≫ 7.

 5. 황원구. 1970, 「실학파의 사학이론」, ≪연세논총≫.

 6. 황원구. 1981, 「실학파의 역사의식」, ≪한국사론≫ 6, 국사편찬위원회.

 7. 황원구. 1982, 「해동역사의 문화사적 검토」, ≪진단학보≫ 53·54합호.

 8. 고병익. 1965, 「다산의 진보관 ― 그 기예론을 중심으로」, 『효성조명기박사화갑기념유교사학논총』.

 9. 이우성. 1966, 「이조후기 근기학파에 있어서의 정통론의 전개」, ≪역사학보≫ 31.

10. 홍이섭. 1968, 「이긍익의 역사서술의 정신」, 『한국사의 방법』, 탐구당.

11. 송찬식. 1970, 「성호의 새로운 사론」, ≪백산학보≫ 8.

12. 변완림. 1973, 「안정복의 역사인식」, 『사업』 17·18.

13. 이만열. 1974, 「17·18세기의 사서와 고대사인식」, ≪동방학지≫ 15.

14. 이만열. 1981, 「조선후기의 발해사 인식」, 『한우근박사정년기념사학논총』.

15. 이만열. 1984, 「조선후기의 고구려사 연구」, ≪동방학지≫ 43.

16. 김철준. 1970, 「수산 이종휘의 사학」, ≪동방학지≫ 15.

17. 조광. 1974, 「조선후기 변경의식」, ≪백산학보≫ 16.

18. 조광. 1982, 「조선왕조시대의 신라의식 ― 동사강목을 중심으로」, 『민족문화연구』 16.

19. 조광. 1985, 「조선후기의 역사인식」, 『한국사학사의 연구』, 을유문화사.

20. 한영우. 1975, 「17세기 반존화적 도가사학의 성장 ― 북애의 규원사화에

대하여」, ≪한국학보≫ 1.

21. 한영우. 1976, 「실학자들의 사관」, ≪독서생활≫ 6월호.

22. 한영우. 1983, 「다산 정약용의 사론과 대외관」, 『김철준박사화갑기념사학논총』.

23. 한영우. 1985, 「해동역사의 연구」, ≪한국학보≫ 38.

24. 한영우. 1985, 「허목의 고학과 역사인식」, ≪한국학보≫ 40.

25. 한영우. 1985, 「17세기 중엽 영남남인의 역사서술 — 홍여하의 휘찬여사와 동국통감제강」, 『변태섭박사화갑기념논총』.

26. 한영우. 1985, 「17세기 초의 역사서술 — 오운의 동사찬요와 조정의 동사보유」, ≪한국사학≫ 6.

27. 한영우. 1978, 「이익의 사론과 한국사 이해」, ≪한국학보≫ 46.

28. 정구복. 1977, 「16~17세기의 사찬사서에 대하여」, ≪전북사학≫ 1.

29. 정구복. 1978, 「한백겸의 동국지리지에 대한 일고」, ≪전북사학≫ 2.

30. 송기호. 1978, 「시에 나타난 유득공의 민족사관 연구 — 이십도회고시를 중심으로」, ≪성신연구논문집≫ 13, 성신여자대학교.

31. 전형택. 1980, 「조선후기 사서의 단군조선 서술」, ≪한국학보≫ 21.

32. 박광용. 1980, 「기자조선에 대한 인식의 변천 — 고려에서 한말까지의 사서를 중심으로」, ≪한국사론≫ 6, 서울대학교 국사학과.

33. 이기백. 1981, 「19세기 한국사학의 새 양상」, 『한우근박사정년기념사학논총』.

34. 이존희. 1981, 「연려실기술의 분석적 고찰」, ≪한국학보≫ 24.

35. 심우준. 1981, 「순암 안정복의 사관」, ≪논문집≫ 25, 중앙대학교.

36. 반윤홍. 1982, 「조선후기의 대구라파 인식」, ≪국사연구≫ 3, 조선대학교.

37. 윤희면. 1982, 「한백겸의 동국지리지」, ≪역사학보≫ 93.

38. 손승철. 1982, 「북학의 중화적 세계관 극복 — 그 발전과정 이해를 위한 서설」, ≪논문집≫ 15, 강원대학교.

39. 손승철. 1983, 「북학의의 존주론에 대한 성격 분석」, 『인문학연구』 17, 강원대학교.

40. 손승철. 1982, 「17~18세기 한국사상의 진보성과 보존성의 갈등에 관한 연구」 Ⅰ, ≪강원사학≫ 1.

41. 조영록. 1985, 「17~18세기 존아적 화이관의 한 시각」, ≪동국사학≫ 17.

42. 이태진. 1982, 「해동역사의 학술사적 검토」, ≪진단학보≫ 53·54합호.

43. 유봉학. 1982, 「북학사상의 형성과 그 성격 — 담헌 홍대용과 연암 박지원을 중심으로」, ≪한국사론≫ 8, 서울대학교 국사학과.

44. 신천식. 1983, 「18세기 실학자의 역사인식」, ≪전통문화연구≫ 1, 명지대학교.

45. 하우봉. 1983, 「다산 정약용의 일본관」, 『김철준박사화갑기념논총』.

46. 하우봉. 1984, 「성호 이익의 일본 인식」, ≪전북사학≫ 8.

47. 김종진. 1983, 「해동악부를 통해 본 성호의 역사 및 현실인식」, 『민족문화연구』 17.

48. 이상태. 1984, 「신경준의 역사지리 인식」, ≪사학연구≫ 38.

49. 조은희. 1986, 「이긍익의 역사인식에 대한 고찰」, ≪대구사학≫.

(補: 이하 논문 추보.)

고병익. 1970, 「외국에 대한 李朝 한국인의 관념」, ≪백산학보≫ 8.

김철준. 1976, 「양란후의 문화전통과 사학」, 『한국문화사론』, 지식산업사.
    (1983, 『한국문화전통론』, 세종대학기념사업회 및 1990, 『한국사학사의 연구』, 서울대출판부 재록.)

김용덕. 1978, 「실학파의 사론」, 『한국민족사상대계』 4, 형설출판사.

이용범. 1983, 「연천선생 동사세가」, ≪동방학지≫ 38.

황원구. 1973, 「18세기 조선조에 있어서의 역사의식의 성장과 만주에 대한 관심」, ≪교육논집≫ 6.

2. 朝鮮後期 史學史 研究 動向 2(1985~1994)

1) 서언

우리 근대 역사학은 이미 20세기 초 신채호, 박은식 등에 의해 민족주의 역사학으로 출발하였다. 민족주의 역사학은 기본적으로 조선후기 역사학의 내재적 발전의 연장선상에 있는 것이었다. 특히 신채호의 우리 고대사 연구

가 그러하였다. 신채호는『朝鮮上古史』에서 우리 사학사에 대해 개괄적인
검토를 행한 뒤에 자신의 논의를 진행하였다. 여기에는 조선후기 사학사에
대하여도 간략하지만 비교적 체계적인 언급이 있다.15) 그러나 조선후기 사
학사에 대한, 본격적인 체제를 갖춘 논문은 1950년대 후반에 처음 씌어졌
다.16) 1950년대에는 아직 조선후기사에 대해 정체론적 관점이 일반적이었고
조선후기 사학사 논문은 단 1편이었다.

　1960년대 이후에는 민족주의와 내재적 발전론의 관점에서 조선후기의 사
회경제와 실학 등에 대해 연구가 진행되었다. 이런 분위기 속에서 조선후기
사학사에 대하여는 실학자의 역사인식에 '민족적' 및 '근대적' 요소를 찾으
려는 관점에서의 연구가 이루어졌다. 이리하여 1960년대에는 한치윤, 정약
용, 이긍익 등이 개별적으로 연구되는 외에 이익, 안정복, 정약용의 역사인식
을 근기학파(기호남인)의 정통론의 전개로 체계화하는 연구가 나왔다.17)

　1970년대에는 개인 연구의 대상이 이종휘 등으로 확대되는 가운데 역사지
리학에 대한 관심이나 조선후기의 고대사 인식을 체계화하려는 노력 및 도
가사학에 대한 관심이 나타났다. 1970년대의 연구는 1960년대에 비해 연구
의 폭이 넓어졌으며 민족적 요소를 보다 부각시켰다.

　1980년대에 들어서서 그 전반기에는 유득공, 안정복, 신경준 등으로 개인
연구가 확대되었다. 이 밖에 단군, 기자, 고구려, 발해, 신라 등 개별 왕조에
대한 인식 및 문학 작품에 나타난 역사인식이 연구되기 시작하였으며, 심포
지엄을 통해 해동역사와 같은 개별역사서에 대해 집중적인 검토가 이루어졌
다. 또 조선후기 화이관의 변화에 대한 심도 있는 논의가 나타나기 시작하였
다.18) 이것은 종래 실학의 역사인식을 지나치게 근대적·민족적 각도에서 보
는 것에 대한 반성이기도 하였다.

　필자는 해방 후 1986년까지의 조선후기 사학사 연구 동향을 이전에 검토

15)『조선상고사』, 제1편 총론, 1. 舊史의 종류와 그 득실의 略評.
16) 한우근,「성호 이익 연구의 일단 —그의 사론과 붕당론」,≪사회과학≫ 1, 1957.
17) 이우성,「이조후기 근기학파에 있어서의 정통론의 전개」,≪역사학보≫ 31, 1966.
18) 조영록,「17~18세기 존아적 화이관의 한 시각」,≪동국사학≫ 17, 1982.

한 바가 있다.[19] 이 글에서는 1985～1986년이 중복되지만 1985년 이후부터 1994년 상반기까지의 연구를 검토하기로 한다. 1987년 이후부터 시작하는 것보다 1985년부터 다루는 것이 연구사의 시기구분상 더 자연스럽기 때문이다. 즉, 1985년부터 연구가 한 단계 새롭게 진행되었다. 1985년에는 기존의 연구를 종합하는 개설적 정리와 연구사 검토가 행해졌으며,[20] 이후 학파별·당색별 분류에 의한 체계적인 연구가 진행되는 한편 당색별 차이를 넘어선 공통성과 상호 영향에 주목하는 연구 경향도 나타났고.[21] 발표되는 논문의 수가 크게 증가하였다.[22] 아울러 역사지리학 분야에서 유형원, 남구만, 이세구 등이 새로이 연구되었고 조선시대사 자체에 대한 관심도 나타났다.

이러한 조선후기 사학사에 대한 연구사를 어떻게 정리할지가 문제이다. 조선후기 사학사는 조선후기 사상사의 한 분과로서 여기에서는 실학과 마찬가지로 '近代 지향성'과 '民族的 요소'의 검출 여부 및 근대로의 이행에서의 조선적 특성 등이 문제가 된다. (補: 근대성의 일방적 추구는 추후의 연구가 극복해야 할 과제이며 근대성과 민족주의를 넘어서는 측면이 있음이 아울러 추구되어야 할 것이다.) 이제까지의 연구는 대체로 인물을 중심으로 진행되어 주제별 분류에 따른 연구는 적었다. 그러나 연구의 진전을 위해서는 주제별 이해 방식

---

19) 졸고, 「조선후기 사학사 연구 현황」, 『한국 중세사회 해체기의 제 문제』(상), 도서출판 한울, 1987. (補: 조선후기 사학사 연구 동향 1로 이 책에 수록)

20) 조광, 「조선후기의 역사인식」, 『한국사학사의 연구』, 을유문화사, 1985.
    補: 이에 앞서 김용덕, 「實學派의 史論」(『한국민족사상대계』 4, 형설출판사, 1978)에서 대략 1970년대 중반까지의 연구에 의거하여 개설적 정리를 하였다. 이 논문에서는 자주적인 역사인식, 요동에 대한 관심으로 나누어 검토하였다. 전자에서는 사대모화사상, 성호의 새로운 사론, 동사강목에서의 단군조선, 정통론, 중화사상의 붕괴(홍대용의 우주무한론), 다산의 화이관이 다루어졌으며, 후자에서는 발해사에 대한 재인식, 실학자들의 요동론, 연암의 패수론, 실학자들의 삼국사기 비판이 다루어졌다. 실학자의 역사인식을 자주적·민족적 관점, 고토회복론·부국강병의 관점에서 보려는 당시의 일반적 견해를 전형적으로 집약하여 보여주는 논문이라고 하겠다.

21) 이것은 주로 한영우에 의해 이루어졌다. 한영우의 연구는 『조선후기 사학사 연구』(일지사, 1989)에 모아져 있다. 이 책에는 오운, 조정, 유계, 허목, 홍여하, 임상덕, 이익, 이종휘, 안정복, 정약용, 한치윤에 대한 논문이 수록되어 있다. 이후 한영우는 홍경모, 이원익, 홍만종, 이수광 등에 관한 논문도 발표하였다.

22) 해방 후 1984년까지 40년간의 논문 수가 대략 40편인 데 비해 1985년 이후의 10년간의 논문이 80여 편이나 된다.

이 필요하다고 생각된다.[23] 근대지향성, 민족적 요소와 우선적으로 관련되는 것이 조선후기 정통론의 대두와 화이관의 변화이다. 아울러 조선후기에는 우리의 역사를 통사적으로 체계화하였고 그 가운데에서 개별 왕조의 구체상에 대해 보다 깊이 연구하였다.

한편 조선후기 사학사 가운데 歷史地理學이 뚜렷하게 하나의 흐름으로 발전하였으며 당시 사회적 모순과 현실에 대한 관심은 그 역사적 연원을 찾으려는, 우리의 사회경제사에 대한 관심을 증대시켰다. 이 밖에 주목되는 현상으로 역사의 動力, 역사 발전의 추세 등 오늘날의 歷史理論과 관련되는 사항에 대한 관심이 나타나고 文獻考證 등 역사학의 방법이 발전하였다. 이역시 우리 역사학의 근대로의 이행과 관련되는 문제이다.

이 글에서는 이상과 같은 점을 염두에 두고 1985년 이후의 조선후기 사학사 연구사에 대하여 正統論과 華夷觀, 國史 體系와 個別(王朝) 認識, 歷史地理學과 社會經濟史學, 歷史學의 方法과 理論 등의 주제로 나누어 검토하기로 한다. 맺음말에서는 이 시기 연구동향의 특징에 대해 고찰하고 연구의 진전을 위한 과제를 생각해보기로 한다.

2) 正統論과 華夷觀

(1) 正統論

정통론을 가장 뚜렷하게 내세우는 것은 17~18세기에 발전한 강목체 사학이다. 17세기의 대표적인 강목체 사가로는 영남남인의 홍여하, 서인의 유계가 있고, 18세기의 대표적 사가로는 소론의 임상덕, 기호남인의 안정복 등이 있었다. 강목체 사학에 대하여 이전의 연구는 '正統論'이라는 명칭으로 다루었다.[24] 먼저 강목체 사학의 정통론에 대한 연구를 홍여하, 유계, 임상덕,

---

23) 졸고인 「조선후기 사학사 연구 현황」(1987; 補: 이 책 조선후기 사학사 연구동향 1)에서는 주제별로 연구사를 정리하였다.

24) 여기서 용어 또는 개념을 분명히 할 필요가 있다. 즉, 정통론을 강목체와 동일시할 수 있는가 하는 것이다. 원래 양자는 표리관계에 있다. 강목체는 강력한 명분론적 입장에 서는 것으로 정통론을 강하게 내세운다. 그러나 강목체가 대두하는 시기

안정복의 순서로 검토한 다음 비강목체 사학인 홍만종과 이익의 정통론에
대한 연구를 살피기로 한다.

홍여하의 正統論에 대하여는 한영우의 연구가 있다. 먼저 한영우의 논지
를 살펴보면 다음과 같다(5).25) 첫째, 홍여하가 綱目體的인 正統論의 입장에
서 기자 - 마한 - 신라로 이어지는 흐름만 정통왕조로 인정한 것은 『東國通
鑑』에서 삼조선 및 삼한, 삼국을 대등하게 취급하고 삼국을 '無正統'의 시대
로 처리한 것과는 다르며, 둘째, 홍여하에게 신라가 정통이 되는 이유는 가장
먼저 건국하여 뒤에 통일을 한 것 외에 마한을 존중하여 기자의 統을 이었다
는 데에 있다. 셋째, 선초의 권근과 17세기 초 오운은 신라 위주의 서술을
하면서도 '正統'으로 못 박지는 않았으나 홍여하는 처음으로 정통론을 도입
하여 신라를 정통으로 규정함으로써 신라의 위치를 극대화시켰으며, 넷째,
국사의 위치가 기자 이래 중국과 더불어 華로 정립되었으나 단군조선은 夷
로 규정되어 정통에서 제외되었다. 이상과 같은 홍여하의 정통론에 대하여
한영우는 그것이 영남남인의 입장이라고 이해하였다.

유계의 정통론에 대하여는 한영우는 유계가 고려 통일 이전 후삼국을 기
본적으로 無正統으로 취급하되 고려, (후)백제를 신라에 대한 신하로 간주한
것을 지적하고 이것은 홍여하 등 그때까지 신라를 정통으로 내세운 관례를
깬 것이라 하였다. 그 의미에 대하여는 후백제와 고려의 위치를 상대적으로
격상시킨 것이며 영남남인보다 서인이 정통론에 관한 한 융통성이 있고 포

에 이와 대립되는 역사학을 전개하였던 이익의 경우도 정통론적 논의를 전개하였
다. 즉, 강목체가 정통론을 강력하게 주장하기는 하지만 정통론이 있다고 하여 모두
강목체는 아니다. 강목체의 강력한 명분론적 입장에서 정통론을 주장할 수도 있고
다른 입장에서 전개할 수도 있다. 이익은 비강목체적 입장에서 정통론을 주장하였
다. 필자는 이전에 조선후기 사학사에 대해 연구사를 정리할 때 강목체를 정통론과
동일시하여 이익을 허목, 정약용과 더불어 '탈정통론적 인식'이라 하였으나[졸고, 「
조선후기 사학사 연구현황」, 『한국 중세사회 해체기의 제 문제』(상), 1987(補: 이 책
에 조선후기 사학사 연구동향 1로 수록하였음)], 이것은 표현상 잘못이다. '비강목
체적 인식'으로 표현하는 것이 옳다고 생각한다.

25) 괄호 안의 번호는 이 글 말미에 수록된 참고문헌 가운데 논문의 번호이다. 이하
에서도 특별히 주를 달지 않고 본문에서 괄호와 더불어 논문의 번호를 표시하여 출
처를 밝히기로 한다.

용적인 태도를 보인 것이라고 해석하였다(17). 당시 서인은 남인 이상으로
명분을 중시하므로 정통론에 대한 포용적 태도라는 점과 아울러 영남남인의
기반이 과거 신라 지역인 데 비해 서인의 세력기반이 과거 고려와 후백제가
일어난 기호지방에 있던 현실과 관련된다고 여겨진다. 그리고 서인이 정통
론에서 더 포용적이었다면 그 이유 및 서인의 학문적 입장과는 어떤 관련이
있는지 살펴야 할 것이다. (補: 서인 내에서의 한당과 산당의 차이, 그리고 병자호
란 직후인 인조대의 분위기와 효종대·현종대 분위기의 차이 같은 것도 고려되어야
할 것이다.)

임상덕의 정통론에 대하여는 한영우의 연구에서 임상덕이 삼국 무통, 통
일신라 정통, 통일고려 정통으로 하되 유계가 후삼국을 무통으로 본 것과
달리 후삼국 가운데 궁예와 견훤을 도적으로 처리했으며 삼국 이전에는 정
통을 따지지 않고 기자에 대하여는 문헌 부족을 이유로, 마한에 대해서는
기자의 후예가 원래 나라를 잃고 남쪽으로 와 세웠다는 이유로 정통에서 제
외했다고 하였다. 이런 정통론의 의미에 대해 도덕적 기준을 일관되게 적용
하되 실세를 아울러 고려한 것이라고 평가하였다(18). 임상덕의 정통론 역시
유계와 같은 서인에서 나온 소론이므로 지역적 기반도 아울러 고려하고 그
의 학문적 성격과의 관련, 그리고 임상덕의 정통론이 유계에 비해 名分的
성격이 강화된 이유도 생각해야 할 것이다.

한편 김문식은 임상덕이 삼국을 무통으로 처리한 것은 영남 남인계의 '新
羅正統論'과 대비되는 것이며 이후『東國歷代總目』및『東史綱目』과 같은
근기지역 인사들의 역사서에서 (당색에 관계없이) 공통적으로 나타나는데 이
는 조선후기 학계의 京과 鄕의 분리 현상과 관련이 있었던 것으로 보인다고
하였다(75). 이 京·鄕의 분리는 중앙과 지방의 분리라는 의미로 사용한 듯한
데 기호 지역과 영남 지역의 분리로 보는 것이 더 타당하다고 여겨진다.

안정복의 정통론에 대하여는 한영우의 연구에서 단군, 기자, 마한, 통일신
라, 고려(통일 이후)를 정통, 삼국을 무통으로 간주했다고 하였다(30). 단군을
정통으로 보는 것은 홍만종의 것이 이익에 먼저 수용되고 다시 안정복에 전
수된 것이며 기자와 마한 정통론도 홍여하, 홍만종, 이익을 거쳐 전수된 것이

라 하였다. 아울러 삼국 무통론을 최초로 주장한 것은 홍만종인데 임상덕의 호응을 얻고 이익의 지지를 받아서 다시 안정복에게 이어졌으며 신라 정통론은 홍여하 이후에는 지지를 받지 못했고 신라 통일 이후 및 고려 통일 이후를 정통으로 처리한 것은 조선후기 강목체 사서에 공통되는 것이라고 하였다.

차장섭은 안정복의 정통론 가운데 삼국 이전은 홍만종의 영향을 받은 이익을 계승한 것이며 삼국 이후는 임상덕을 계승한 것이라고 하였다(61). 계승관계는 표면적 유사성 외에 실질적으로 영향을 받았는지를 실증할 필요가 있다. 해당 시기의 상황에 따라 직접적 영향 없이 비슷한 결론에 도달할 수 있기 때문이다. 한편 배우성은 안정복의 정통론에 도덕성 외에 혈연성의 중시를 언급하였고 統一新羅가 正統이 되는 것은 渤海를 우리 역사에서 排除하는 것과 표리관계에 있다고 하였다(79). 정통론에 혈연성의 중시를 언급한 것은 매우 중요한 지적으로 생각된다. 즉, 정통론 자체의 변화·발전이라는 각도에서 볼 수 있으며 이것은 비강목체적 정통론에서의 정통의 기준과 관련지어 볼 수도 있기 때문이다. (補: 현재 필자는 혈통의 중시는 오히려 안정복 사상의 보수적 성격과 연관되는 것으로 생각하고 싶다.)

다음으로 비강목체적 정통론에 대해 살펴보기로 한다. 먼저 홍만종의 정통론에 대하여는 한영우의 연구가 있다(52). 한영우는 홍만종이 단군, 기자에서 정통을 시작하여 '기자의 혈통'을 이은 마한을 정통으로 보며 삼국을 무통, 통일신라를 정통으로 보았고 홍만종에게서 단군 정통과 삼국 무통론이 특이하며 삼국 무통은 임상덕과 이익, 안정복에게 이어진다고 하였다. 아울러 홍만종의 정통론이 주자의 『資治通鑑綱目』의 영향을 받으면서도 명분보다는 실세 위주로 보려는 입장이 반영되었다고 하였다. 서인계인 홍만종이 어떻게 이익에게 영향을 주는지 실증적 검토가 요구된다.

한편 한명기는 홍만종의 독특한 정통론 외에 중국 역사에 비견되는 우리 역사에 대한 자부심의 강조가 이익에게 영향을 준 것으로 보았다(74). 이 점은 비강목체적 정통론의 발전과 관련하여 중요한 시사를 준다.

이익의 정통론에 대하여는 한영우의 연구가 있다(19). 이익이 중국사의 정

통을 삼대에 국한시키려 한 것은 주자학을 비롯하여 성리학자의 통념과는
다르고, 한국사의 정통이 단군, 기자에서 시작하여 삼한으로 이어지며 삼국
은 무통, 통일신라와 고려(태조 19년 이후)로 이어진다고 보았는데, 이는 한국
사가 중국사보다 정통이 오래 지속되었으며 조선조 영남과 기호에는 삼대의
유풍이 남아 삼대가 불원간 재흥하리라는 자긍과 기대에서 비롯된 것이라
하였다.

이익이 중국의 정통을 삼대에 국한시키려 한 것은 매우 주목되는 일이다.
그가 중국사와 한국사의 전개를 비슷한 것이라고 파악했다면 우리 역사를
조선조까지 정통으로 보려 했다고 간주하는 것은 무리가 아닐까 하며 당시
의 상황을 매우 비판적·비관적으로 보던 그가 삼대가 불원간 우리나라에서
재흥하리라 생각했는지도 의문이다. 또 이익의 정통론과 관련하여 그가 역
사에서 시세를 중시한 점을 아울러 생각해야 한다. 즉, 그의 정통론의 기준이
주자학적 명분과 무엇이 달랐는지 살필 필요가 있으며 삼한정통론도 무조건
도덕적 중시로 보지 말고 이와 같은 점을 고려하면서 보아야 할 것이다.

한편 하우봉은 이익의 삼한정통론은 그 핵심이 단군과 기자조선의 중국에
대한 문화적 대등성과 정통성을 인정하는 것이며 이 점에서 檀箕正統論이라
해도 좋고 이익의 이런 주장은 조선의 독자성과 개체성을 인정한 바탕 위에
서 체계화된 이론으로서 기존의 정통론보다 진일보한 것이며 정통론 자체로
서는 가장 발전한 형태라고 하였다(76). 여기서 조선의 독자성과 개체성의
바탕이 무엇인지 분명하게 표현되어 있지 않다. 이 점이 깊이 추구되어야
할 것인데 유교문화와 구별되는 우리 고유의 문화를 이익이 생각한 것 같지
는 않으므로 용어의 사용에 주의할 필요가 있다.

이종휘의 정통론에 대하여는 한영우의 연구가 있다(20). 한국 고대사에서
삼대의 모습을 찾으려 하였으며 단군, 기자의 문화정통이 고구려로 연결된
다고 본 것은 이종휘의 독특한 주장으로서 당시까지의 신라 정통론이나 삼
국 무통론과 비교하여 중요한 시각의 전환을 가져온 것이라고 하였다. 아울
러 이종휘가 단군, 기자의 정통을 잇는 것으로서 삼한(마한)을 내세웠으며
고구려가 마한의 정통을 잇는 것으로 생각했다고 하였다. 즉, 고구려 정통론

이라는 견해로 간주된다. 이것은 종래 이종휘가 이원적 국사 체계를 가졌다고 보는 것과 다르다. 이종휘가 삼국 가운데 고구려를 가장 우선시하는 것은 사실이지만 과연 고구려 정통론이었는지는 재검토가 요구된다. 또 한영우는 이종휘의 정통론의 기준이 중국문화를 발전시킨 수준에 있다고 하였는데 이 것이 주자학적 명분론과 다른 것인지, 다르다면 어떻게 다른지 검토가 요구된다.

한편 김문식은 이종휘의 동사는 단군, 기자, 삼한, 고구려, 발해에 정통을 두었다고 하였다(78). 이종휘가 발해를 우리 역사의 일부로 간주한 것으로는 생각되지만, 후기신라 또는 통일신라를 제치고 발해를 정통으로 보았는지는 의문이다.

이상 조선후기 정통론에 대한 근래의 연구 경향은 당색의 차이를 넘는 상호 영향과 공통성이 주목되고 있다. 이것은 후술할 역사지리에서의 연구 경향과 일치한다. 이런 경향은 바람직하다고 생각되지만 공통성 가운데에서도 차이가 여전히 존재하므로 두 측면을 아울러 고려해야 할 것이다. 또 비강목체의 정통론의 경우 정통론인 한에서는 어떤 명분적 기준을 근거로 한 것인데, 주자학적 명분의 기준이 아닌 무엇을 기준으로 하였는지 고찰할 필요가 있다. 비강목체의 정통론에서는 혈연적 요소 혹은 종족의 개체성을 중시하는 측면이 있지 않나 여겨진다. 또 근래의 경향은 앞서도 언급하였듯이 정통론을 강목체와 비강목체로 나누어 본다. (補: 비강목체적 정통론에서는 혈연적 요소 혹은 종족의 개체성을 중시하는 측면이 있지 않나 하는 생각에 대하여는 재고가 필요하다. 강목체적 정통론에 오히려 혈연 혹은 종족의 요소를 강조하는 측면이 있다고 생각된다. 서인·노론계의 정통론에 이런 측면이 많다고 생각된다. 또 개체성의 강조와 보편적 문화의 강조는 상호 모순되는 것이 아니라고 여겨진다. 개별자가 각기 독립적으로 보편성을 담지하므로 진정한 개체성이 보장된다고 보아야 할 것이다. 다만 개별자는 보편성을 담는 그릇이 다를 뿐이다.)

(2) 華夷觀

화이관과 관련하여 이전의 연구는 조선후기에 中世的인 華夷觀이 解體되

어가고 民族的 意識이 발전해간다는 각도에서 실학자에게서 나타나는 화이
관의 변화·발전 양상에 주목하였다. 따라서 조선후기 사서와 사학자들의 화
이관에 대하여도 주로 이와 같은 각도에서 연구되었다. 그러나 근래의 연구
에서는 실학자 이외에 주자학자의 화이관에 대한 관심이 나타나기 시작하였
다.26) 또 화이관의 개념을 분명히 할 필요성이 제기되고27) 조선후기 화이관
의 변화 전반에 대한 체계화가 시도되었다(63). 먼저 홍여하, 유계, 임상덕,
안정복과 같은 강목체 사학자에 대한 연구를 검토한 뒤 이익, 홍만종, 허목,
이종휘 및 홍대용, 박지원, 정약용 등의 화이관에 대한 연구를 살펴보기로
한다.

　홍여하의 화이관에 대하여 한영우는 기본적으로 문화적 화이관의 관점으
로 보았다(5). 홍여하에게 국사의 위치는 夷가 아니라 華로서 정립되어 尊華
의 자리에 중국과 한국, 두 개의 華가 자리 잡게 되고 존화의 주체로서의
한국사는 이 땅에 中華 문화를 전수한 기자로부터 시작될 수밖에 없으며,
단군은 華 이전 단계, 즉 夷 문화의 단계이므로 그가 비록 최초의 개국시조라
하더라도 정통의 자리는 차지할 수 없는 것으로 보았다고 하였다. 즉, 홍여하
는 우리를 중국과 더불어 華로 인식하고 원래 단군 단계에서는 夷였으나
기자 단계에서 華로 변한 것으로 생각했다고 본 것이다.

　아울러 한영우는 홍여하가 중국과의 관계에 대하여 어떻게 생각했는지에
대하여는, 『휘찬여사』에서 중국황제의 일은 「본기」, 고려왕의 일은 「세가」

---

26) 졸고, 「조선후기 화이관의 변화」(63)에서는 송시열, 한원진, 이항로의 화이관을
　　문화주의적 화이관이라는 각도에서 다루었으며 주자학적 관점에서의 문화적 화이
　　관에 입각한 자기존중적 화이관도 제국주의 침략 이후 근대의 반제국주의적 민족주
　　의로 전화·발전될 수 있다고 생각하였다. (補: 위 논문은 이 책에 수록되어 있음.)
27) 졸고, 「조선후기 사학사 연구 현황」(이 책 조선후기 사학사 연구 동향 1)에서는
　　화이관에 문화적·종족적·지리적 화이관의 세 측면이 있다고 보고, 조선후기 화이관
　　의 변화에 대한 기존의 연구에 대해 정리하였다. 대체로 조선후기 화이관에 변화는
　　있지만 전체적으로 문화적 화이관에는 변화가 없다는 입장에서였다(補: 현재에도
　　이 견해에는 변함이 없다. 하지만 종래에는 실학자들의 문화적 화이관이 아직 우리
　　고유 문화를 그 자체로 긍정하지 않는 점에서 근대에 미달한, 한계를 지닌 것으로
　　이해하였으나, 현재 필자는 오히려 실학자의 이런 점에서 근대를 넘어서는 성격이
　　있음을 보아야 한다는 생각이다).

로 구분해야 한다는 명분에 충실한 것은,『고려사』에서 (夷라 하여) 遼를 특별히 차별하지 않고 중국 황제의 일도 특별히 帝라 칭하지 않은 것과 대조를 보이며 이러한 입장은『고려사』에 비해 명분에 대한 집착이 더 강하게 표출되었음을 말해준다고 하였다. 즉, 홍여하의 화이관은 중국의 우월성을 전제로 하며 이것은 조선전기에 비하여 명분론이 더욱 강화된 것으로 한영우는 이해하였다.

중국 이외의 주변국가와 우리와의 관계를 어떻게 생각했는지에 대하여는, 한국사 서술에서 外夷를 다룬 것은『휘찬여사』가 효시를 이루고 그 다음에 허목의「東事」에서도「黑齒列傳」(일본)이 다루어지고 있으며 거란과 일본을 夷로 간주한 것은 우리 자신을 華로 간주하고 있음을 시사하고,「世家」에서 거란이 세운 遼를 정통왕조로 취급하지 않은 것도 같은 문맥에서 이해된다고 하였다. 한영우는 홍여하가 우리의 주변국가를 夷로 생각했다고 이해한 것이다.

홍여하가 우리 고유문화에 대해 어떻게 보았는지에 대하여는 그의 역사의식 속에서 혈통적 독자성에 대한 의식을 찾아볼 수 없고 중국문화에 대비되는 독자적 문화전통에 대한 의식도 뚜렷하지 않다고 하여 우리의 고유 문화의 가치에 대한 인식이 없었다고 하였다.

이상 한영우의 연구를 통해 홍여하의 화이관의 내용 자체에 대해서는 어느 정도 정리가 되었다. 그러나 다음과 같은 점이 문제가 된다. 첫째, 홍여하의 화이관이 조선전기의 그것과 다른 점은 무엇이며, 둘째, 오히려 명분론이 더욱 강화된 원인은 어디에 있고, 셋째, 왜 우리 역사서로는 최초로 홍여하가 주변국가를 다루었으며, 넷째, 그의 화이관은 어떤 시대적 배경을 갖고 있으며, 다섯째, 같은 시기 서인 등 다른 당색의 학자와의 차이점과 동일성은 무엇이고, 여섯째, 후대의 화이관과의 관계는 어떠한가 하는 점 등이 더 추구되어야 할 것이다.

한편 김선화는 홍여하의 화이관에 대하여 17세기 전반기 대륙 정세의 변동이라는 시대적 배경과 이에 대한 조선 지식인 일반의 의식이라는 각도에서 접근하였다(29). 17세기 전반에 걸쳐 중국대륙에서는 정치적 중심 세력이

明나라에서 淸나라로 이동하는 대사변을 맞게 되지만, 지금까지 胡虜로서 멸시해온 청나라의 명을 받들고 군신·부자로서 우호관계를 유지해간다는 것은 좀처럼 용납할 수 없는 일이었으므로 당시 지식인 사이에서는 당파를 불문하고 청의 외압이라는 대외 상황 아래 名分과 統의 확립이 절실한 역사적 과제였다고 하였다.

17세기라는 동아시아 질서 재편기에 있어서의 당색을 넘어선 사대부 = 지식인 일반의 공통적 의식이라는 관점은 주목되지만 김선화의 연구에서는 다음과 같은 점이 문제라고 생각된다. 첫째, 시대적 배경에서 대외적 상황만이 문제가 되었지 신분제의 동요와 같은 대내적 상황은 문제가 되지 않았으며, 둘째, 당시 지식인 일반의 의식을 말하였지만 당파에 따른 차이는 말하지 않았다. 즉, 공통성과 더불어 차이점을 보아야 할 것이다.

영남남인인 홍여하와 대척적 위치에 서 있었던 서인의 대표적인 역사가 유계의 화이관에 대하여는 연구가 별로 진척되지 않았다. 다만 한영우의 연구에서 事大交隣의 입장에서 영남남인이 尊華攘夷의 명분에 보다 충실한 반면, 유계는 존화양이의 입장을 가지면서도 自治·自强을 더 중시하는 측면이 보인다고 하였다(17). 아울러 북방족에 대한 강력한 응징을 강조하고 고려 독자의 연호 사용을 문제시하지 않으며 우리 연기를 중국의 것보다 먼저 쓴 것을 자치·자강의 입장과 관련된 것으로 보았다. 즉, 서인이 영남남인보다 화이관의 면에서 더 융통성을 갖는다는 것이다. 그런 측면도 있지만 그렇지 않은 측면도 있다고 생각된다. 또 중국의 年紀보다 우리 것을 먼저 사용하는 문제는 자주성으로 볼 수 있겠지만 어디까지나 중국의 우위를 전제로 한 것이라는 점에도 유의해야 할 것이고, 이 점에서 기호남인과 비교할 필요가 있다.

임상덕의 화이관에 대하여는 한영우의 연구에서 中華 국가와 夷狄 국가를 엄밀히 차별하여 서술함으로써 존화양이의 뜻을 분명히 밝혔으며, 특히 명과 조선의 관계를 가장 대의에 맞는 것으로 보고 倭와 胡(淸)에 대해서는 멸시와 적개심을 가졌다고 하였다(18). 이런 임상덕의 화이관은 노론의 정통 주자학자와 차이가 없다. 이것을 어떻게 설명할지 문제이다. 김문식도 임상덕은 18세기 초 對明義理論의 연장선상에 있다고 하였다(75). 다만 조선의 문화적 전통에 대한 자부심과 조선이 중국과는 분리된 독립적 민족국가임을 발견해가는 단초라고 하였다. 강목체 사학자인 그가 어떤 점에서 그러한지 보다 명확히 해야 할 것이다.

안정복의 화이관에 대하여는 한영우·배우성의 연구가 있다. 한영우는 안정복이 사대교린을 가장 이상적인 국제질서로 옹호했다고 하였다(30). 그러나 우리나라는 중국과 지리적으로 구분되어 있고 언어·풍속이 다르기 때문에 국가의 독립성이 유지되어야 한다는 지주적 논리를 가졌으며 안정복에게 사대 관계는 국가적 자주성을 전제로 하는 평화공존의 논리이므로 중국 측의 무력 행위도 비난했다고 하였다. 綱目體 사학에서 우리의 독자성 강조가 나타나는 것을 어떻게 평가할지 문제이다. 이것은 임상덕과도 유사하게 느껴지는데 18세기 강목체 사학의 변화라는 점에서 주목된다. (補: 이것은 朝鮮 唯一中華論과 관련될 수 있다고 여겨지는데, 이 점에서 노론과 소론·남인이 어떻게 다른지 생각해보아야 할 것이다). 다만 우리 독자성의 강조가 우리 고유 문화 자체의 긍정까지도 포함하는 것인지는 깊이 따져보아야 할 문제이다.

한편 배우성은 안정복이 우리 역사에서 정통을 부각시키는 저술을 한 것에 대해 기존의 연구가 "中國 中心의 世界觀을 탈피하여 우리 역사의 독자성을 부각시키려는 목적에서 나온 것"이라 평가하는 것을 비판하고 士族 지배가 무너져가는 현실 속에서 사족 중심의 교화를 우선시한 사회사상과 관련해 이해해야 한다고 하였다(79). 사족 중심의 질서 재편 의도라는 견해는 타당하며 중국 중심의 세계관을 탈피한 것도 아니라고 여겨지지만 독자성의 강조 등의 측면에서 화이관의 변화가 일어나는 점은 인정해야 할 것이다.

이익의 화이관에 대하여는 한영우, 하우봉의 연구가 있다. 한영우는 이익이 중국과 이적의 문화적 우열을 근본적으로 부정하였으며 중국 주변 국가 중에서 東夷를 으뜸으로 보았고 尊華攘夷의 논리는 주변국가와의 역관계에서 수세에 몰린 중국인들이 자기방어의 논리로 퍼뜨린 것으로 생각했다는 점에서 화이관의 부정이라고 하였다(19). 그러나 이것은 종족적·지리적 화이관을 벗어난 문화적 화이관으로서 우리를 小中華로 보는 것이지 화이관의 부정은 아니다. 하우봉은 전통적 화이관의 극복이라고 하면서도 지역과 종족에 관계없이 우수한 문화를 건설하면 바로 華라고 하는 '文化主義的 華夷觀'이라고 하였다(76). 송시열 등 노론과 소론인 이종휘 등도 문화적 화이론자인데 차이가 어디에 있는지 살펴야 할 것이다.

홍만종에 대하여는 강석화의 연구에서 홍만종이 중국사에 비견되는 우리 역사에 대한 자부심의 강조 등을 통해 이익을 비롯한 후대의 사가들에게 뚜렷한 영향을 주었다고 하였다. 학통·당색이 다른 양자의 연결 관계에 대한 실증적 고찰이 요구된다(74).

허목에 대하여는 한영우의 연구에서 허목이 中華와 夷狄의 구별이나 존화양이가 무의미한 것으로 보았으며 고유문화를 夷風으로 천시하지 않고 존중하였다고 하였다(3). 이것은 허목이 古學(원시유학)적 세계관을 가졌으며 고학은 도가적 세계관과 통할 수 있다는 생각에서 나온 것이다. 과연 원시유학 자체에 한국 고유의 도가(무교)와 통할 수 있는 요소가 있는지는 의문이다. 또 허목이 우리의 고유문화를 유교적 의미에서 긍정한 것이 아니라 고유문화 자체로서 긍정하였는지도 좀더 세심히 살펴보아야 할 것이다.

이종휘의 화이관에 대하여는 한영우, 김문식의 연구가 있다. 한영우는 이종휘가 중국을 지리 개념으로 보지 않고 문화 개념으로 받아들여 청나라가 중원의 주인이 된 이후는 우리만이 중국이라고 믿었다고 하였다(20). 즉, 이종휘를 文化的 華夷論者로 본 것이다. 다만 이것이 송시열 등 노론 및 기호남인인 이익과 어떻게 다른지 문제이다. 한편 김문식은 이종휘가 전통적 화이관과 강력한 대명의리론을 가졌다고 하였다(78). 그러나 이종휘의 학문이 일제시기 대종교 계통의 김교헌과 신채호의 역사학에 연결되었다고 하였다. 전통적 화이관을 갖는 측면과 대종교와의 연결은 모순된다고 여겨진다. 이종휘의『東史』가「本紀」,「世家」,「列傳」으로 되어 있는 것을 근거로 하여 전통적 화이관을 가졌다고 주장하는 것은 다소 근거가 약하다고 생각된다. 즉, 중국과 대등한 입장의 小中華主義로서 이 점이 송시열 등 노론과 다르며 기호남인인 이익과 같은 점이라고 생각된다. 다만 이익과는 청나라, 일본 등을 보는 관점에서 차이가 있다.

홍대용, 박지원, 정약용의 화이관에 대하여는 조성을의 연구가 있다(63).

조성을은 박지원, 홍대용, 정약용을 기본적으로 문화적 화이론자로 보았다. 다만 홍대용, 박지원 등이 대명의리론과 대청멸시론(종족적 화이관의 잔재)을 갖고 있는 데 비해 정약용은 종족적·지리적 화이관을 철저히 극복하였다고 주장하였다. 홍대용, 박지원, 정약용을 문화적 화이론자로 볼 때 그들이 생각하는 이상적 문화의 내용이 무엇인지를 주자학자의 그것과 구분하여 명확히 밝힐 필요가 있다. [補: 필자는 이후의 「홍대용의 역사인식」이라는 논문(이 책 화이관 부분에 수록됨)에서 홍대용의 화이관의 단계적 발전을 언급하고 나중 단계에서는 종족적·지리적 측면도 완전히 극복하였다고 이해하였다.]

최근 화이관의 변화에 대한 연구는 문화적·종족적·지리적 화이관 등으로 나누어 분석하는 경향이 있다. 이것은 긍정적 현상이라고 생각된다. 다만 화이관에 대한 좀더 깊은 이론적 천착이 필요하다. 아울러 같은 시기 중국·일본에서의 변화와도 비교하여 공통성과 차이점을 추출해야 할 것이다. 아울러 홍여하 이후 영남남인의 역사인식과 화이관에 대한 연구가 없는데 영남남인의 사회사상과 더불어 연구가 필요하다.

이상에서 살핀 정통론과 화이관은 국사를 명분론적 입장에서 체계화하려는 것과 밀접한 관련이 있다. 이하 조선후기 역사가의 국사 체계에 관한 연구에 대해 살펴보기로 한다.

2) 國史 體系와 個別 認識

(1) 國史 體系

국사의 체계화는 正統論的인 체계화와 非正統論的인 체계화가 있다. 정통론적 입장에서 체계화는 다시 강목체적 입장의 것(홍여하, 유계, 임상덕, 안정복, 이원익)과 비강목체적 입장의 것(홍만종, 이익, 이종휘)으로 분류할 수 있다. 비정통론적인 체계화는 역사지리학의 것(한백겸, 유형원, 남구만, 이세구, 신경준, 정약용)과 문화사적인 것(한치윤)이 있다. 정통론적 체계화가 반드시 일원적 입장에 서는 데 비해 비정통론적 체계화는 이원적 체계화가 많다.

먼저 홍여하의 국사 체계에 대하여 한영우는 기자 - 마한 - 신라로 이어지는 정통 관계를 정립했다고 하였다(5). 이것은 종래 이만열의 연구에서 홍여하의 인식 체계가 단군에서부터 시작되었다고 한 것과 차이가 난다.[28] 한편 고영진은 선초의『東國通鑑』에서 단군, 기자, 위만조선, 사군이부, 삼한 등 삼국 이전을 외기로 처리해 서술한 데 비해, 홍여하는 단군, 위만조선, 사군이부, 진한, 변한을 정통이 아니라는 이유로 항목에서 제외하고 기자 - 마한 - 신라의 체계를 확립했다고 하였다(73). 홍여하가 단군을 정통에서 뺐는지 여부가 홍여하의 고대사 체계에서 문제점이며 이것은 그가 단군과 우리 고유 문화를 어떻게 보았는지와 관련된다.

유계의 국사 체계에 대하여는 기존의 연구에서 명확한 언급이 없다. 사실 유계의『여사제강』은 고려시대만을 다룬 것이므로 이것만으로는 그의 국사 체계를 알 수 없다. 다만 한영우는 유계가 후삼국을 무통, 고려 통일 이후를 정통으로 본 것으로 이해하였다(17). 문제는 후삼국 이전의 시기를 어떻게 보았는가이다.

유계가 고대사를 빼고 고려시대 이후만을 기술한 이유에 대해 한영우는 『삼국사기』의 정치사가 '國政의 沿革과 人物의 出處'를 자세히 기록하지 않았으며 신라 중심으로 서술된 데 대해 유계가 불만을 가졌기 때문이라고 하였다(17). 이것은『삼국사기』의 기록에 대한 불만이지 삼국시대 자체에 대한 불만은 아니다. 하지만 유계가 삼국 이전을 서술하지 않은 고려 전 단계의 시대가 정통론적으로 언급할 가치가 없거나 적다고 생각했기 때문이 아닐까 생각된다. 앞으로 다른 자료도 참고하여 이 문제를 천착할 필요가 있다고 여겨진다. 유계의 역사인식은 서인 - 노론의 역사인식의 기본을 형성하였기 때문이다.

임상덕의 국사 체계에 대하여는 한영우의 연구에서 (삼국 무통) - 통일신라 - 통일고려로 보았다(18). 삼국 이전 상고사에 대한 견해가 문제이다. 이에 대해서 한영우는 임상덕이 기자를 '東方 萬世의 宗主'로 보지만 자료가 부족하여 정통국가로 취급하지 않았으며 마한은 국가를 잃고 파천했다는 점에서

---

28) 이만열,「17~18세기 사서와 고대사 인식」, ≪한국사연구≫ 10, 1974.

종주로 인정하지 않았다고 하였다. 단군조선을 어떻게 보았는지에 대하여는
언급이 없으나 기자조선에 대한 인식과 더불어 살펴볼 문제이다. 기자조선
은 임상덕이 정통국가로 인정하지 않았다기보다는 단지 기술하지 않은 것으
로 여겨진다.

한편 김문식은 임상덕이 상고사를 단군 - 기자 - 위만 - 사군이부 - 삼한으
로 잡고 정통을 따지지 않았는데, 이는 문헌이 부족하여 편년을 서술할 수
없었기 때문이리고 히였다(75). 정통론자가 단지 위와 같이 한 것도 국사의
체계화라고 볼 수 있는지가 문제가 된다.

안정복의 국사 체계에 대하여는 한영우의 연구에서 단군 - 기자 - 마한 -
(삼국 무통) - 통일신라 - 통일고려로 파악하였다(30). 이것은 종래의 연구와
차이가 없다. 다만 이들 왕조를 유교적 관점에서 안정복이 정통으로 보는
이유를 상세히 설명하였다. 안정복의 마한정통론의 계승관계에 대하여는 홍
여하에서 비롯되어 홍만종과 이익을 거쳐 안정복으로 이어졌다고 보았다.
종래의 연구에 비해 중간에 홍만종이 더해졌는데 홍만종은 당색이 다르므로
보다 정확한 실증이 요구된다. 三國無統論은 홍만종에서 비롯하여 임상덕,
이익을 거쳐 안정복에게 이어진 것으로 보았다. 여기서도 홍만종이 어떻게
이익에게 이어지는지 문제이다.

배우성은 안정복이 홍만종 - 이익에 의해 주장된 단군정통론, 홍여하 - 홍
만종 - 이익으로 이어지는 기자 - 마한 정통론, 임상덕 - 이익의 주장이었던
삼국 무통론을 수용하고 이를 체계화했다고 하였다(79). 그렇다면 안정복은
17세기 이래 모든 정통론을 집대성하여 국사 체계를 만든 것이 되는데 여기
서도 역시 서로 다른 당색 사이의 역사인식의 계승 관계를 어떻게 실증할지
가 문제이다.

이원익은 19세기의 역사학자로서 강목체 사학이 쇠퇴한 때에 강목체를 유
지하면서도 명분보다도 역사적 실체를 중시하는 변질을 보였다는 점에서 의
미가 있다. 강석화는 이원익의 국사 체계에 대해 마한정통론을 부정하고 삼
한시대를 무통으로 보았으며 고려 건국 후부터 신라 멸망까지를 무통으로
보았다고 하였다(86). 강목체적 국사 체계화와 현실성 존중이라는 모순이 그

에게서 어떤 논리로 종합되었는지 살펴볼 필요가 있다.

다음으로 비강목체적 역사가의 국사 체계를 살펴보기로 한다. 먼저 정통론적 또는 일원론적으로 간주되는 홍만종과 이익에 대한 연구를 보기로 한다. 첫째, 홍만종의 국사 체계에 대하여 한영우는 단군 - 기자 - 마한 - (삼국무통) - 통일신라 - 고려 - 조선으로 한 것으로 보았다(52). 다만 홍만종의 국사 체계는 동국역대전통지도에서 그려진 것과 범례에서 언급한 것의 두 가지가 있다. 전자에서는 삼국시대 신라가 정통이며 후자에서는 통일 이후 신라만을 정통으로 보았는데 한영우는 후자를 더 확실한 것으로 보았다. 여기서 주목되는 것은 홍만종이 전자에서 삼국의 신라를 정통으로 한 것을 이익이 비판하였다는 사실이다. 그렇다면 이익의 삼국 무통론은 홍만종의 영향이라기보다는 자기의 獨自的 연구 결과로 보는 것이 옳다고 여겨진다.

한명기는 홍만종이 채용한 단군 - 기자 - 마한의 체계가 이익과 안정복에게 그대로 계승되었다고 하였다(74). 단군을 정통으로 하는 것은 기호남인의 경우 홍만종의 영향이라기보다는 허목이 단군을 유교적 관점에서 높이 평가한 것과 관련이 있다고 여겨진다. 기자 - 마한의 체계는 물론, 홍여하의 영향이라고 보는 것이 더 타당하다.

둘째로, 이익의 고대사 체계에 대하여 한영우는 단군 - 기자 - 마한 - (삼국무통) - 통일신라 - 고려(통일 이후)로 파악하였다(19). 이것은 종래의 연구와 차이가 없다. 한편 하우봉은 이익의 연구가 홍여하와 허목을 계승한 것으로 이해하였다(76). 이 주장은 타당하다고 여겨진다. 이익은 마한정통론에서는 홍여하를 계승했으며 단군을 내세우는 것은 허목을 계승했다고 생각된다.

다음으로 非綱目體 사학자 가운데 非正統論이라고 여겨지는 허목과 이종휘에 대한 연구를 살펴보기로 한다. 첫째로 허목의 고대사 체계에 대하여 한영우는 기자 - 마한의 계승과 단군 - 부여 - 고구려·백제의 계승을 아울러 갖는 것으로, 기자 - 마한만을 주류로 보는 국사 체계와는 다르다고 하였다(3).

허목은 이원론적이며 이 점에서 정통론적인 것은 아니다. 흔히 이익이 허목의 사상을 계승한 것으로 이해되는데, 이익은 일원론적·정통론적이라는 점에서 허목과 적어도 역사인식에서는 차이가 난다. 이것을 어떻게 설명할지가 문제이다. 이익이 허목의 두 체계 가운데 하나만 수용한 것이라고 볼 수 있을지는 추후 연구 과제이다. 하나 주의할 것은 이익이 마한을 정통으로 보았을 때 배척된 것은 위만조선이라는 점이다. 그 지역에서 일어난 고구려는 배척의 대상이 아니므로 삼국 무통이 되었다. 문제는 이익이 삼국 이전 부여 등 우리 북방의 역사에 대해 정통론적 관점에서 어떻게 생각하였는가 하는 것이다.

셋째로, 이종휘의 국사 체계에 대해 한영우는 단군 - 기자 - 고구려 중심의 체계로 이해하였다(20). 이것은 종래의 연구와 같다. 다만 고구려 정통의 입장이라 하였는데 이종휘는 정통론의 입장은 아니라고 여겨진다. 즉, 고구려를 중심에 놓되 신라도 상당히 긍정하는 입장이다. 즉, 허목과 마찬가지로 非一元論的이라고 이해하는 것이 옳다고 여겨진다. 한편 김문식은 이종휘가 단군조선이 기자조선에 망한 뒤 다시 단군의 후예가 부여 - 고구려로 이어진 것으로 보았다고 하였다(78). 그렇다면 기자와 부여 - 고구려의 관계가 문제가 된다.

다음으로 조선후기 歷史地理學의 國史 體系에 대한 연구를 살펴보기로 한다. 첫째로, 한백겸의 국사 체계에 대해 고영진은 삼조선(단군, 기자, 위만) - 사군이부 - 고구려, 그리고 (단군, 기자) - 삼한 - (백제, 신라, 가야)의 南北 二元體系로 이해했다고 하였다(71). 역사지리는 지리를 근본으로 하므로 당연히 이원체계가 되지만 이것을 반드시 '國史 體系'로 보아야 할지는 의문이다. 즉, 우리의 중국이 차지한 四郡二府 지역을 우리의 강역으로 생각하므로 역사지리학적 체계에 들어가지만 한백겸이 사군이부를 우리의 국가로 생각했다고는 여겨지지 않는다. 역사지리학자의 국사 체계를 검토할 때에는 지리적 체계와 국사 체계를 구분할 필요가 있다고 여겨진다.

둘째로, 유형원의 국사 체계에 대하여는 체계적으로 정리된 연구가 없다. 다만 박인호는 유형원이 한백겸의 '南自南 北自北'의 견해를 수용했으며 위만이 기자조선을 도둑질하였으며 기준이 도망해 마한의 왕이 된 것으로 했다고 하였다(38). 그렇다면 일견 유형원은 이원론 체계와 기자 - 마한의 국사 체계를 동시에 가졌던 것으로 이해된다. 하지만 유형원은 삼한의 존재 시기를 위만·사군의 시기로 본다. 단군·기자조선 시기 남쪽은 어떻게 보는지, 위만과 사군 시기 삼한 지역에 존재한 우리의 국가를 어떻게 평가하는지 문제이다.

셋째로, 신경준의 국사 체계에 대해 박인호는 한백겸의 南自南의 北自北의 二元體系를 충실히 계승하여 북쪽과 남쪽이 별개의 정치세력으로 성장하여 왔음을 기초로 남북의 역사를 전개한 것으로 보았다(77). 아울러 신경준이 단군조선을 확고하게 민족 최초의 왕조로 설정하고 고조선 때에 남쪽에 진국이 있고 이것이 뒤에 삼한으로 이어진다고 했으며 기준이 오기 전에 마한이 이미 존재하였는데 기준이 멸망시키고 진왕이 되었다가 기준 다음에 다시 마한이 되었다고 했으며, 발해를 우리의 국가로 보았다고 하였다. 그렇다면 신경준은 명백히 이원체계인데, 위만·사군 등을 국사 체계와 관련하여 어떻게 보는지가 문제이다.

정약용의 국사 체계에 대하여 조성을은 정약용이 『我邦疆域考』에서 한강 이북을 朝鮮, 이남을 韓國이라 한 데 근거하여 이원체계로 이해하였다. 『아방강역고』에서는 삼한 가운데 진한, 변한이 신라에 계승되고 마한이 백제에 계승되며 고구려는 처음 압록 중류 이북에 있다가 나중에 평양이 중심지역이 된 것으로 보았다고 하였다(62). 이것은 종래의 연구와 같다. 하지만 이런 이원체계도 대체로 지리적 관점에 근거한 것인데 종족적 관점에서 어떠한 국사 체계를 갖는지 문제이다. 아울러 조성을은 정약용이 발해를 국사 체계에 넣지 않은 것을 강조하고, 高句麗에 대해서도 종족적 관점에서 우리 역사의 亞流로 보는 것처럼 설명하였다.

이상 국사 체계에 대한 근래의 연구는 표면적 유사성을 갖고 상호 영향 또는 계승 관계로 파악하는 경향이 많다. 서로 다른 당색·학통 사이에도 상호 영향 관계가 존재할 수 있다. 그러나 기본적으로 일단 서로 길이 다름을 염두에 두어야 한다. 18세기에 들어와서 서로 다른 길이면서도 비슷하거나 같은 방향으로 수렴되고 있다면 상호 영향 관계의 검토가 물론 필요하겠지만, 기본적으로는 18세기의 사회변동 또는 시대의 변화 및 당시 기호남인과 소론이 유사한 상황에 있게 된 점 등을 염두에 두어야 할 것이다. 또 이렇게

상호 유사한 국사 체계가 갖는 의미를 생각할 필요가 있다. 또 역사지리학자
의 체계는 대체로 이원체계라는 각도에서 연구되었는데 지리가 아닌 종족의
관점에서는 어떻게 되는지가 문제이다.

(2) 個別 認識

종래에 미약하지만 단군조선, 기자조선, 고구려, 발해의 인식 모두에 대한
체계적인 연구가 있었으나, 근래에는 단지 발해의 인식에 대하여만 체계적
인 논문이 나왔다(48). 다른 왕조에 대하여는 한 역사가를 다룰 때 단편적으
로 언급되었을 뿐이다. 이것은 불충분하고 체계적이지 못하지만 일단 단군
조선, 기자조선, 삼한, 삼국, 통일신라, 발해, 고려, 조선으로 나누어 다른 논
고들에 산견되는 것을 강목체·비강목체 사학자의 인식에 대한 연구에서 취
합해 살펴보기로 한다.

첫째로, 단군조선의 인식에 관한 연구를 살펴보기로 한다. 강목체 사학자
가운데 홍여하의 단군조선 인식에 관해 한영우는 夷 문화 단계로 보았다고
하였다(5). 유계의 『麗史提綱』은 고려만을 다루었으므로 단군조선에 관한 인
식은 연구되지 않았다. 다음 임상덕의 단군조선 인식에 관해서 김문식은 임
상덕이 그 건국연대를 요임금 때로 비정했으며 단군조선의 실재를 인정했다
고 하였다(75). 안정복의 단군조선 인식에 관해서는 한영우의 연구에서 단군
조선을 요순의 교화를 받아 중국의 풍속이 발달한 신성한 통치의 시대로 보
고 정통으로 간주했다고 하였다.

非綱目體 사학자 가운데 홍만종의 단군조선 인식에 관해서 한영우는 홍만
종이 神仙思想에 입각해 단군을 異蹟을 행하는 것으로 보고 중국의 복희씨
와 같은 위상으로 이해했다고 하였다(52). 문제는 홍만종의 이런 신선사상적
인식이 어디에서 유래하며 이것을 어떤 흐름으로 잡아낼 수 있는지 여부이다.

다음 이익의 단군조선 인식에 관해서 한영우는 이익이 단군조선의 중심무
대를 중국과 근접한 요심 지방으로 설정하고 그 문화가 요순과 하나라의 영
향을 받아 중화 단계에 있었다고 보았다고 하였다(19). 아울러 이런 이익의
인식을 홍만종과 비교하면서 홍만종이 도가적 취향을 갖고 단군을 해석했다

면 이익은 고증적이고 과학적 시각에서 해석했다고 하였다. 이익의 이런 측면은 어느 정도 인정되며 시사적인 면이 많지만 오늘 우리의 입장에서는 그 한계와 문제점을 비판할 필요가 있다. 우선 단군조선을 유교문화의 관점에서 보는 것이 문제이다.

허목의 단군조선 인식에 관해서는 한영우의 연구에서 허목이 道家流의 『古記』를 참고하여 단군조선의 문화를 긍정적으로 평가함으로써 중화와 이적을 엄격히 구별했던 존화적 시각을 완전히 탈피했다는 데 큰 의미가 있다고 평가하였다(3). 문제는 유학자인 허목이 과연 이렇게까지 나아갈 수 있었던가 하는 것이다. 또 그렇다면 허목의 영향을 받았다고 생각되는 후대 이익의 단군조선 인식이 유교적인 것에 머물고 있음을 어떻게 보아야 할지도 문제이다.

다음으로 이종휘의 단군조선 인식에 관해서 한영우는 그가 처음으로 단군조선을 「本紀」에서 다루었다고 하였다(20). 또 「단군본기」의 서술은 홍만종의 『동국역대총목』과 내용이 거의 일치한다고 하였다. 아울러 이종휘는 단군이 중국의 聖人처럼 덕이 컸고 단군의 후예가 부여, 예맥, 옥저, 불류 등을 세웠으며 부여의 후예가 고구려, 백제를 세우고 고구려 후예가 발해를 세운 것으로 보므로 한국사의 주류를 단군족으로 간주하는 외에 한사군 시대를 역사의 단절로 보지 않으려는 태도를 가졌다고 하였다. 단군조선의 인식에 관한 연구는 단군조선을 적극적으로 평가하였음을 강조하는 경향이 있다.

둘째로, 기자조선의 인식에 관한 연구를 살펴보기로 한다. 강목체 사학자 가운데 홍여하의 기자조선 인식에 관해 한영우는, 기자조선의 정치적 독립성에 대한 자각은 매우 투철하며 기자는 周 武王과 군신 관계를 가진 것이 아니라 賓主 관계로 인식했다고 하였다(5). 즉, 기자조선을 홍여하가 정치적 독립체로 생각하였다고 본 것이다. 한편 유계는 고려시대만을 다루었으므로 그의 기자조선 인식에 관한 연구는 없다.

임상덕의 기자조선 인식에 관해서는 김문식의 연구에서 임상덕은 기자가 중국에서 온 이래 전해진 문물과 교육에 의해 조선의 의관과 제도가 중국과 같아졌다고 하여 朝鮮＝中華의 근원을 기자에게서 찾았으나 기자와 주나라

의 관계를 부정하여 기자가 周나라 武王에게서 봉함을 받았다는 설을 부정
하였으며 이것은 조선이 중국과 분리된 시기를 좀더 높여 잡으려는 의도라
고 하였다(75). 강목체 사학자인 임상덕이 조선과 중국의 분리를 기자 단계에
서 잡으려 했다는 지적은 매우 주목된다.

안정복의 기자조선 인식에 관해서도 한영우의 연구에서 안정복이 기자 受
封說을 부정하고 기자의 주나라 무왕에 대한 신복을 긍정한 이익을 비판한
사실이 주목되었다(30). 배우성은 안정복이 기자를 정통으로 취급하는 것은
井田制를 시행함으로써 우리가 문화국가가 되었다고 보기 때문이라 하였다.
기자의 정전제에 주목하는 것은 기호남인의 공통적 특성으로서 다른 黨色의
기자 존중과 비교할 필요가 있다.

다음 비강목체 정통론 사학자 가운데 이익의 기자조선 인식에 관한 연구
를 살펴보기로 한다. 이익의 기자조선 인식에 관해서는 한영우는 이익이 기
자가 단군을 내쫓은 것이 아니며 기자가 대신한 것은 부여의 해모수라고 추
측했다고 하였으며 이익이 기자 井田에 주목한 사실을 언급하였다(19). 아울
러 이익은 기자의 周나라 武王에 대한 臣服說은 인정했으며 기자가 주나라
의 신하가 아니라는 설은 이이의『箕子實記』에서 비롯되는데, 17~18세기
에 이것이 정설이 되고 그 의미는 기자의 중국에 대한 독립성을 강조하는
것이며 이익은 이 점에서 당시의 통설과 다르다고 하였다. 이익은 일반적으
로 상고시대 이래 중국에 대한 우리의 독자성을 강조하는 것으로 이해된다.
이것과 이익이 당시 통설과 달리 기자 受封說을 긍정하였다는 것은 모순으
로 여겨진다. 이것을 어떻게 설명할지 문제이다.

허목의 기자조선 인식에 관하여는 한영우의 연구에서 기자가 조선에 온
이래 문화가 한 단계 높아졌음은 인정하되 기자가 夷를 華로 바꾸었다고
하지 않고, 그 이유가 단군조선의 夷風을 천시하지 않기 때문이라고 하였다
(3). 그렇다면 허목은 夷와 華를 동시에 긍정한 것이 되는데 그것이 어떻게
논리적으로 가능한가 하는 것이다.

이종휘의 기자조선 인식에 관해서는 한영우의 연구에서 이종휘가 기자 및
기자조선을 한국사에서 가장 이상적인 인물과 시대로 인식하고 이때부터 중

국의 삼대와 대등한 중화국가가 된 것으로 보았다고 하였다(20). 아울러 이것
은 거의 당시 유학자에 공통되는 것이지만 이종휘가 단군을 聖人(유교적)으
로 보기 때문에 기자를 통해 조선이 夷를 벗어난다는 통념은 받아들이지 않
았다고 하였다. 김문식의 연구에서는 기자가 周나라의 신하가 아니었다는
이종휘의 주장을 언급하고 이것은 임상덕의 견해와 일치한다고 하였다(78).

셋째로, 삼한의 인식에 관한 연구를 살펴보기로 한다. 조선후기 역사학의
삼한 인식은 기자를 이어 마한을 정통으로 하는지 여부만이 언급될 뿐 삼한
자체의 인식에 대하여는 역사지리적 비정 외에는 거의 연구가 되어 있지 않
다. 따라서 홍여하, 유계, 임상덕의 삼한 인식에 대하여는 연구가 되어 있지
않다. 다만 한영우의 연구에서 임상덕이 권근과 최치원의 설을 절충하여 마
한을 황해·경기·충청도로, 진한을 경상도로, 변한을 전라도로 보았다고 하였
다(18).

안정복의 삼한 인식에 대하여는 한영우의 연구에서 『後漢書』에 弁韓이라
한 것과 달리 우리 사서에 卞韓이라 한 것, 안정복이 최치원에 의하면 辰韓
은 燕나라 사람인데 연나라가 秦에 의해 통일되었기 때문에 秦韓이라 한다
고 말한 사실을 언급하였다(30). 아울러 홍만종의 삼한 인식에 대해서는 진한
과 변한은 마한에 부속된 나라이고 마한이 정통이므로 정통으로 간주하지
않는다고 했다고 하였다. 이익의 삼한 인식에 대하여는 한영우의 연구에서
기준의 남하 이전에 이미 마한이 존재했다고 본 사실을 주목하면서 이것은
앞서 이세구에게서 주장되었고 안정복, 정약용, 한치윤에 의해서는 기준이
멸망한 이후의 마한까지 인정됨으로써 이른바 3마한설로 발전한다고 하였다
(19). 또 삼한의 위치에 대하여는 마한을 경기·충청·전라도로 하며 진한을
경상북도 지역으로 하는 한백겸의 설을 따르되, 변한을 막연히 가야에 비정
한 한백겸과 달리 지리산 북쪽을 6가야, 지리산 남쪽을 변한으로 비정했다고
하였다.

아울러 삼한의 종족에 대한 이익의 언급에도 주목하였다. 즉, 이익은 삼한
의 韓은 중국 戰國七雄 가운데 韓의 유민이며 기준에게 쫓겨난 마한의 선주
민이 지리산 남쪽에 세운 것이 변한이고 진한은 秦의 통일에 중국에서 건너

온 유민으로 보았다는 것이다. 이익의 이런 종족관은 뒤에 정약용에게도 영향을 주는데 오늘 우리의 입장에서는 비판할 점이 많다. 특히 삼한을 중국계로 보는 것이 그것이다.

허목의 삼한 인식에 관하여는 한영우의 연구에서 허목은 아직 한백겸을 참고하지 못하고 삼한의 위치 비정에서 대체로 권근과 유사한 설을 주장하였고 삼한 열전을 쓴 목적은 지리 비정보다는 정치사에 대한 관심에서 출발했다고 히였다(3). 그러나 허목의 삼한 징치사 인식에 대한 구제석 언급은 없다.

이종휘의 삼한 인식에 대하여는 한영우의 연구에서 이종휘는 마한의 정통을 인정하되 삼한의 국가 성립 시기는 단군·기자 시기에 병존하여 조선에 신속했던 나라로 보았고 중국의 유이민이 아니라 원래의 토착민이 세운 것으로 생각했으나, 삼한의 78국은 기준이 통일해가는 과정에서 성립한 것으로 보았으며 삼한의 위치 비정은 임상덕의 설을 토대로 이익의 설을 절충했다고 하였다(20). 추후 연구에서는 기호남인과 소론 사이에 나타나는 삼국 위치 비정의 상이성의 의미를 찾을 필요가 있다.

넷째로, 삼국의 인식에 관한 연구를 살펴보기로 한다. 홍여하의 삼국 인식에 대하여 고영진은 홍여하가 삼국기에서 신라왕을 항목으로 하여 고구려, 백제는 부기하고 고구려의 역사는 믿기 어려우며 백제는 마한을 멸망시켜 기자의 제사를 끊어놓아 不仁함이 심한 데 비해 박혁거세의 성덕은 기자의 統을 이었다고 했다고 하였다(73). 다음 유계의 삼국시대 인식에 대한 연구는 없다. 임상덕의 삼국시대 인식에 관해서는 연구가 거의 되어 있지 않다. 다만 한영우의 연구에서 임상덕이 고구려의 위치 비정을 만주 지역으로 한 점이 주목되었다(18).

안정복의 삼국시대 인식에 대하여는 한영우의 연구에서 신라, 고구려, 백제로 나누어 비교적 자세히 정리하였다(30). 다만 안정복의 삼국시대 인식에서 어떤 점이 새롭고 그 특색은 무엇이며 그것이 갖는 의미가 무엇인지는 분석되지 않았다. 한편 배우성은 안정복이 事大交隣을 이상적 국제질서로 생각하여 고구려가 중국을 자주 침략한 것이 나라를 잃은 화근이라고 본 점을 지적하였다(79). 안정복에 대하여 한영우는 고토회복론자로 보는데 이것은 그의 사대교린관과는 모순된다고 생각된다. (補: 안정복은 우리 상고사 영토를 만주 지역까지 확장하여 보았다. 이것은 정확하고 높은 수준의 역사지리 연구에 기초한 것이다. 안정복이 상고사의 영역을 만주 지역까지 확장하여 보는 것과 그의 현실적 영토관은 별개의 문제이다.)

홍만종의 삼국 인식에 대하여는 한영우의 연구에서 그가 시조의 출생신화를 적극적으로 긍정한 사실을 주목하고 이것은 민족적 자긍심을 고양시키는 효과를 가져오며 왕조의 존엄성을 높이는 데 목적이 있는 것이라고 해석하였다(52). 이익의 삼국 인식에 대하여는 한영우의 연구에서 이익의 고구려에 대한 관심이 문화보다는 영토에 있어 고조선에 이어 요동 전체를 차지한 사실을 주목하고 단군기자 시대의 (유교적) 문화전통은 한강 이남의 삼남으로 이어진다고 보았다고 하였다(19). 백제에 대하여는 마한을 멸망시킨 것을 좋지 않게 보고 신라를 매우 긍정적으로 평가했다고 하였다. 그렇다면 이익이 삼국 무통론을 취하는 것과 삼국의 평가는 괴리가 있는 듯이 여겨지는데 이를 어떻게 평가할지 문제이다.

허목의 삼국시대 인식에 대하여는 한영우의 연구에서 허목이 신라를 중국의 삼대보다 낫다고 보았으며 고구려에 대하여는 호전성을 비판하되 기자조선의 전통을 이은 점을 평가하였고 백제에 대하여는 부국강병책을 비판한 것으로 보았다(3). 정옥자의 연구에서도 허목이 단군·기자·신라를 높이 평가하고 위만과 백제를 경계해야 할 나라로 지목하였는데, 그 기준은 호전성 여부에 있었다고 하였다(72). (補: 이상과 같은 허목의 역사인식은 북벌을 반대하는 그의 정치적 입장과 연결된다고 여겨진다.)

이종휘의 삼국시대 인식에 대하여는 한영우의 연구에서 이종휘는 단군·기자·마한의 정통(유교문화)이 고구려에 계승되었으며, 문화수준은 고구려·신라·백제의 순서로 인식했다고 하였다(20). 아울러 고구려의 발상지를 압록강 이북으로 인식했다고 하였다. 한편 김문식은 이종휘가 고구려의 예악과 문물이 중화의 것으로 삼국문화 가운데 제일 높은 것으로 보았으며 고구려 문화의 특색을 유교문화의 관점에서 판단했다고 하였다(78).

삼국시대와 연결된 통일신라에 대한 조선후기 역사학의 인식에 관한 연구는 거의 되어 있지 않다. 다만 한영우의 연구에서는 이종휘가 신라 하대의 亂政을 비판한 사실을 언급하였다(20). 삼국시대 인식에 대한 연구는 대체로 고구려에 대한 적극적 인식을 찾아보려는 경향이 있다.

다섯째로, 발해의 인식에 관한 연구를 살펴보기로 한다. 먼저 발해사 인식에 관한 송기호의 체계적인 연구를 살펴보기로 한다(48). 송기호는 조선시대 발해의 인식을 3단계로 나누었다. 첫째 단계는 『동국통감』에서 발해사를 우리 역사로 인정하지 않았고, 둘째 단계는 다시 전·후기로 나누어지는데 전기는 한백겸의 『동국지리지』에서 발해를 고구려 영토의 계승으로 인정하되 아직 우리 역사의 일부인지에 대하여는 부정적 시각이 많고, 후기에는 신경준의 『강계고』에서 발해사를 우리 역사의 일부로 인정하였으며, 셋째 단계는 발해를 고구려 계승국이라는 인식에서 한걸음 더 나아가 신라와 대등하거나 우월한 나라로 인식했다고 하였다.

다만 송기호의 연구는 신경준의 『강계고』 이후 일반적으로 발해사를 우리 역사 체계에 넣은 것으로 생각하는데 발해사를 우리 역사에 넣는 부류와 그러지 않은 부류가 있다고 여겨진다. 특히 정약용이 이종휘와 같이 발해를 우리 역사에 넣고 고토의 회복을 주장했다고 하는데 이는 명백한 잘못이다. 조성을의 연구에서는 정약용이 발해를 국사 체계에 넣지 않은 것으로 보았다.

한편 홍만종의 발해 인식에 대해 한영우는 그가 발해, 일본, 몽고, 거란이 우리를 처음 침략할 때 그들의 내력을 소개하고 발해를 독립국가로 다루지 않았다고 하였다(52). 즉, 홍만종이 발해를 국사에 넣지 않았다고 이해한 것이다.

이익의 발해 인식에 대하여는 한영우의 연구에서 이익이 발해사에 큰 관심을 갖되 우리의 동족으로 간주하지는 않았으나 고려가 발해의 영토를 회복하지 못한 것을 안타까워했다고 하였다(19). 한편 하우봉은 이익이 고구려, 발해의 옛 영토를 회복하려는 의식을 가졌다고 하였다(76). 그러나 이익을 고토회복론자로 보는 것은 옳지 않다.

허목의 발해사 인식에 대하여는 한영우의 연구에서 발해사를 영토상 우리

땅에 있었을 뿐 아니라 혈통상으로도 우리에게 흡수된 점에 주목했다고 하였다(3). 이것은 허목이 발해 세자 대광현 등의 귀화를 언급한 것에 근거한 것이나 지나친 해석이라고 여겨진다.

이종휘의 발해사 인식에 대하여는 한영우의 연구에서 이종휘가 발해사를 한국사의 일부로 공식적으로 수용하였으며 발해를 고구려 유민의 나라로 보았고 고토회복론자였다고 하였다(20).

이종휘가 발해 영토 상실에 대한 아쉬움을 갖는 것은 사실이지만 그것을 반드시 고토회복론으로 연결시킬 수 있을지는 좀더 검토를 요한다. 사실 조선후기 역사인식에서 우리 상고사의 무대를 만주까지 확장하여 보고 고구려, 발해의 영토 상실에 아쉬움을 느끼는 것이 나타나는 것은 사실이지만 이것을 직접적으로 고토회복의식과 같은 당시인의 영토관에 연결시키는 것은 옳지 않다고 생각된다. 영토의식이 역사의식과 관련이 있는 것은 사실이지만 조선후기의 영토의식은 당시의 사회경제적 조건, 국내외의 정치 현실에 의해 더욱 좌우되었을 것이다.

조선후기 발해사 인식에 대한 연구는 종래와 마찬가지로 발해사를 우리 역사로 보았다는 식으로 해석하려는 의도가 지나친 나머지 단편적인 자료를 확대 해석하거나 자의적으로 해석하는 경향이 있다. 이것은 오늘날 발해사를 한국사에 넣으려는 의도와 관련되어 있지만 조선후기 당시의 인식을 사실 그대로 보려는 노력이 필요하다.

여섯째로, 고려의 인식에 관한 연구를 살펴보기로 한다. 홍여하의 고려 인식에 대하여는 한영우의 연구에서 비교적 자세히 정리하였는데 그 논지는 다음과 같다(5). 홍만종은, 첫째, 『휘찬여사』의 「세가」에서 중국의 송, 금, 원의 흥망성쇠 과정을 중간에 약술하였으며 중국의 황제 가운데 송태조, 신종, 휘종, 원세조, 명태조 등을 「본기」로 서술하는 한편 그 밖의 황제도 帝로 표현하였다. 이것은 『고려사』에 비해 명분에 집착하는 경향을 강하게 표출하였다. 둘째, 「志」를 축조식으로 나열하여 고려문화를 종합적 안목에서 평가하지 못하고 經學的 입장에서 각 「志」의 첫머리에 「論」을 붙였으며 「지리지」의 「논」에서는 영토의 확대를 추구하는 고려사의 공리적 지리관을 배척하고 윤관의 선춘령비의 위치도 두만강 이북 700리가 아니라 함경도로 새롭게 비정하였다. 셋째, 「열전」에서는 『고려사』와 달리 오운의 『동사찬요』의 선례를 따라 여말의 절의파 길재 등을 수록하였는데 이들은 16세기 이래 영남사림에서 널리 추앙을 받던 인물이며 조선조 개국공신 중 핵심인물인 조준, 정도전 등에 대한 평가는 반드시 긍정적이지 않고 기본적으로 여말 절의파의 시각에서 조선 건국을 보았다. 넷째, 국사 서술에서 처음으로 「거란전」, 「일본전」 등 「외이전」을 넣었는데 거란, 일본을 夷로 간주한 것이다. 이상 홍여하의 고려시대 인식은 군주권의 강화의 입장에 서면서도 고려사의 공리적 요소를 배격하고 의리와 명분의 입장을 중시하며 이것을 영남남인적 성격으로 이해하였다.

홍여하의 영토관 내지 역사지리 인식에 대한 지적은 서인과 대립하는 영남남인의 정치적 입장과 관련하여 중요한 의미가 있다고 생각된다. 따라서 기호남인과의 비교가 요청된다.

한편 고영진은 「外夷傳」을 넣은 것은 일본과 여진 등에 대한 기미정책의 입장에서 서술한 것이어서 「거란전」에서 거란의 역사에 여진을 함께 서술하였으며 「일본전」에서는 일본 역사에 한일관계사를 서술했다고 하였다(73). 남인은 일반적으로 일본 인식이 관대한데, 홍여하에게서는 이 점을 찾을 수 없는지, 또는 다른 外夷에 대한 인식과 일본에 대한 것과는 차이가 있는지 앞으로 검토를 요한다.

유계의 고려 인식에 관하여는 한영우의 연구에서 宰相의 임명에 대하여는 반드시 적었는데 이것은 고려정치사의 주역을 재상에서 찾으려는 것이었으며 고려 역대군주에 대해 존칭을 쓰지 않았는데 이것은 결국 왕의 권위를 낮추려는 것이었고 북방족에 대한 자강을 중시하는 입장에서 거란, 여진, 몽고와의 항쟁기사를 자세히 서술했다고 하였다(17). 이것은 전체적으로 서인의 입장이 반영된 것으로 이해하였다.

임상덕의 고려 인식에 대하여는 한영우의 연구에서 북방족에 대한 고려의 강력한 응징 노력이 칭송되었으며 윤관의 九城 戰役이나 최영의 요동 정벌운동이 비난되지 않았고 이 입장은 『東國通鑑』과 달리 유계의 『麗史提綱』

을 계승하는 것이라고 하였다(18). 유계의 입장은 노론에게 계승되었는데 소론과 노론의 차이를 어떻게 볼지가 문제가 된다.

안정복의 고려 인식에 대하여는 한영우의 연구에서 비교적 상세한 정리를 하였다(30). 다만 안정복이 구체적인 사실을 고증한 내용을 나열하였을 뿐으로 그 고증이 갖는 의미는 따지지 않았다. 한편 배우성은 안정복이 『東史綱目』의 고려시대 서술에서 『高麗史』와 『여사제강』을 기준으로 하고 여말의 경우 文集과 碑文을 많이 이용했다고 하였다(79). 그렇다면 같은 남인인 홍여하의 『휘찬여사』와의 관계가 문제가 된다.

홍만종의 고려 인식에 대하여는 한영우의 연구에서 유계와 명백한 대조를 보인다고 하였다(52). 즉, 유계의 『여사제강』이 고려사를 주도한 것을 대신이라고 보았다면 홍만종은 군주를 강조했다는 것이다. 한편 한명기는 正統論 史書에서 정통으로 취급하지 않던 고려 태조대에 대하여 다루었으며 태조와 연결된 도선 국사의 설화를 긍정적으로 소개하였고 신료의 활동은 거의 서술하지 않았으며 은자의 활동을 소개했다고 하였다(74). 홍만종이 도가적 견해를 가졌다고 보는 생각과 연결되는 것이라 하겠다.

이익의 고려 인식에 대하여는 한영우의 연구에서 이익이 고려가 고구려의 고토를 회복하려 한 사실을 높이 평가하고 윤관의 선춘령비가 두만강 이북 700리에 있었다고 하여 함경도에 있다고 한 통설을 비판했다고 하였다(19). 이것은 허목과 이세구에서 주장된 것을 이익이 재확인하였고 뒤에 이종휘에게 수용되었다고 하였다. 이익을 과연 고토회복론자로 보아야 할지는 검토를 요하는 문제이며 이종휘와의 연결 관계도 실증을 요하는 문제이다. (補: 이익은 명백히 북벌론 반대론자이며, 그는 우리 영토가 한반도에 국한되어야 한다는 생각을 갖고 있었다. 상고사의 영역을 만주 지역으로 확장하여 보는 것과 영토관의 분리가 일어난 것이며 이런 입장이 안정복에게 계승되었다. 또 정약용의 영토관도 결국 이익을 계승한 것이라고 볼 수 있다. 그리고 정약용이 우리 고대사 영역을 한반도를 중심으로 보는 것은 사실이지만 그가 고조선중기의 영역, 초기 고구려의 도읍 등에 대하여 만주 지역으로 비정한 안목에 대하여도 주목해야 할 것이다. 덧붙여 이종휘와 이익은 영토관·대외관계론 등의 측면에서는 상호 대립하는 위치에 있었을 것이라고 여겨진다.)

또 기호남인과 영남남인이 고토회복론 여부에서 차이가 있는지는 양자의 정치적 입장과 관련되는 중대 문제이다. 허목의 고려 인식에 대하여는 그의 동사에서 고려시대를 다루지 않았으므로 연구가 없다.

이종휘의 고려 인식에 대하여는 한영우의 연구에서 고려의 권신 발호를 비판했으며 고려의 고구려 구강토 회복운동의 실패를 안타까워하였고 기자문화와 접맥되는 계기로 고려 儒학자의 역할을 주목했다고 하였다(20).

고려시대 인식에 대한 연구는 고려의 고구려 고토 회복 노력에 대한 조선후기 역사학자의 관심이 많이 주목되었다. 그러나 오늘 우리의 관점에서 지나치게 확대 해석하는 감이 없지 않다. 또 전체적으로 조선후기 사학이 王權과 臣權, 대외 관계라는 관점에서 고려시대의 정치사를 바라본 측면이 강조되었는데 다른 측면에 대한 고찰도 필요하다고 여겨진다. (補: 조선후기 정치사상에 대한 분석 가운데 왕권과 신권의 대립이라는 틀은 유효하기는 하지만, 王權强化論이라고 흔히 이해되는 것은 두 가지로 나누어 볼 필요가 있다. 즉, 공권력 강화론의 측면과 국왕의 사적 권력 강화 측면의 두 가지이다. 신권 강조의 경우도 大臣權論과 小臣權論의 두 가지로 나누어 볼 필요가 있다. 또 이런 문제에 대하여 조선후기 각 단계 내에서의 변화 추이도 추적해야 할 것이다.)

끝으로 조선 시대, 즉 當代史의 인식에 관한 연구를 살펴보기로 한다. 종래 조선후기 역사인식에 대한 연구는 주로 고대사 인식에 대한 것이었으나 근래에 들어와서는 조선시대 자체, 즉 當代史에 대한 인식은 어떠하였으며 이를 다룬 역사서들은 어떤 것들이 있고 또 어떻게 발전해왔는가에 대한 관심이 나타나기 시작하였다. 이것은 1980년대에 들어와 조선후기 정치사에 대한 연구가 활발해지기 시작한 것과 관련이 있다고 생각된다. 조선시대 인식에 대한 연구는 조선후기 당시 野史 발달이라는 현상을 개관하는 것과 개별 사학자의 조선시대 인식에 관한 것으로 나눌 수 있다. 전자로는 이태진과 안대회의 연구가 있다. 후자로는 홍만종과 이원익에 대한 것이 있다.

이태진은 조선시대 野史의 대부분이 정치에 관한 내용을 많이 싣고 있다는 사실에 유의하여 붕당정치의 발달과 어떤 관계가 있는지의 시각에서 당시 야사의 발달의 추이와 성격을 검토하였다(31). 결론적으로 이태진은 당시 야사는 단순히 사료로 가치를 따질 것이 아니라 순수한 역사서로 주목할 점이 많고 당시 강목체보다 通史와 叢書 형식의 야사의 비중이 컸으며 명청시대보다 조선의 야사가 발달한 것은, 야사가 특정 정파의 입장을 밝히는 것이 었는데 조선에는 붕당정치가 발전하였기 때문이라고 하였다. 하지만 18세기까지 야사에서는 자기 정파를 위한 변론이 심하게 노출되지는 않았고 노골적인 편향성은 18세기 말 이후이며 이런 당론서는 당론 경색의 산물이라고 하였다. 야사를 대체적으로 긍정하고 그 편향성이 18세기 말 이후에 나타난다고 보는 이태진의 생각은 붕당정치를 긍정적으로 보며 조선후기 정치사의 결정적 파탄을 세도정치 이후로 보는 입장과 연결되어 있다. 붕당정치를 달리 보는 입장에서는 다른 시각도 제시될 수 있겠다.

안대회는 조선후기 야사 정리의 방향은 두 가지 방향으로 이루어지는데 하나는 『조야기문』이나 『연려실기술』같이 전래하는 야사들을 자기 사관에 따라 인용하여 편집하는 것이고 다른 하나는 『대동야승』이나 『패림』과 같이 개별 야사들을 원본 그대로 또는 약간의 수정을 가하여 총서로 편찬하는 것이라고 하였다(58). 야사의 출현 동기에 대하여는 정사에 대한 불만, 당론의 격화, 생활주변사에 대한 흥미의 증대와 그 가치의 인정, 자국의 역사 등에 관한 관심과 학습 분위기의 고조를 들었다. 아울러 안대회는 야사 발달의 추이와 관련하여 계승·영향의 관계를 추적하고 그에 대한 도표를 작성하였는데 김려의 야사가 높이 평가되었다.

다음 개별 역사학자의 조선 인식에 관한 연구를 살펴보기로 한다. 먼저 홍만종의 조선 인식에 대하여는 한영우의 연구에서 조선시대사 서술을 고려와 마찬가지로 왕실 위주로 했다고 하였다(52). 한편 한명기는 홍만종이 조선 태조부터 효종까지를 다루었는데 그 분량이 고려시대와 거의 대등하고 이것은 당대사에 대한 관심이 깊었음을 의미하며 왕권을 강조하는 입장이었다고 하였다(74). 이것을 한명기는 소론계의 정치적 지향이 왕권강화론에 가까움을 의미하는 것으로 보았다.

이원익의 조선 인식에 관하여는 강석화는 이원익의 『동사약』에서 가장 중

점을 두어 서술한 분야는 조선시대사로서 그가『동사약』을 편찬한 궁극적인
목적은 당대사의 정리에 있으며 전대의 사실을 기록한 것은 사서로서 구색
을 맞추기 위한 것에 지나지 않는다고 하였다(86). 아울러 조선시대사에 대해
평을 극히 억제하면서도 세종대의 북방영토 개척이나 한글 창제 등에 관한
평에는 상당한 긍지가 나타나며 조선시대 왕에 대해 즉위라는 용어를 사용
한 것은 정통국가로 높이려는 의도인 한편 淸에 대한 자주성의 강조라고 했
으며,『동사약』만큼 건국부터 순조 말년까지 상세히 기술하여 전사로서 내
용을 충실히 갖춘 것은 다른 야사에는 없다고 하였다. 아울러 이것은 영정조
시대의 當代 문화 정리의 분위기와 관련된다고 하였다.

당대사 인식에 대한 연구는 아직 시작 단계에 지나지 않는다. 현재 우리의
조선후기 정치사 연구의 진전을 위해서도 당대사 인식에 대한 연구는 매우
중요하므로 더욱 심화될 필요가 있다. 여기서 중요시되는 것은 자료 비판이
다. 연대와 저자, 異本에 대한 치밀한 고증은 물론, 그 자료의 의미, 입장,
나아가서는 조선후기 정치사 전반에 대한 우리 나름의 명확한 관점이 요청
된다. (補: 그리고 제도사적 관점은 조선후기 학자들이 바로 전 시기인 조선전기의
제도를 어떻게 보았고 고려와 조선의 제도의 차이점을 어떻게 생각하였는지에 대한
고찰도 필요하다.)

이상 개별 인식에 대한 연구를 살펴보았다. 종래와 마찬가지로 대체로 단
군조선, 고구려, 발해의 인식을 부각시키려는 경향이 있다. 조선후기 역사학
에서 단군, 고구려, 발해에 대한 적극적이고 새로운 인식이 나타나는 것은
사실이다. 그러나 오늘날 우리의 입장을 과거에 투영하여 과장·왜곡해서는
안 된다. 또 오늘 우리의 입장에서도 단군조선, 고구려, 발해를 지나치게 강
조하는 것이 반드시 옳은 일은 아니라고 생각된다. 발해는 한국사로 평가하
기에는 문제가 너무 많으며, 삼국은 그 가운데 어느 하나를 강조하는 것보다
는 셋을 균등하게 평가하는 것이 타당하고, 단군조선을 지나치게 강조하는
것은 역사적 실체를 왜곡할 우려가 있기 때문이다.

아울러 고려 인식에 관한 연구도 주체성을 강조하는 경향이 있는데 이 역
시 지나치게 현재적 입장을 투영한 것이며, 우리의 현재적 입장에 대하여도

반성이 필요하다. 조선시대 인식에 관한 연구는 이제 시작인데 다른 어느 분야보다도 깊이 연구될 필요가 있으며, 특히 당대사 인식과 전 시대 인식의 상호관계도 추적할 필요가 있다. 전체적으로 보아 개별 인식에 관한 연구는 다른 연구 가운데 일부로 진행되었는데 개별 인식 자체를 주제로 체계적으로 연구할 필요가 있다.

3) 歷史地理와 社會經濟史

(1) 歷史地理

조선후기의 역사지리 연구는 역사지리학(한백겸, 유형원, 남구만, 이세구, 신경준, 정약용)의 것과 비역사지리학의 것으로 나눌 수 있다. 비역사지리학파의 연구는 다시 강목체 사학의 역사지리 연구(임상덕, 안정복)와 문화사적인 역사지리 연구(한진서)로 나눌 수 있다. 역사지리학자로서는 유형원, 남구만, 이세구 등이 최근 새로이 주목받기 시작하였으며 비역사지리학자의 역사지리에 대한 관심은 대체로 근래의 일이라고 생각된다. 먼저 역사지리학자에 대한 연구부터 살펴보기로 한다.

한백겸의 『동국지리지』에 대하여는 이를 대상으로 심포지엄이 개최되었다.[29] 윤희면(22)과 고영진(71)의 연구에서는 예론, 이기론, 기전설, 서경덕 계통의 학통 등 정통 주자학과는 다른 한백겸의 학문적 성격에 주목하였다. 이것은 『東國地理誌』의 학문적 배경으로 주목되는 일이지만 이런 학문적 성격이 역사지리학과 구체적으로 어떻게 관련되는지는 앞으로 좀더 추구되어야 할 과제이다.

한편 정구복은 한백겸의 역사지리학이 서인계의 남구만, 이세구와 소론계의 이긍익 등에게도 영향을 주었다는 점에서 조선후기 역사학을 당색별로 나누어 파악하는 경향에 대해 회의를 제기하였다(23). 이에 대해 한영우는 토론 과정에서 이긍익 등 소론에게는 잘 영향을 주지 않았다는 반론을 제기

---

29) 진단학회 주최 제15회 한국고전심포지엄(1987). 여기서 발표된 논문은 ≪진단학보≫ 63(1987) 및 『한국고전심포지엄』 3(일조각, 1991)에 수록됨.

하였다.30) 고영진은 한백겸의 역사학이 유형원, 홍만종, 신경준, 안정복, 정약용에게 계승되었다고 하였다(71). 남인계 학자에의 영향은 분명하므로 문제는 서인 또는 소론계 학자에 대한 영향 여부가 문제가 된다.

유형원의 역사지리학은 박인호에 의해 최근에야 연구되기 시작하였다. 우선 박인호는『동국여지지』의 편자가 유형원임을 확실히 입증하고 편찬시기는 효종 7년이나 일단 완성된 뒤 현종 7년 이후 어느 시기에 수정된 것으로 추정하였다. 또『동국여지지』의 편찬목적에 대하여는 현실에 수용이 있는 지리서를 만들려고 한 것과 함께 사회개혁안을 작성하는 현실 파악의 기초자료로 활용하고자 한 것이라 하였다. 또 직접 영향을 받은 사람으로는 신경준, 유광익, 안정복, 유득공, 박주종, 윤정기를 들었다(38). 이 연구에서는 한백겸과 유형원의 관계가 다소 불분명하며 박인호 자신도 지적하듯이 유형원의 사회개혁론과 역사지리 인식의 상호관계가 분명히 추구되지 않았다.

남구만은 역사지리학에 대해 박인호는 한사군의 하나인 진번을 요동 북부에 비정하고 중국 군현 가운데 이부의 설치를 부정했다고 하였다(68). 또 이세구에 대하여는 사군의 위치를 한반도와 요동에 걸치는 것으로 비정한 것 및 한사군은 삼한의 북쪽에 있었다고 본 것을 지적하였다(68). 아울러 이들의 연구는 17~18세기의 북방 영토에 대한 새로운 관심을 반영하며 한백겸 이후 차츰 반도 중심적인 영역관에서 벗어나기 시작하여 유형원 단계에서는 요동 일대에까지 고조선과 고구려의 지리를 비정하고 남구만, 이세구, 이이명 및 허목, 이익, 이종휘 등 학자들은 역사지리관에 있어서 세부적 차이는 있으나 대체로 요동 일대에 고조선과 고구려, 발해의 지리를 비정하였으며 이는 당시 학계의 일반적 분위기가 북방 강역을 요동 일대에까지 확대하려는 경향이었음을 반영하고 있고 이것은 안정복, 신경준 및 다음 세대인 유득공, 박지원에 이어지며 이런 확대된 영역관에 대한 비판에서 나온 것이 정약용, 한진서의 역사지리관이라고 하였다(68). 박인호의 이런 견해는 그의 신경준에 대한 연구에서도 그대로 표명되며 신경준은 고조선의 강역을 요동에까

30)『한국고전심포지움』3, 53-54.

지 확대하려는 영역관을 집대성한 것이라고 하였다(77).

역사지리학의 계승에 관한 박인호의 견해는 한백겸의 학문이 당색에 관계 없이 후대에 계승된다고 한 정구복과 대체로 비슷한 입장이며 당색에 따른 차이를 생각하는 한영우와는 다르다. 조성을은 조선후기 역사지리학과 영토 의식의 확립의 관련을 염두에 두면서 영토 의식에는 만주의 고토회복론과 반도중심론의 두 가지가 있다고 보았다(62). 문제는 조선후기 역사지리학의 흐름을 하나로 볼 것이냐, 두 가지로 볼 것이냐이다. 조선후기 역사지리학의 일반적인 추세도 있으며 당색에 따른 차이도 있는 것이 역사의 실상과 가까 우므로 두 측면을 아울러 고려해야 한다고 여겨진다. 즉, 소론은 남인에 비해 고대사 영역을 보다 확장해 보려는 경향이 있다. 그리고 영토 의식의 확립과 역사지리 인식은 밀접히 관련되지만 반드시 일치되지는 않는다고 생각된다. 즉, 고조선 또는 우리 고대사의 영역을 만주로 확장하여 본다고 반드시 고토 회복론자는 아니다.

정약용의 역사지리에 대하여 조성을은 고조선과 삼한을 반도에 비정하는 반도중심론이며 삼한과 고조선을 이원적으로 보는 것은 한백겸을 계승한 것 이라 하였다(62). 아울러 조성을은 정약용의 반도중심적 역사인식은 內治 위 주의 개혁론과 관련이 있다고 하였다.

강목체 사학의 역사지리 인식 가운데 주목된 것은 18세기의 임상덕과 안 정복이다. 먼저 임상덕의 역사지리 인식에 대하여 한영우는 임상덕이 한백 겸과 마찬가지로 삼한과 조선을 분리해 보았으나 한백겸이 한강을 경계로 본 것과 달리 임상덕은 황해도까지 삼한으로 보았으며 변한을 전라도에 비 정했다고 하였다(18). 한백겸과 차이가 나는 이유를 따질 필요가 있다. 임상 덕의 계승관계에 대하여 한영우는 임상덕이 안정복과 이종휘에게 영향을 주 었다고 하였으며(18) 김문식은 역사지리에서 한백겸 설이 임상덕에 수용되 어 이종휘에게 전해진 것이라 하였다(75). 다른 당색에서의 영향 관계를 보다 실증할 필요가 있다.

안정복의 역사지리 인식에 대하여는 한영우의 연구에서 안정복이 고조선 의 영역을 만주까지 확대해 본 것으로 이해했으며 삼한은 한백겸 설을 정설

로 했다고 하였다(30). 아울러 발해의 5경, 15부, 62주의 현재 지명에 대한
고증이 안정복에게서 처음 나타나는 것에 큰 의미를 부여하였다. 다만 안정
복이 발해 중심지를 요동으로 비정한 것은 정약용에 의해 극복되었다고 하
였다. 한영우의 연구는 안정복이 우리 고대사의 영역을 만주까지 확장시킨
것으로 보는 것인데 이 인식 자체는 타당하다고 여겨진다.

한편 배우성은 안정복이 요동을 천하의 요충지로 인식하고 이를 단군, 기
자, 부여의 강역으로 인정하여 요동을 차지하지 못한 것을 약소국이 된 원인
으로 보았으며 이것은 고토회복의식에서 나온 것이라고 하였다. 안정복의
고대사 영역 인식을 바로 영토의식과 직결시키고 그를 고토회복론자로 보는
데에는 좀더 신중을 기할 필요가 있다.

이상 강목체 역사학의 역사지리 인식은 역사지리학의 영향을 받았다고 보
는 것이 현재 연구의 일반적 추세이며 이것은 타당하다고 여겨진다. 다만 그
렇다고 하더라도 17세기의 강목체 사학과 비교하여 그 변화의 양상 및 그런
변화가 일어나게 된 배경과 변화의 의미를 어떻게 생각할지가 문제이다.

끝으로 문화사론서인 한치윤의『해동역사』가운데 「지리고」를 저술한 한
진서의 역사지리 인식에 대한 연구를 살펴보기로 한다. 한영우는 이에 대해
우선 이것이 정약용의『아방강역고』와 상호 영향 관계에 있다고 하였다(4).
아울러 중국의『遼史』계통 문헌에 대한 불신은 결과적으로 한사군이나 발
해 강역을 새롭게 비정하게 했으며 발해의 고증은 기본적으로 정약용과 일
치하며 유득공, 안정복과 다르다고 하였다. 다만 정약용과 한진서 사이에도
지리 비정에 차이가 있으므로 그 이유와 의미를 따질 필요가 있으며 안정복
이 같은 기호남인인 한진서, 정약용과 차이가 나는 것도 문제가 된다.

이상 조선후기 역사지리 인식에 대한 연구 경향은 대체로 명분론을 벗어
나는 것으로 보는 점에서는 일치된다. 다만 그것을 하나의 같은 흐름으로
볼지, 당색의 차이를 고려할지에 대하여는 보다 실증적인 연구가 필요하다.
앞서 언급한대로 두 측면을 고려해야 하리라 생각된다. 아울러 역사지리학
연구가 영토 의식 및 사회사상과의 관련성 및 역사지리학 발전과 사회경제
적 변화와의 관련성 등이 연구되어야 할 것이며 역사지리학이 강목체 사학

등에 영향을 주는 측면 등에 대한 고찰도 필요하다.

(2) 社會經濟史 硏究

사회경제사 인식에 대한 연구는 아직도 부진하다. 최근 정옥자는 사회사 저술이라고 할 수 있는 『葵史』, 『掾曹龜鑑』, 『壺山外記』의 역사의식을 19세기의 중인사학이라는 각도에서 분석하고 이것을 19세기 중인층의 성장에 따른 문화적인 자기표현이라고 하였다(85).

아울러 『규사』가 연대기 속에 강목체를 도입하여 서술방식 자체가 양반의 서자라는 자기 신분의 표현이라면, 『호산외기』 등 중인 전기집이 열전의 형식을 취하고 있다는 사실도 성리학의 강목체를 극복하여 기전체로 돌리려는 의도가 엿보이는 것이며, 『연조귀감』은 지방 향리의 편저서인 만큼 전국적인 향리의 처지나 의식을 보여준다고 할 수 없지만 어느 지역보다 사족지배체제를 확립한 경상도 지방 향리들의 역사의식을 보여주고 있고 잡다한 자료의 나열로 체계적이지 못한 비세련성도 아직은 양반사대부의 수준에 미치지 못하는 지적 교양의 미숙성을 드러내고 있다고 하여 위의 세 가지 중인사서의 차이점과 한계를 지적하였다. 이런 중인사학의 사학사적 위치에 대하여는 양반사대부 중심의 역사학에서 벗어나는 평민중심 역사학의 태동이라고 평가하였다.

한편 조성을은 정약용의 역사인식과 관련하여 우리 역대 제도에 대한 정약용의 연구를 언급하고 정약용이 우리 토지제도에 대하여 기자 이래 평양에 井田이 있었음을 부정하였고 조세제도와 관련해서는 비척에 따른 토지의 등급이 여말에 생겨난 것으로 보았다고 하였다(83). 아울러 후자는 결부법의 경무법으로 개혁론과 관계되고 전자는 정약용이 생각한 정전제 개혁론이 기자 정전과 구획이 다르기 때문이라고 하였다. 즉, 사회경제 제도 인식을 개혁론과 관련시켜 생각한 것이다.

사회경제사 인식에 대한 연구는 오늘날 우리의 사회경제사 연구의 진전을 위해서도 매우 필요한 일이다. 또 당시의 사회경제적 모순에 대한 개혁론은 많은 경우 우리 역대의 사회경제 제도 등에 대한 연구와 인식을 밑에 깔고 하였으므로 당시인의 우리 사회경제사 인식에 대한 연구는 그들의 개혁사상을 이해하기 위해서도 필수적이다.

4) 歷史學의 方法과 歷史理論

(1) 역사학의 방법

역사학의 방법과 관련된 연구는 종래 드물었으며 주로『동사강목』,『연려실기술』,『해동역사』의 이른바 '조선후기의 대표적인 三史'를 대상으로 하였다. 근래에도 역사학의 방법과 관련된 연구는 드물지만 대상이 다소 확대되었고 사료 취급의 태도, 경향 등이 주목되기 시작하였으며 기존 연구의 문제점이 지적되었다.

먼저 조성을은 종래의 연구에 대해 삼사의 방법론과 관련하여 기존의 연구가 대체로, 첫째, 객관적·실증적이며 사료를 광범위하게 구사했다고 하는데 문제는 근대 문헌고증학과의 차이가 어떤지 언급되지 않고 있으며 객관성의 의미에 대한 철학적 고찰이 없고, 둘째,『연려실기술』의 기사본말체를 인과적·계기적 파악이라고 보고 근대 역사학에 접근한 것으로 보는데 이것과 근대 역사학과의 차이도 문제이며, 셋째, 대체로 서양근대사학과의 대비를 밑에 깔고 논의를 전개시키는 듯하나 서양 사학사, 사학개론에 대한 깊은 이해가 결여되어 있으며 같은 시기 일본 사학사나 중국 사학사와의 대비가 없고, 넷째, 조선후기 역사학을 經學과 史學의 분리라는 입장에서 보아서 사학과 경학의 논리적 연관에 대한 파악이 없다고 문제점을 지적하였다(27). 하지만 이런 문제점 지적은 이후의 연구에 반영되지 않았으며 이 문제를 다시 더 깊이 연구하지 않았다.

다음으로 역사가 개인의 역사 방법에 대한 근래의 연구를 살펴보기로 한다. 연구 대상이 三史 외에 한백겸, 이익, 신경준, 유득공, 정약용, 한치윤 등으로 확대되었다. 한백겸의『동국지리지』에 대해 고영진은 사료 이용의 태도에 관하여 국내 자료가 열악한 삼국 이전의 경우 중국 측 자료를 신빙하였으며 삼국·고려의 경우 중국이 지배했던 지역이나 요동처럼 고구려에 병

합되었던 지역은 중국 측 자료를 주로 이용하고 신라·고려 지역은 우리 측
자료를 인용하는 고증 중시의 경향을 가졌으며 이런 고증 중시 경향은 도덕
적 평가보다 객관적 사실을 중시하는 그의 안설에서도 나타난다고 하였다
(71). 역시 근대 역사학의 문헌고증과 비교하여 한백겸의 문헌고증이 어느
정도 수준이었는지 비교가 요구된다.

이익의 역사학 방법에 대하여 하우봉은 이익이 여러 사서의 상호 비교 및
사료 비판을 통한 문헌고증과 논리적 추론을 강조하였으며 우리나라 역사서
들이 중국 측 문헌을 주로 인용한 사실을 비판하고 自國史를 연구할 때에는
국내 사서를 중심으로 할 뿐 아니라 야사나 패관류도 중시할 것을 주장했으
며 이것은 역사학 방법론에서 주체성을 강조한 것을 의미한다고 하였다(76).
그러나 이런 역사학 방법론의 성격에 대하여는 명확히 규정하지 않았다. 문
헌고증의 수준 및 논리적 추론 등에서 어떤 점이 중세적인 것을 얼마나 벗어
나고 있는지, 그리고 역사학 방법론과 경학과의 관련도 검토해야 할 것이다.

신경준의 역사학 방법에 대하여는 박인호가 최근의 연구에서 자료의 면에
서 금석문이나 사찰 자료로의 확대가 있으며 국내 자료 외에 중국 자료를
광범위하게 확대하여『요사』와『성경통지』등 淸나라의 자료를 적극 활용했
으며 문헌고증 외에 언어학·금석학의 방법을 사용했다고 하였다(77). 신경준
이 언어학·금석학적 방법을 사용했다고 하는 것은 근대 역사학 방법의 내재
적 발전과 관련하여 매우 중요한 지적으로 조선후기 역사학 전반에서 이런
방법이 어떻게 사용·발전되었으며 민족주의 역사에 미친 영향은 어떠한지가
앞으로 체계적으로 검토되어야 할 것이다. 그러나 신경준이 자료를 확대한
것을 무조건 긍정적으로 보는 것에는 문제점도 있다.『성경통지』,『요사』등
의 자료는 오류가 많으며 한국사를 만주사에 흡수시키는 것이므로 우리의
입장에서는 비판적으로 볼 필요가 있다.

유득공의 역사학 방법에 대하여는 송기호의 연구가 있다(81). 유득공의 사
료에 대한 태도가 이전의 사가들이『三國史記』나『三國遺事』에 전적으로
의존하는 데에 비판적인 외에 우리 사서에 서술된 것은 황당한 것이 많다는
입장이며 일차 사료인 金石文에 관심이 있었다고 하였다. 중국 측 사료와

우리 측 사료 가운데 어느 쪽을 더 신뢰하는가 하는 것이 연구 결과와 어떤
관계가 있는지 검토할 필요가 있다.

정약용의 역사 방법에 대하여는 조성을의 연구가 있다. 광범위한 자료 수
집과 엄격한 자료 비판에 근거하여 논리적으로 타당한 결론을 끌어내는 것
이며 자료의 연대적 배열을 매우 중시했으며 자료를 비판하되 의심스런 자
료를 그냥 버리는 것이 아니라 그것이 나오게 된 배경·의미 등을 생각했다고
하였다(83). 다만 정약용이 중국 측 사료를 더 우신시하는 문제가 있다고 하
였다.

삼사의 연구 방법에 대한 근래의 연구를 살펴보기로 한다. 우선『동사강
목』을 보면 역사학 방법을 본격적으로 다룬 것으로『동사강목』의「考異」를
대상으로 한 강세구의 연구가 있다. 논지는 대체로 다음과 같다. 첫째, 안정
복의 고증 방법은 사마광의『通鑑考異』를 수용한 것으로 우리나라 역사가로
는 처음으로 사용하였고, 둘째, 그 방법은 문헌 비판, 자료의 초록카드화, 고
증 대상에 필요한 문헌기록의 제시, 그 기록의 비교·분석, 타당한 기록의 선
택 혹은 절충·종합의 과정을 거치는 문헌 고증이었다. 셋째 고증 과정은 원
칙이 있어서 기록의 확실한 전거, 가능한 한 정사에 기록되어 있는가, 불가에
서 나온 기록은 아닌가, 기록의 내용은 합리적인가, 설화의 경우 교훈적인가
에 따라 취사가 결정되었으며, 넷째, 역사고증의 새로운 틀을 마련하여 역사
를 좀더 객관적으로 쓰려 한 사가로서의 태도에서 연구 방법의 근대지향성
을 찾을 수 있다(35).

종래의 연구와 마찬가지로 치밀한 고증을 객관적이며 근대지향적으로 보
고 있다. 그러나 셋째 주장에서도 보듯이 안정복의 객관성의 기준은 어디까
지나 지배층의 입장에서 선 유가의 교훈적 합리성이었다. 또 사마광의『통감
고이』는 어디까지나 중세적(補: 표현 재고 필요) 역사서이므로 그 고증도 중세
적인 한계를 갖는다. 따라서 이런 설명으로는 안정복의 역사 방법을 '근대지
향적'으로 평가하기 어렵다. 그리고『통감고이』를 우리나라에서 안정복이
최초로 수용하였는지도 검토를 요하는 문제이다(補: 사마광의『자치통감』은 선
초에 집중적으로 연구되었고 이 연구가 바로『동국통감』 편찬으로 귀결된 것으로

판단된다).

안정복의 역사 방법에 대하여는 배우성의 연구도 있다. 『동사강목』이 서술에 있어 삼국시대는 『삼국사기』와 『삼국유사』를 참고하되 하대의 경우는 최치원의 문집을 많이 이용하였으며 고려시대는 『고려사』와 『여사제강』을 기준으로 하고, 특히 고려말기의 경우는 문집류와 비문 등을 많이 이용하였고 중국 서적으로는 역사서·지리지·경서 등을 참고하였는데, 특히 경서는 사론에서 기본적인 사상을 소개할 때 주로 인용하였으며 중국서적을 참고하여 새롭게 보완한 기사의 내용은 주로 대외관계, 삼국 이전의 상고사, 국내 역사서에서 소략하게 다룬 부분 등이었다고 하였다(79). 다만 이런 자료 이용 태도가 연구 결과와 어떤 관련이 있는지는 언급이 없다.

이긍익의 『연려실기술』에 관하여는 근래 이를 주제로 심포지엄이 개최되었다.31) 여기서는 『연려실기술』의 별집과 속집에 대하여도 별도의 체계적 검토가 행해졌다. 『연려실기술』에 대한 최근 논의에서는 그것의 객관성·실증성을 인정하면서도 한계를 지적하려는 경향이 나타났다. 이존희는 『연려실기술』은 인용 서목의 부정확함과 자료인용의 잡박함으로 야사적 경향이 농후하며 단순한 자료 정리를 완전한 실증으로 볼 수는 없다고 지적하였다 (9). 이것은 타당한 지적이라고 생각된다.

정만조는 『연려실기술』(속집)은 불편부당한 입장에 서 있지만 인용 서목, 인용 기사, 기사의 구성 방향과 논평 등에서 보이는 찬자의 정치적 견해는 숙종조에 있어서 소론의 그것과 궤를 같이 하여 전체적인 시각이나 기술 면에서 소론 측으로 경도됨을 면할 수 없었다고 한다(11). 소론 측으로의 경도라는 지적은 타당하게 생각되지만 그러면서도 불편부당하다는 것은 모순이라고도 생각된다. 역사가의 입장과 객관성의 관계에 대한 설명이 요구되고 '소론의 입장'에 '근대지향적' 요소를 찾아볼 필요도 있다고 생각된다. (補: 반드시 근대성과 관련지을 필요는 없고 일단 소론 나름의 정치적 견해를 객관적·실증적으로 규명하는 것이 필요하리라 여겨진다.)

---

31) 진단학회 주최 제14회 한국고전심포지엄(1986). 여기에서 발표된 논문은 ≪진단 학보≫ 61(1986) 및 『한국고전심포지엄』 3(일조각, 1991)에 수록됨.

한편『연려실기술』의 저자 및 체제에 대하여도 새로운 견해가 제기되었다. 정만조는『연려실기술』의 편찬자는 이긍익이라는 설이 유력하나 이광사라는 기록도 있어 단정할 수 없다고 하였다(82). 이것은『연려실기술』의 성격과 편찬 배경 및 동기 등과 관련하여 큰 의미를 갖는다.

아울러 김세윤은『연려실기술』이 기사본말체라는 데 회의를 제기하였다. 즉, 원집의 각 왕의 기사는 기전체의 본기에, 인물조와 별집의 내용은 기전체의 傳에 해당된다고 히고 결론적으로『연려실기술』은 기전체와 기사본발체가 혼용된 사서로 이해하는 것이 타당하다고 하였다(37). 이것은 매우 경청할 만한 주장이다. 원래 새로운 내용은 새로운 형식에 넣어야 제대로 담길 수 있다고 생각된다. 18세기에는 강목체 사서 자체에도 형식적인 변화가 일어나며 이것은 정치사 이외에 다양한 내용을 담고 역사에서 도덕적인 면과 아울러 현실적 여러 요소를 고려하기 위한 것이었다. 여러 다양한 요소를 넣기 위해서는 기전체가 도입될 수 있는데 중세적인(補: 잠정적으로 이전의 용어를 그대로 두었다. 이후 한국 중세가 무엇인지, 중세라는 용어를 근대 전 시대의 우리 역사에 사용하는 것이 타당한지에 대하여 깊은 논의와 철저한 검토가 필요하다고 여겨진다) 것에 머무르지 않기 위해서는 사실 나열적 경향을 극복해야 하며 여기에서 기전체와 기사본말체의 결합이 나타났다고 생각된다. 여기에서 바로 근대로의 이행기(補: 이 용어 역시 중세사회 해체기라는 용어로 더불어 재고를 요한다)적 특성을 찾을 수 있다고 생각된다.

『해동역사』에 대하여는 외국 자료의 방대한 이용 외에 일본 측의 자료를 이용한 것이 주목되었다. 한영우는 일본 자료를 이용하여 우리 역사를 보완한 것은 한치윤이 처음 시도했으며 남인학자 사이에서는 일본 서적에 대한 친숙도가 높았다고 하였다(4). 다만 외국 자료를 이용함에 있어 나타나는 문제점도 지적하였다.[32]

조선후기 역사학의 방법 자체를 본격적으로 다룬 연구는 종래 없었으며

---

32) 중국 측 사료도 오늘날 우리 입장에서는 비판적으로 볼 것이 많고, 특히 일본 자료에는 왜곡이 심하므로 이용에 세심한 주의가 필요하다. 후일 장지연은『대한강역고』에서 일본 측 자료를 무분별하게 수용함으로써 한일 고대관계사 인식에 혼선을 가져왔다.『해동역사』에서는 이런 문제점이 없나 살펴야 할 것이다.

최근 10년간의 연구에서도 그러하였다. 다만 최근에는 『연려실기술』을 기사본말체로 볼 수 없고 기전체로 보아야 한다는 주장이 나왔다. 중국 및 우리 중세 역사학의 대표적인 서술방식은 주지하듯이 기전체·편년체·기사본말체이다. 종래 『연려실기술』이 기사본말체임을 근거로 조선후기 역사학의 근대 지향성을 주장하였다. 기사본말체는 각 사건에 대해 그 본말을 서술하는 것이므로 사건을 인과 관계에 따라 서술한 근대 역사학에 접근하는 것이다. 따라서 『연려실기술』이 기사본말체가 아니라는 주장은 조선후기 역사학의 근대지향성을 강조한 종래의 주장에 대한 비판이 될 수 있다. 다만 기사본말체 자체도 중세적 역사 서술방식이라고 할 수 있다. 사건을 본말에 따라 기술했다고 이것이 바로 인과관계적 분석에 의한 서술은 아니다. 더구나 『연려실기술』은 저자의 서술이 아니라 단지 사건의 본말을 알 수 있도록 여러 자료를 편집해놓은 데 지나지 않으며 저자의 평가도 따로 없다.

한편 조선후기 역사서는 역사지리서를 제외하면 대체로 綱目體, 紀傳體로 저술되었다. 이들은 中世 歷史學(補: 이 용어 역시 재고를 요하지만 잠정적으로 그대로 두었다)의 서술방식이다. 그렇다면 이들 역사서에서 중세와는 다른 변화·발전을 찾을 수 없는가 하는 것이 문제이다. 조선후기 강목체와 기전체 역사서에서는 원래의 강목체나 기전체와는 다른 변화가 나타나며 새로운 서술방식이 출현하였다. 새로운 역사인식은 새로운 서술방식을 요구한다. 앞으로 이에 대한 추적이 요구된다.

종래 조선후기 사학사 연구에서 이 시기 역사학의 발전의 성격을 대체로 근대지향적이라는 각도에서 설명하여왔다. 그 근거는 역사학의 방법에서 문헌고증의 발전을 주장하는 것이었다. 이 문헌고증은 관련 자료를 광범위하게 수집하여 상호 대조함으로써 온당한 결론에 도달하려는 것이었으며 이것을 객관적이고 근대적이라고 평가해왔다. 이런 설명 방식은 지금까지도 계속되고 있다. 그러나 이런 식의 문헌고증은 中世 經學(補: 잠정적으로 사용)과 역사학에도 존재하였다. 문제는 자료를 정리하는 관점, 자료에 대한 내재적 및 외재적 비판의 안목에 있는 것이다. 또 여러 자료를 나열해놓은 것 자체는 역사 서술이라고 하기 어렵다. 앞으로 조선후기 역사학의 방법에 대한 본격적인 연구가 요청된다.

(2) 歷史理論

조선후기 역사가나 역사서에 대해 역사이론의 측면에서 접근한 연구는 종래에도 매우 드물었으며 이런 현상은 지금까지도 계속되고 있다. 다만 최근 이익과 정약용의 역사이론에 대해 비교적 심도 있는 논의가 이루어졌다. 종래의 연구는 「독사료성패」와 같은 논고에 의거하여 이익은 개인의 주관에 의해 역사를 마음대로 움직일 수 있다고 생각한 이전의 관념적 역사관을 극복하고 객관적인 시세에 의해 역사의 변동을 설명했다고 하였다.[33]

이에 대해 한영우는 「독사료성패」에 나타나는 역사인식의 태도는 그의 창견이 아니라 정자의 「독사론」을 부연한 것에 지나지 않으며 이이도 『성학집요』의 「독사지법」에서 이를 인용한 바 있으므로 이익의 주장은 기본적으로 정자나 이이에게서 벗어나는 것이 아니라고 하였다(19). 한영우는 이이의 역사이론에 대해 「독사지법」을 근거로 최근의 논문에서 다음과 같은 주장을 하였다. 이이는, 첫째, 역사적 사건의 시비는 성패와 무관하며 성패는 幸·不幸과 관련된 것이라고 하였으며, 둘째, 역사의 변동은 순전히 요행의 연속만은 아니며 때를 기다림과 세를 타는 것에 있으므로 時와 勢가 역사 변동의 중요 변수라고 보았고, 셋째, 이이의 왕도주의 사론은 강목체 사서의 편찬이 이루어지고 삼한정통론이 성립하는 이론적 기초가 되었다.[34] 한편 조광도 이익의 시세론은 성패에 관한 상황 설명이지 이것을 역사의 원동력에 대한 규명으로 파악하기는 어렵다고 하여 한영우와 비슷한 주장을 하였다.[35] 이렇게 되면 실학자인 이익의 역사이론과 주자학자의 그것과의 관계 및 차이가 문제가 된다.

이에 대하여 정창렬은 비판을 가하였다. 그의 논지는 다음과 같다. 첫째, 이익은 역사 운동, 역사 사실을 時勢와 인간의 통일로 보았고 우연적·특수적

---

33) 송찬식, 「성호의 새로운 사론」, ≪백산학보≫ 8, 1970.
34) 조동걸 외, 『한국의 역사가와 역사학』(상), 창작과비평사, 1994, 108-109쪽.
35) 한국사연구회 편, 『한국사학사의 연구』, 을유문화사, 1985, 159쪽.

으로 이루어지고 운동하는 시세가 역사 운동과 역사 사실을 결정하는 원동력이었으며 인간의 행위는 시세에의 우연적인 적합·부적합에서는 완전히 피동적으로, 그리고 乘勢라는 범위 안에서 극히 제한된 능동력으로서 역사에 개입하는 것이었다. 둘째, 인간 존재의 주체적 성격은 거의 인정하지 않았고 인간의 능력도 매우 낮게 인식되었으며 따라서 역사 운동, 역사 사실도 어떤 가치를 담지할 수 없었으나 시세는 도덕으로부터 분리·차단되어 자립화되었고 승세에 의한 造命 = 역사 참여에는 서민의 일상생활을 통한 造命도 인정하였다(42).

한편 정창렬은 정약용의 역사이론에 대하여도 대체로 이익을 계승·발전시켰다는 입장에서 다음과 같은 주장을 하였다. 첫째, 정약용은 이익의 도덕과 사실의 분리·자립화를 계승하여 천하사를 是非와 利害의 두 차원으로 나누었고, 둘째, 인간행위의 주체적 능력과 성격에 대한 인식을 매개로 하여 역사 운동, 역사 사실에서 법칙성을 발견하게 되었다. 셋째, 정약용은 衆民의 주체적 행위로서의 일상적 생산 활동을 통해 과학기술은 시간이 흐를수록 필연적으로 진보·발전하여 이용후생에 쓰이는 것의 진보·발전을 결과하며 이것은 다시 禮義의 진보·발전을 결과함으로써 과학기술의 진보·발전은 도덕과 접합된다고 보았다(42).

한편 정약용의 역사이론에 대해 조성을은, 첫째, 정약용은 역사에서 지리적 요인을 중시하였으며 이것은 인간의 주관적 요인보다 객관적 힘을 중시한 것으로서 이 점에서 명분론적 역사인식을 벗어났지만 인간의 주체적 대응을 무시한 것은 아니며, 둘째로, 상고시대를 이상시하여 윤리도덕·예의·풍속·제도 같은 것은 이미 그때 聖賢에 의해 완성되었고 그 이후 점차 타락해 왔다고 보았으며 이 점에서 그는 전통적 유가와 차이가 없지만 上古시대의 독자적 해석에는 근대적 요소(補: 이 표현은 추후 재고를 요한다)가 많고 上古를 이상시하면서 자신이 추구하는 세계와 상고와는 다름을 인식했다고 하였다(83).

문제는 결국 정주학에서 도덕성과 시세 가운데 어느 것을 더 역사의 동력으로 보았는가, 만일 시세를 역사의 동력으로 보았다면 정주학과 이익, 정약용과의 차이는 어디에 있는가, 실학자가 역사의 동력으로 형세의 우위를 인정하면서도 형세를 그냥 인정하는 것이 아니라 도덕적 실천을 중시하였다면 정주학이 도덕을 강조하는 것과 어떤 차이가 있는가, 실학자가 도덕성을 강조한다면 그 도덕성과 정주학의 그것과는 차이가 없는가, 실학자에게서 형세와 도덕의 상호관계는 어떠한가 하는 등등을 종합적으로 고려할 때 풀릴 수 있을 것이다.

이상 조신후기 역사학에서의 역사이론에 대한 연구를 살펴보았다. 빈약한 연구 가운데 당시 역사이론의 근대성을 찾아내려는 것인 한편 과도하게 근대성을 투영하는 것에 대한 회의도 제기되었다. 앞으로의 과제는 조선후기 역사학과 역사학자에게서 더 많은 역사이론을 찾아내고 이들에게서 한계성을 인식하면서도 보편성과 특수성의 양 측면에서 근대성을 추출함과 동시에 근대를 넘어서는 어떤 것까지도 찾아내는 것이다. 이렇게 함으로써 우리는 한국적 역사이론을 개발하고 근대 역사학의 한계를 넘어갈 수 있을 것이다. (補: 이 논문을 작성할 무렵 필자가 실학에 근대를 넘어서는 요소가 있다는 생각을 모호하게 갖고 있기는 하였으나 아직 실학에서 근대를 넘어서는 요소를 찾아야 한다는 생각을 명확히 갖고 있지는 못했고, 근대성·근대 민족주의에서 실학 및 그 역사학을 파악하려는 생각을 갖고 있었다.)

5) 결어

이상 1985년 이후 조선후기 사학사 연구를 주제별로 살펴보았다. 이를 기초로 각 주제의 연구 동향과 그 문제점을 요약하면 다음과 같다. 첫째, 정통론의 경우 이를 강목체적인 것과 비강목체인 것으로 나누어 보는 연구의 심화가 이루어졌으나 정통론에 대해 민족주의적 성향의 형성·발전과 관련지어 이론적 고찰이 이루어지지 않았다.

둘째, 화이관의 경우 종래에 비해 화이관을 종족적·지리적·문화적 세 측면으로 나누어 보는 연구의 심화가 이루어졌다. 그러나 아직 종래와 같이 문화적 화이관을 화이관의 극복으로 보는 경향이 남아 있으며 문화적 화이

관에 주목할 경우 화이관의 변화의 한계를 강조하는 것으로 귀결될 우려가
있다. 또 화이관에 대해 대체로 민족주의적 성향의 형성·발전이라는 점을
염두에 두고 있는 것으로 생각되나 이에 대한 이론적 고찰이 없다. 이상 두
가지 문제는 우리 민족주의의 형성·발전과 관련되는 문제이다. (補: 덧붙여
실학이 근대민족주의를 넘어서는 측면이 있는 것과도 관련되는 문제이다.)

셋째, 국사 체계의 경우 대체로 삼한정통론인지 여부, 삼국을 무통으로 하
였는지 여부 및 삼국 가운데 무엇을 중심으로 하였는가, 단군조선과 발해를
국사 체계에 넣었는가, 일원론인가 아니면 이원론인가 등의 문제에 연구가
집중되어 있다. 국사 체계의 발전이 근대 역사학 또는 민족주의의 형성 및
발전과 어떻게 관련되는가 하는 이론적 고찰 역시 행해지지 않았다. (補: 양자
를 반드시 무리하게 연결시킬 필요는 없으나 양자의 상호관계에 대한 실증적 연구는
필요하다.)

넷째, 개별 인식에서는 발해를 제외하고는 체계적인 연구가 진행되지 않
았다. 또 단군조선, 고구려 및 발해 인식에 적극적인 것을 긍정적으로 평가하
고 민족적으로 보는 경향이 있다. 이것은 종래 연구 경향의 연장인데 이에
대한 부분적 회의도 근래 나타났다.

다섯째, 역사지리의 경우 유형원·이세구·남구만 등 새로운 인물의 발굴이
이루어지고 조선후기 역사지리 연구가 고대사 영역의 확대 추세로 나아가다
가 다시 그에 대한 비판이 일어난다고 하는 경향성이 추출되었으며 강목체
사학의 역사지리에 대한 연구 및 역사지리학파의 강목체 사학에의 영향 검
출 등 많은 연구의 진전이 이루어졌다. 다만 종래와 같이 고대사 영역의 확대
를 일방적으로 긍정하는 경향이 있다. 또 역사지리학을 계통적으로 나누어
보려는 시도가 없다.

여섯째, 사회경제사에 대한 연구는 여전히 매우 빈약하다. 조선후기의 사
회경제사 연구를 사회개혁론과 연결시키려는 시도는 나타났으나 현재 우리
의 사회경제사 연구와 관련한 의미를 따진 연구는 아직 없다.

일곱째, 역사학의 방법에 대한 연구는 여전히 빈약하며 문헌고증 등 역사
학의 방법에 대한 이론적 고찰이 없다. 다만 『연려실기술』을 기사본말체로

볼 수 없다고 하는 등 역사서의 양식에 대한 논의가 새롭게 제기되었다.

여덟째, 역사이론에 대하여는 다소 심도 있는 논의가 진전되었다. 여기서는 이익의 역사이론의 주자학과의 유사성도 주장되었다. 그러나 연구 대상이 이익, 정약용 등으로 매우 제한되어 있으며 역사철학, 역사학의 이론 등에 대한 이론적 고찰이 없다. 또 논의의 한 전제가 되어야 할 주자학의 역사이론 또는 사관에 대한 체계적 인식이 결여된 것이 우리 학계의 실정이다.

아울러 이상 여덟 가지 주제에 대해 모두 공통되는 문제점으로 비교사적 고찰이 없음을 지적할 수 있으며 화이관과 역사이론에서 그 한계에 대한 인식이 나타나고 역사학을 당파별·시기별로 나누어 보려는 노력이 생겨나는 것도 주목된다.

이상의 연구 동향과 문제점에 기초하여 앞으로의 과제를 생각해보기로 한다. 첫째, 화이관, 정통론, 국사 체계, 역사학의 방법과 이론, 민족주의, 근대성 등에 대한 이론적 고찰이 요구된다. 이를 통해 조선후기 역사학의 성격을 명확히 해야 한다.

둘째, 비교사적 고찰이 요청된다. 이를 위해서는 중국·일본만이 아니라 서구와의 비교도 필요하다. 또 동아시아의 경우 차이와 아울러 공통성이 추출되어야 한다. 이를 통해 한국사의 보편성과 특수성이 드러날 수 있다. 특히 같은 시기 동아시아의 전체 틀 속에서의 고찰이라는 거시적 시각이 중요하다.

셋째, 조선후기 역사학에서 그 한계를 보는 것은 일방적으로 '근대성'을 강조하는 것을 시정하기 위해서는 필요한 것이지만, 이것이 다시 정체성으로 귀결되어서는 안 될 것이다.

넷째, 각 역사학자를 당색별·시기별 차이를 염두에 두고 연구하되 같은 시대적 과제에 대한 대응이라는 점도 고려하면서 공통성에도 주목해야 할 것이다. 이를 위해서는 조선후기 사회경제사, 정치사 등을 세밀하게 단계를 구분해야 할 필요가 있다.

다섯째, 각 역사학자를 대상으로 연구하는 것과 아울러 화이관, 정통론, 개별인식, 역사학의 방법과 이론 등 주제별로 연구하는 것이 요청된다.

여섯째, 사학사를 사상사 일반 속에서 고찰할 필요가 있다. 기존의 연구에

서도 부분적으로 사회개혁론, 학문적 경향 등과 관련시키는 측면이 있었으
나 이를 더욱 확대·심화시켜야 한다. 이를 위해서는 조선후기 사상사에 대한
더욱 깊은 연구가 필요함은 물론이다.

일곱째, 조선후기 사학사를 연구하는 현재적 의미에 대한 반성을 거듭하
면서 연구를 진행시켜야 한다. 자연히 연구가 갖는 의미가 무엇이며 무엇을
목표로 하는지 불분명한 경우가 있다. 즉, 사학사의 현재적 위치 설정 및 미
래의 방향 설정을 위해 필요하다. 특히 우리는 지금 남북 통일을 대비한, 남
북을 포괄할 수 있는 사관의 정립이 절실히 요청된다. (補: 그러나 이것이 위에
서 혹은 국가적 차원에서 일률적으로 행해져서는 안 된다.) 이를 위해서는 북한에
서의 사학사 연구에도 관심을 가져야 한다.

여덟째, 조선후기 사학사의 우리 근대 역사학과의 연결 및 단절 관계를
고려해야 한다. 최근 19세기와 개항 이후 역사학의 고찰을 통해 근대 역사학,
특히 민족주의 역사학과의 연결을 찾으려는 연구가 나타났다. 그러나 일방
적으로 연결을 강조하는 것은 역사적 실체를 왜곡할 염려가 있으므로 연결
과 단절을 아울러 고려해야 한다. 또 연결에는 민족주의 사학만이 아니라
문헌고증사학이나 사회경제사학과의 연결도 생각해야 할 것이다.

논저 목록

논문

1. 조광. 1985, 「조선후기의 역사인식」, 『한국사학사의 연구』, 을유문화사.
2. 한영우. 1985, 「17세기 초의 역사서술 — 오운의 동사찬요와 조정의 동사
   보유」, ≪역사학보≫ 6.
3. 한영우. 1985, 「허목의 고학과 역사인식」, ≪한국학보≫ 40.
4. 한영우. 1985, 「해동역사의 연구」, ≪한국학보≫ 38.
5. 한영우. 1985, 「17세기 중엽 영남남인의 역사서술 — 홍여하의 휘찬여사와
   동국통감제강」, 『변태섭박사화갑기념사학논총』.
6. 손승철. 1985, 「17~18세기 한국사상의 진보성과 보수성의 갈등에 관한

연구」, ≪강원사학≫ 1.

7. 이영춘. 1985, 「우암 송시열의 존주사상」, ≪청계사학≫ 2.

8. 小石晶子. 1985, 「이중환과 택리지」, ≪조선학보≫ 115.

9. 이존희. 1986, 「이긍익과 연려실기술의 편찬」, ≪진단학보≫ 61.

10. 정구복. 1986, 「연려실기술 별집에 대한 검토」, ≪진단학보≫ 61.

11. 정만조. 1986, 「연려실기술 속집의 검토」, ≪진단학보≫ 61.

12. 조은희. 1986, 「이긍익의 역사인식에 대한 고찰」, ≪대구사학≫ 29.

13. 孫玉良. 1986, 「柳得恭與渤海考」, 『學習與探索』 1986-6, 中國.

14. 송준호. 1987, 「열하기행시주에 나타난 유득공의 문화의식」, ≪애산학보≫ 5.

15. 고석규. 1987, 「기년아람에 나타난 이만운의 역사인식」, ≪한국문화≫ 8.

16. 한영우. 1987, 「개화기 안종화의 역사서술」, ≪한국문화≫ 8.

17. 한영우. 1987, 「17세기 중엽 서인의 역사서술 — 유계의 여사제강」, 『동국
    대개교80주년기념논총』.

18. 한영우. 1987, 「18세기 초 소론학자의 역사서술 — 임상덕의 동사회강」,
    『김원룡교수정년퇴임기념논총』.

19. 한영우. 1987, 「이익의 사론과 한국사 이해」, ≪한국학보≫ 46.

20. 한영우. 1987, 「18세기 중엽 소론학인 이종휘의 역사의식」, ≪동양학≫ 17.

21. 한영우. 1987, 「동국삼한사군강역설, 북관주현연혁시말 해제」, ≪한국문화≫ 8.

22. 윤희면. 1987, 「한백겸의 학문과 동국지리지 저술동기」, ≪진단학보≫ 63.

23. 정구복. 1987, 「한백겸의 사학과 그 영향」, ≪진단학보≫ 63.

24. 정구복. 1987, 「안정복의 사학사상」, 『한국근세사회의 정치와 문화』, 정문연.

25. 한상권. 1987, 「순암 안정복의 사회사상 — 民에 대한 인식을 중심으로」,
    ≪한국사론≫ 17, 서울대학교.

26. 조광. 1987, 「조선후기 역사지리 연구」, 『제9회 한국사 학술회의』, 국편.

27. 졸고. 1987, 「조선후기 사학사 연구현황」, 『한국 중세사회 해체기의 제 문
    제』(상), 도서출판 한울.

29. 김선화. 1987, 「홍여하의 역사인식」, 한양대학교 석사학위논문.

30. 한영우. 1988, 「안정복의 사학과 동사강목」, ≪한국학보≫ 53.

31. 이태진. 1988, 「조선시대 야사발달의 추이와 성격」, 『김용덕박사정년기념
    논총』.

32. 정두희. 1988, 「이중환」, 『한국사 시민강좌』 3, 일조각.

33. 하우봉. 1988, 「순암 안정복의 일본 인식」, ≪전라문화논총≫ 2.

34. 유봉학. 1988, 「18·19세기 대명의리론과 대청의식의 추이」, ≪한신대논문
집≫ 5.

35. 강세구. 1989, 「안정복의 역사고증방법」, ≪실학사상연구≫ 1.

36. 강세구. 1989, 「동사강목의 저술 배경 — 남인의 참여와 관련하여」, ≪동
아연구≫ 17.

37. 김세윤. 1989, 「연려실기술 기사본말체에 대한 재검토」, ≪부산여대사학≫
6·7합.

38. 박인호. 1989, 「유형원의 동국여지승람에 대한 일고찰」, ≪청계사학≫ 6.

39. 황원구. 1990, 「안정복」, 『한국사 시민강좌』 6, 일조각.

40. 한영우. 1990, 「19세기 전반 홍경모의 역사서술」, ≪한국문화≫ 11.

41. 한영우. 1990, 「19세기 중엽 이원익의 역사서술(해제)」, 『동사약』(영인본),
국편.

42. 정창렬. 1990, 「실학의 역사관 — 이익과 정약용을 중심으로」, 『이우성정
년기념논총』(하), 창비.

43. 하우봉. 1990, 「남인계 실학파의 일본 인식」, 『이우성정년기념논총』(하), 창비.

44. 박광용. 1991, 「이중환의 정치적 위치와 택리지 저술」, ≪진단학보≫ 69.

45. 오성. 1991, 「택리지의 팔도총론과 생리조에 대한 고찰」, ≪진단학보≫ 69.

46. 최영준. 1991, 「택리지: 한국적 인문지리서」, ≪진단학보≫ 69.

47. 안대회. 1991, 「대동패림에 대하여(해제)」, 『대동패림』 1(영인본), 국학자료원.

48. 송기호. 1991, 「조선시대 사서에 나타난 발해관」, ≪한국사연구≫ 72.

49. 김혁철. 1991, 「실학자 류득공의 발해력사관」, ≪력사과학≫ 1991-1, 북한.

50. 강광원. 1991, 「동사강목 연구」, ≪력사과학론문집≫ 16.

51. 김세윤. 1991, 「연려실기술 원집의 인물조」, ≪부산여대사학≫ 8·9합.

52. 한영우. 1991, 「17세기 후반 — 18세기 초 홍만종의 회통사상과 역사의식」,
≪한국문화≫ 12.

53. 한영우. 1992, 「이수광의 학문과 사상」, ≪한국문화≫ 13.

54. 정옥자. 1992, 「정조대 대명의리론의 정리작업」, ≪한국학보≫ 69.

55. 정구복. 1992, 「조선후기의 역사의식」, 『한국사상사대계』 5, 정문연.

56. 최소자. 1992, 「18·19세기 후반 조선지식인 박지원의 대외인식」, ≪논총≫ 6-1, 이화여자대학교 한국문화연구원.

57. 김병민. 1992, 「연경잡절에 반영된 초정 박제가의 문화의식」, ≪다산학보≫ 13.

56. 이성규. 1992, 「조선후기 사대부의 史記 이해」, ≪진단학보≫ 74.

57. 이성규. 1992, 「중화사상과 민족주의」, ≪철학≫ 37, 봄호.

58. 안대회. 1992, 「조선후기 야사총서 편찬의 의미와 과정」, 『민족문화』, 민추.

59. 김세윤. 1992, 「연려실기술의 찬술과 인물조」, 『조선후기 사찬사서 연구』, 서강대학교 박사학위논문.

60. 노태돈. 1992, 「18세기 사서에 보이는 세계사 인식」, ≪규장각≫ 15.

61. 차장섭. 1992, 「안정복의 역사관과 동사강목」, ≪조선사연구≫ 1.

62. 졸고. 1992, 「아방강역고에 나타난 정약용의 역사인식」, ≪규장각≫ 15.

63. 졸고. 1993, 「조선후기 화이관의 변화」, 『전국역사학대회 발표요지』.

64. 송기호. 1993, 「한국의 역사가 ― 유득공」, 『한국사 시민강좌』 12.

65. 정진헌. 1993, 「유득공의 발해고 분석」, ≪경희사학≫ 18.

66. 박종기. 1993, 「동사강목 고려편 검토」, ≪성곡논총≫ 24.

67. 김문식. 1993, 「성해응의 경학관과 대중국 인식」, ≪한국학보≫ 70.

68. 박인호. 1993, 「남구만과 이세구의 역사지리연구」, ≪역사학보≫ 138.

69. 酒寄雅志. 1993, 「華夷思想의 諸相」, 『아시아 속의 일본사』, 東京大學出版會.

70. 한영우. 1994, 「조선시대의 역사편찬과 역사인식」, 『한국의 역사가와 역사학』(상), 창비.

71. 고영진, 「한백겸」, 앞의 책.

72. 정옥자, 「허목」, 앞의 책.

73. 고영진, 「홍여하」, 앞의 책.

74. 한명기, 「홍만종」, 앞의 책.

75. 김문식, 「임상덕」, 앞의 책.

76. 하우봉, 「이익」, 앞의 책.

77. 박인호, 「신경준」, 앞의 책.

78. 김문식, 「이종휘」, 앞의 책.

79. 배우성, 「안정복」, 앞의 책.

80. 박광용, 「이중환」, 앞의 책.

81. 송기호, 「유득공」, 앞의 책.

82. 정만조, 「연려실기술」, 앞의 책.

83. 졸고, 「정약용」, 앞의 책.

84. 한영우, 「한치윤」, 앞의 책.

85. 정옥자, 「중인사학」, 앞의 책.

86. 강석화, 「홍경모·이원익」, 앞의 책.

補: 이하 논문 목록 보충

김항수. 1986, 「한강 정구의 학문과 歷代紀年」, ≪한국학보≫ 45.

이만열. 1987, 「삼한정통론과 상고사 체계화」, 『제9회 한국사 학술회의: 조선시대의 역사인식』, 국편.

유근호. 1987, 「조선조 대외관의 특질 ― 중화적 대외관의 형성」, 『제9회 한국사 학술회의: 조선시대의 역사인식』, 국편.

이범직. 1989, 「한영우 저 조선후기 사학사 연구 서평」, ≪역사교육≫ 46.

유재택. 1989, 「조선실학의 역사교육관」, 『차문섭화갑기념 조선시대사연구』, 신서원.

박광용. 1990, 「한국인의 역사의식」, 『한국사특강』, 서울대출판부.

차장섭. 1992, 「조선후기 실록의 사론」, ≪국사관논총≫ 32.

오영섭. 1990, 「19세기 중엽 위정척사론의 역사서술 ― 화서학파의 송원화동사합편강목」, ≪한국학보≫ 60.

정만조. 1991, 「成大 소장 연려실기술의 숙종조 기사」, ≪한국학논총≫ 13.

강세구. 1992, 「순암 안정복의 충절론에 대한 일고찰 ― 동사강목의 사론을 중심으로」, ≪국사관논총≫ 34.

양보경. 1992, 「반계 유형원의 지리사상 ― 동국여지지와 군현제의 내용을 중심으로」, ≪문화역사지리≫ 4.

김윤수. 1991·1992, 「십구사략의 원류와 한국적 전개」, ≪서지학보≫ 6·7.

山內弘一. 1992, 「朴趾源에 있어서 北學과 小中華」, 『上智史學』 37.

이상태. 1993, 「조선후기에 제작된 관방지도와 활용」, 『남도영고희기념 역사학논총』, 민족문화사.

정윤주. 1993, 「葵史(1859)의 편찬과 간행 동기」, ≪역사학보≫ 137.

정만조. 1993, 「연려실기술 편찬시기와 편찬자 문제 검토」, ≪한국학논총≫ 16.

홍덕. 1993, 「숙종실록 보궐정오의 편찬경위와 특징」, ≪력사과학≫ 1993-2.

정만조. 1994, 「연려실기술의 편찬체제에 대한 재고찰」, ≪한국학논총≫ 17.

정옥자. 1994, 「19세기 존화사상의 위상과 역사적 성격」, ≪한국학보≫ 76.

최영준. 1994, 「풍수와 택리지」, 『한국사 시민강좌』 14, 일조각.

박광용. 1994, 「단군 인식의 역사적 변천 ― 조선시대」, 『단군 ― 그 이해와 자
　　　료』, 서울대출판부.

졸고. 1994, 「조선후기 사학사 연구 동향(1985~1994)」, ≪한국사론≫ 24, 국
　　　편.

한명길. 1994, 「대동지지의 편찬과 그 의의」, ≪력사과학≫.

저서

1. 국편. 1981, 『한국사의 의식과 서술』(한국사론 6).

2. 한국사연구회 편. 1985, 『한국사학사의 연구』, 을유문화사.

3. 한영우. 1989, 『조선후기 사학사 연구』, 일지사.

4. 하우봉. 1989, 『조선후기 실학자의 일본관 연구』, 일지사.

5. 진단학회 편. 1991, 『한국고전심포지엄』 3, 일조각.

6. 조동걸 외 엮음. 1994, 『한국의 역사가와 역사학』(상·하), 창비.

補: 이하 저서 추보

이찬. 1991, 『한국의 고지도』, 범우사.

유재헌. 1994, 『한국근대화와 역사지리학』, 한국정신문화연구원.

한영우. 1994, 『조선후기 사학사 연구』, 일조각.

강세구. 1994, 『동사강목 연구』, 민족문화사.

3. 朝鮮後期 史學史 硏究 動向 3(1995～2003)

1) 서언

조선후기 사학사 연구동향에 대하여 이미 앞에서 1994년까지의 연구 동향
을 검토하였다. 1995년 이후 한국사 분야에서의 연구 성과의 폭발적인 증가
속에서 조선후기 사학사에 대하여도 많은 논문이 발표되고 수준 높은 저서
가 간행되었다. 따라서 앞서의 연구사를 보충하는 의미에서 이 글에서는
1995년 이후 2003년 말까지의 조선후기 사학사 연구에 대하여 검토하고자
한다.

앞서는 正統論과 華夷觀, 고대사 인식, 역사학의 방법과 역사이론·철학,
역사지리학과 사회사 등으로 나누어 주제별로 검토하였다. 이 글에서도 마
찬가지로 주제별로 검토하는 방식을 취하되 1995년 이후 연구 동향에 맞추
어 주제별 구분을 약간 수정하여 하여, 첫째, 조선후기 사학사의 개괄적 고
찰, 둘째, 화이관, 셋째, 시대사 인식, 넷째, 역사학의 방법과 이론, 다섯째,
역사지리학, 여섯째, 관찬 사서로 나누어 살피기로 한다.

2) 조선후기 사학사의 개괄적 고찰

1995년 이후 2003년도 말까지 조선후기 사학사를 개괄적으로 다룬 논문으
로는 다음과 같은 것들이 있다.

박광용. 1995, 「역사서와 역사인식」, 『한국역사입문』 2, 풀빛.
졸고. 1997, 「조선후기 역사학의 발달」, 『한국사의 인식과 역사이론』(김용섭교수정년
　　　기념논총), 지식산업사.
박인호. 2001, 「조선중기의 역사학」, 『한국사학사대요』, 이회. (제3판 수정본 제3장
　　　제5절).
박인호. 2001, 「조선후기의 역사학」, 『한국사학사대요』, 이회. (제3판 수정본 제3장
　　　제6절).

한영우. 2002, 「조선시대의 역사서술」, 『역사학의 역사』, 지식산업사. (제2부 제2장).

먼저 박광용의 「역사서와 역사인식」에서는 조선후기 사학사에 대하여 역사의 주체자, 역사의 무대, 역사의 서술방식이라는 세 가지 측면으로 나누어, 연구사를 겸하여 개략적으로 검토하였다. 서술 주체 문제에 대하여 조선시대를 주도한 사대부가 근세적 성격을 가진 성취신분인가, 아니면 중세적인 성격의 획득신분인가 시각에 따라 해석의 편차가 매우 클 수 있는데, 아직 이에 대한 의미 있는 논쟁은 없다고 하였다. 또 중간계층이 주도한 역사인식(『규사』, 『호산외기』, 『연조귀감』)은 19세기 중엽에 집중되었는데, 이와 관련하여 기존의 연구는 '성공하지 못한 시민'에 의하여 주도된 것으로 파악하였다고 하면서 이에 대하여는 논쟁의 여지가 있다고 하였다. 조선후기의 전반적인 신분제 변화 문제와 관련된, 당시 중인층의 성격 및 그들의 지향성 문제는 우리 중세사회 해체의 방향과 관련하여 큰 의미를 갖는다. 다만 그들을 서구의 부르주아 계층에 견주어 살펴보려는 방법론은 역시 서구중심적, 또는 근대화론적 발상의 한계를 벗어나지 못하는 것이라고 생각된다.

역사의 무대 문제와 관련해서는 이익, 정약용, 한치윤 등이 우리 고대사에서 남방계를 중시한 데 비하여 소론계열의 이종휘는 단군 - 부여 - 고구려로 이어지는 북방계를 강조하였으며 이것이 근대 대종교 민족주의에 직접적으로 계승되었으며 위로는 17세기 말 홍만종을 이어받은 것이라고 하였다. 이렇게 고대사에서 북방계를 강조하느냐, 남방계를 강조하느냐 하는 식으로 현상적 지적을 하는 것만으로는 불충분하며 이 문제는 영토관 및 사회사상적·정치적 입장과 관련시켜 보아야 할 것이다. 역사지리 고증 문제는 이와 관련되지만, 역사지리 고증은 학문적이고 실증적인 문제이기도 하므로 이것을 영토관과 바로 연결시키는 것은 문제가 있다고 생각된다.

한편 역사의 서술방식 문제와 관련해서는 역사서술의 실증성 문제에서 실증적 논쟁이 제기된 부분이 많지 않다고 하였다. 또 사료가 부족할 경우 문집에 산견되는 역사인식을 종합·정리해보는 방식으로 그 실체를 드러낼 수 있다는 연구방법을 제시하기도 하였다. 또 이익의 역사이론에서 나타나는 時勢

의 강조를 어떻게 보아야 할 것인가 하는 문제에 대하여 "'시세론'은 명말청초 재야에 머물렀던 고염무 등의 반성적 경세학풍과 연결된다고 판단된다. 시세론은 氣數論과 함께 조선에서도 재야 지식인에게 나타났고, 이는 사회를 변혁시켜보려는 입장을 지니고 있었다"라고 하면서 이것을 북학파와 정약용의 이용후생론과 연결시켰다. 기수론은 현실의 지배질서를 긍정하는 측면으로 기능할 수도 있으므로, 이것을 변혁적·개혁적 사상과 바로 연결시키는 것에는 조심해야 하며 이익의 경우 아주 엄격한 도덕론자라는 측면이 있으므로 상호 모순적으로 여겨지는 양 측면을 어떻게 통합시켜서 보아야 할지가 문제가 된다.

다음으로 졸고 「조선후기 역사학의 발달」에서는 조선후기 역사학의 전개과정을 正統論 史學의 展開와 華夷觀의 變化, 國史의 體系化와 個別王朝認識의 深化, 歷史地理學의 展開와 社會經濟史 硏究, 歷史學 硏究方法의 發展과 歷史理論의 擡頭로 나누어 검토하였다. 이 책의 제1부 제1장에 이 논문이 수록되어 있으므로 여기에서는 언급을 생략하기로 한다.

셋째로, 박인호의 「조선중기의 역사학」은 조선중기 사학사를 다룬 것이지만 조선후기 사학사와 직접 관련되며 17세기 부분은 일반적으로 조선후기 부분으로 이해되기도 하므로 조선후기 사학사 연구의 개관의 하나로서 고찰하기로 한다. 조선중기라는 시기를 박인호는 대체로 16~17세기로 잡으므로 17세기가 조선중기에 포함되어 있다. 그는 한국사학사를 전체적으로 神異史觀의 시대(선사, 삼국 및 남북조), 불교·유교사관의 시대(고려, 조선), 계몽사관의 시대, 현대 역사관이라 분류하고 있다. 이것은 물론 사관에 따른 분류이다. 이에 따르면 조선중기 및 조선후기의 역사학은 불교·유교사관의 시대에 속하게 된다. 고려시기를 불교사관의 시대로 보는 데에는 일정부분 타당성이 있지만 조선시기를 불교·유교사관의 시기에 넣는 것은 다소 문제가 있다고 생각된다.

조선중기 역사학의 양상으로 박인호의 위 논문에서는 사찬사서의 유행, 관찬 연대기 자료의 수집과 편찬, 문학·사학·철학의 미분화, 역사지리학의 태동, 사찬 읍지와 지리서의 편찬을 들었다. 사찬사서의 유행과 관련해서는 사략형 사서의 유행, 연표·도표류의 편찬, 강목형 사서의 태동, 야사형 사서에 대하여 언급하였다. 관찬 연대기 자료의 수집과 편찬과 관련해서는 실록의 편찬에서 많은 사론이 수록되고 이때 사론에 사림파의 입장이 많이 반영된 점, 당쟁의 격화로 수정실록이 나타나게 된 점, 『승정원일기』·『비변사등록』과 같은 공사기록의 수집과 정리, 寶鑑의 편찬 문제를 다루었다.

문학·사학·철학의 미분화 문제와 관련해서는 기자의 존숭, 악부체 시가의 발전, 백과전서류의 편찬, 도학적 역사관의 성립 등을 언급하였다. 역사지리학의 태동과 관련해서는 조선초기 한반도에 국한된 역사지리관을 벗어나 한백겸의 『동국지리지』 이후 점차 요동 등 만주 지역에 대한 관심이 고조되었으며 『요사』·『금사』와 같은 외국자료도 이용되기 시작하였고 도학적 역사관을 벗어나 역사지리학이 학문적 측면에서 전문성·독립성·자율성을 획득해갔다고 보았다. 사찬읍지와 지리서의 편찬과 관련해서는 16~17세기 각 읍 단위로 재지 사림세력과의 관련 아래에서 그 지역의 역사와 문화유산을 정리한 읍지가 광범위하게 편찬되기 시작했다고 하였다. 즉, 이것은 지방 수령들이 지방통치를 효율적으로 수행하기 위한 기초 자료로서, 또 사림들이 정치적 주도권을 장악하면서 향촌질서를 개편시키고 안정시키기 위한 자료로서 편찬된 것으로 보았다. 아울러 이 시기 편찬된 유형원의 『동국여지지』에는 16세기 이후의 사회변동과 사찬 사서의 영향이 반영되었다고 하면서 그 특징으로 역사지리학적 고찰에 상당 부분 할애한 점, 인물을 본관지가 아니라 거주지·성장지별로 나누어 보려고 한 점, 개혁과 연계시킨 점, 고증적·합리적 방법에 의한 위치 비정 등을 들었다.

넷째로, 박인호의 「조선후기의 역사학」에서는 조선후기 역사학의 양상으로 성리학적 역사학의 묵수, 야사형 사서의 발전, 역사인식론과 연구방법론에서의 변화, 역사학에서의 새로운 발전, 백과전서학 등을 들었다.

성리학적 역사학의 묵수와 관련해서는 사론의 발전, 몽학서를 통한 역사교육, 연표(도표)의 편찬, 역사의 운문시화, 강목형 사서의 완성, 중국 역사편찬의 확대, 관찬 자료집의 편찬 등에 대하여 언급하였다. 사론의 발전에 대하여는 조선중·후기 중국사에 대한 사론집과 우리 역사에 대한 사론집에 관하여 대체로 도덕적 평가가 주를 이루었지만 조선후기의 문집에는 역사지리 비정에 관한 사론들도 여러 문집에 산견된다고 하였다.

몽학서를 통한 역사교육에서는 이만운·이덕무의 『기년아람』에 대하여 초학자들을 대상으로 사실을 쉽게 알리면서도 고증을 철저히 하려고 노력한 것이라고 하였다. 또 제왕을 위한 몽학서로서 정조가 편찬한 『역대기년』에 대하여 언급하면서 중국역대 제왕의 일람표로서 주자의 정통관을 엄격하게 적용했다고 하였다. 연표(도표)의 편찬과 관련해서는 권구의 『중국고금역대지도연혁지도』 외에 홍계희의 『經世指掌』, 서명응의 『황극일원도』, 최세학의 『역년통고』 등에 대하여 언급하였다. 『經世指掌』, 『황극일원도』, 『역년통고』는 모두 『황극경세서』와의 관련하에 이루어진 것으로 설명하였다. 역사의 운문시화와 관련해서는 유득공의 『이십일도회고시』, 김재소의 『東明事題』, 고성겸의 『東國詩史』 등에 대하여 언급하고 중국사에 관련된 詠史詩에 대하여도 언급하였다.

강목형 사서의 완성과 관련해서는 17세기 중엽에 편찬된 강목형 사서는 주자 『자치통감강목』의 범례를 완전히 따르지 못하였으나 18세기에 편찬된 임상덕의 『동사회강』과 안정복의 『동사강목』은 주자의 『자치통감강목』의 포폄과 정통 의식을 엄격하게 적용했다고 하였다. 또 이항로 학파의 『송원화동사합편강목』에 대하여는 당시(개항기) 이민족 침략에의 대항을 촉구하며 민족 자존의 역사의식을 불러일으키기 위한 것이라고 평가하였다. 이 시기 중국 역사 편찬의 확대에 대하여는 도덕적·정통론적 관점에서 중국의 역사를 정리하려는 것이라고 보았다. 관찬 자료집의 편찬과 관련해서는 『국조보감』, 『통문관지』, 『태상지』, 『추관지』, 『춘관지』, 『규장각지』, 『시강원지』, 『홍문관지』, 『탁지지』, 『서운관지』, 『耆社志』 등의 편찬에 대하여 언급하였다.

한편 야사형 사서의 발전에 대하여는 18세기는 야사의 시대라고 불러도 좋을 만큼 많은 야사가 편찬되었으며 탕평정국 아래 편찬되어 당대사를 비교적 객관적으로 서술했다고 하였다. 아울러 이 시기에 편찬된 통사성 야사들은 대부분 편년체를 기본으로 하면서도 기전체적 요소를 가미했다고 하였다. 이에 비해 19세기에는 통사성 야사 편찬이 쇠퇴하고 자기 당의 의리명분을 변호하려는 당론서들이 주로 편찬되었다고 하였다.

다음으로 역사인식론과 연구방법론에서의 변화와 관련해서는 개혁안의 역사적 연원을 과거의 서책에서 인용하는 것, 역사를 발전과 진보의 관점에서 인식한 것, 중국 중심의 화이관의 탈피, 북방 지역의 역사지리에 대한 관심의 증대, 다양한 사료의 수집을 통한 비교 연구, 역사지리학·금석학 등 고증적 학문의 발전 등에 대하여 언급하였다.

역사학에서의 새로운 발전으로는 역사지리학의 발전, 금석학의 발전, 인물 전기집의 편찬, 역사서술체제의 발전 등을 언급하였고 백과전서학의 발달과 관련해서는『동국문헌비고』,『증보문헌비고』에 대하여 다루었다. 또 사찬 백과전서류로서 배상현의『동국십지』와 박주종의『동국통지』에 대하여도 언급하였다. 그러나 이 시기 백과전서학은 공구서적인 한계를 벗어나지 못하였고 인과관계에 입각한 발전성을 보여주지 못하였으며 새로운 사회건설에 대한 전망이 부족했다고 하였다.

다섯째, 한영우의 「조선시대의 역사서술」은 조선시대 역사학의 전개를 전체적으로 개괄한 논문이다. 이 가운데 조선후기에 대하여는 왜란 직후의 애국적 역사서술, 호란 이후의 반청의식과 강목체 역사서술, 18세기 고증적 역사서술, 18세기 말~19세기 중엽 실증적 역사 연구의 심화, 19세기 중·후반 중인층의 역사인식, 19세기 후반 역사인식의 양분화(동도서기와 위정척사)로 항목을 나누어 서술하였다.

왜란 직후의 애국적 역사서술에서는 오운의『동사찬요』, 정구의『역대기년』, 한백겸의『동국지리지』, 이수광의『지봉유설』, 조정의『동사보유』에 대하여 언급하였다. 이들 역사서에 대하여는 전체적으로 임진왜란 후 부국강병을 추구하는 功利的 사고가 일어나는 것과 관련되는 것으로 설명하였다. 오운의『동사찬요』의 경우 처음에는 최치원 설을 따라 삼한의 위치를 비정하였으나 나중에 한백겸의『동국지리지』에서 비판을 받아 수정판을 내게 되었다고 하였다. 정구의 역대기년에 대하여는 왕과 土庶를 똑같이 대우해야 한다는 그의 禮學이 역사서술에 반영된 것으로서 왕권강화를 통한 애국심 진작이 목표였으며 이후 남인과 소론 측에게 영향을 주었다고 하였다. 전체적으로 오운과 정구의 역사서술이 17세기 초 영남남인의 역사의식을 대표하는 것이라고 하였다.

한편 한백겸은 고조선이 망한 다음 삼한이 비로소 성립하였다는 종래의 통설을 뒤집고 한강 이남에 고조선과 병행하여 독자적으로 국가를 형성했다는 '北自北 南自南'의 설을 세워 후대 학자들에게 큰 영향을 주었고 문헌자료를 인용하여 논증하는 형식은 조선후기 고증적 역사학의 새로운 조류를 형성하게 되었다고 하였다. 이수광의 『지봉유설』도 기존 역사지리 비정의 오류를 지적하여 한백겸과 더불어 조선후기 역사지리학과 고증적 역사학의 단서를 연 것으로 보았다. 조정의 『동사보유』에 대하여는 성리학과 거리를 두면서 왕권강화와 부국강병을 추구했던 광해군대의 정치성향을 반영하는 역사서라고 평가하였다.

이러한 한백겸, 이수광, 조정의 역사서에 대하여 한영우는 서울 학인들의 역사의식을 대변하는 것이라고 보았다. 즉, 영남학자들이 주희 성리학의 도덕주의적 관점에서 신라를 중심에 놓고 해석하려 한 것과 달리, 주희 성리학에 일정한 거리를 두고 영토·지리·국방 등 국력과 관계되는 실용적 지식에 중점을 두고 역사를 해석하려 했다는 것이다. 그러나 한백겸이 『동국지리지』를 쓴 것이 오운의 『동사찬요』에 자극을 받아서이므로 양자는 서로 영향을 주고받았다고 할 수 있을 것이다. 서울 학인과 영남남인의 역사의식에 차이가 있다는 지적은 타당한 면이 있지만, 왜란 직후의 애국적 역사서술에 대하여 '전체적으로 임진왜란 후 부국강병을 추구하는 공리적 사고가 일어나게 되는 것'과 관련된다고 한 앞서의 주장과는 다소 모순되는 듯이 느껴진다. 상호 영향 관계 및 이를 통한 공통적 지향성의 추출이 필요하다고 여겨진다. 또 이 시기 서울 학인들 사이의 공통성 외에 상호 차이점에도 주의해야 할 것으로 생각된다.

호란 이후의 반청의식과 강목체 역사서술에서는 유계의 『여사제강』, 유형원의 『동국여지지』·『동국사강목조례』, 허목의 『동사』, 홍여하의 『휘찬여사』·『동국통감제강』, 홍만종의 『순오지』·『동국역대총목』, 임상덕의 『동사회강』에 대하여 언급하였다. 유계의 『여사제강』에 대하여는 반청북벌의식, 재상중심의 정치의식이 반영된 것으로 평가하였다. 유형원의『동국여지지』·『동국사강목조례』와 관련해서는 기호남인들의 북벌론에 찬성하지 않고 왕권강화를 생각하는 기호남인들 정치의식이 반영된 것으로 보고『동국여지지』는 왜란 이후 활발하게 편찬된 읍지를 활용하였고 고조선의 중심 지역도 요동지방으로 비정하여 한백겸의 역사지리 연구를 한 단계 발전시킨 것으로 평가하였다. 허목의『동사』에 대하여는 우리나라 역시 지방적 특성을 지닌 여러 풍토권으로 나누이져 있어 중국과 미찬가지로 천하에 다양성이 있음과 기후·언어·음식·의복·취미 등이 중국과 다른 방외의 별국임을 강조하였고, 이런 지리적·문화적 고유성의 강조하는 역사의식은 경기남인(기호남인) 학자들의 '민족의식'을 부추기는 데 영향을 미쳤고, 멀리 한말 - 일제시대 대종교의 역사학과 신채호의 역사학에도 적지 않은 영향을 주었다고 하였다.

홍여하의『휘찬여사』·『동국통감제강』가운데『휘찬여사』는 왕권강화의 중요성을 부각시킨 것이라 하였고『동국통감제강』은 기자 - 마한 - 신라를 우리 역사의 정통으로 하여 고구려와 백제를 정통에서 배제하였으며 우리나라 역사를 정통론을 도입하여 재구성한 것은 이 책이 처음이고 서울의 학인들에게는 영향을 주지 못하였으나 경상도 지방에서는 큰 영향을 주었다고 하였다.

홍만종의『순오지』·『동국역대총목』에 대하여는 실학적 전통을 계승하면서 유·불·도 삼교회통을 지향하는 입장에서 저술된 것으로 보았다.『순오지』는 민족문화를 재발견하려는 분위기가 이채롭고『동국역대총목』은『여사제강』에 맞서는 소론 자신의 역사서를 가지려는 의도가 반영된 것이라고 하였다. 한편 임상덕의『동사회강』역시『여사제강』에 대한 불만이 저술동기가 되었다고 하면서 주자의 강목법을 더욱 충실히 하는 한편 한백겸 이래의 고증적 역사지리학의 방법을 계승하여 역사지리의 여러 의문점에 대하여 고증했다고 하였다.

이상 호란 이후 강목체 역사서술이 유행하게 된 것을 호란에 따른 반청의식과 관련지어 설명하고, 호란 이후의 반청·숭명적 소중화 의식에 대하여는 조선의 자존심과 반청애국심을 표현한 것으로 청나라에 물리적으로는 겼지만 정신적으로는 굴복하지 않았다고 긍정적으로 평가하였다.

우선 전근대사회에 대하여 애국심이라는 용어를 쓸 수 있는지 의문이다. 그리고 역사학의 평가는 당시의 입장에서 보고 이해하는 것이 필요하기는 하지만, 오늘 우리의 입장, 미래적 지향성이라는 입장에서의 평가도 병행되어야 할 것이다. 이 당시 반청·숭명적 역사의식에 대하여 오늘날 우리의 미래지향적 입장에서는 그 역사적 의미를 결코 긍정적으로 평가할 수 없다고 생각된다. 그리고 '호란 이후의 반청의식과 강목체 역사서술'이라는 항목에서 성격이 다른 유형원의『동국여지지』, 허목의『동사』, 홍만종의『순오지』·『동국역대총목』을 유계의『여사제강』, 홍여하의『휘찬여사』·『동국통감제강』, 임상덕의『동사회강』과 함께 다룬 것도 문제이다.

18세기 고증적 역사서술에서는 이익의 사론과 한국사 해석, 이중환의『택리지』, 신경준의『강계고』와 역사지리 연구, 안정복의『동사강목』, 이종휘의『동사』, 유득공의『발해고』와『사군지』, 이광사·이긍익 집안의『연려실기술』등을 다루었다. 이익의 사론과 한국사 해석에서는 이익이 힘의 논리에 의해서 역사가 결정된다고 보면서도 춘추 필법에 의거해 역사를 도덕적 관점에서 포폄을 해야 한다고 믿었다고 하였다. 이런 관점에서 승리자의 자기 합리화로서 쓰어진 역사서를 비판적으로 읽어야 한다고 보았는데 송대의 정자, 주희, 16세기의 이이도 이와 비슷한 말을 하였으며 이익은 이것을 더욱 발전시킨 것이라고 하였다. 더욱이 요동을 고조선의 중심지로 보았고 발해에 대한 관심도 많았고 이익의 고대사 해석은 대부분 안정복에게 수용되었다고 하였다. 이중환의『택리지』가 풍수지리에 주목한 것에 대하여는 국토지리의 민족적 특성을 이해하려 한 것으로 평가하는 한편 한백겸, 허목 등 남인학자의 역사지리학을 계승했다고 하였지만 평안도를 고구려의 발상지로 보는 등 한백겸 이전의 역사 해석으로 돌아간 측면도 있다고 하였다.

신경준의『강계고』와 역사지리 연구에 대하여는 한백겸 이래의 역사지리학의 성과를 흡수하고 중국 측의 자료까지 널리 흡수하여 한반도 북부와 만주에 고조선·고구려·발해가 발전하고 반도 남부에 진국과 삼한을 거쳐 신라·백제·가야가 건설된 것으로 보았으며 우리나라 산맥과 강들, 육로와 바닷길

등을 상세하게 정리했다고 하였다. 다만 신경준이 『遼史』나 『대명일통지』, 『성경통지』 등 오류가 많은 중국 측 자료를 이용한 것은 뒤에 안정복·정약용·한진선 등에 의해 비판을 받게 되었다고 하였다. 안정복의 『동사강목』에 대하여 주자강목법을 고집한 것은 선생인 이익의 생각과 다르지만 『동사강목』「지리고」에서의 고증은 한백겸 이후의 역사지리 연구를 높은 수준으로 끌어올렸으며 『동사강목』 부록에서의 고증 부분은 한말·일제시기 근대 역사가들에게 큰 영향을 주었다고 하였다.

이종휘의 『동사』에 대하여는 고조선을 계승한 고구려 문화를 삼국 가운데 가장 앞선 것으로 보고 고구려 후예가 세운 발해를 크게 주목하였으며 우리의 고유한 신앙인 神敎에 주목하였는데 이런 이종휘의 '민족주의적' 역사해석은 한말·일제시대 민족주의 역사학과 대종교의 역사학에 큰 영향을 주었다고 하였다. 유득공의 『발해고』와 『사군지』와 관련해서는 그의 발해 지리 고증이 『요사』「지리지」와 『대청일통지』에 의거해 『발해고』의 지리 비정이 오류를 범한 것이 많고 한사군이 한강 이북에 있다는 전제 아래 그 강역이 고구려를 거쳐 발해에 이어졌다는 역사 체계를 담고 있는데 이것은 당시 폐사군 복구 논의와 관련이 깊다고 하였다. 이광사·이긍익 집안의 『연려실기술』에 대하여는 성리학적 臣權 중심의 역사학을 지양하여 왕권 중심의 탕평정치를 지향하는 입장을 반영한 것으로 보았으며 이것이 바로 『연려실기술』이 강목체를 따르지 않고 기사본말체로 서술된 이유라고 하였다.

이상 18세기 고증적 역사서술 항목에서의 주장 가운데, 안정복을 성격이 다른 역사 연구자들과 함께 다룬 것이 문제이다. 저자 스스로 안정복은 주자강목법을 철저하게 적용하려고 한 점에서 이익과 다르다고 하였기 때문이다. 또 이 주장은 이익에 대하여 그가 춘추 필법에 의한 도덕적 포폄을 주장했다는 앞의 언급과 모순되게 느껴진다. 사실 이익이 도덕적 선악 판단을 중시했다고 볼 수 있지만 그의 도덕적 판단 기준은 주자 또는 춘추의 그것과는 다른 점에 유의해야 할 것이다. 앞으로 그리고 안정복이 주자강목법에 철저하려고 하면서도 어떤 점에서 그 이전의 강목법 역사학자들과 다른지도 검토해야 할 것이다. 또 승리자의 자기합리화로서 씌어진 역사서를 비판적으로 읽어야 한다는 이익의 주장이 송대의 정자, 주희, 16세기의 이이와 비슷하다고 하였는데 도대체 정주학자와 이익의 차이점이 어디에 있는지도 살펴야 할 것이다. 이익에게서 우리 고대사 영역의 지리 비정을 만주 지역에 하면서도 영토 문제에 관한 한 고토회복론이 아니고 한반도에 국한해야 한다고 생각하는 점에 유의해야 한다. 이와 같은 점들이 고려되면서 이익과 안정복의 역사학의 비교, 상호 영향 관계를 살피는 일이 필요하다고 여겨진다.

이중환 역사지리 해석에 한백겸 이전으로 돌아간 측면이 있는 것에 대하여는 그 이유를 해명할 필요가 있다고 여겨지는데 허구적 북벌론에 대한 비판 의식과 연결된 것이 아닌가 생각된다. 또 이종휘가 한말·일제하의 민족주의학에 영향을 준 사실은 인정할 수 있으나 이종휘 역사학을 민족주의적인 것으로 해석하는 태도는 민족주의 역사학자의 오해 또는 자의적 해석이라고 여겨지며 오늘날 우리에게 이런 잘못된 이해방식이 이어지고 있다고 여겨진다.『연려실기술』이 서술이 왕권 중심의 탕평정치를 지향하는 것에서 나왔다고 해석하였는데 이 자체는 타당할 수도 있지만 남인과 소론의 정치적 입장을 일방적으로 왕권중심론이라고 보는 이제까지의 통설은 앞으로 재고되어야 할 것이다. 당시 기호남인계 또는 소론계 실학자들의 정치적 지향성은 왕권강화론이라기보다는 공권력 강화론의 성격이 강하기 때문이다. 또 노론, 소론, 기호남인계 내에서도 각기 여러 사상적 지향성이 있음도 주목되어야 할 것이며 조선후기의 각 단계에 따른 변화 양상도 고려해야 할 것이다.

다음으로 18세기 말~19세기 중엽 실증적 역사 연구의 심화에서는 남인 정약용의 역사학과『아방강역고』, 남인 한치윤과 한진서의『해동역사』, 소론 홍경모의 역사 연구(『대동장고』와『동사변의』)를 다루었다. 이 시기 역사학에 대하여는 17세기 이후 발달하기 시작한 실증적 역사 연구가 활짝 꽃핀 것으로 이해하였다. 먼저 남인 정약용의 역사학 및『我邦疆域考』와 관련해서는『아방강역고』의 지리 고증은 고대사의 중심 무대를 한반도에서 찾았으며 18세기 학자들이『요사』,『지리지』등에 의거해 만주에서 찾으려 한 것과 대조를 이룬다고 하면서, 이것은 기록 자체를 비판하는 엄밀한 자세를 견지하여 문헌고증학의 수준을 한 단계 높였다고 평가하였다. 또 그는 종래의 화이관을 벗어나 중국 주변 민족을 오랑캐로 보지 않고 탁발위·거란·여진·일본을 문명이 발달한 나라로 보았으며 고구려 계통보다는 한강 이남의 삼한 계통을 더 높은 문명사회로 평가했다고 하였다. 전체적으로 정약용의 역사학은 도덕적 역사 해석을 사회경제적 역사 해석으로 바꾼 것이며 이것은 호란 이후 고조되었던 애국적이고 과장된 해석을 냉정한 학문을 바꿔놓은 것으로 일제시기 문헌고증 역사학자들에게 큰 영향을 주었다고 하였다.

남인 한치윤과 한진서의 『해동역사』에 관련해서는 일본 측 기록의 영향을 받아 임나일본부를 인정하는 등의 문제가 있었다는 점을 지적하면서도 『해동역사』는 정약용의 『아방강역고』와 더불어 이념적 역사학을 탈피한 대표적인 고증적 역사서로서 일제시기 문헌고증적 역사학자들에게 많은 영향을 주었다고 하였다. 소론 홍경모의 역사 연구(『대동장고』와 『동사변의』)에 대하여는 우선 그의 역사학이 조부 홍양호로부터의 가학의 영향이라고 전제한 뒤에 19세기 초에 이루어진 남인학자들의 실증적 고대사 연구를 수용하면서도 단군 이래 고유한 문화 전통을 존중하고 만주에 대하여 강한 애착을 지니는 소론의 입장을 계승했다고 하였다.

정약용의 『아방강역고』의 역사인식에 대하여 고대사를 한반도 중심으로 보았다고 평가한 것은 정당하다고 생각된다. 하지만 그렇다고 정약용이 우리 고대사의 영역을 한반도로 축소했다고 보아서는 안 된다. 그의 고조선, 고구려의 영역과 지리 비정은 이전 단계보다 더욱 발전하여 고조선의 중기 영역을 요동까지 확장된 것으로 보며 고구려의 초기 도읍지를 만주에 비정하고 있기 때문이다. 따라서 그가 우리의 영토가 어떠하여야 한다고 생각한 것과 그의 역사지리적 위치 비정은, 완전히 별개로 생각해서는 안 되지만, 분리시켜 보아야 하는 측면이 있다. 상고사 영역 비정과 현실적 영토관의 분리는 이미 이익과 안정복에게서 선행적으로 나타났다. 다만 이익과 안정복 사이에 차이점에 유의해야 하고 정약용의 역사인식에 대한 안정복의 영향 여부는 면밀히 검토해야 할 과제이다.

19세기 중·후반 중인층의 역사인식에 대하여는 중인층 역사 편찬, 안종화의 『동사절요』와 『국조인물지』에 대하여 언급하였다. 중인층의 역사 편찬에 대하여 전체적으로 이들이 한국사 전반을 체계적으로 정리하고 치밀한 고증을 통한 역사 연구를 진행할 만큼 성장하지는 못했으나 소외되었던 위항인들의 존재를 부각시킴으로서 19세기 말 역사학의 지평을 넓히는 데 기여했으며 19세기 후반부터는 국사 전반을 서술하는 데에도 업적을 보였다고 하였다. 안종화의『동사절요』와『국조인물지』에 대하여는 정사와 야사를 모두 이용하고 유·불·도를 망라하여 한국사의 시야를 넓혔으며 조국사상, 민족의식을 심어주려고 했다고 하면서 19세기 초의 고증적 역사학을 계승하면서 민족의식을 가미시켜 근대적 역사학으로 넘어가는 과도기적 역할을 담당한 것으로 평가하였다.

중인층의 역사의식이 갖는 의미에 대하여는 그들이 한말·일제하에 행한 행태, 해방 후 한국의 정치문화에 끼친 부정적 영향과 관련하여 비판적으로 볼 점도 있다고 여겨진다. 또 19세기 전반기 안종화의 역사학을 민족의식에 주목하면서 근대적 역사학으로 넘어가는 과도적 성격을 갖는 것으로 평가하는 것은 바로 근대주의적 발상으로서 민족주의적 선입관이 개재된 것이 아닌가 여겨진다.

끝으로 19세기 후반 역사인식의 양분화(동도서기와 위정척사)에 대하여는 동도서기파의 역사인식을 조선후기 실학 역사학의 흐름을 계승하는 것이라 하고 갑신정변의 주역을 제외한 대부분 조정 관리가 이 부류에 속하는 것으로 보았다. 위정척사파의 역사서술에 대하여는 18세기 말 이후의 고증적·개관적 역사서술에서 더 후퇴하여 강목체 역사서술로 되돌아가서 중화문명과 오랑캐의 차별성을 강조했다고 하였다. 개항기 관료들을 대체로 동도서기파로 보는 것은 타당할 수 있을지도 모르나 동도서기론이 실학을 계승했다고 보는 것에는 문제가 있다. 관료적 입장은 기본적으로 지주·대상인의 입장을 계승한 것으로 실학의 그것과는 근본적으로 다르기 때문이다. 또 위정척사파의 역사서술을 단지 복고적·반동적으로 볼 것만이 아니라 그것이 근대민족주의 형성에 기여한 측면, 토지 문제에 대한 그들의 견해가 종래 양반지주층과 다른 점이 있는 것 등에도 주목해야 할 것이다.

3) 화이관

조선후기 화이관의 전개 과정과 관련된 연구로는 다음과 같은 논문이 있다.

졸고. 1995, 「조선후기 화이관의 전개 — 근대의식의 성장과 관련하여」, 『근대국가와
    민족문제』, 지식산업사.
졸고. 1995, 「홍대용의 역사인식 — 화이관을 중심으로」, ≪진단학보≫ 79.
하우봉. 2001, 「조선후기 실학파의 대외인식」, 『한국실학의 새로운 탐색』, 경인문화사.
김인규. 2001, 「王夫之 華夷論에 있어서의 민족주의 성격 — 조선후기 홍대용 화이론
    과의 비교를 중심으로」, ≪온지논총≫ 7.

졸고, 「조선후기 화이관의 전개 — 근대의식의 성장과 관련하여」는 부제에서도 알 수 있듯이 조선후기 화이관의 전개 혹은 변화 양상을 근대의식의 성장, 즉 민족주의적 정치의식의 성장이라는 각도에서 접근한 논문이다. 이 논문에서는 먼저 조선후기 주자학자의 화이관을 송시열·한원진·이항로 단계로 나누어 살피고 이와 대비하여 조선후기 실학자의 화이관을 이익·북학파·정약용으로 나누어 고찰하였다. 조선을 유일한 華로 보는 조선후기 주자학자들의 문화적 화이론은 결과적으로 우리로 하여금 중국중심주의를 벗어나게 하였고 자기 '민족'과 문화에 대한 극단적 우월의식은 이민족의 침략을 강력하게 배척하게 하여 개항 후 자아의 확립과 외세의 배척이라는 우리 근대민족의식 형성의 한 기반으로 작용하여 의병투쟁을 거치는 과정에서 반제국주의적 근대민족주의가 형성되는 밑바탕이 되었다고 하였다. 또 실학자들의 개방적 화이관은 개항기에 외국 문물에 대한 개방적 태도로 연결되었으며 주자학에서 출발한 배외의식과 실학의 대외개방적 자세는 처음에는 상호 모순되었으나 결과적으로 근대민족주의를 형성하는 데 보완적 기능을 했다고 하였다.

조선후기 화이관 변화의 특징으로는 실학자와 주자학자들이 문화적 화이론자라는 점에서는 일치하지만 華의 실체를 어떻게 보느냐에 양자의 차이가

있으며 도쿠가와시대 일본에서 화이관이 변화하는 가운데 국학파가 나타난 것과는 달리 우리 고유문화를 그 자체로서 긍정하는 태도는 나타나지 않았고 그런 태도는 한말·일제하에 비로소 나타났다고 하였다. 이것은 보편문화를 중시하는 태도이며 근대민족주의를 형성하는 데에는 부정적 작용을 하였으나 그것을 넘어서는 데에는 긍정적 작용을 할 것이라고 하였다.

한편 졸고 「홍대용의 역사인식 — 화이관을 중심으로」에서는 홍대용의 화이관이 3단계로 발전하였다는 전제에서, 제1단계에는 대명의리론과 척화론이 그대로 남아 있고, 제2단계에서는 어느 정도 극복하였으나 부분적으로 그 잔재가 남아 있으며, 제3단계인 「의산문답」 단계에서는 종족적·지리적 화이관은 극복되었으나 문화적 화이관은 재해석된 유교의 관점에서 그대로 유지되었다고 하였다. 홍대용을 포함한 실학자 일반의 이러한 입장은 보편적 문화를 중시하며 근대 초기 민족주의 형성에는 부정적 작용을 한 측면이 있으나 그것을 넘어서는 데에는 긍정적 작용을 할 것이라고 하여 앞의 논문과 같은 결론을 내렸다.

그러나 이 논문을 쓸 때까지만 하여도 아직 한국근대민족주의가 갖는 부정적 측면에 대하여는 제대로 인식하지 못하고 현 단계에서는 민중적 입장에서 남북을 관통하는 한민족 모두를 아우르는 민족주의는 여전히 필요하다고 생각하였다. 하지만 냉전체제 붕괴 이후의 세계 곳곳에서 민족주의에 의해 나타나는 반역사적 상황을 보면서 우리의 저항적 민족주의 속에도 무서운 파시즘적 요소가 있음을 깨닫게 되었고 결국 민중적이고 저항적인 민족주의와 국가주의적이고 침략적인 민족주의 사이의 구별이 무의미하다는 생각을 갖게 되었다. 이리하여 사회구성체론적 입장에서의 내재적 발전론의 패러다임도 민족주의와 결부됨으로써 일국사적 관점에 매몰되었고 결국은 근대주의적 관점을 벗어날 수 없었으며 현실 '사회주의'란 것도 세계자본주의의 하위에 존재하는 국가주의적 자본주의 혹은 파시즘의 일변 형태에 지나지 않았던 것이라고 생각하게 되었다. 이런 가운데 실학 전체, 그리고 실학자에서의 화이관 변화 양상을 일방적으로 근대성과 관련하여 보던 종전의 생각을 점차 지양하게 되었다.

하우봉의 「조선후기 실학파의 대외인식」에서는 조선후기의 성리학자들의 소중화의식에 대하여는 근대적 민족의식이라고 할 수 없다고 하였다. 또 실학자들의 대외인식은 각국의 대등성과 개체성을 인정하는 점에서 근대민족주의의 조건에 부합하는 것이지만 문화적 화이관은 극복하지 못하였고 그 극복은 개화파에 이르러 비로소 이루어졌다고 하였다. 이런 견해는 앞서 조성을의 두 논문에서의 견해와 대략 일치한다.

하지만 조성을은 근래 생가에 변화가 생기게 되었으므로 양자 사이에는 다소 견해 차이가 생기게 되었다. 조선후기 실학 또는 실학의 화이관을 한국 근대민족주의와 관련해서 설명하기보다는 그 너머의 지향으로 보아야 하고 한국근대민족주의 형성에 직접적으로 영향을 준 것은 성리학적 위정척사론의 멘탈리티로 보아야 하며 여기에 바로 한국근대민족주의의 문제점이 있다는 것이 현재 조성을의 생각이다. 물론 실학에 근대와 관련시켜 설명할 수 있는 측면이 있는 것도 완전히 부정할 수는 없을 것이다.

김인규의 「王夫之 華夷論에 있어서의 민족주의 성격 ― 조선후기 홍대용 화이론과의 비교를 중심으로」는 부제에서 알 수 있듯이 왕부지의 화이론을 홍대용의 그것과 비교한 논문이다. 먼저 왕부지의 학문관을 살핀 뒤 그의 화이론의 민족주의 성격을 지적하였다. 명말청초 및 청대 중국사상가들과 조선후기 실학자들의 비교는 앞으로 조선후기 실학의 연구를 전진시키기 위하여 반드시 필요한 과업이라고 생각된다.

위 논문들 외에 노태돈의 「18세기 사서에 보이는 세계사 인식 체계」(≪규장각≫ 15, 1995; 『한국사를 통해 본 우리와 세계에 대한 인식』, 풀빛, 1998에 재수록)에서는 18세기 후반 이동중이 쓴 『동문광고』에 대하여 우리 최초의 세계사이지만 정치적·문화적으로 중국을 중심으로 하기는 하여 아직 근대적 역사인식으로의 전환에 적극적 의미를 지니는 것은 아니라고 하였다. 또 배우성의 「옛 지도와 세계관」(『우리 옛지도와 그 아름다움』, 효형, 1999)에서는 17세기 이래 마테오리치의 『곤여만국지도』를 비롯한 많은 서구식 지도들이 조선에 유입되어 조선 지식인들은 보다 넓은 세계를 알게 되었으나 일부 선진적 실학자를 제외하면 그 지도의 전제가 되는 지구설, 경위도, 천문과 지리의 관계 등을

체계적으로 이해하는 것이 어려워『산해경』의 지명을 활용하고 춘추전국시
대 추연의 세계관을 빌어서 이해한 천하도를 작성하였고 이것이 19세기 말까
지도 민간에 널리 유행하였다고 하였다. 한편 조선후기 화이관과 관련되는
정통론의 전개에 대한 논문으로는 김영심·정재훈, 「조선후기 정통론의 수용
과 그 변화 — 수산 이종휘 東史를 중심으로」(≪한국문화≫ 26, 2001)와 허태용,
「17세기 후반 정통론의 강화와 資治通鑑節要의 편찬」(≪한국사학사학보≫ 3,
2001) 등이 있다.

4) 시대사 인식

실학자들의 역사인식 가운데 각 개별적 시대에 대한 인식을 다룬 연구로
는 다음과 같은 논문이 있다.

졸고. 1999, 「유수원의 고려시대 인식 — 제도에 대한 견해를 중심으로」, ≪실학사상
연구≫ 10·11합.
졸고. 2000, 「유형원의 고려시대 인식 — 제도에 대한 견해를 중심으로」, 『한국사의
구조와 전개』(하현강교수정년기념논총).

졸고 「유수원의 고려시대 인식 — 제도에 대한 견해를 중심으로」에서는
유수원이 『논여제』에서 고려시대의 국가의 여러 제도들을 체계적으로 논의
하였고 이 논의 가운데에서 국가의 기본 제도들에 대한 그의 이념, 그리고
고려시대 제도 비판을 매개로 한 조선시대 또는 유수원 당시의 제도에 대한
비판 및 개혁의 방향을 알 수 있으며 위의 여러 제도들에 대한 논의들의
밑바닥에는 공통적으로 신분제에 대한 그의 철저한 비판 의식이 깔려 있었
다고 하였다. 아울러 신분제와 관련된 토지 겸병에 대하여도 적극적으로 반
대하는 견해를 가졌음을 알 수 있다. 토지 문제에 대한 유수원의 이념을 살펴
보면 그는 토지 겸병을 반대하고 토지개혁의 당위성을 절대적으로 인정하고
있었으며 고려시대 군사제도 논의에서도 토지 급부를 군역 부과의 기본 전

제로 생각하고 있음을 알 수 있다. 이것은 유수원을 단순히 상공업발전론자로만 보는 통설과 달리 그 역시 기본적으로 토지개혁론에 찬성하는 입장에서 있었음을 입증하려 한 것이다. 조성을은 기본적으로 실학자들에게는 토지개혁을 지향한다는 공통적 전제가 있으며 이것이 실학이라는 범주를 가능하게 하는 한 요소라고 생각하기 때문이었다.

다음으로 졸고「유형원의 고려시대 인식 — 제도에 대한 견해를 중심으로」에서는 유형원이 고려의 여러 제도를 조선의 세도와 비교하면서 여기에서 나타나는 문제점을 근거로 그의 개혁안을 제기하는 전제 위에서, 토지제도의 경우 고려에 균전제와 같은 토지분급제가 시행된 것이 조선시대에 비하여 고려가 강성한 이유로 보았고, 녹제의 경우 고려시대의 녹봉이 조선시대에 비해 훨씬 많고 모든 관리에게 준 점에서 조선시대보다 우월한 것으로 이해하였으며, 병제의 경우는 고려시대에는 군역자에게 토지가 분급되었으나, 과전법에서는 농민에의 토지 분급이 이루어지지 않았고, 노비제의 경우 조선에 들어와 더욱 악화된 것으로 이해하는 등 조선의 제도 가운데 고려보다 나은 점은 없고 고려의 제도 가운데 조선의 그것보다 나은 점들이 있다고 보았으므로 전반적으로 유형원은 조선이 고려에 비해 제도적으로 더 나빠진 것으로 생각했다고 하였다.

또 고려시대 제도에 대한 유형원의 인식과 다른 실학자들의 그것과의 관계에 대하여『반계수록』에서의 우리나라 제도에 연구는 이익, 정약용 등 후대 실학자들의 우리나라 역대 제도에 대한 인식에 영향을 주었으며 그들로 하여금 우리나라 역대 제도를 연구하게 하는 자극제가 되었다고 하였다.

이상 유수원과 유형원의 고려시대 인식에 대한 논문을 살펴보았다. 조선후기 역사학자들이 각 개별시대 또는 왕조를 어떻게 평가하였는지에 대한 논문은 많지 않다. 우리 역사 각 시대에 대한 조선후기 역사학의 인식에 관한 검토는, 그 자체로서 의미 있는 것은 물론이고 근현대에서의 연구 성과의 선행적 연구사라는 각도에서도 중요하다. 앞으로 이 분야에 대한 연구가 많이 진행될 필요가 있다. 다만 이익과 정약용의 고려시대 인식에 대하여는 이 책의 고려시대 인식 부분에서 다루어 이들의 고려시대 인식 부분을 보충하였다. 한편 이 밖에 안정복의 고려시대 인식을 다룬 논문으로는 강세구, 「순암 안정복의 고려시대 인식」(≪실학사상연구≫ 14, 2000)이 있다.

5) 역사학의 방법과 이론

조선후기 역사학의 방법과 이론에 관련된 연구로는 다음과 같은 논문이 있다.

졸고. 2000, 「정약용의 역사이론의 전개와 그 성격」, ≪국사관논총≫ 93.
정창렬. 2002, 「이익의 역사이론에 관한 연구」, ≪한국학논집≫ 36, 한양대학교.
졸고. 2003, 「주희와 이익의 역사이론 비교」, ≪한국사연구≫ 122.

졸고 「정약용의 역사이론의 전개와 그 성격」에서는 정약용의 역사이론에 대하여 歷史의 動因과 史觀, 歷史의 方法과 目的으로 나누어 살펴본 뒤에 그 성격에 대하여 다음과 같이 규정하였다. 첫째, 정약용이 역사에서 기본적으로 물질적 요인을 중시하여 이것을 도덕과 분리하고 형세에 따른 추세 또는 법칙이라는 관점에서 보려는 것은 전통적 유가의 견해를 완전히 벗어난 것이며, 둘째, 정약용이 구상하는 미래의 세계는 단순히 중국 상고의 五帝시대 단계로의 회귀가 아니라 기술적 진보가 이루어지고 새로운 제도가 확립되어 오제 시대의 그것과는 다르므로 그의 사관은 복고적인 것이 아니라 발전 지향적인 것이고, 셋째, 치밀한 고증에 의한 연구 방법은 우리 근대 문헌 고증사학의 선구를 이루는 것이며, 넷째, 역사의 목적으로 실용성을 강조하되 도덕적 교훈이 아니라 물질적·제도적 측면에 기본적으로 관심을 갖는 것, 그리고 객관적 법칙으로서의 實理의 발견을 주장한 것 역시 전통적 유가의 견해를 벗어났고 이런 점들에서 우리는 정약용의 역사인식의 성격을 '近代的'이라고 규정할 수 있으며 서양 역사학의 영향을 받기 이전에 우리의 역사학이 독자적으로 이 단계에 도달했다고 하였다. 다만 이 논문에서 정약용의 역사이론을 근대적으로 규정한 것과는 달리 현재로서는 근대성을 반드시 의식할 필요는 없다고 생각하며 오히려 그것을 넘어서는 측면이 있다는 점에 주목하고 싶다.

또 이 논문에서는 정약용 역사학의 후대에의 영향에 관하여는 정약용의 역사인식 가운데 치밀한 문헌 고증의 태도와 그에 따른 역사지리학 연구가 일제시기 우리나라 문헌고증사학 쪽으로 계승된 것으로 여겨지지만 ― 그리고 민족주의 역사학에서는 비판의 대상이 되었다는 점에서의 영향 관계를 생각할 수 있지만― 역사의 동인과 사관 등에 대한 그의 견해는 우리 근대 역사학에 직접적으로는 전혀 영향을 주지 못하였다고 생각되며, 역사학을 현실의 개혁과 관련지어 연구하는 태도도 우리는 계승하지 못했다고 하면서, 이것들을 계승하여 더욱 발전시키는 것은 오늘 우리의 과제로 남아 있다고 하였다.

특히 정약용의 역사인식은 인간과 자연 혹은 물질적 요소와의 관계, 기술 발전의 주체로서의 民의 발견, 인간의 자유의지, 주체성, 실천 등의 문제와도 관련하여 역사철학적으로 많은 시사를 주고 앞으로 유물론과 관념론의 대립을 넘어 통일에 대비하는 우리의 역사인식의 정립을 위하여 반드시 필요한 일이다. 다만 통일에 대비하는 우리가 사관을 정립하는 것에 유념할 필요는 있지만 위에서 일률적으로 만들어나가는 방식은 안 되며, 우리 역사학이 반드시 통일을 의식하고 전개되거나 통일을 전제로 연구되어야만 하는 것은 아니라고 생각한다.

다음으로 정창렬의 「이익의 역사이론에 관한 연구」에서는 이익의 역사이론을 以小事大와 尊王攘夷, 천하관(정통론과 화이론), 時勢와 幸會와 是非, 乘勢와 造命으로 나누어 검토하고 이 논문의 결론 부분에서 '이익에게서 보이는 사실에 대한 현실주의적 인식과 도덕주의적 내지는 春秋大義的 가치 평가의 병존은, 종래의 존재와 가치의 낡은 통합을 그 새로운 통합으로 지양하려는 과정에서 나타난, 두 측면의 분열상이었다고 생각된다. …… 이익은 존재(사실)와 가치(도덕)를 양립화하면서 각각을 자립화시켜 현실주의적 사고를 크게 발전시켰고, 정치적 자주의 원리를 크게 부각시켰다'고 하였다. 이런 주장은 종래 이익의 역사인식을 현실주의적인 것이라고 보는 것에 대하여 이익이 도덕적 원칙을 중요시했다고 하는 반론이 근래 제기된 것을 의식하면서 나온 것이라고 생각된다. 정창렬은 존재와 당위가 결합되어 있었던 주자학적 사고 체계에서 존재와 당위의 분리로 가는 과도적 단계에 있었던 것이 바로 이익의 역사인식이라고 이해하고 있는 것으로 여겨진다. 그러나 이익의 경우 존재와 당위가 분리되어 병존하면서, 현실주의적 사고를 크게 발전시킨 것이라기보다는 새로운 가치가 현실을 현실대로 냉철하게 보는 사고와 결합되는, 새로운 가치와 존재의 합일을 이루었다고 생각된다.

졸고「주희와 이익의 역사이론 비교」는 주희의 역사이론에서의 시세·시비·왕조평가·화이관, 정약용의 역사이론에서의 시세·시비·왕조평가·화이관, 주희와 이익의 역사이론 비교로 구성되어 있다. 근래 이익의 역사인식에 대하여 도덕주의적이라고 평가한 것 및 이에 대한 반론으로 앞서 언급한 정창렬의 논문이 발표된 것을 의식하고 쓴 것으로서 종래 이익의 역사인식에 대한 혼선이 있었던 것은 주희의 역사인식에 대한 오해와도 관련된다고 생각하여 주희의 역사인식을 검토한 뒤에 양자를 서로 비교하여 일치점과 차이점을 정리하였다.

주희와 이익의 역사이론은 역사가 기본적으로 氣數(또는 時勢)에 의해 결정된다고 보는 점, 현실 역사의 전개는 도덕과 일치하지 않는다고 보는 점, 철저하게 도덕적 평가를 해야 한다고 하는 점에서 일치하지만, 주희가 역사 속에서 인간의 도덕적 실천을 주장하면서도 그것은 어디까지나 氣數라는 대세 속에 時勢에 적응하여 부분적으로 이념을 실천해가려는 것이지 時勢를 인간의 노력으로 극복할 수 있다고 생각지는 않았던 데 비하여 이익이 인간의 주체적 노력이 더해져 禍福(운명)을 바꿀 수 있다고 본 점, 즉 인간의 노력에 의해 역사가 바뀔 수 있다고 본 점에서 양자는 다르다고 하였다.

둘째로는 이익이 역사 변혁의 주체를 임금과 재상 같은 고위 지배층만이 아니라 일반 士와 庶民까지 생각한 점, 셋째로는 주희는 堯舜·三代를 이상시하면서도 그것이 단지 이상에 그칠 뿐, 현실적 여건상 井田·封建과 같은 제도는 실시할 수 없다고 보았으나 이익은 井田의 이념에 따라 적극적인 개혁, 즉 토지개혁 및 조선후기 현실에 기초한 신분제 개혁을 생각한 점에서 양자는 다르며, 넷째로는 역사에 대하여 도덕적 포폄(평가)을 하는 점에서는 주회와 이익이 같지만 실제 중국 역사의 전개 과정에 대한 주회와 이익의 평가는 서로 다르고, 다섯째로 華夷觀의 측면에서 주회가 이민족을 철저하게 배척하였던 데 비하여 이익은 仁義라는 기준에 근거하여 중국 주변의 이민족 왕조나 이민족 정복왕조를 긍정적으로 평가한 점, 즉 주회의 화이관이 문화주의적 관점에 서면서도 종족적 편견을 벗어날 수 없었던 데 비하여, 이익에게서는 이런 것이 극복된 점에서 양자는 다르다고 하였다.

한편 조선후기 역사학에서의 연구 방법의 발달에는 금석학 등의 인접 학문의 발달도 기여하였을 것으로 생각된다. 최근 발표된 임세권의 「조선시대 금석학 연구의 실태」(≪국학연구≫ 1, 2002)는 조선시대 금석학의 전개 과정을 『비행당집고첩』과 16세기 이전의 금석에서의 관심, 『금석청완』과 『대동금석서』로 보는 17세기의 금석학, 김재로의 『금석론』과 18세기 금석문 수집의 열기, 『금석과안록』과 『삼한금석록』으로 나누어 체계적으로 검토하였다. 앞으로 조선후기 금석학 연구의 길잡이가 될 수 있을 것으로 생각된다.

6) 역사지리학

최근 조선후기 역사학 가운데 가장 활발히 연구된 분야가 역사지리학이다. 이 분야에 대한 연구로는 다음과 같은 논문이 있다.

박인호. 1996, 『조선후기 역사지리학 연구』, 이회.
박인호. 1997, 「대동지지 방여총지에 나타난 김정호의 역사지리 인식」, ≪한국학보≫ 89.
박인호. 1997, 「동국통지 지리지에 나타난 박주종의 역사지리 인식」, 『한국사학사연구』, 나남.
박인호. 1998, 「조선시기 역사지리학의 추이와 특성」, ≪조선사연구≫ 7.
박인호. 1998, 「동환록에 나타난 윤정기의 역사지리 인식」, 『조선시대의 사회와 사상』.
박인호. 1998, 「중국고금역대연혁지도에 나타난 權榘의 역사인식」, ≪조선시대사학보≫ 4.
박인호. 1998, 「명·청대 중국지리서에 나타난 대조선 역사지리 인식 —조선시기 역사지리 연구의 추이와 관련하여」, ≪경북사학≫ 21.

박인호. 1998, 「조선시기 역사지리학의 추이와 특성」, ≪조선사연구≫ 7.
박인호. 2000, 「제왕역년통고에 나타난 鄭克後의 역사인식」, ≪한국사학사학보≫ 1.
박인호. 2002, 「발해고에 나타난 유득공의 역사지리 인식」, ≪한국사학사학보≫ 6.
박인호. 2002.10, 「海東繹史(續) 지리고에 나타난 한진서의 역사지리 인식」, ≪조선
    사연구≫ 11.
송기호. 2002.11, 「유득공의 발해고와 성해응」, 『조선의 정치와 사회』, 집문당.
양보경. 2003.11, 「조선후기 하천 중심의 국토인식 ─ 대동수경, 산수심원기, 산행일
    기를 중심으로」, 『우리국토에 생겨진 역사와 문화』, 논형.

위의 논문 목록에서 볼 수 있듯이 최근 박인호는 조선후기 역사지리학 연구를 매우 정력적으로 추진하였다. 그의 연구를 통해 조선후기 역사지리학의 전모가 개략적으로 파악될 수 있게 되었다고 할 수 있겠다. 『조선후기 역사지리학 연구』(1996)는 그의 박사학위논문을 다소 수정한 것으로 목차는 제1장 문헌비고의 편찬, 제2장 신경준의 『동국문헌비고』 「여지고」, 제3장 이만운의 『증정문헌비고』 「여지고」, 제4장 『증보문헌비고』 「여지고」로 구성되어 있다. 『동국문헌비고』 수정·증보 과정에 따른 지리고의 내용의 변화 과정을 추적한 것이라고 하겠다.

이 책에서 『동국문헌비고』 「여지고」는 신경준의 여러 역사와 지리에 관련된 저술을 종합하는 차원에서 편찬된 것으로서 17세기 이후 한백겸, 유형원, 홍만종, 임상덕 등 여러 관련 학자들의 연구 성과를 종합하여 고대사의 영역을 만주에까지 확장해 보는 것이었고 이만운의 『증정문헌비고』 「여지고」는 이전 단계에 미진하게 처리되었던 단군, 기자, 한사군의 위치 비정을 요동 일원에 구체적으로 하였으며 『증정문헌비고』 「여지고」에서는 『동국문헌비고』 「지리고」에 대하여 비판적이던 안정복 등의 견해 및 소론 남구만, 노론 이이명 등의 연구 성과까지 아우르고 있어 당시 당파를 초월하여 서로 영향을 주고받던 학문적 분위기를 보여준다고 하면서 『증정문헌비고』 「여지고」는 바로 김택영·장지연에 의해 편찬되었을 것으로 추정하였다. 또 조선전기에는 도덕적인 포폄을 위한 역사학과 상고사의 영역을 좁게 보는 강역관이

우세하였으나 조선후기 역사지리학의 발달로 도덕적 포폄의 여지가 줄어들고 지역적 측면이 중시되었다고 하였다.

한편 박인호는 최근 위 목록에 열거된 논문들을 모아『조선시기 역사가와 역사지리 인식』(이회, 2003.5)을 간행하였다. 앞의『조선후기 역사지리학 연구』(1996)가 조선후기 관찬 지리서에 대한 검토라면 이 책은 역사학자 개인들의 역사지리 인식을 종합적으로 정리한 것이라고 하겠다. 이 책의 목차 구성은 다음과 같다.

이 책에는 위 목록에서 언급된 논문들 외에「유형원의 동국여지지에 대한 일 고찰」(≪청계사학≫ 6, 1989)의 4·5장을 분리·수정하여 제3장 제2절로 하였으며「남구만과 이세구의 역사리지연구」(≪역사학보≫ 138, 1993)를 제3장 제3

절로 하여 넣었다. 이 글에서는 위 책의 목차에 따라 내용을 검토하기로 한
다.

제1장 제1절 조선시기 역사리지리학의 추이와 특성에서는 조선전기에는
주로 관찬 역사서의 편찬이 이루어져서 현실 문제를 투영시키는 정치성이
강하였으나 한백겸의『동국지리지』가 편찬된 이후 조선 중·후기 역사학의
발전은 역사지리학이 선도하게 되고 역사지리를 전문적으로 연구하는 학자
들이 다수 출현하면서 이들 사이에 당색을 넘어 서로 영향을 주고받게 되었
다고 전체적 흐름을 정리하였다. 또 조선시기 역사지리학의 의의, 후대에의
영향관계에 대하여 전문적 연구, 실증과 고증의 활용, 학문적 독립성과 객관
성의 추구, 강토에 대한 관심, 주체적 자국의식, 확대된 지역 의식 등은 우리
나라 근대 역사학의 학문적·정신적 토대를 제공했다고 하였다.

제1장 제2절 명·청대 중국지리서에 나타난 대조선 역사지리 인식에서는
『대명일통지』,『요동지』,『요사』,『성경통지』,『만주원류고』등의 역사지리
인식을 체계적으로 검토하였다.『대명일통지』에 대하여는 15~16세기 조선
에서 대표적 중국지리지로 수용되어 후대 역사지리지 연구자들에게 기본 자
료로 활용되었으나 자의적으로 해석되기도 했다고 하였다. 또 17~18세기에
활발히 수용된『요사』,『대청일통지』,『성경통지』는 기본적으로『요사』의
오류를 바탕으로 하여 문제가 있지만 우리 상고사의 영역을 확장하여 보는
데에 기여하여 유형원 이후 남구만, 이세구, 김륜, 이돈중, 신경준, 이만운
등이 많은 영향을 받아 관찬서인『동국문헌비고』와『증정문헌비고』「여지
고」에도 적극적으로 수용되었다고 하였다. 19세기 이후에도 박지원, 유득공,
성해응, 김정호 등이 이런 입장을 이어받았으나『요사』,『대청일통지』,『성
경통지』에 대한 비판적 인식 ─ 고대사의 영역을 한반도 중심으로 보는 인식 ─
이 정약용, 한진서, 윤정기 등에게 나타나 개화기에 역사지리 연구를 주도하
였던 김택영, 장지연에게 영향을 주었다고 하였다. 우리 역사지리학의 발전
을 중국의 지리지와의 관련하에서 파악한 소중한 연구 성과라고 하겠다.

제2장 제1절 고려시기 사서에 나타난 역사지리 인식에서는 고려시기에는
고조선을 평안도와 황해도 일원에 비정하기는 하였으나 고구려와 부여는 요

동에서 출발한 것으로 보았으며 삼한을 바로 삼국과 연결시키는 최치원의 견해를 따르고 있었다고 하였다. 그러나 조선전기에 들어와서는 초기 고구려를 성천 일대에 비정할 정도로 상고기에 대한 영역관이 축소되는 경향을 보였다고 하였다.

제2장 제2절 조선시기 사서에 나타난 역사지리 인식에서는『세종실록』「지리지」,『고려사』「지리지」,『동국여지승람』에 나타난 역사인식을 검토하였다.『세종실록』「지리지」의 상고사의 영역을 한반도로 국한시키는 모습을 보이고 있으며 상고사 체계에서는『단군고기』·『제왕운기』의 영향을 받아 단군으로부터 역사적 정통이 이어지는 것으로 파악했다고 하였다.『고려사』「지리지」의 역사인식은 대체로『세종실록』「지리지」의 내용을 계승하고 있지만 상고사의 영역을 한반도 내에 국한하려는 경향은 강화되었다고 하였다.『동국여지승람』의 역사인식 역시『세종실록』「지리지」와『고려사』「지리지」를 이어 정리한 것으로 그 구조를 벗어나지 않았다고 하였다. 이에 대하여 조선사회가 체제적 안정기에 들어가면서 현실 안주적 측면이 강화되고 있음을 의미한다고 해석하였다.

제3장 제1절『제왕역년통고』에 나타난 정극후의 역사지리 인식에서는 먼저 정극후의 생애와 저술을 살펴본 뒤, 그의『역년통고』편찬과 학문적 배경,『역년통고』의 역사인식에 대하여 검토하였다. 이에 따르면 정극후는 선조~인조 연간 인물로서 경상도 안강 지방에서 살았으며 학문적으로는 정구에게 영향을 받고 장현광을 스승으로 섬겼다. 소강절의『황극경세』에 대한 장현광의 연구 및 장현광의 상수학적 역학에서 영향을 많이 받았을 것으로 추정하였다.『역년통고』에서는 도덕주의적 입장이 강화되었고 역사지리 비정에서도 고구려와 백제초기 국도에 대한 비정에서는 조선전기의 인식을 크게 벗어나지 못하는 측면이 있으면서도 한백겸의 남북 이원적 발전관을 받아들이고 삼한·진번·국내성·환도성에 대한 위치 비정에서도 한백겸의 설을 적극적으로 수용하였으며 이러한 그의 역사지리 인식이 뒤에 홍만종의『동국역대총목』이나 신경준의『강계고』에 인용되었다고 하였다. 이 논문은 오운 이후 영남학자의 역사지리 인식에 대한 선구적인 연구로서 의미가 있다. 다만

오운과의 관계, 영남남인으로서의 그의 지역적 특성을 부각시켰더라면 더 좋았을 것이라는 생각이 든다.

제3장 제2절 유형원의 역사지리 인식을 이전시기 역사서술에 대한 비판의식, 상고시기에 대한 역사지리 인식(단군조선·기자조선·사군이부·삼한·고구려·백제·신라·고구려 멸망 후의 강역·고려시기의 강역), 후대에 미친 영향으로 나누어 살펴보았다. 그 특징으로서는 신라 중심의 이해를 벗어났으며 영역관에서 점차 요동 지역으로 확대하여 보려는 경향이 나타났고 『요사』 등의 자료를 새로이 이용했다고 하였다. 또 그의 역사지리 연구가 갖는 학문적 의의에 대하여는 『동국여지지』에 「본국총서」를 설정하고 「각도총서」의 내용을 대폭 늘리는 등 역사지리의 관심을 지지 연구와 결합시켰고 공리적 측면에서 역사를 이해하고 있으며 지리와 같은 물질적 요소를 역사를 움직이는 변수로 중요시하였고 과거 지리를 시무적 입장에서 이해하려 했다고 하였다. 이러한 역사인식이 나온 배경에 대하여는 북벌론이 시대적 과제로 등장하는 상황에서 북방과 고구려 고토에 대한 관심이 고조되었고 이에 부응할 수 있는 『요사』, 『금사』 등의 자료가 있었던 점, 역사지리 문제의 해명이 기호남인의 토지개혁론과 깊이 관련될 수 있었던 점에 두었다. 역사지리적인 관심이 토지개혁론과 관련된다는 것은 역사지리 인식을 개혁사상 또는 사회사상과 연결시킨다는 점에서 매우 경청해야 할 주장이지만 이에 대하여는 좀더 논리적이고 설득력 있는 설명이 필요하다.

제3장 제3절 남구만과 이세구의 역사지리 인식에서는 남구만과 이세구의 역사인식이 17~18세기 역사지리학에서의 북방 고토에 대한 관심을 반영하고 있다고 하면서 이들이 이이명·허목·이익·이종휘 등과 마찬가지로 대체로 요동 일대에 고조선과 고구려, 발해의 영역을 비정했다고 하였다. 이 경우 이 시기에 당색을 초월하여 모두 상고사의 영역을 만주까지 확장하려 한 것으로 본 것이다. 이 점을 대체로 인정할 수는 있으나 당색 간의 미묘한 차이에 주목해야 할 것으로 생각된다. 즉, 서인 또는 노론·소론 계통의 학자들의 우리 상고시대 영토관이 고토회복론 또는 북벌론과 연결된 것이라면, 남인 계통의 허목·이익 등의 그것은 북벌론·고토회복론과는 관련이 없는 것으로

보아야 할 것이다. 허목·이익 등은 우리 상고사의 영역을 만주 지역까지 확장해 보는 측면이 있지만 그들은 북벌론을 반대하였고 조선의 영토를 한반도 내에 국한시켜야 한다는 생각을 갖고 있었다.

제3장 제4절 신경준의 역사학과 역사지리 인식에서는 그의 역사지리학의 사학사적 의의에 대하여 한백겸 이래의 고증적 역사지리학을 종합적으로 정리하여 역사지리학을 독립적 학문 분과로 설정될 수 있게 하였으며 그의 학문 성과는 『동국문헌비고』를 통해 다른 분야에서도 그런 새로운 학문적 성과를 이룰 수 있게 하는 촉매 역할을 했다고 하였다. 요컨대 신경준의 연구는 고조선의 영역을 요동에까지 확장해 보려는 영역관을 집대성한 것으로서 나중에 안정복, 정약용, 한진서 등에 의해 비판되었지만 이들의 비판적 연구 역시 신경준의 연구를 기반으로 한 것이라고 하였다.

제4장 제1절 『발해고』에 나타난 유득공의 역사지리 인식에서는 먼저 1권본 『발해고』와 4권본 『발해고』를 문헌학적으로 비교·검토하고 1권본과 4권본의 차이, 즉 4권본에 나타난 변화 양상을 1권본의 내용과 비교하여 고찰하고 그의 연구가 발해의 역사지리 연구에 미친 영향에 대하여 논하였다. 4권본 『발해고』는 1권본에 비해 많은 양적 증가 외에 1권본의 오류를 여러 곳에서 수정하였다고 하면서, 특히 상대적으로 부실하였던 「지리고」를 대폭 정비했다고 하였다. 4권본 『발해고』 「지리고」에서는 『요사』에 입각하여 요동을 발해의 중심으로 비정하였던 1권본의 견해와 달리 조선 북부에서 길림과 흑룡강 일대에 비정했다고 하였다.

이런 유득공의 연구는 성해응과의 공동 연구를 유발하여 『사군지』를 같이 편찬하였으며 성해응의 발해 관련 지리 고증은 대체로 4권본 『발해고』의 내용을 그대로 옮겨 적은 것이라고 하였다. 이런 유득공, 성해응과 한치윤의 발해사에 대한 관심은 한진서나 김정호 같은 다음 세대 학자들에게 영향을 미치고, 내용적으로는 정약용의 지리 비정과도 연결되는 것으로 그 사학사적 위치를 설정하였다. 이런 연구 결과는 대체로 뒤에서 언급할 송기호의 「유득공의 발해고와 성해응」과 대체로 일치한다. 한편 유득공이 발해의 중심지로 비정한 길림과 흑룡강 이북, 즉 두만강 이북 야인 지역에 대한 높은 관심을 갖는 것은 북학파들과 공통적으로 나타나는 현상으로서 북방 지역의 확보를 중시하는 현실 인식에 기초한 것이라고 설명하였다. 유득공을 포함한 북학파들의 북방 영토에 대한 관심을 만주 지역 고토회복론으로 볼 수 있는지는 앞으로 좀더 생각해보아야 할 문제이다.

제4장 제2절『해동역사』(속)「지리고」에 나타난 한진서의 역사지리 인식에서는『해동역사』「지리고」의 역사지리 인식이 갖는 사학사적 의의에 대하여 역사지리에 대한 기존의 저술을 종합하고 이에 대한 엄격한 사료 비판을 행함으로써 지리 비정에서 객관적 인식이 확대되었으며 중국과 일본의 사료를 폭넓게 수용함으로써 종래『요사』,『대청일통지』등에 의거하여 상고사 지리 비정을 하는 데 생긴 문제점을 극복하였으며 현대 역사학에서도 수용될 수 있는 견해를 다수 제출했다고 하였다. 또 영향 관계에 대하여는 정약용이 수정본『아방강역고』(1833)를 편찬하는 과정에서『해동역사』「지리고」(1823)를 참고하였을 가능성이 있고 홍경모, 김정희의 역사지리 인식에도 일정 부분 영향을 주었을 것이며, 1910년대 활자화되면서 중국 劉承幹의『渤海疆域考』에서 높게 평가되었다고 하였다. 정약용의『아방강역고』초고본(1811)을 한진서가 참고하였을 가능성 및『아방강역고』(1900년대 장지연에 의해 증보되어『대한강역고』로 간행됨)의 지리 비정이 발해사를 연구하는 다른 중국인 학자에게 미친 영향에 대하여도 앞으로 추적해볼 필요가 있다.

제5장 제1절『대동지지』「방여총지」에 나타난 김정호의 역사지리 인식에서는『동여도지』에서의 자료 수집을 토대로『대동지지』「방여총지」를 편찬하였으며「방여총지」는 시간적 순서에 따라 이전의 역사지리에 대한 연구들을 종합 정리하면서 자신의 안설을 제시했다고 하였다.「방여총지」의 사학사적 위치에 대하여는 조선중기 이래 자리 잡고 있던 상고사 영역을 요동 일원으로 확대하여 보려던 생각을 고증적으로 더욱 발전시켰으며 이 과정에서『요사』,『금사』,『성경지』,『대청일통지』등이 중시되었고 국내 서적으로는 안정복의『동사강목』, 신경준의『문헌비고』「여지고」, 이만운의『기년아람』외에 박지원의『연암집』, 유득공의『발해고』등 북학파 인물들의 저술을 적극적으로 활용했다고 하였다. 이리하여 위치 비정에서 정약용의 주장에

비판을 가하여 한군현 반도 내 비정, 낙랑춘천설 등을 부정하였으며 이런 비판적 인식은 같은 시기 박주종이 이익·이종휘에 주목하고 윤정기가 정약용을 조술하였던 것과 차이를 보이는 것이라고 하였다.

제5장 제2절『동국통지』「지리지」에 나타난 박주종의 역사지리 인식에서는 19세기 전반 연구가 주로 고증적 위치 비정과 한반도 중심으로 연구되면서 만주 지역에 대한 관심이 상대적으로 저조하여졌으나 19세기 후반 간도 지역의 현실적 경영 문제와 관련되어 만주 지역에 대한 관심이 다시 고조되었으며 이런 분위기 속에 편찬된 것이 박주종의『동국통지』「지리지」라고 하였다. 여기에는 고토수복 의지가 있으며 연구자료 측면에서는 이종휘와 이익의 영향을 받고 그들의 역사지리 인식을 계승하였으며 박주종의 현실적 영토와 문화권에 대한 자각은 근대 민족주의 지식인들이 갖고 있었던 민족의식의 사상적 원형을 보여주는 것이라고 하였다. 이럴 경우 박주종과 신채호와의 관계를 구명할 필요가 생긴다. 또 이익은 북벌 반대론자이므로 이익을 박주종과 고토회복의식의 면에서 연결시키는 것은 문제가 있다.

제5장 제3절『동환록』에 나타난 윤정기의 역사지리 인식에서는 윤정기의『동환록』이 기본적으로 정약용의 견해를 사전식으로 재편한 것, 즉 내용적으로 조술하는 데에 대부분의 지면을 할애했다고 하였다. 이리하여 조선중기 역사지리학 이래 상고사의 무대를 요동 일원으로 확대하여 보려는 견해에 비판적이었으며 이것은 만주족과는 다른 민족적 정체성을 확인하려는 의도와 관련이 있다고 하였다. 이상 박인호의 연구에 의하여 조선후기 역사지리학의 전모는 대략 밝혀지게 되었다.

한편 박인호『조선시기 역사가와 역사지리 인식』의 결론 부분에서는 지금까지 한국 근대 역사학의 성립을 단절적 측면에서 이해하는 경우가 많았으나 조선후기 역사지리학은 학문적으로 독립성과 전문성을 갖고 실증적인 연구방법을 구사함으로써 학파적 전승관계를 계속 이어감으로써 그 연구 성과가 근대적 학문으로의 가교 역할을 했다고 평가하였다. 이 점은 대체로 타당한 지적이라고 생각되며 앞으로 우리가 근대 역사학에서의 지리인식을 연구하는 지침이 될 수 있을 것이다.

하지만 조선후기의 역사지리의 두 흐름, 즉 만주 요동 지역으로 우리 상고
사를 확장해서 보려는 견해와 한반도 중심으로 이해하는 견해가 각기 근대
역사학의 여러 흐름과 어떻게 연결되는가, 조선후기에서의 이러한 두 흐름
의 대립은 근대 역사학에서는 어떠한 대립의 형태로 나타나는가에 대한 설
명을 개략적·시론적으로라도 하였더라면 좀더 좋았을 것이라고 생각된다.
필자의 생각을 말하면 정약용의 입장은 문헌고증학자(실증사학자)에게 계승
되었고 만주 확대론자의 입장은 신채호·정인보 이른바 민족주의 역사학자들
에게 계승되었다. 신채호 등 민족주의 역사학자들은 정약용의 역사지리 인
식에 대하여 대체로 비판적이었다.

또 박인호의 위 저서에서의 결론 부분에서의 언급은 조선후기 역사지리학
의 내재적 발전과 그에 기초한 우리 근대 역사학의 성립이라는 도식으로 보
인다. 그러나 우리 근대 역사학의 발전에 내적 요소만이 아니라 일본 및 중국
(양계초)을 통해 도입된 서구 문헌고증학의 영향을 부정할 수는 없다고 생각
한다. 아직도 위 저서는 실학 - 개화사상 - 민족주의라는 사상사의 내재적 발
전이라는 큰 틀 속에서 조선후기 이래 근대까지의 우리 사학사를 이해하고
또 이런 사학사의 이해 틀 속에서 역사지리학의 전개·발전을 이해하려는 것
이 아닌가, 또 조선후기 고토회복론과 일제시기 민족주의 역사학을 상대적
으로 선호하는 입장에 서 있는 것이 아닌가 하는 염려가 들기도 한다. 사실
현재 21세기 우리 역사학의 새로운 정립을 위해서는 20세기의 민족주의적
역사인식은 지금 적극적인 비판과 극복의 대상이 되어야 하기 때문이다.

다음으로 송기호의 「유득공의 발해고와 성해응」(『조선의 정치와 사회』, 집문
당, 2002)에 대하여 살펴보기로 한다. 이 논문에서는 유득공의 『발해고』에는
1권본과 4권본이 있다는 새로운 사실을 밝히고, 4권본에서는 東京 등의 위치
비정에서 『요사』, 「지리지」와 『청일통지』의 오류를 모두 극복하였으며 성해
응의 지리 고증은 세부적으로 유득공과 다른 점이 있으나 큰 틀에서는 같다
고 하면서 이 두 사람은 다음 단계 정약용·한진서의 발해 지리 고증에 징검
다리 역할을 했다고 하였다. 유득공의 4권본을 검토함으로써 유득공과 정약
용·한진서의 지리 비정을 상호 대립적으로 보던 견해를 벗어날 수 있게 해준

점에서 주목된다고 하겠다. 정약용과 한진서의 상호 영향 관계, 한진서와 유득공의 관계는 현재 어느 정도 인정할 수 있다. 유득공과 정약용의 관계, 동시기 홍석주의 『東史世家』는 어떤 관련이 있는지 하는 문제에 대한 검토, 그리고 발해 지리 비정과 관련된 정확한 인식이 고구려와 발해의 관계, 한국사에서의 발해사의 위치 설정에 어떤 의미가 있는지 등에 대한 검토도 필요하다고 하겠다.

양보경의 「조선후기 하천 중심의 국토인식 ― 대동수경, 산수심원기, 산행일기를 중심으로」는 「정약용의 지리인식 ― 대동수경을 중심으로」(≪정신문화연구≫ 20-2, 1997)을 수정·보완한 것이다. 이 글에서는 수정·보완된 것을 자료로 이용하기로 한다. 이 논문에서는 우리나라 하천에 대한 정약용의 인식을 지리서 편찬의 꿈과 『대동수경』, 『대동수경』과 「산수심원기」·「산행일기」, 하천 중심의 국토 인식체계로 나누어 살핀 다음, 정약용의 『대동수경』·「산수심원기」·「산행일기」 등이 지니는 의의는 강을 중심으로 하여 국토의 공간 구조를 살피는 지리적 사고이며 이것은 18세기 이후 상공업의 발달과 유통경제의 확대, 지역 간의 교류 증대라는 사회경제적 변화를 반영한 것이며 사회구조와 공간구조가 상호 연관성을 지니고 있음을 파악한 것이라고 할 수 있다고 하였다. 이 논문에서 하천의 위치 비정과 역사지리학에서의 위치 비정과의 관련성을 고찰하지 않은 점이 아쉽다.

이상에 언급된 논고들 외에 역사지리학의 최근 조선후기 역사지리학과 관련된 연구로 원유한의 「한백겸의 東國地理誌 성립 배경과 성격」(≪국사관논총≫ 93, 2000), 轟博志의 「大東地志에 나타난 東南至平海三大路의 경로 비정」(≪문화역사지리≫ 16, 2002), 정재영의 「東興備考의 지명고찰」(≪영남학≫ 2, 경북대 영남문화연구원, 2002) 및 선석열의 「東興備考의 역사학적 고찰」(≪영남학≫, 2002)이 있다.

7) 관찬 사서

관찬사서를 다룬 연구로는 다음과 같은 논문이 있다.

고병익. 1995, 「東亞諸國에서의 實錄의 편찬」, ≪학술원논문집≫(인문사회과학) 34.
김경수. 1998, 「인조실록 편찬 과정과 편찬관」, ≪충북사학≫ 10.
김기태. 2000, 「강화도 정족산사고의 보존경위에 관한 고찰」, ≪기전문화연구≫ 28, 인천교육대학교.
양태진. 2002, 「실록 속의 허목」, ≪미수연구논문집≫ 1.
이영춘. 2003, 「조선시대 관찬사료의 정리 실태와 전망」, ≪국학연구≫ 2, 한국국학 진흥원.
최연식. 2003, 「숙종초 현종대왕실록의 편찬과 현종대왕실록편찬청의궤」, ≪한국학 보≫ 111.
오항녕. 2003, 「선조실록 수정고」, ≪한국사연구≫ 123.

　고병익의 「東亞諸國에서의 實錄의 편찬」은 唐代의 실록들, 고대 일본의 실록, 중국 明朝의 실록, 朝鮮王朝實錄, 淸朝의 실록, 越南의 大南寔錄을 다루었다. 즉, 동아시아 한·중·일 삼국은 물론, 월남의 실록까지 다루어 동아시아 한자문화권에 있었던 실록을 전체적으로 살피고 상호 비교한 논문이다. 동아시아의 여러 실록 가운데 조선왕조실록이 가장 자세한 기술을 담고 있고, 明朝 실록이 그 다음이며, 월남의 실록은 내용이 허술하며 엄밀성에서도 떨어진다고 하였다. 또 실록이 근세로 내려올수록 사료적 가치가 떨어진다는 점을 淸朝 실록이나 조선의 고종·순종실록을 예로 들어 설명하였다. 또 실록의 사체에 대하여 기본적으로 편년체이면서 기전체적 요소도 갖고 있어 인물의 전기가 들어 있고 세종실록 같은 경우는 志까지 갖추어 기전체와 거의 같게 되었다고 하였다.

　이 논문은 앞으로 조선왕조실록이 동아시아 실록들 전체 속에서 어떠한 위치를 점하는지 연구하는 데 출발점이 되는 연구라고 하겠다. 다만 고려왕조실록과 唐代 실록들과의 관계, 고려왕조실록 및 明朝 실록 및 그 편찬 방식이 조선왕조실록 편찬에 미친 영향 등에 대하여도 언급하였더라면 후학들에게 더 도움이 되었을 것이다.

　김경수의 「인조실록 편찬 과정과 편찬관」은 인조실록의 편찬과정을 고찰하여 앞으로 조선전기와 조선후기 각 군주의 실록의 편찬 과정을 하나하나 살피는 데 길잡이가 될 수 있는 논문으로 생각된다. 김기태의 「강화도 정족산사고의 보존경위에 관한 고찰」은 조선후기 사고에서 어떻게 실록 등의 자료를 보존하였는지 살펴 이 역시 앞으로 조선후기 각 사고에서의 보존 경위를 살피는 데 지침이 될 수 있는 논문으로 여겨진다. 양태진의 「실록 속의 허목」은 실록 속의 기사를 통해 허목에 고찰한 것이다. 앞으로 정치적이나 사상적으로 중요한 인물에 대하여 연구할 때 개인 문집만이 아니라 실록 등 연대기의 관련 자료를 빠짐없이 조사하는 방법이 필요할 것이다.

다음으로 오항녕의 「선조실록 수정고」에서는 선조실록 수정의 과정에 대하여 선조실록 수정 시말을 수정 논의의 배경과 전개, 수정에 대한 인식과 방법론의 대립, 선조수정실록의 완성으로 나누어 살펴보고 수정본의 체제와 범례에 대하여는 朱墨史의 원용, 수정강령과 범례로 나누어 정리한 다음, 기사의 수보과 사론의 수정 내용을 살펴보았다. 보완된 내용은 의병활동, 수군활동, 민간동향 등이며 인물평을 주로 한 사론의 경우 대북계 소수 인물을 제외하면 당색에 관계없이 폄하하였던 원래 선조실록의 기사를 수정실록에서는 비판적으로 수정하였으며 원래의 선조실록의 사론에 나타난 편향성은 광해군대를 주도하였던 대북세력이 다른 학파나 정치세력에 대해 배타적이었던 만큼 고립되어가고 있었음을 반증하는 것이라고 하였다.

실록의 자료적 편향성에 대한 위와 같은 지적은 앞으로 실록을 사료로 이용하는 데 주의를 할 수 있게 하는 점에서 매우 중요하다. 하지만 이 논문은 또한 서인계의 입장에 서 있고 '인조반정'을 긍정적으로 평가하는 문제점이 있다고 여겨진다. 오늘날 우리도 완전히 객관적 입장이나 중립적 위치에 서는 것은 불가능하지만, 당시 정치 투쟁에 좀더 거리를 두고 초연한 입장에서 접근하는 것이 필요하다고 생각된다.

이영춘의 「조선시대 관찬사료의 정리 실태와 전망」에서는 조선시대 관찬사료의 정리 실태를 살핀 뒤, 관찬사료의 전산정보화 전망에 대하여 언급하였다. 현재까지의 관찬사료의 정리현황과 추후 전산정보화의 방향을 모색하기 위하여는 반드시 참고해야 할 논문으로 생각된다. 최연식의 「숙종초 현종대왕실록의 편찬과 현종대왕실록편찬청의궤」에서는 현종실록의 편찬에 대

하여 편찬 배경, 현종대왕실록편찬청의궤와 현종대왕실록의 편찬 과정으로
나누어 살펴보았다. 의궤를 사료로 사용한 점이 주목된다.

8) 結語

이상에서 1995년부터 현재(2003)까지 최근의 연구 동향을 개략적으로 살펴
보았다. 최근 연구 경향으로 주목되는 점을 다음과 같이 정리할 수 있겠다.
첫째, 조선후기 사학사 전체를 개괄하여 보려는 연구들이 나오기 시작하
였다. 근대성에 집착하는 것에 대한 비판이 부분적으로 나타나고 있지만 아
직도 대체로 일방적으로 근대성, 민족적 성격과 관련, 그리고 근대 역사학
성립의 전제라는 각도에서 보려는 경향이 강하다.
둘째, 조선후기 학자들의 화이관을 전체적으로 검토하는 연구가 나타나기
시작하였으며 화이관을 종족적·지리적·문화적으로 나누어 보려는 관점이
받아들여지기 시작하였다. 아울러 실학자들에서의 화이관의 변화를 일방적
으로 근대민족의식의 발전, 화이관의 극복이라고 보던 관점에 대하여 회의
가 나타났다.
셋째, 조선후기의 역사학의 우리 역사 개별 왕조에 대한 인식의 경우 고려
시대에 대하여 최근 관심이 나타나기 시작하고 여전히 발해사 등에 관심이
있는 것 외에 다른 시대 또는 왕조에 대한 관심이 부진하다. 자신들의 동시대
인 조선시대에 대한 인식은 그들의 개혁사상에 대한 이해와도 관련하여 앞
으로 체계적으로 검토되어야 할 것이다.
넷째, 이익과 정약용을 중심으로 하여 조선후기 역사학의 이론과 방법 문
제에 대하여 비교적 심도 있는 연구가 진행되었으며 조선후기의 역사이론을
오늘에 접목시켜 미래 우리 사학의 방향을 생각하는 관점도 제기되었다.
다섯째, 역사지리학의 연구가 매우 활발하여 이제 조선후기 역사지리학
전개의 개략적 면모가 밝혀지게 되었다. 이것이 같은 시기 역사학의 다른
분야와 어떻게 관련되며 우리 근대 역사학과의 관련을 어떻게 실증적으로
규명해야 할지가 추후의 과제로 남아 있다. 사실 우리 근대 역사학과 조선후

기 역사학을 연결시켜 볼 때, 다른 측면의 단절과 달리, 학문적 측면에서 역사지리학에서 연결관계는 실증적으로 설명될 수 있으리라 여겨지며 조선후기 역사지리학은 지금 현재의 고대사 연구 등에도 도움을 줄 수 있으리라고 생각된다.

　여섯째, 관찬자료를 사학사적으로, 그리고 연구자료라는 측면에서 검토하는 연구가 활발해지고 자료 전산화에의 관심이 나타나고 전산화작업이 일부 진행되었다.

논저 목록(1995~2003)[36]

저서

정진헌. 1995, 「유득공의 역사인식」, 경희대학교 박사학위논문.

박인호. 1996, 『조선후기 역사지리학 연구』, 이회.

　서론
　제1장 문헌비고의 편찬
　제2장 신경준의 동국문헌비고 여지고
　제3장 이만운의 증정문헌비고 여지고
　제4장 증보문헌비고 여지고

양보경. 1997, 「조선시대 읍지의 성격과 지리적 인식에 대한 연구」, 서울대학
　　　교 박사학위논문.

정옥자. 1998, 『조선후기 조선중화사상 연구』, 일지사.

정진헌. 1998, 『실학자 유득공의 고대사 인식』, 신서원.

노태돈. 1998, 『한국사를 통해 본 우리와 세계에 대한 인식』, 풀빛.

한영우. 1999, 『우리 옛지도와 그 아름다움』, 효형.

이상태. 1999, 『한국 고지도 발달사』, 혜안.

강석화. 2000, 『조선후기 함경도와 북방영토의식』, 경세원.

신항수. 2001, 「이익(1681-1763)의 經·史 해석과 현실 인식」, 고려대학교 박사
　　　학위논문.

김용제. 2002, 「하곡 정제두의 사서 경설 연구」, 성균관대학교 박사학위논문.

---

36) 이하 필요하다고 생각되는 경우, 저서와 논문 아래에 목차를 병기하였다.

박인호. 2003,『조선시기 역사가와 역사지리 인식』, 이회.

박인호. 2001,『한국사학사대요』(제3판 수정본, 초판 1996), 이회.

한영우. 2002,『역사학의 역사』, 지식산업사.

山內弘一. 2003,『朝鮮에서 본 華夷思想』, 山川出版社.

　조선에서 화이사상을 생각하는 의미
　천하적 세계인식과 조선
　조선과 연호
　조선의 양반지식인과 화이사상

하우봉. 2002,『조선후기 실학자의 일본관 연구』(초판 1989), 일지사.

　1. 17세기 지식인의 일본관
　2. 18세기 실학자의 일본관
　3. 19세기 실학자의 일본관

논문

고병익. 1995,「東亞諸國에서의 實錄의 편찬」, ≪학술원논문집≫(인문사회과학)
　　　34. (『동아시아 문화사논고』, 서울대출판부, 1997에 재수록)

　1. 서언
　2. 唐代의 실록들
　3. 古代日本의 실록
　4. 明朝의 실록
　5. 朝鮮王朝實錄
　6. 淸朝의 실록
　7. 越南의 大南寔錄

박광용. 1995,「역사서와 역사인식」,『한국역사입문』 2, 풀빛.

양보경. 1995,「조선후기 군현지도의 발달」, ≪문화역사지리≫ 7.

양보경. 1995,「대동여지도를 만들기까지」,『한국사 시민강좌』 16.

윤미길. 1995,「홍만종의 도가사상과 역사의식 ― 순오지를 중심으로」, ≪원광
　　　대논문집≫ 29-1.

정구복. 1995,「사학사에 있어서의 시대구분과 각 시대의 특징」,『한국사시대구
　　　분에 관한 연구』, 정신문화연구원.

정만조. 1995,「연려실기술의 편찬체제에 대한 재고찰」, ≪한국학논총≫ 17, 국
　　　민대학교.

졸고. 1995, 「조선후기 화이관의 전개 — 근대의식의 성장과 관련하여」, 『근대
　　국가와 민족문제』, 지식산업사.

한영우. 1995, 「이수광의 학문과 사상」, ≪한국문화≫ 13.

한영우. 1995, 「고지도 제작의 역사적 배경」, ≪문화역사지리≫ 7.

한명길. 1995, 「대동지지의 정리고에 대하여」, ≪력사과학≫ 1995-2·4.

강세구. 1996, 「안정복의 역사학과 현실개혁사상」, 순암 안정복의 학문과 사상
　　연구, 혜안.

배우성. 1996, 「18세기 전국지리지 편찬과 지리지 인식의 변화」, ≪한국학보≫ 85.

박인호. 1997, 「동국통지 지리지에 나타난 박주종의 역사지리 인식」, 『한국사학
　　사연구』, 나남.

박인호. 1997, 「대동지지 방여총지에 나타난 김정호의 역사지리 인식」, ≪한국
　　학보≫ 89.

배우성. 1997, 「고지도를 통해 본 조선시대의 세계 인식」, ≪진단학보≫ 83.

양보경. 1997, 「정약용의 지리인식 — 대동수경을 중심으로」, ≪정신문화연구≫
　　20-2.

졸고. 1997, 「조선후기 역사학의 발달」, 『한국사의 인식과 역사이론』(김용섭교
　　수정년기념논총), 지식산업사.

김경수. 1998, 「인조실록 편찬과정과 편찬관」, ≪충북사학≫ 10.

김수태. 1998, 「안정복의 대록지」, ≪향토연구≫ 9.

김승필. 1998, 「신증동국여지승람과 선행한 지리지들의 력사지리적관계 자료에
　　대한 간단한 비교고찰」, ≪력사과학≫ 167.

박인호. 1998, 「조선시기 역사지리학의 추이와 특성」, ≪조선사연구≫ 7.

박인호. 1998, 「동환록에 나타난 윤정기의 역사지리 인식」, 『조선시대의 사회와
　　사상』.

박인호. 1998, 「동환록에 나타난 윤정기의 역사지리 인식」, 『조선시대의 사회와
　　사상』.

박인호. 1998, 「중국고금역대연혁지도에 나타난 권구의 역사인식」, ≪조선시대
　　사학보≫ 4.

박인호. 1998, 「명·청대 중국지리서에 나타난 대조선 역사지리 인식 — 조선시
　　기 역사지리 연구의 추이와 관련하여」, ≪경북사학≫ 21.

박인호. 1998, 「조선시기 역사지리학의 추이와 특성」, ≪조선사연구≫ 7.

박인호. 1998, 「송원화동사합편강목의 편찬과 편사정신」(영인본 해제), 『송원화동사합편강목』, 나제문화연구회.

박인호. 1998, 「중국고금역대연혁지도에 나타난 權楪의 역사인식」, ≪조선시대사학보≫ 4.

윤희면. 1998, 「한백겸」, 『한국사 시민강좌』 22.

이상태. 1998, 「고지도를 이용한 18~19세기 서울 모습의 재현」, ≪서울학연구≫ 11.

이장희. 1998, 「조선후기 실학자의 역사인식과 문화이해의 근대적 성향」, ≪인문과학≫ 28, 성균관대학교.

최봉영. 1998, 「조선시대 선비들의 역사의식 ― 성리학적 역사철학의 관점에서」, 『조선시대의 사회와 사상』.

강병수. 1999, 「조선후기 근기남인의 대중국관 연구 ― 성호 이익의 중국사 이해를 중심으로」, ≪국사관논총≫ 86.

김문식. 1999, 「宋史筌에 나타난 이덕무의 역사인식」, ≪한국학논집≫ 33.

배우성. 1999, 「정조시대 동아시아 인식과 해동삼국도」, 『정조시대의 사상과 문화』.

오항녕. 1999, 「성리학적 역사관의 성립: 초월에서 현실로」, ≪조선시대사학보≫ 9.

졸고. 1999, 「유수원의 고려시대 인식 ― 제도에 대한 견해를 중심으로」, ≪실학사상연구≫ 10·11합.

한영우. 1999, 「우리 옛지도의 발달과정」, 『우리 옛지도와 그 아름다움』, 효형.

강복실. 2000, 「선조수정실록과 혼정편록의 관계에 대하여」, ≪력사과학≫ 176.

강세구. 2000, 「순암 안정복의 고려시대 인식」, ≪실학사상연구≫ 14.

강세구. 2000, 「안정복의 역사이론의 전개와 그 성격」, ≪국사관논총≫ 93.

김경수. 2000, 「麗史提綱의 사학사적 고찰」, ≪한국사학사학보≫ 1.

김기태. 2000, 「강화도 정족산사고의 보존경위에 관한 고찰」, ≪기전문화연구≫ 28, 인천교육대학교.

김도환. 2000, 「북벌론과 홍대용의 화이론」, ≪한국사상사학≫ 15.

김문식. 2000, 「18세기 후반 순암 안정복의 기자 인식」, ≪한국실학연구≫ 2.

김준석. 2000,「조선후기 진보적 역사관의 성립 — 유형원의 변법사관」,《국사관논총》 93.

로승민. 2000,「평양지와의 사료적 가치」,《력사과학》 174.

박인호. 2000,「제왕역년통고에 나타난 鄭克後의 역사인식」,《한국사학사학보》 1.

배우성. 2000,「조선후기 실학자들의 국토관과 지역 인식」,《한국사연구》 109.

배우성. 2000,「서구식 세계지도의 조선적 해석 天下圖」,《한국과학사학회지》 22-1.

원유한. 2000,「한백겸의 東國地理誌 성립배경과 성격」,《국사관논총》 93.

졸고. 2000,「유형원의 고려시대 인식 — 제도에 대한 견해를 중심으로」,『한국사의 구조와 전개』(하현강교수정년기념논총).

졸고. 2000,「정약용의 역사이론의 전개와 그 성격」,《국사관논총》 93.

한기범. 2000,「17세기 호서학파의 자기문화 인식」,《충청학연구》 1, 한남대 충청학연구센터.

허륜. 2000,「오주연문장전산고에서 새롭게 보이는 리조실록 및 근대음악 관계 자료에 대한 고찰」,《력사과학》 176.

허륜. 2000,「오주연문장전산고는 1860년대 초에 나온 미완성유고」,《력사과학》 177.

김경수. 2001,「동사강목의 사학사적 고찰」,《한국사학사학보》 3.

김문식. 2001,「송사전에 나타난 이덕무의 역사인식」,『18세기 조선지식인의 문화의식』, 한양대출판부.

김영심·정재훈. 2001,「조선후기 정통론의 수용과 그 변화 — 수산 이종휘 東史를 중심으로」,《한국문화》 26.

김인규. 2001,「王夫之 華夷論에 있어서의 민족주의 성격 — 조선후기 홍대용 화이론과의 비교를 중심으로」,《온지논총》 7.
  1. 머리말
  2. 선산의 학문관
  3. 화이론의 민족주의 성격
  4. 맺음말

박인호. 2001,「조선중기의 역사학」,『한국사학사대요』, 이회. (제3판 수정본 제

3장 제5절)

박인호. 2001, 「조선후기의 역사학」, 『한국사학사대요』, 이회. (제3판 수정본 제
　　　3장 제6절)

신항수. 2001, 「이익의 필법론과 역사인식」, ≪한국사학사학보≫ 4.

이문종. 2001, 「택리지로 본 충청도」, ≪문화역사지리≫ 15.

　　1. 머리말
　　2. 이중환 가문과 충청도와의 관계
　　3. 택리지의 저술시기와 장소
　　4. 택리지 서술 내용
　　5. 요약 및 결론

이승수. 2001, 「옥루몽에 나타난 왕패병용론의 역사적 맥락과 사상적 함의」, ≪한
　　　국학논집≫ 35.

　　1. 문제제기
　　2. 왕패병용론의 연원과 전개
　　3. 17, 18세기 조선의 왕패론
　　4. 옥루몽의 정치적 입지와 지향

최소자. 2001, 「명청대 문헌의 조선 인식」, ≪이화사학연구≫ 28.

　　1. 서
　　2. 朝鮮이라는 의미와 위상
　　3. 明史 조선전의 조선 인식
　　4. 淸史 조선전의 조선 인식
　　5. 결

하우봉. 2001, 「조선후기 실학파의 대외 인식」, 『한국실학의 새로운 탐색』, 경인
　　　문화사.

허태용. 2001, 「17세기 후반 정통론의 강화와 資治通鑑節要의 편찬」, ≪한국사
　　　학사학보≫ 3.

轟博志. 2002, 「大東地志에 나타난 東南至平海三大路의 경로 비정」, ≪문화역
　　　사지리≫ 16.

김순희. 2002, 「吳澐의 東史纂要의 서지학적 연구」, ≪서지학연구≫ 24.

김호종. 2002, 「16세기 말 유성룡의 역사인식 ― 讀史蠡測을 중심으로」, ≪역사
　　　교육논집≫ 29.

박인호. 2002, 「발해고에 나타난 유득공의 역사지리 인식」, ≪한국사학사학보≫ 6.

박인호. 2002,「海東繹史續 지리고에 나타난 한진서의 역사지리 인식」,≪조선
　　사연구≫ 11.

박희병. 2002,「淺見絅齋와 홍대용 — 중화적 화이론의 해체 양상과 그 의미」,
　　『대동문화연구』40.

선석열. 2002,「東興備考의 역사학적 고찰」,≪영남학≫ 2, 경북대 영남문화연
　　구원.

송기호. 2002,「유득공의 발해고와 성해응」,『조선의 정치와 사회』, 집문당.

신항수. 2002,「경전 해석을 통해 본 이익의 王覇 인식」,≪한국사상사학≫ 19.
　　1. 이익의 경전해석 방식
　　2. 이익의 경서 해석과 王覇 문제
　　3. 공리와 의리의 문제
　　4. 義와 利의 해석
　　맺음말

양태진. 2002,「실록 속의 허목」,≪미수연구논문집≫ 1.

임세권. 2002,「조선시대 금석학 연구의 실태」,≪국학연구≫ 1.
　　1. 글머리에
　　2. 비행당집고첩과 16세기 이전의 금석에서의 관심
　　3. 금석청완과 대동금석서로 보는 17세기의 금석학
　　4. 김재로의 금석론과 18세기 금석문 수집의 열기
　　5. 금석과안록과 삼한금석록
　　6. 글을 맺으며

정재영. 2002,「東興備考의 지명고찰」,≪영남학≫ 2, 경북대 영남문화연구원.

정창렬. 2002,「이익의 역사이론에 관한 연구」,≪한국학논집≫ 36.
　　1. 머리말
　　2. 以小事大와 尊王攘夷
　　3. 천하관 —정통론과 화이론
　　4. 時勢와 幸會와 是非
　　5. 乘勢와 造命
　　6. 맺음말

차장섭. 2002,「조선후기 — 한국역사학계의 회고와 전망 2000~2002」,≪역사
　　학보≫ 175. (제7장 사학사 연구의 현황과 과제)

한영우. 2002,「조선시대의 역사서술」(제2부 제2장),『역사학의 역사』, 지식산업사.

박인호. 2003,「여사제강 공양왕기의 산삭과 그 정치적 함의」,≪한국사학사학

보≫ 7.

1. 머리말
2. 여사제강의 간행과 송시열
 (1) 초판본 여사제강의 편찬과 간행
 (2) 공양왕기의 산삭과 개판본
3. 공양왕기를 둘러싼 정치적 논의
 (1) 산삭된 공양왕기 내용
 (2) 공양왕기를 둘러싼 논의와 그 정치적 함의
4. 맺음말

이동린. 2003,「허목의 춘추재이론에 나타난 漢學的 경향」,≪한국사론≫ 49, 서
    울대학교.

머리말
1. 遇災修省論의 전개 과정
2. 허목의 춘추 인식과 춘추재이의 학문경향
맺음말

오항녕. 2003,「선조실록 수정고」,≪한국사연구≫ 123.

1. 머리말
2. 선조실록 수정 시말
 1) 수정 논의의 배경과 전개
 2) 수정에 대한 인식과 방법론의 대립
 3) 선조수정실록의 완성
3. 수정본의 체제와 범례
 1) 朱墨史의 원용
 2) 수정강령과 범례
4. 기사의 보완과 수정
 1) 기사의 수보
 2) 기사의 수정
5. 맺음말

이영춘. 2003,「조선시대 관찬사료의 정리 실태와 전망」,≪국학연구≫ 2, 한국
    국학진흥원.

1. 서설
2. 조선시대 관찬사료의 정리 현황
3. 관찬사료의 전산정보화 전망
4. 결어

졸고. 2003,「주회와 이익의 역사이론 비교」,≪한국사연구≫ 122.

최성환. 2003,「영·정조대 안정복의 학문과 동사강목 편찬」, ≪한국학보≫ 110.
최연식. 2003,「숙종초 현종대왕실록의 편찬과 현종대왕실록편찬청의궤」, ≪한
    국학보≫ 111.

제2부

實學의 高麗時代 認識

— 制度에 대한 견해를 중심으로

제3장 柳馨遠의 高麗時代 認識

1. 序言

柳馨遠은 중국과 우리나라 歷代 制度에 대하여 깊이 연구하였다. 이것은 그의 개혁사상을 전개하기 위한 기초 작업이었다. 따라서 역대 제도 가운데 동시대인 朝鮮時代의 制度에 대하여 가장 깊이 연구를 진행하였다. 그러나 이에 앞서 그는 高麗時代의 制度에 대하여도 비교적 깊이 있는 연구를 행하였다. 이것은 고려시대 제도의 문제점이 조선시대에도 그대로 연결되고 있다고 생각하였기 때문이었다. 또 고려시대 제도에 대한 자료가 앞선 시기에 비해 상대적으로 잘 남아 있었던 것도 비교적 충실한 연구가 이루어질 수 있었던 要因으로 생각된다.[1]

실학자들의 우리나라 역대 제도 인식에 대한 연구는 그들의 改革思想을 이해하는 데 도움을 줄 수 있으며 조선후기 역사학의 발전 과정을 이해하기

---

[1] 유형원의 역사인식에 대한 기존의 연구로는 다음의 논고가 있다.
박인호, 「유형원의 동국지리지에 대한 일고찰」, ≪청계사학≫ 6, 1990.; 양보경, 「반계 유형원의 지리사상」, 『문화지리역사』 4, 1990.; 김준석, 「유형원의 역사이론의 전개와 그 성격」, 『조선후기 역사이론의 전개와 그 성격』(제25회 한국사 학술세미나), 국사편찬위원회, 1999.10.
위 논문들 가운데 박인호와 양보경의 것은 유형원의 역사지리 인식에 대한 것이다. 중국과 한국의 역대 제도에 대한 유형원의 인식에 관하여는 김준석의 논문 가운데 제2장 『반계수록』의 이념과 前史 인식 제2절 고려·조선·중국 前史의 인식과 政制의 연구에서 처음으로 정리되었다. 그러나 유형원의 역사이론과 인식의 전체를 다루는 일환으로 언급되어 간단하게 되어 있다.

위하여도 필요한 작업이다.[2] 또 이에 대한 연구는 오늘날 우리들이 우리나라 歷代 制度를 연구하는 데에 어떤 지침이나 도움을 줄 수 있다고 생각된다. 이 글에서는 유형원의 우리나라 역대 제도에 대한 인식 가운데 먼저 고려시대에 대한 것을 먼저 살펴보기로 한다.[3]

이를 위한 자료는 『磻溪隨錄』에 수록되어 있다. 『반계수록』에서는 「田制」, 「敎選之制」, 「任官之制」, 「職官之制」 등 제도개혁론을 체계적으로 서술한 다음 그 개혁론의 타당성을 입증하기 위해 각 개혁론 뒤에 攷說을 붙였으며 주로 여기에 중국과 우리나라 역대 제도에 대한 언급이 있다. 그러나 책의 체제로 보아 자료상 문제점이 없지 않다. 이 글에서는 우선 자료상의 문제점을 살펴본 다음 고려시대 여러 제도에 대한 그의 인식을 고찰하고 마지막으로 그의 고려시대 제도에 대한 연구가 그의 제도사 인식에서 차지하는 위치 및 다른 실학자들과의 연관관계, 오늘날 우리에게 갖는 의미에 대하여 생각해보기로 한다.

2. 資料의 檢討

유형원은 32세에 전라도 부안으로 내려가 학문에 전념하며 20년간의 여생을 이곳에서 보냈다. 여기에서 저술한 것이 『磻溪隨錄』이다. 『반계수록』은 그의 생전에는 거의 주목을 받지 못하다가 사후 100년이 지나서야 세상에

---

2) 졸고 「조선후기 역사학의 발달」,[『한국사 인식과 역사이론』(김용섭교수정년기념한국사학논총) 1, 지식산업사, 1997] 가운데 제4장 역사지리학의 전개와 사회경제사연구의 발달 제2절 사회경제사 연구의 발달에서 조선후기 실학자들의 우리나라 사회경제사(제도사) 연구의 흐름을 간략히 정리하였다.

3) 이것은 한편으로는 조선시대 제도에 대한 그의 인식을 살피기 위한 선행 작업이며, 다른 한편으로는 졸고 「유수원의 고려시대 인식」,(≪실학사상연구≫ 10·11합집, 1999)에 연속되는, 실학자를 비롯한 조선후기 학자들의 고려시대 인식에 대한 지속적 연구의 일환이다. 조선후기 학자들의 고려시대 인식에 대한 연구는 이들의 조선시대에 대한 인식을 이해하는 데 도움을 줄 수 있다. 또 이들의 중국 역대의 제도에 대한 인식에 관하여도 연구할 필요가 있다. 이것이 우리나라 제도에 대한 이해와 밀접히 관련되고 그 전제가 되기 때문이다.

알려지고 주목되었다. 1741년에는 승지 梁得中이 영조에게 이 책을 추천하였고 이후 洪啓禧의 청으로 예문관에서 3부를 찍어 史庫에 보관하게 하는 한편 경상도 대구 감영에서 간행하여 신하들에게 배포하도록 하였다. 이리하여 1770년(영조 46)에 이르러 세상에 배포되어 널리 알려지게 되었다. 이때 간행된 것이 26권 13책의 목판본이며 1783년 보유편인 「郡縣制」가 대구 감영에서 간행되었다. 1974년 경인문화사에서 부록 자료를 추가하여 영인되었고 충남대학교에서 1962~1967년 한장경에 의한 번역본이 출간되었으며 북한사회과학원에서도 완역본이 출간되었다. 총 26권 13책으로 이루어진 이 책의 체제를 보면 다음과 같다.[4)]

제1·2권: 田制, 제3·4권: 田制後錄, 제5·6권: 田制攷說, 제7·8권: 田制後錄攷說,
제9·10권: 敎選之制, 제11·12권: 敎選攷說,
제13권: 任官之制, 제14권: 任官攷說,
제15·16권: 職官之制, 제17·18권: 職官攷說,
제19권: 祿制, 제20권: 祿制攷說,
제21권: 兵制, 제22권: 兵制後錄, 제23권: 兵制攷說, 제24권: 兵制後錄攷說,
제25·26권: 續篇: 奴隷, 奴隷攷說, 補遺: 郡縣制

위의 체제에서 보면 전제(및 田制後錄), 교선지제, 임관지제, 직관지제, 녹제, 병제(및 병제후록), 노예(노비)제도를 먼저 제시하고 이들에 대하여 각기 고설을 덧붙이고 있음을 알 수 있다. 앞서 언급한 바와 같이 「전제」, 「교선지제」, 「임관지제」, 「지관지제」, 「녹제」 등에서는 각기 제도에 대한 개혁론이 제시되었고 각각에 대한 고설에서는 이 개혁안의 타당성을 입증하기 위하여 유교 경전과 중국 및 우리나라의 역대 제도에 대하여 고찰하였다.

이러한 『磻溪隨錄』의 저작연대에 대하여 천관우는 처음 연구에서는 늦어도 부안에 내려간 지 6년 뒤인 38세(1659, 현종 즉위년)에 시작하여 43세(현종

---

4) 『수록』이라는 저서의 제목에서도 생각할 수 있듯이 유형원이 반드시 『반계수록』이 완벽한 체제를 갖도록 구상하지 않았을 수도 있다. 이 글에서는 영조 46년(1770) 목판본 『반계수록』 및 1773년 보유편을 합해 간행한 영인본(1982, 명문당)의 것을 자료로 사용하였다. 이 글에서 인용되는 페이지 수는 이 영인본의 것을 따랐다.

4년)까지는 완성된 것으로 추정하였다가 나중에『磻溪先生年譜』에 의거하여
저작연대의 하한선을 50세 때인 현종 11년(1670)에 완성된 것으로 수정·보완
하였다.5) 원래 논문에서의 연대 하한 설정은 호남 전체에서의 대동법 시행이
결정된 것이 현종 4년(43세) 3월이고『반계수록』에서 아직 호남에서 대동법
이 전체적으로는 시행되지 않았다고 하므로 그렇게 추정한 것이다. 천관우
는 대동법이 호남 전체에 시행된 이후에도 유형원이 대동법에 대한 원래 원
고를 수정하지 않았다고 하였다.6) 이런 점에서 보아도『반계수록』이 과연
완성된 저작인가 하는 의심을 갖게 한다. 더욱이『반계수록』은 필사본으로
만 전해지다가 그의 사후 100년이 지나서 영조 때 정부에 의하여 간행되었
다. 정부 간행의 저본이 과연 완벽한 것인지, 그리고 정부의 간행 과정에서
문제 되는 부분의 삭제 또는 수정이 없었는지도 생각해볼 문제이다.『반계수
록』에 대한 필사본이 일부 현존하는 것으로 전해지고 있으므로 앞으로 이를
검토해야 할 필요가 있다.

위와 같은 문제점 때문에『반계수록』의 각 고설에 수록된 고려시대에 대
한 자료가 그가 제시한 각각의 개혁안에 대하여 바로 일 대 일로 대응되는
것은 아니며 각각의 개혁안에 관련되는 고려시대 제도에 대한 언급이 제시
되지 않은 경우가 있다. 고려시대의 경우 이렇게 된 것은 원래 이미 유형원
당시에 고려시대의 제도와 관련된 자료가 적었기 때문이다. 유형원이 고려
시대의 제도에 대하여 주로 이용한 것은『고려사』, 특히 여기에 수록된 여러
「志」이다. 그러나『고려사』에 자료가 남아 있는 경우에도 「고설」에 수록되
지 않은 항목들이 있는 것으로 생각된다.

자료상의 문제점을 구체적으로 살펴보면, 첫째, 職官之制, 즉 관직제도에
대하여 「職官攷說」(상)에서 중국 明나라 관직제도에 대한 언급 뒤에 '尙書中
書省樞密院沿革附'를 기술한 다음 역사적 연혁의 검토를 마치는 것으로 끝

---

5) 천관우, 「반계 유형원 연구」,『근세조선사연구』, 일조각, 1979, 233쪽.
6) 위와 같음. 이 밖에『반계수록』에는 誤字와 같은 문제점이 있는 것으로 보인다.
   우선 인용문을 그 출전과 대조하는 작업이 필요하다. 또『大學衍義補』라든가『通
   典』과 같은 類書를 인용하였을 때 어디까지가 인용인지를 명확히 해야 하며 按說의
   경우 누구의 것인지 분명하게 가려내어야 한다.

났을 뿐, 우리나라 관직제도의 연혁을 설명하는 攷說을 덧붙이지 않았다. 둘째, 任官制度와 관련해서는 고려시대 등 우리나라 제도에 대한 언급이 없다.

한편 고려시대 등 우리나라와 중국의 역대 제도에 대한 언급은 개혁론을 제기한 곳에서도 부분부분 언급되어 있다. 이하에서는『반계수록』에 나타난 고려시대 제도관련 자료를 망라하여 각기 항목별로 나누어 검토하기로 한다.

3. 土地·科擧·官職 制度에 對한 認識

이 글에서는 유형원의 고려시대 제도에 대한 인식 가운데 田制(토지제도), 選擧(과거)제도, 職官(관직)제도에 대하여 다루기로 한다. 이 가운데 먼저 고려시대 전제, 즉 토지제도에 대한 인식을 살펴보기로 하겠다. 유형원은 韓百謙의 箕田遺制說에 근거하여 고려시대에 앞서 우리나라 평양에서 箕子에 의해 殷나라 식의 제도가 실행된 것으로 보았다. 즉, 유형원은 유교 경전에 언급된 토지제도에 대한 논의의 말미에서 다음과 같이 언급하였다.

本國韓氏(百謙) 箕田遺制說 曰 平壤箕子田 在含毬正陽兩門外者 區劃分明 其制 皆爲田字形 田有四口 …… 因以思之 噫 此蓋殷制也 …… 箕子殷人 其劃野分田 宜倣宗國 其與周制不同[7]

한백겸에 따르면 기자의 토지제도는 周나라의 井田制의 井字 구획(9구획)과 달리 田字 구획(4구획)이다. 위에서 이 견해를 유형원은 그대로 받아들였음을 알 수 있다. 유형원이 이 견해를 받아들이는 이유는 우리나라에 이미 기자 때부터 주나라의 정전제에 비견되는 토지분급제도가 존재한 것을 자신이 주장하는 토지개혁의 근거로 삼기 위해서이다. 즉, 우리나라는 원래 기자에 의해 토지분급제도가 있었으므로 자신이 주장하는 토지개혁의 당위성이

---

7)『수록』권 5,「전제고설」상, 11쪽.

강화될 수 있다. 또 주나라와는 다른 田字形 구획에 근거해 자신의 토지개혁
론도 이와 같은 방식으로 주장하였다.[8]

유형원은 기자 이후 삼국, 통일신라의 토지제도에 대하여는 언급하지 않
았다. 「전제고설」에서 중국의 토지제도를 논한 데에 이어 우리나라의 토지
제도를 논할 때 바로 다음과 같이 고려시대의 토지제도에 대한 언급으로 시
작하였다.

> 高麗田制 大抵倣唐制 括墾田數分膏瘠 自文武百官至府兵閑人 莫不科受 身沒並
> 納之於公 唯 府兵年滿二十始受 六十而還 有子係親戚遞田丁[9]

여기에서 보면 유형원은 고려시대의 토지제도를 당나라의 제도, 즉 均田
制를 모방한 것으로 이해하고 있음을 알 수 있다. 그리고 고려는 이 균전제를
실시함으로써 부강할 수 있었다고 보았다.[10] 이것은 토지개혁의 당위성을
주장하기 위한 근거로 언급된 것이라고 할 수 있다.

그러나 유형원은 唐나라와 고려의 균전제는 다음과 같은 폐단이 있다고
보았다.

> 然其法不以地爲主 而以人爲本 故籍丁給田 差科多端 給田之制 不無人多地少 地
> 多人少之弊 旣給之後 又不無今剩後欠 今欠後剩之弊 …… (唐及高麗之制 以人爲
> 本 計丁給田 故有人與田相爲多寡之弊 此雖似相近 而實與古法不相合)[11]

이에 따르면 균전제의 토지분급은 사람(노동력)을 기본으로 한 것이어서
사람은 많은데 땅은 적거나 땅은 많은데 사람은 적은 폐단이 생겨났다고 하

---

8) 한백겸의 箕田論은 정약용에 의해서는 부정되었다. 그는 『경세유표』에서 井字形
   토지 구획에 입각한 정전제 개혁론을 주장하였다. 箕田論 및 이에 대한 이후의 논
   의에 대하여는 다음의 논문이 참고된다.
   박시형, 「기전론 시말」, 조선과학자동맹 편찬, 『이조사회경제사』, 노농사, 1946.
9) 『수록』 권 6, 「전제고설」 하, 118쪽.
10) 唐世均田之制 亦近古意 麗朝用之 以致富强(『수록』 권 1, 「전제」 상, 6쪽)
11) 『수록』 권 1, 「전제」 상, 6쪽.

였다. 유형원의 토지개혁론은 토지를 기본으로 한 것으로 그의 개혁론의 타당성을 주장하기 위해 위와 같은 비판을 한 것이다.

한편 유형원은 균전제에 근거한 고려의 토지제도가 다음과 같이 고려중기 이후 붕괴되는 것으로 이해하였다.

麗史論曰 太祖旣一三韓 首正田制 分給臣民 國有定制 士庶安業 …… 毅明以降 權奸擅國 逮事 胡元 誅求無厭 科斂萬端 戶口日耗 叔季失德 版籍不明 田柴之科 廢 而爲私田勢家世族爭相兼 幷 田連阡陌 標以山川 良民盡入於巨室 而國以陵 夷12)

위의 자료는『고려사』의 논찬인데 이를 비판 없이 그대로 인용한 것은 유형원 이 견해를 그대로 따르고 있는 것으로 볼 수 있다.13) 이에 따르면 고려 의종과 명종 이후 간신의 천단과 원 간섭기 이후의 가렴주구로 전시과가 폐지되고 토지 겸병이 극도로 심해진 것이 된다.

따라서 고려 말 조준 등이 土地改革을 주장한 것에 대하여 다음과 같이 매우 타당한 것이라고 평가하였다.

麗末憲官 趙浚等上書 請復田制曰 …… 國家割膏腴之地 以祿四十二都府 甲士十 萬餘人 其衣糧 器械 皆從田出 故國無良兵之費 卽三代藏兵於農之遺意也 …… 今 按浚等之論 其意未必一 出於公 而其言則實不易之論14)

위와 같은 주장은 자신이 생각하는 토지개혁의 정당성을 뒷받침하기 위한 것이라고 생각된다. 다만 유형원은 고려 말의 과전법 실시 자체에 대하여는 아무런 언급이 없이 바로 이어 조선시대의 田稅제도, 즉 結負制에 대하여 언급하였다.15)

---

12)『수록』권 6,「전제고설」하, 119쪽.
13) 유형원은 다른 곳에서도 다른 사람들의 견해를 많이 인용하고 있으며 그들에 대한 비판이 없는 경우는 대체로 그들의 견해를 그대로 따른 것이다. 즉, 타자의 견해를 인용하여 자신의 견해를 표명한 것이라고 할 수 있다.
14)『수록』권 6,「전제고설」하, 121쪽.

다음으로 유형원은 고려시대 토지제도와 관련하여 田稅, 즉 토지세제도에 대하여 언급하였다. 그는 "又按制田莫善於頃法 莫不善於結法"이라고 하여 전세 제도는 頃畝法이 가장 좋은 것이며 결부법이 가장 나쁜 것이라고 하였다.[16] 그는 결부법에 대하여 다음과 같이 주장하였다.

或者以爲 本國自三韓以來 通用此法 今難容議 是不然嘗觀麗太祖之言曰 泰封王以民從欲 一 頃之田 租稅六石 又朴英規傳云 太祖旣平神劒 賜英規田千頃 則結負之名 似出於其後 又高麗 文宗時所定 量田步數 諸等之廣皆同 而賦稅隨地品有輕重 則地有濶狹之規 必是創於麗氏中葉 以後 非自三韓而然也[17]

즉, 이에 따르면 혹자가 말하듯이 우리나라의 결부제는 三韓 이래 조선시대까지 지속되었던 것이 아니라 고려 중엽 이후 생겨난 것이 된다. 이 역시 결부제를 폐지하고 경무법을 실시해야 된다는 그의 주장을 역사적으로 정당화하기 위한 것이라고 할 수 있다.

고려시대 전세의 비율에 대하여는 고려 초에는 10분의 1이었으나 시대에 따른 변동이 있었으며 자료의 부족으로 확실히 알기가 어렵다고 하였다.

白文寶上箚曰 國田之制 取法於漢 十分稅一耳 (今按 麗時稅法 前後屢變 史無明文今不能詳 然白文寶箚子觀之 其初則以十一爲率耳)[18]

---

15) 이것은 유형원이 과전법 실시가 토지개혁을 수반하지 않은 것에 대하여 불만을 가졌으나 이를 바로 표현하기 어려웠기 때문이 아닌가 추측되기도 한다. 이는 그가 조선의 토지제도를 다룬 서두에서 "國朝田制附 (此書 本以明公田之制 後世私田 則固無可論 唯本國結負之法 有異於中朝頃畝 故附載其得失云)"이라고 한 것(『수록』 권 6, 「전제고설」 하, 111쪽)에서 추정할 수 있다.

16) 『수록』 권 1, 「전제」 상, 12쪽.

17) 『수록』 권 1, 「전제」 상, 12쪽.

18) 『수록』 권 6, 「전제고설」 하, 119쪽. 한편 고려시대 전세와 관련하여서는 다음과 같은 이제현의 주장도 인용하였다. "李齊賢曰 藤文公問井地於孟子 孟子曰仁政必自經界始 …… 三韓之地 非四方舟車之會 無物産之饒 貨殖之利 民生所仰 只在地力 而鴨綠以南 大抵皆山 肥膏不易之田 絶無而僅有也 經界之政 若慢則其利害比之中國相異也 太祖繼新羅衰亂 泰封奢暴之後 萬事草創 日不暇及 止爲口分之法 歷四世 景宗作田柴之科 雖有疏略 亦古者世祿之意 至於九一而助 什一而賦 與夫所以優君子小人 則不可論也 後世屢理之 終於苟而已矣 蓋其初不以經界爲急 撓其源而求流之淸 何可得也 惜

한편 전세제도와 관련해서 우리나라의 화폐제도에 대하여도 '本國貨幣附'
라는 제목으로 체계적으로 정리하였다.[19] 여기에서 고려시대 화폐제도에 대
하여 다음과 같이 언급하였다.

高麗成宗十五年 始令用鐵錢, 穆宗五年 侍中韓彦恭言 使錢禁麤布 駭俗興怨罷之,
肅宗七年 始命行錢 …… 十年王薨而睿宗立 羣臣多言 先朝用錢不便 王曰 錢法
古昔帝王 所以富國便民 非先王貨 息爲之也 …… 然竟罷之[20]

즉, 고려 성종 15년에 처음 鐵錢을 쓰게 하였으며, 목종 5년에 추포 대신
錢을 사용하게 했다가 원망이 일어나 그만두었고, 숙종 7년 錢을 사용하게
했으나, 숙종 10년 그가 서거하고 예종이 등극하자 불편하다는 주장으로 다
시 폐하였다는 것이다.

이렇게 고려시대에 貨幣流通이 실패한 원인에 대하여 유형원은 다음과
같이 언급하였다.

高麗肅宗之不得行 亦有以也 夫泉貨 本以無用易有用 上之所導而流行之者也 不
導其流 焉能 自行 導之行資何也 旣入之復出之之謂也 肅宗不思其本 而徒給宰樞
軍士 設左右酒坊 恃此而 欲其行 則未知所以行者也 苟能御賦稅參半而收之 於祿
賜參半而須之 則不待多言而自然行矣[21]

즉, 그는 고려시대에 화폐유통이 실패한 것은 유통을 위한 방법을 잘 생각
해내지 못하였기 때문이라고 하고 이를 해결할 방안으로 조세 수취에서 절
반을 화폐로 받으며 관리의 祿도 절반을 화폐로 주면 자연히 잘 될 것이라고

乎當時君臣 未有以孟子之言講究法制 啓迪而力行之也"(『수록』 권 6, 「전제고설」 하,
119-120쪽). 이에 따르면 이제현은 고려 초 경종 때에도 미처 10분의 1세를 시행하
지 못한 것으로 생각한 것으로 해석되기도 한다. 다만 유형원이 이 자료를 인용한
것은 전세제도에 대한 관점이라기보다는 토지개혁의 주장의 근거로 삼기 위한 것이
므로 큰 문제는 없다고 생각된다.
19) 『수록』 권 8, 「전제후록고설」 하, 156쪽 이하.
20) 『수록』 권 8, 「전제후록고설」 하, 156쪽.
21) 『수록』 권 8, 「전제후록고설」 하, 157쪽.

하였다. 즉, 고려시대 화폐유통의 실패를 조세 金納化를 위한 자신의 주장을
정당화하기 위한 것으로 이용한 것이다.

한편 조세 수취와 관련하여서 고려시대의 戶籍法에 대하여 다음과 같이
언급하였다.

> 高麗末憲官啓曰 近來戶籍法壞 守令不知其州之戶口 按廉不知一道之戶口 ……
> 鄕吏百姓 流亡四 散 州郡空虛者 戶口不籍之流禍也 願今當量田 審其耕作之田 以
> 所耕多寡定其戶上中下成籍, 又都堂啓曰 舊制戶口必於三年一成籍 近來戶籍法廢
> 願倣舊制施行 其無戶籍者 不許出告身 (按後世 以戶定役 故分爲上中下等戶 若以
> 田出兵 則但明其戶口而已 不必立三等之名也)[22]

여기서 유형원은 고려 말 憲官의 啓에서 호구를 경작 토지의 다과를 기준
으로 상중하 3등으로 나누자고 한 것에 대하여 호구만을 밝히고 3등급을
둘 필요는 없다고 하였다. 그 근거는 역의 부담을 토지에 의거해 지우는 데
두었다. 위에서 보면 고려 말 헌관의 말에 대하여 아무런 비판이 없는 것으로
보아 유형원은 고려 말의 戶等制를 토지소유의 다과를 기준으로 한 3등호제
로 파악한 것으로 이해된다. 다만 고려 중기까지의 호등제에 대하여 그가
어떻게 파악하였지는 알 수 없다. 고려 말 호등제에 대한 비판 역시 호등제
폐지를 위한 그의 주장과 연결되어 있다.

한편 전세의 운송과 관련되는 고려시대의 漕運에 대하여 유형원은 다음과
같이 이해하였다.

> 按高麗初 南道水郡 置十二倉以便漕運 其在沿海者十 而本朝只置若干海倉 未知
> 其故 盖麗自 毅明以降 國亂無政 祖宗之制 鮮有不廢 至其季世 倭寇縱橫 劫掠海
> 邑 南道租稅 多從陸路而 運 …… 國初承其弊 沿邑爲墟者 尙多未復 其未盡設海
> 倉者 想亦以此 厥後因循以迄于今[23]

22)『수록』권 3,「전제후록」상, 54-55쪽.
23)『수록』권 3,「전제후록」상, 56쪽.

즉, 고려 초에 南道의 水郡에 12창을 두었는데 의종과 명종 이래 국정이
문란해져 조종의 제도가 거의 다 무너지고 왜구가 해변을 노략질하자 남도
의 조세가 육로를 통해 오게 되었으며 조선 초에 이르러서도 해변의 漕倉을
제대로 회복하지 못한 것이 그대로 유형원 당시에까지 이르게 되었다는 것
이다. 이것은 연해에 조창을 지어야 한다는 주장을 뒷받침하기 위해 제시된
것이다.[24]

끝으로 고려의 조세제도와 관련하여 유형원은 고려시대의 常平倉 제도에
대하여 언급하였다.

> 按高麗時置常平倉于兩京十二牧 以年豊歉行糶糴 民有餘則斂之以輕 民不足則散
> 之以重 …… 而今但京城外 八方無一邑設行者 甚是闕典也 按還上之法 不可謂無
> 益於人 而其益甚微 其害甚巨 …… 言漢常平法也 誠能行之 善無過此[25]

즉, 유형원은 고려시대에는 개경과 평양 외에 12목에 상평창을 두어 물가
를 조절하였는데 조선시대에 서울 외에는 한곳도 상평창이 없는 것은 잘못
이며 還上(환곡)의 법은 이익은 적으나 해는 많다고 하고 상평법을 실시하면
還上의 폐단이 없을 것이라고 하였다. 고려시대에 지방 12목에 상평창이 있
었던 것이 還上 대신 상평창을 두자는 주장의 근거로 사용되었다.

다음으로 고려시대의 選擧, 즉 科擧制度에 대하여 유형원이 어떻게 이해
하였는가 살펴보기로 한다. 우리나라의 과거제도에 대하여 유형원은 「敎選
攷說」(하)에서 '本國選擧制 附'라는 제목 아래 체계적으로 정리하였다. '본국
선거제 부' 서두에서 그는 고려시대 이전의 관리 선발 상황에 대하여 다음과
같이 말하였다.

---

24) 고려시대 조창에 대하여 그 명칭을 유형원 당시의 것과 병기하였으며, 판관 제도
를 둔 것 및 각 조창에서 경창에 운반해와야 하는 기한에 대하여도 언급하였다.
"高麗漕倉(高麗之成宗朝 凡州郡關驛江浦之號不雅者 皆改之 故並著前號而識之) 麗初
南道水郡置十二倉 忠州曰德興 …… 倉置判官 州郡租稅 各以附近輸諸倉 翌年二月漕
運 近地限四月 遠地限五月 畢輸京倉"(『수록』 권 3, 「전제후록」 상, 56쪽)
25) 『수록』 권 3, 「전제후록」 상, 76-77쪽.

按本國在箕子設敎八條之時 其選衆用賢 必有簡實之法 而上焉無徵 逮至三國 日
事侵爭 荒蒙 無足論 然其大槩 選人以騎射 用人以才略戰功 新羅幷合後 至元聖王
始定讀書出身之法26)

이에 따르면 우리나라에는 기자가 八條法禁을 실시하였을 때 이미 관리선
발 방법이 있었을 것이나 증거할 자료가 없으며 삼국시대에는 족히 말할 만
한 것이 없으나 騎射와 才略, 戰功으로 선발하였을 것이고, 통일신라 원성왕
때에 이르러 독서출신의 법(독서삼품과)을 실시했다고 하였다.
이어 고려시대 과거제도에 대하여 다음과 같이 언급하였다.

高麗太祖 首建學校 而未有科擧之制 光宗用雙冀言 …… 始以科擧選士 自是文風
稍興 而倡以浮 華之文 遂成弊習 其法大抵倣唐制有製述(或稱進士)明經二科 ……
其進士則試以詩賦頌及時務策 而所常用者詩賦 明經則以易書詩春秋等 皆用帖括
口問 …… 其設場或比年或間歲 未有定期 其取士無定額 中世以前 或七八人 或十
餘人 仁宗以後 或取三十七八人 或二十八九人 而例多取 三十三人27)

여기서 유형원은 고려 건국 초에는 학교만이 설립되었고 과거제도는 없었
으나 광종 때에 쌍기의 진언에 의해 문장 시험을 위주로 한 당나라 과거제를
모방한 進士와 明經의 과거제도가 실시되어 문풍이 점차 일어나게 되었지만
浮華한 문장의 폐습도 이에 기인한 것으로 이해하였다. 아울러 고려시대에
는 과거 시행이 정기적이지 않고 선발 인원도 일정하지 않았다고 하였다.
이러한 초기의 과거제도에 대하여 유형원은 다음과 같이 고려후기에 여러
차례 개혁 논의 또는 개혁 조치가 행해졌다고 하였다.

忠肅王時 李齊賢朴孝修典擧 奏革詩賦用策問 然以後亦不能行, 恭愍王時 始用元
朝鄕試會試殿試之制 定爲常式(前此或有親試 而無殿試常制 ○ 辛禑時李穡知貢
擧 復用策問 令擧子未二十自不許赴擧 然徒有其法而不能行)28)

---

26)『수록』 권 20, 「교선고설」 하, 246쪽.
27)『수록』 권 20, 「교선고설」 하, 246-247쪽.
28)『수록』 권 20, 「교선고설」 하, 247쪽.

○ 又有所謂國子監試者 德宗時始置 稱進士試(其後或稱成均試) 試以詩賦 忠宣王
廢之 忠肅王 以九齋朔試代之 旣而稱擧子試 恭愍王謂 監試所取 例皆童蒙 非經明
行修之士 無益國家 罷之 …… 又有陞補詩 毅宗始置 稱生員試 試以詩賦經義29)

이에 따르면 충숙왕 때에 이제현 등이 과거과목으로 詩賦 대신 策問을
하자고 건의하였으나 시행되지 못하였고 공민왕 때 원나라 과거제도에 따라
鄕試, 會試, 殿試가 항구적인 제도가 되었으며 우왕 때에 이색이 다시 과거
과목으로 책문을 사용하고 20세 미만인 자는 과거에 응시하지 못하게 하였
으나 그 법만 있을 뿐 시행되지는 못하였다고 하였다. 아울러 고려에는 덕종
때에 시작된 國子監試가 있어 詩賦로 시험하였으나 충선왕 때 폐지되었다가
충숙왕 때 구재삭시로 대체되었으며 이윽고 擧子試라고 칭해졌는데 공민왕
이 합격자가 모두 연소자로서 經明行修의 선비가 아니어 국가에 도움이 없
다고 하고서 폐지했다고 하였다. 또 陞補試가 의종 때 실시되어 생원시라
칭해졌는데 詩賦와 經義로 시험했다고 하였다.

유형원은 위와 같이 고려의 과거제도가 문장을 위주로 하여 이것이 부화
한 문풍을 만드는 원인이 된 것으로 이해하였다. 이런 그의 고려시대 과거제
에 대한 인식은 그의 조선시대 과거제에 대한 비판과 직결된다. 즉, 그는 "本
朝科目 大抵仍高麗之制 試以論表(或賦)策 …… 明經則訟四書三經"30)이라
고 하여 조선의 과거제도가 고려의 제도를 답습하여 문장을 중시하고 明經
科는 단지 四書三經을 암송하는 것이라고 하였다. 조선의 과거제도에 대한
이런 비판은 과거제를 폐지하고 학교를 통한 추천제로 가자는 그의 개혁론
의 근거가 된다.

한편 유형원은 고려 말 무과 시행에 대하여 다음과 같이 언급하였다.

恭讓王時 都評議使司奏 本朝只取文科 不取武科 …… 請以戊寅己亥年設武科 其
試取給牌 一如 文科矣 試以諸家兵書及武藝 取三十三人 永爲定式 武科自此始31)

29)『수록』권 20,「교선고설」하, 247쪽.
30)『수록』권 20,「교선고설」하, 247쪽.
31)『수록』권 20,「교선고설」하, 247쪽.

즉, 유형원은 고려조에는 원래 文科만 있고 武科는 없다가 고려 말 공양왕 때에 그 試取와 給牌를 문과와 같이 항구적인 법식으로 하자는 都評議使司의 상주에 따라 시작된 것으로 이해하였다.

다음으로 고려시대 官職制度에 대한 그의 인식에 대하여 살펴보기로 한다. 유형원은 "設官分土 乃經理天下之大綱大紀也"[32]라고 하여 관직제도를 토지제도와 더불어 천하를 다스리는 대강령으로 이해하였다. 또 "按古者設官分職 各專其任而已"라고 하여[33] 관직제도의 이념은 각기 그 임무를 전담하는 데 있다고 하였다. 그리고 이런 전담제도가 다음과 같이 점차 겸직제도로 바뀌어갔다고 보았다.

兩漢亦未聞有兼職之事 自唐以來 始有兼領 宋因五代之弊諸司例多兼職 官紀紊亂 莫極於此 至於本國官制 則大抵倣宋以後而爲之 以故大典職官 書以他官兼者 十居六七 所以今日官無責 任之弊 至於斯也 苟泝古今而觀其效驗 則其可法可監者 當自見矣[34]

즉 漢나라 때까지는 전담제도가 유지되었으나 唐나라 이후 겸직제도가 생겨나기 시작하여 宋나라 때 극도에 이르렀는데 우리나라 관제가 대체로 송나라 이후의 제도를 모방한 것이어서 『경국대전』의 10중 6~7이 겸직으로 되어 있다고 하였다. 아울러 유형원은 조선후기 당시 관리가 무책임하게 된 폐단이 바로 여기에서 기인한다고 하였다. 이것 역시 겸직 제도를 철폐하려는 그의 개혁안을 뒷받침하기 위한 것이다.

유형원은 전제와 敎選之制에 대하여는 역대 중국에서의 변혁의 추이를 설명한 뒤에 攷說을 두어 우리나라 제도 변혁의 추이를 설명하였다. 그러나 앞서 언급한 바와 같이 職官之制, 즉 관직제도에 대하여는 「職官攷說」(상)에서 중국 明나라 관직제도에 대한 언급 뒤에 '尙書中書省樞密院沿革附'를 기술하고 역사적 연혁의 검토를 마치는 것으로 끝났을 뿐, 우리나라 관직제도

---

32) 『수록』 권 17, 「직관고설」 상, 338쪽.
33) 『수록』 권 16, 「직관지제」 하, 320쪽.
34) 『수록』 권 16, 「직관지제」 하, 320쪽.

의 연혁을 설명하는 攷說을 덧붙이지 않았다. 「직관고설」(하)에서는 바로 '外官'으로 시작하였다. 이 부분에 어떤 자료상의 누락이 있지 않은가 하는 생각이 들기도 한다. 또 「직관고설」(하)에는 外官 외에 官數, 品秩, 封爵, 總論, 吏隷附 등의 항목이 있는데 여기에 대하여도 각 항목과 관련된 우리나라 역대 제도에 대한 언급이 없다. 여기에서도 자료의 누락이 있지 않았는가 하는 생각이 든다.35)

다만 「직관고설」(하)의 말미의 '吏隷附'에서 '高麗顯宗時 定州縣鄕吏'36)라 하고서 각 등급의 邑에 대하여 호장, 부호장 등 향리의 숫자를 기록하였다. 아울러 「직관지제」(하)에서는 조선시대의 병조 宣傳官의 혁파를 말하면서 이것에 대하여 고려 말에 시작된 것을 조선이 잘못 답습한 것이라고 하였다.37) 조선시대 제도의 개혁을 위하여 그 제도의 유래가 된 고려시대 제도의 잘못을 아울러 지적한 것이라고 하겠다.

한편 유형원은 『磻溪隨錄』「補遺篇」에서 郡縣制 改革을 논하였는데, 그 서두에 고려시대 군현제와 관련된 다음과 같은 언급이 있다.

今按 高麗時 以元中書省言 本國官繁民弊 故以梁山郡 倂于密陽 則本國之地小邑多 亦天下 之所知也 然高麗之時 乍合一郡 以塞人責而已 他國以爲言 而本國不知 推而行之 以經邦國 可勝歎哉 倂省之策 正在今日(宋史云 高麗郡邑之小者 或只百家 民居皆茅茨 大止兩椽 覆以瓦者 才十二 則東方殘弊之由 非唯元人言之 宋人亦認之矣 豈可在本國而不自念耶)38)

이에 따르면 元나라 간섭기에 원나라가 고려에 대하여 관직은 많고 인민

---

35) 이것은 원래 우리나라 관직제도에 대한 자료가 남아 있지 않았기 때문이거나 또는 우리나라 관직제도가 중국 송나라 이후의 답습이라고 보았기 때문이라는 생각이 들기도 한다. 그러나 조선시대는 물론, 이전의 시대 가운데 적어도 고려시대에 관한 한 관직제도에 대한 자료가 유형원 당시 남아 있었다.

36) 『수록』 권 18, 「직관고설」 하, 362쪽.

37) "宣傳官當罷之 中國歷代無如此設官者 高麗末始有宣傳消息 本朝因以有之者 宣御命當使以近臣 若傳令急事 則以內禁衛士擇使可也 若形名則本是兵部所掌 尤不當以新出武士主之也"(『수록』 권 16, 「직관지제」 하, 328-329쪽)

38) 『수록』 보유 권 1, 「군현제」, 528쪽.

은 적다고 비판하자 양산군을 밀양군에 합한 일이 있는데 이것은 미봉책에
지나지 않으며 이런 현상은 이미 宋나라에서 알고 있었다는 것이다. 즉, 고려
가 인민에 비해 군현의 숫자가 많은 것을 인민이 피폐하게 된 원인으로 보며
이것이 조선에도 이어진다고 하고서 조선후기 당시 군현제 개혁의 당위성을
주장한 것이다. 이 역시 고려 제도에 대한 이해가 현실 제도의 개혁과 연결되
는 것이라 하겠다.

앞서 인급힌 비와 같이 任官制度와 관련해서는 고려시대 등 우리나라
제도에 대한 언급이 없다. 체제상 불비한 부분이라고 생각된다.

4. 祿俸·軍事·奴婢 制度에 對한 認識

이번 절에서는 고려시대의 祿制(녹봉 제도), 兵制(군사 제도), 奴婢 制度에
대한 유형원의 인식을 고찰하기로 한다. 먼저 고려시대의 녹봉제도에 관한
유형원의 인식이 어떠하였는가에 대하여 살펴보기로 한다. 이에 대하여 유
형원은「祿制攷說」에서 다음과 같이 언급하였다.

> 高麗祿制 (按高麗十五斗爲一石 與中國十斗有異 國朝至今因而不改 鄭麟趾曰 高
> 麗祿俸之制 至文宗始備 以左倉歲入米粟麥 總十三萬九千七百餘石 隨科准給 內
> 而妃主宗室百官 外而三京 州府郡縣 至雜織胥吏工匠 凡有職役者 皆有祿)[39]

여기서는 정인지의 말을 인용하여 고려시대에는 잡직과 서리, 공장에 이
르기까지 직역자는 모두 녹봉이 있었다고 하였다. 조선시대에 향리 등에 대
하여 녹봉이 없고 이것이 부패의 원인이 되었는데 유형원은 이들에게도 녹
봉을 주자는 주장을 하기 위해 고려시대의 사례를 인용한 것이다.

위의 인용문에 이어 유형원은 고려시대 中書尙書令門下侍中 이하 지방의
副將에 이르기까지 각 관직의 歲米, 즉 녹봉을 모두 기록하고 그 뒤에 다시

---

39)『수록』권 20,「녹제고설」, 387쪽.

國朝祿制라 하여 조선시대의 녹봉을 기록하였다.[40] 이것은 고려와 조선의
녹봉을 비교하도록 하기 위한 것인데 고려에 비해 조선의 것이 매우 적다.
고려의 최고 관직자인 중서상서령문하시중의 세미가 400석인 데 비하여 조
선의 최고 관직자인 정일품의 세미가 90석이었고 임진왜란 이후에는 녹봉이
더 줄어 일품이 겨우 60여 석을 받게 되었다고 하였다. 유형원이 고려시대
녹봉의 수치에 대하여 정리한 것은 조선 관직자의 녹봉을 올림으로써 부패
를 막으려는 생각을 뒷받침하기 위한 것이라고 볼 수 있겠다.

다음으로 고려시대의 병제에 대한 유형원의 인식에 대하여 살펴보기로 한
다. 고려시대 병제에 대한 기록은 「병제고설」에서 중국 역대의 병제를 설명
한 뒤에 이어 있다. 그 서두에서 유형원은 다음과 같이 말하였다.

> 高麗兵制 大槩倣唐府兵之制 太祖置六衛 …… 有三十八領 領各千人 令民二十爲
> 兵給田 六十而免還其田 遞子孫親戚連立[41]

이에 따르면 고려의 병제는 대체로 당나라 부병제를 모방한 것으로 民이
나이 20이 되면 토지를 주어 군역을 지게 하고 60이 되어 면하게 되면 그
토지를 환수하여 다시 자손 또는 친척에게 連立하게 한다는 것이다. 이것은
토지개혁을 통하여 민에게 토지를 급여하는 것을 전제로 군역을 지게 하려
는 그의 軍役 개혁안을 역사적으로 뒷받침하려는 것이라고 할 수 있다.

군인에 대한 고려의 토지급여 수량에 대하여는 공민왕의 말을 인용하여
"恭愍王嘗曰 國家以田十七結(按高麗田結 比今結 大小有異) 爲一足丁 古者田
賦之遺法也"라 하여[42] 17결을 준 것으로 이해하였으며, 고려시대 결의 면적
은 조선과 다른 것, 아마도 더 큰 것으로 보았다. 또 "恭愍王嘗曰 …… 凡軍
戶所連立爲人所奪者 許陳告還給 後又曰 近世田制紊亂 兵不得受田 殊實選
軍之意 其復舊制 然皆竟無施行"이라는 구절을 인용하였다.[43] 즉, 17결을 주

---

40) 『수록』권 20, 「녹제고설」, 387-389쪽.
41) 『수록』권 23, 「병제고설」, 453쪽.
42) 『수록』권 23, 「병제고설」, 453쪽.
43) 『수록』권 23, 「병제고설」, 453-454쪽.

는 고려시대의 군사제도가 고려후기 토지제도의 문란과 더불어 붕괴한 것으로 이해한 것이다.[44] 한편 유형원은 고려 병제와 관련하여 고려시대 驛의 제도에 대하여 다음과 같이 관심을 기울였다.

> 右所定驛馬驛吏卒之數 姑爲量擬如此 …… (高麗時驛分爲六等以定丁戶 第一科 七十五丁 …… 第六科七丁 然前朝置驛都數 與卽今有多少 此又宜審思而精量之 也)[45]

즉, 그는 고려시대 驛에 6등급이 있었다고 하고 각 등급에 배당된 丁戶의 숫자를 정리하였다. 이것은 위 인용문에서 보듯이 자신의 개혁안에서 역졸 등의 숫자를 정하는 참고 자료로 삼기 위한 것이었다.

아울러 고려 말 驛 운영의 폐단에 대하여도 다음과 같이 지적하였다.

> 按高麗末 行省巡軍忽赤等 以不緊公事 乘驛橫行 閑散雜流 亦以私事騎私馬 受公 劵 站驛橫行 須索供給 論者謂 參上囚從人 參外囚當身 收所持私馬 各驛定屬 今 內外官司 無不濫乘 至於宦官將校胥吏輩 到底侵剝 須索供給 其弊尤甚 宜令衣此 施行[46]

즉, 고려 말 관리들이 급긴한 공사가 아닌데도 역마를 타거나, 개인 일로 개인의 말을 타면서도 역에 나타나 물자공급을 요구하는 일이 많자 참상관은 그 수행원을 구속하고 참외관의 경우는 그 자신을 구속하자는 의논이 있었다고 하고서 유형원 자신의 시대에 이런 폐단이 극도에 이르렀으므로 이 의논을 따라 시행하자고 주장하였다. 이 역시 고려 말의 폐단과 그 해결책을

---

44) 공양왕 때 헌관의 상소에서는 고려 토지제도와 군사제도가 문란해진 시기가 원 나라 때부터라고 구체적으로 언급하였다. "恭讓王時 憲司上疏曰 本朝四十二都府 盖 唐之府兵衛兵也 契丹虎視天下 太祖絶之而莫敢旁窺者 而軍政得其宜也 …… 又曰 …… 自事元以來 文恬無嬉 禁衛無人 乃增立近侍諸衛 皆設護軍以下官而祿之 於是祖 宗之制 皆爲虛設 而徒費天祿 食四十二都府 五員十將尉正之祿者 非幼弱子弟 卽工商賤 隸 豈祖宗之意哉"(『수록』 권 23, 「병제고설」, 454쪽)
45) 『수록』 권 22, 「병제후록」, 440쪽.
46) 『수록』 권 22, 「병제후록」, 444-445쪽.

근거로 하여 자신의 개혁안을 주장하는 것이라고 하겠다.[47)

한편 고려 병제와 관련하여 유형원은 다음과 같이 고려시대에 兵車가 사용된 것에 주목하였다.

高麗顯宗時 契丹主自將步騎四十萬 氷渡鴨綠江 都統使康兆出通州(今宣川) 以備之分軍爲三 以劒車排陳 丹兵至 合攻之 無不摧靡 宣宗時 西北面兵馬使柳洪 請造兵車藏之龜州 以備不虞 制可 …… 按車之用 大矣[48)

이에 따르면 고려 현종 때 거란의 임금이 직접 군사를 거느리고 쳐들어왔을 때 康兆가 劍車를 사용하여 적을 모두 무찔렀으며, 선종 때에는 귀주에 병거를 배치하여 적의 침략에 대비했다고 하였다. 이 역시 군방을 위해 병거를 사용하자는 유형원 자신의 주장을 역사적으로 뒷받침하려는 것이다.

또 유형원은 고려 병제와 관련하여 水軍에 대하여도 다음과 같이 언급하였다.

恭讓王時 都堂啓曰 召募海邊人民 三丁一戶 定位水軍 諸道濱海之田 不收租稅 以養水軍妻子 從之 按本國舊無水軍 舟師之設 蓋始於此[49)

즉, 고려 말 공양왕 때에 해변의 인민을 3정 1호로 편성하였으며 이것이 우리나라 수군의 기원이 된다는 것이다. 이렇게 고려 말 수군 창설에 주목하는 것은 조선의 수군을 강화하자는 그의 생각과 관련이 있다.

그러나 유형원은 沿海에 鎭堡를 많이 설치하는 것에 대하여는 다음과 같이 반대하였다.

47) 유형원은 위 인용문의 논자의 주장과 유사한 다음과 같은 주장도 인용하였다. "麗季諫官上書曰 …… 願自今州郡庶務 一委巡問按廉 以責其成 雜冗使命 不許發遣 朝廷文字 皆以懸鈴行移 非軍情緊急重事 不給驛馬 非乘驛馬者 不得入諸郡各驛以受廩 給 違者主客皆罷職不敍 使各道巡問按廉 一法朝廷 此制不敢違越 違者痛理之"(『수록』 권 22, 「병제후록」, 445쪽)
48) 『수록』 권 20, 「병제후록」, 433쪽.
49) 『수록』 권 23, 「병제고설」, 454쪽.

高麗時 田祿生 出按全羅道 奏曰 倭寇以來 一道置戍 多至十八所 軍將虐州郡以立
威 役戍卒 以濟私 遂使凋弊逃散 …… 不若罷諸戍 令州郡謹烽火 嚴斥候 以應變
如不得已 當審其要害 省其戍所 則民力舒而軍餉節矣 今按此言深獲利害之實 雖
不得盡罷鎭將 而委諸守令 不可不擇要 害省鎭堡 非唯舒民力節軍餉而已 實固國
禦敵之道也[50]

이에 따르면 고려 말 왜구에 대비하여 鎭堡를 많이 설치하였으나 이것이
민폐가 막심하였다는 것이다. 이런 민폐를 없애기 위해 고려 말 田祿生이
아주 중요한 곳만을 제외하고 여러 진보를 폐지하고서 봉화제도를 잘 마련
하는 것으로 대신하자는 주장을 하였다. 유형원은 바로 자기 시대의 폐단을
시정하기 위해 이것을 언급한 것이다. 자신의 개혁안을 고려 말의 경험과
그 구폐책을 통해 역사적으로 뒷받침하려는 것이라고 할 수 있다.

끝으로 고려시대 제도에 대한 유형원의 인식 가운데 노비제도에 관한 것
을 살펴보기로 한다. 노비제에 대한 언급은 『반계수록』속편(하)의 '奴隷' 항
목에 체계적으로 정리되어 있다. 여기에서 그는 고려시대 노비제도에 대하
여 다음과 같이 언급하였다.

按奴婢之名 本起於罪人 沒入無罪而使爲奴婢 古無此法也 …… 本國奴婢之法 不
問有罪無罪 唯按其世系而百代爲之奴 …… 未知此法何時作俑 而蓋漸盛於高麗
之初(三國以前 雖有奴婢而唯 以犯罪贓益沒入及戰鬪被俘 而似是無世世爲賤之事
麗祖統合時 克敵討叛 多以虜獲給功臣爲奴婢 仍使世世爲奴) 至於本朝 則制法又
驅人入賤 有入無出 故賤者漸多 十居八九 良人漸少 僅存一二[51]

이에 따르면 유형원은 우리나라에서는 삼국 이전에는 노비가 있기는 하였
으나 범죄나 전쟁 포로에 의한 것이었으며 대대로 노비로 삼는 법은 없었던
것으로 생각하였다. 그러다가 王建이 후삼국을 통일할 때 포로를 공신에게
준 것을 세습 노비로 하게 됨에 따라 노비 세습제가 번성하게 되었으며 조선

---

50) 『수록』권 20, 「병제」, 397쪽.
51) 『수록』권 26, 「속편」하, 「노예」, 506쪽.

시대에 이르러 극성을 부리게 되었다는 것이다. 이것 역시 노비세습제 폐지를 주장하는 그의 개혁안을 역사적으로 뒷받침하려는 것이라고 할 수 있다. 한편 유형원은 다음과 같이 고려시대에는 노비에게 토지를 주지 않는 규정이 있었다고 하였다.

麗制雖有賤口不受田之文 非唯理所不當 亦勢所不行者(盖奴婢本是同戶作役之人 而本國外居 別戶者 皆是奴婢故如此)52)

그는 위에 보듯이 노비에게 토지를 주지 않는 것은 이치에도 맞지 않고 형세상으로도 시행할 수 없는 것이라고 하였다. 이것은 노비에게도 토지를 분급해야 한다는 그의 토지개혁론에 따른 것이다. 고려시대의 역사적 사실에 대하여 그의 개혁이념에 입각해 비판한 것이라고 하겠다.

5. 結語

이상에서 고려시대의 제도에 대한 유형원의 인식을 몇 가지 항목으로 나누어 살펴보았다. 그러면 이것이 우리나라 제도사 전반에 대한 그의 인식에서 어떤 위치를 차지하고 있는지 살펴보기로 한다. 그는 고려 이전 우리나라의 제도에 관하여 箕子가 殷나라 식의 토지제도를 평양에 실시하였다는 주장 및 기자가 관리선발제도를 갖고 있었을 것이라는 추정 외에는 거의 언급하지 않고 고려 이전에는 제도가 매우 불비한 것으로 이해하였다. 따라서 그는 우리나라의 제도는 대체로 고려시대부터 갖추어지기 시작한 것으로 이해하였다고 볼 수 있다.

유형원은 이런 고려의 제도를 조선의 제도와 비교하면서 여기에서 나타나는 문제점을 근거로 그의 개혁안을 제기하였다. 토지제도의 경우 고려에 균전제와 같은 토지분급제가 시행된 것이 조선시대에 비하여 고려가 강성한

---

52) 『수록』 권 20, 「병제」, 408쪽.

이유로 보았다. 또 결부제는 고려전기에는 없던 것이 고려중기 이후에 생겨 조선에 계승된 것으로 보았다. 과거제도의 경우는 고려에서 문장을 중시하던 폐단이 조선에 그대로 계승된 것으로 보았다. 관직제도의 경우는 고려와 조선이 송나라 이후의 겸직제도를 답습하여 폐단을 야기하였다고 본 것으로 이해된다.

녹제의 경우는 고려시대의 녹봉이 조선시대에 비해 훨씬 많고 모든 관리에게 준 점에서 조선시대보다 우월한 깃으로 이해하였다. 병제의 경우는 고려시대에는 군역자에게 토지가 분급되었다고 하였으며 과전법에서는 농민에의 토지 분급이 이루어지지 않았다고 생각한 것으로 여겨진다. 노비제의 경우는 고려 초에 세습이 본격적으로 시작되었고 이것이 조선에 들어와 더욱 악화된 것으로 이해하였다. 따라서 조선이 고려보다 나은 점은 없고 고려가 조선보다 나은 점들이 있으므로 유형원은 전반적으로 조선이 고려에 비해 제도적으로 더 나빠진 것으로 생각하였다고 볼 수 있다.

다음으로 고려시대 제도에 대한 인식과 다른 실학자들의 그것과의 관계를 살펴보기로 한다.『반계수록』의 우리나라 제도 연구는 이익, 정약용 등 후대 실학자들의 우리나라 역대 제도에 대한 인식에 영향을 주었으며 그들로 하여금 우리나라 역대 제도를 연구하게 하는 자극제가 되었다. 李瀷의 경우 유형원의『磻溪隨錄』이나 정약용의『경세유표』와 같은 체계적인 저술은 없으나『성호사설』등에서 우리나라의 역대 제도에 대하여 많이 언급하였으며 여기에는 유형원의 영향이 있다. 유수원은『迂書』에서 자신의 개혁론을 전개하기에 앞서 우리나라 역대 제도 전반에 대한 고찰을 행하고 이어 고려시대 여러 제도에 대하여 체계적으로 정리하여 그 문제점을 지적하였다.[53] 유수원이 직접 유형원의『반계수록』을 보기는 어려웠을 것으로 생각되지만 양자 사이에는 상당한 유사점이 느껴진다.[54] 정약용의『경세유표』는 전체 체

53) 졸고,「유수원의 고려시대 인식」참조.
54) 유수원의 출생연도는 1694년이며, 1755년 역모의 혐의로 사형을 당했으며,『迂書』의 집필 완성시기는 1737년으로 추정되고 있다(원유한,「조선후기 화폐운영 개선론의 일면 ―유수원의 현실적 화폐론을 중심으로」,≪역사학보≫ 56, 1972).『반계수록』은 앞서 언급한 바와 1670년이 성립시기이지만, 100년간 필사본으로만 전

제, 발상에 있어서『반계수록』에서 많은 부분을 계승하여 발전시켰다. 특히
개혁론의 타당성을 입증하기 위해 각 개혁론 뒤에 고설을 붙여 해당 분야의
중국과 우리나라 역대 제도를 비교·고찰하는 방식이 그대로 정약용의『經世
遺表』에 계승되었다.

다음으로 고려시대 제도에 대한 유형원의 인식이 오늘날 우리에게 갖는
의미에 대하여 살펴보기로 한다. 위에서 살펴본 고려시대 제도에 대한 인식
을 유형원은 대체로 두 가지로 이용하였다. 하나는 고려시대의 좋은 제도를
근거로 조선후기 당시의 제도를 비판하면서 개혁안의 역사적 근거로 삼는
것이고 다른 하나는 조선시대의 잘못된 제도의 연원을 고려시대에 유래하는
것으로 보면서 양자를 아울러 비판하여 개혁안의 타당성을 주장하는 방식이
었다. 유형원에게 있어서 역사 연구는 그 자체로 그치는 것이 아니라 개혁안
을 뒷받침하는 근거로 삼아야 한다는 매우 실천적인 목표를 갖고 있었다.
이 점에서 우리는 오늘 우리의 역사 연구에 대하여 반성할 점이 있다고 생각
한다.

다음으로 우리의 근대 역사학은 부분적으로 조선후기 실학의 역사학에서
영향을 받았지만 대체로 조선후기까지의 우리의 역사기술방식 또는 역사 연
구와는 단절된 상황에서 발전하여왔다. 우리는 유형원을 포함한 조선후기의
우리 역사학을 고찰함으로써 이러한 단절을 극복할 수 있는 한 방안을 찾을
수 있을 것이다. 특히 실학의 역사학은 우리나라에서의 비판적 역사학의 출
발이라고 할 수 있다. 이 가운데 고려시대 제도 등 우리나라 역대 제도에
대한 연구는 유형원에게서 시작되었다.[55] 이것은 오늘날 우리의 제도 연구

해지다가 1770년 간행되었다. 당색이 소론인 유수원이 기호남인계 학자의 필사본
을 얻어보기는 매우 어려웠을 것이다.
55) 조선후기 고려시대에 대한 연구는 兪棨의『麗史提綱』과 洪汝河의『彙纂麗史』에서
비롯되었다. 그러나 이들은 모두 성리학의 명분론, 정통론의 각도에서 고려시대 역
사를 접근한 것으로 제도에 대한 구체적인 관점은 찾아보기 어렵다(졸고, 1997,「조
선후기 역사학의 발달」,『한국사 인식과 역사이론』, 지식산업사, 13면 이하 참조). 그
러나 유계의『여사제강』의 경우 제도에 대한 언급 자체는 있으며 민생안정의 강조라
든가, 현실개혁에의 관심이 보인다.
한편 유형원에 앞서서 고려시대의 제도를 정리한『고려사』의 여러「志」라든가 정
도전 등 여말선초 학자들의 고려시대 제도에 대한 인식을 어떻게 보아야 할지도 문

에 구체적으로 많은 시사를 줄 수 있을 것으로 생각되며 자료의 한계를 가진
고려시대의 경우 더욱 그럴 것이다.

제이다. 『고려사』의 「志」는 연구라기보다는 자료정리라는 차원에서 볼 수 있다. 다
만 여기서도 撰者의 견해는 별도로 정리할 수가 있을 것이다. 그리고 여말선초 학
자들의 고려시대 제도에 대한 인식은 비판적인 관점에서의 언급이기는 하지만 조선
후기 실학자들만큼 체계화된 연구라고 보기는 어렵다고 생각된다. 그러나 이들 문
제에 대하여는 별도의 검토가 필요하다.

제4장 柳壽垣의 高麗時代 認識

1. 序言

조선후기 실학자들은 중국과 우리나라의 여러 제도의 연혁과 폐단 등을 연구하였다. 이것은 제도 자체에 대한 관심이라기보다는 그들의 개혁사상을 전개하기 위한 기초작업이었다. 실학자들의 우리나라 제도에 대한 연구 가운데 가장 깊고 폭넓게 행해진 것은 물론, 조선시대에 대한 것이었다. 조선시대의 여러 제도는 실학자들이 추구하는 개혁의 대상이 되는 것들이었기 때문이다. 그러나 이와 더불어 고려시대 제도에 대하여도 비교적 깊이 있는 연구를 행하였다. 그것은 고려시대의 여러 제도에 대한 자료가 그 이전 시기보다는 비교적 많이 남아 있었고 고려시대의 여러 제도가 조선시대의 제도 및 그 폐단과 연결된다고 생각하였기 때문이다.

실학자들 가운데 고려시대의 여러 제도를 가장 체계적으로 연구하고 정리한 것은 柳壽垣이다. 유수원은 그의 저서 『迂書』 서두 「論東俗」에서 기자 이래 조선까지 우리나라의 문물·제도를 개괄적으로 논한 뒤 「論麗制」라 하여 고려시대의 여러 제도를 科目, 學校, 田制, 兵制, 官制, 銓注, 門閥, 租稅, 賦役, 奴婢의 항목으로 나누어 자세히 고찰하였다. 이것은 일종의 '高麗時代 制度史研究'라고 할 수 있다. 이 밖에 『迂書』의 다른 곳에서도 제도 개혁 등을 논하는 가운데 고려시대의 제도에 대하여 언급하였다.

유수원에 대한 기존의 연구는 크게 두 가지 측면에서 진행되었다. 하나는 그의 신분관에 대한 것이고 다른 하나는 상업관에 대한 것이다. 신분관에 대하여는 양인 내에서는 사농공상의 차별을 없애려 하였으나 노비제는 긍정하는 良賤 二元의 身分制 社會를 목표로 했다는 견해와[1] 奴婢制 撤廢까지 포함하는 신분제 폐지를 주장하였다는 견해로[2] 나뉜다. 유수원이 양천 이원의 신분제도를 추구하였다는 견해는 그의 개혁사상의 근본적 이념을 고려하지 못한 데에서 기인한 것이다.[3]

商業觀과 관련하여서는 그가 18세기에 대두하던 대상인의 이익을 대변하였으며[4] 상업 중심의 개혁사상을 주장하였다는 견해가 현재 통설로 받아들여지고 있다.[5] 이에 따라 그는 실학자 가운데 상공업 중심의 개혁사상의 선구로서 북학파가 그의 입장을 계승하는 것으로 생각하게 되었다.[6] 유형원,

---

1) 한영우, 「유수원의 신분제 개혁사상」, 《한국사연구》 8, 1972.
2) 한영국, 「농암 유수원의 정치·경제사상」, 《대구사학》 10, 1976.
3) 한영우의 논문은 다시 그의 저서 『조선전기 사회사상연구』(지식산업사, 1983)에 수록되었는데, 여기서 한영우는 자신의 논문의 말미에 추기를 붙여 한영국의 반론에 대해 다시 자신의 견해를 붙였다. 이에 따르면 한영국의 논문이 '유수원의 노비에 대한 동정론을 지나치게 확대 해석하지 않았나 하는 소감'을 피력하면서 유수원은 '양천의 차별을 인정하면서 노비 공역에 주로 관심을 둔' 것이라고 하였다. 또 한영우 자신도 '노비·고공에 의한 불합리한 고역제를 점차적으로 지양'하였다는 점을 언급하였고, 한영국의 논문에서도 '점진적이고도 자연적인 해체 소멸을 지향'했다고 하였으므로 한영국의 견해가 한영우 자신의 견해와 근본적인 차이를 보이는 것은 아니라고 하였다. 그러면서도 한영우는 유수원의 입론은 "어디까지나 노비제 개선에 역점이 두어지고 있다는 사실은 부인되기 어려울 것이다"라고 하였다(앞의 책, 330면). 문제는 유수원이 궁극적으로 노비제를 철폐하려고 하였는가, 그리고 유수원의 개혁사상을 단계적으로 나누어 궁극적 단계에 주목할 것인가 혹은 표면적 개선단계에 중점을 둘 것인가 하는 점이다. 이런 점에서 보면 한영국과 한영우의 견해는 근본적 차이를 보이는 것이라고 생각된다.
4) 강만길, 「조선후기 상업의 문제점─우서의 상업정책 분석」, 《한국사연구》 6, 1971.
5) 이기백, 1990, 『한국사신론』(신수판), 307-310쪽에서는 조선후기 실학을 '농업 중심의 이상국가론'과 '상공업 중심의 부국안민론'으로 나누고, 후자의 대표로 유수원을 들고 있다. 또 고등학교 국정교과서로서 교육부가 간행한 국사편찬위원회 1종도서 연구개발위원회 편, 『고등학교 국사』(하)에서는 조선후기 실학을 '농업 중심의 개혁사상'과 '상공업 중심의 개혁사상'으로 나누어, 후자를 북학파라 하고 유수원이 북학파의 선구적 역할을 했다고 하였다.
6) 앞에서 언급한 논문들 외에 유수원에 관한 논문으로는 다음과 같은 것들이 있다. 원유한, 1972, 「조선후기 화폐 유통 구조 개선론의 일면 ─유수원의 현실적 화폐론

이익, 정약용으로 이어지는 기호남인 계열의 실학파는 농업 중심의 개혁사상으로 이해되어 실학 가운데 개혁사상의 두 흐름이 있다는 견해가 현재 일반적으로 많이 받아들여지고 있다. 이런 견해가 형성된 것은 유수원의 개혁사상을 총체적으로 접근하여 그 전체상을 살피지 못하였기 때문이다.

이 글에서는 위에서 언급한 자료를 토대로 유수원의 고려시대 인식에 대하여 제도에 관한 견해를 중심으로 살펴보기로 한다. 이런 고려시대 제도에 대한 견해는 바로 그의 개혁사상과 직결된 것으로서 여러 제도에 대한 견해를 피력하는 가운데 이와 더불어 그의 개혁 이념을 총체적으로 드러내고 있다. 따라서 우리는 여기에서 유수원의 개혁사상의 근본적 이념과 그 전체상을 살필 수 있다. 또 고려시대 제도에 대한 인식은 조선시대의 여러 제도가 기본적으로 고려시대의 연장선상에 있으며 그에 따라 폐단이 생겨나거나 지속된 것으로 이해하고 있다. 즉, 고려시대 제도의 인식이 조선시대 제도들의 여러 가지 폐단에 대한 인식의 토대가 되며, 조선시대 제도들의 폐단에 대한 인식은 개혁사상 또는 이념의 전제가 되는 것이다.

이 글의 고찰 순서는 우리나라의 역대 제도 전체에 대한 유수원의 견해를 먼저 살핀 뒤 고려시대의 여러 제도에 대한 그의 견해를 살피기로 한다. 이렇게 함으로써 우리나라 역대 제도 전체상에 대한 유수원의 견해 속에서 고려시대 제도에 대한 그의 인식을 자리매김할 수 있을 것이다. 다음으로 고려시대의 역대 제도에 대한 그의 견해를 고찰한다. 여기에서는 여러 제도에 대한 그의 근본적 이념, 고려시대와 조선시대의 제도의 연관성에 대한 견해도 아울러 살펴보기로 한다. 끝으로 결론에서는 위에서 살핀 결과를 토대로 토지문제와 신분제에 관한 유수원의 이념 및 그의 개혁론의 전체적 구조를 살피고 이에 덧붙여 그의 개혁사상의 성격 및 기존 통설에 의한 실학 유형화 타당성과 실학 발전단계에서의 유수원의 위치를 생각해보기로 한다.

을 중심으로」, ≪역사학보≫ 56.; 차장섭, 1998, 「조선후기 실학자의 閥閱論」, ≪조선사연구≫ 7.
이 가운데 차장섭의 논문은 유수원만이 아니라 이익, 정약용, 박제가, 홍대용 등의 벌열론도 다루고 있다.

2. 우리나라 歷代 制度에 대한 전반적 인식

서론에서도 언급하였듯이 우리나라 역대 제도 전반에 대한 유수원의 인식
은『迂書』서두의「論東俗」에 실려 있다. 그는 우리나라의 문물이 箕子에
의해 시작되었으나 그 뒤 오랫동안 夷狄의 상태에 빠져 있었던 것으로 이해
하였다.7) 따라서 고구려, 신라 이전에는 대체로 미개한 상태로서 법제와 문
헌이 볼 만한 것이 없으며 고려에 의한 후삼국 통일 이후에야 국가의 모양이
성립한 것으로 보았다.8) 그리고 우리나라 학문의 시작을 최치원으로 잡으면
서 당나라 말엽 이래 우리나라 사람들이 이에 힘입어 비로소 문자를 알게
되었으나 그는 일개 시인에 불과하여 聖賢들이 서로 이어 만든 제도를 이룩
하는 큰일을 교육하지 못했다고 하였다.9)

이후 고려에 의해 국가의 모양은 성립하였으나 고려 오백 년 동안 인륜이
밝지 못하고 국체가 엄격하지 못하였다고 하였다.10) 또 고려에서 전하는 문
헌으로는 이규보의 시나 여말 선비들의 과거답안 등이 당시까지 전하고 있
으나 국가에는 아무런 도움이 되지 못하였으며 고려에서는 임금과 신하가
술 마시면서 시나 읊조리고 간혹 불교의 글이나 짓는 일을 하였으므로 국가
가 제대로 된 제도를 갖출 수 없었다고 비판하였다.11) 또 고려 태조의『훈요
십조』에 대하여도 풍수지리와 불교의 가르침, 불당이나 탑과 불상 등의 일만
간곡하게 부탁하여 국가 盛衰의 기틀로 삼은 데 불과하였다고 개탄하였
다.12)

---

7)『迂書』권 1,「論東俗」: 箕子東來 雖曰天開左海 然厥後淪胥 入於夷狄
8) 위와 같음: 句麗新羅以前 大抵洪荒之世 法制文獻 誠無可論 高麗統一以後 稍可謂成
立國家貌樣
9) 위와 같음: 崔致遠 …… 唐末以來 東人賴此 始解文字 大抵最初設敎之時 必有聖賢
相繼制作 然後方可成大段事業 而致遠不過一詩人而已
10) 위와 같음: 麗朝立國 五百年 人倫不明 國體不嚴
11) 위와 같음: 所謂文獻者 李奎報輩若干詩律 末葉士人 …… 科製 …… 此何益於國家
…… 大抵麗氏宰相 吟詩飲酒間 或倣禪家文字 君臣上下 以此爲事 此外別無所爲 如此
而能成國家貌樣乎
12) 위와 같음: 所謂祖訓 不過以地理佛法菴堂塔像等事 眷眷遺囑 以爲隆替之機 豈非可
慨之甚也

다만 고려시대 성리학의 수용에 대하여만은 높이 평가하고 조선조의 문교가 이에서 비롯되었다고 보았다. 그러나 이 성리학은 국가의 실제 정치에는 도움이 되지 않았다고 보았다.[13] 성리학에 대한 유수원의 평가는 고려 및 그 이전과 조선조의 관계에 대한 평가와 관련된다. 그는 「論備局」이라는 글에서 기자조선 이래로 조선조의 제도가 가장 좋아서 신라와 고려는 같은 등급이 될 수 없다고 하고서 그 근거를 윤리와 의리가 엄격해지고 상례에서 삼년상을 중국보다 철저히 지키게 된 것, 학문 연구가 깊어진 것, 예의를 잘 지키는 것 등에서 구하고, 조선조가 예의로써 유지된 것은 퇴계의 덕분이라고 하였다.[14]

그러나 곧 이어서 유수원은 이런 예의 같은 것은 국가의 실제 정치에 도움이 되지 않는다고 하였다.[15] 그는 고려의 여러 제도는 대체로 그대로 조선에 이어져 그 폐단이 계속되는 것으로 이해하였다. 이것을 우리는『迂書』의「論本朝政弊」에서 살필 수 있다.

> 우리 왕조 개국 당초에 나랏일을 맡았던 정도전, 조준과 같은 재상들이 또한 큰 식견을 지니지 못하여 여말의 폐정을 대략 바로잡기는 하였으나 토지와 백성을 추쇄하여 원주인에게 돌려준 일로 큰 혜택을 베풀었다고 생각하였고 토지제도를 어설프게 마련하여 국가비용에 지급한 일로 곧 일대 사업을 이루었다고 여겼다. 과거, 관제, 의문, 전례 등을 당나라 제도를 본따 소략하게 이루어놓기는 하였으나 고려의 습속대로 그 비루한 것을 답습하여 그대로 꾸몄다.[16]

이상과 같은 우리 역대의 제도에 대한 유수원의 견해는 전체적으로 다음

---

13) 위와 같음: 第圃牧諸儒 始倡理學 此殆天意 爲我朝文敎開先之兆 而究竟傳不絶之一線 爲士子幸則有之 至於國家實政 亦未見有所得力於此矣
14)『우서』권 1: 箕子以後 我朝制度 大體最善 比之羅麗不可同年而詔 盖倫氣明而分義嚴 以喪制言之 毋論士庶 皆行三年喪 勝於中國短喪 …… 至於經典疑處 亦多有講究修輯者 …… 大抵我朝以禮義維持 …… 無非退溪之力也
15) 위와 같음: 嗚呼 以此而望做國家之實政 難矣
16)『迂書』권 1: 我朝開國之初 當事宰相 如鄭道傳趙浚諸人 亦苦無大見識 略取麗末弊政 有所釐革 推刷田民 各還其主 則便以爲大惠澤 粗成田制 以給國用 則便以爲大事業 科擧官制儀文典禮之類 依倣唐制 草草成立 因循麗俗 襲陋就簡

과 같이 개괄될 수 있겠다. 기자조선 때 문명이 시작되었으나 이후 夷狄의 상태에 빠져 고구려와 신라 때에는 미개하였으며, 고려 때에 조금 나아졌으나 국가제도가 제대로 갖추어지지 못하였고 고려 말 이후 성리학의 수용으로 조선조에 들어와 예의나 학문이 발전되었으나 실제 정치에는 도움이 되지 못하였다.[17] 또 유수원의 견해에 따르면 조선조의 여러 제도가 고려시대 이래의 폐단을 답습하였을 뿐 아니라 더 심해진 측면도 있다. 고려 제도 폐습의 답습과 악화에 대하여는 다음 고려시대의 여러 제도를 살피면서 아울러 고찰하기로 한다.

3. 高麗時代 制度에 대한 認識 1 — 科目, 學校, 田制, 兵制, 官制, 銓注

이번 장에서는 고려시대의 여러 제도에 대한 유수원의 견해 가운데 科目, 學校, 田制, 兵制, 官制, 銓注에 대하여 살펴보기로 한다. 고려시대 科目, 즉 과거의 과목에 대하여 유수원은 당나라 제도를 답습하여 詩賦 등 문학적 측면에 기울어져 있고 明經科의 경우도 帖訟法이라는 단순암기에 지나지 않았으며 이것이 유수원 당시 實學의 폐단을 낳았다고 비판하였다.[18] 여기서 實學이란 오늘날 우리가 말하는 '朝鮮後期 實學'이 아니라 儒家의 입장에서는 비현실적인 佛敎나 道家思想에 대비되는 것으로서의 儒學을 의미하는 것으로 생각된다.[19] 이러한 문학을 숭상하고 중시하는 태도에 대한 비판

---

17) 이런 견해는 『迂書』의 마지막 부분에 다음과 같이 정리되어 있다. "大抵麗制比之 羅 則文則矣 卽今士大夫風氣眼目 比之麗 則又稍彬彬衣 所患者 有本根而尙枝葉 騖虛 明而無實事也"(『迂書』권 10, 「論變通規制利害」)

18) 『迂書』권 1, 「論麗制」, 科目: 高麗光宗 始用雙冀言 設科取人 冀卽中國秀才 附商舶 東來 官至翰林學士者也 其法頗用唐制 以詩賦頌策取士 …… 宋初 亦以此取士 體格最 陋 曾見麗朝詞賦 亦是此體 我朝中古 亦尙四六賦 蓋循麗制也 明經亦襲唐制帖誦之法 流爲卽今 '實學之弊'

19) 『迂書』권 2, 「論學校選補之制」에 "成均館四學 所敎者何事 欲以實學通讀 謂之敎 胄乎"라는 구절이 있다. 여기에 보아도 유수원이 實學을 儒學이라는 뜻으로 사용하

은 그것이 풍속이 허탄해지고 실질적인 것이 없는 결과를 낳게 된다는 관점
에서였다.[20] 또 이것은 鄭仲夫에 의한 무신란을 초래한 원인으로도 설명되
었다.[21]

과거 과목에 대한 비판과 더불어 유수원은 고려시대 과거제도가 五賤, 不
忠孝, 樂工, 皀隷, 工商 등 雜類의 자손에 대해 영원히 과거에 응시하지 못하
게 한 것에 대하여도 비판하였다.[22] 아울러 유수원은 「論學校選補之制」에
서 四學 학생이 응시하여 합격하면 생원시나 진사시에 응시할 자격을 주던
조선시대의 陞補試나 合製 같은 것은 고려시대 이래의 폐습이라고 하였
다.[23]

한편 고려시대의 학교제도에 대하여는 다음과 같이 비판하였다. 학교에서
선비를 선발하는 제도가 없고 이른바 인재선발이라는 것이 계수관으로 하여
금 오언육운 1수를 시험해 합격한 사람을 올려보내 과거에 응시하게 한 것으
로 조선조 초시에 해당하는 것이며 이것이 뒤에 4운 100수를 외면 과거에
응시하도록 하고 또 그 뒤에 1,000자 가운데 100자만 쓸 줄 알면 과거 응시를
허용하는 식이어서 제도상으로 매우 소략했다고 하였다.[24]

위에서 보았듯이 고려시대 과거제도와 학교제도에 대한 유수원의 인식은
바로 조선시대 과거제도에 대한 비판과 연결되어 있다. 또 고려 과거제도에
서 雜類를 금고한 것에 대한 비판은 바로 신분제 비판과 직결된 것이다. 이
역시 조선시대의 신분제 비판과 연결된 것이다. 이에 대하여는 고려시대 관
리 임용제도와 문벌에 대한 그의 견해에 관련된 언급이 있다.

고 있음을 알 수 있다.
20) 『迂書』 권 1, 「논여제」 科目: 麗朝所尙詩賦 故雖以三禮三傳之類試士 然或行或否
終以詩賦爲重 大抵歷代規模中 唐朝承六朝餘風 最重詞華 故風俗甚虛誕 麗氏則慕唐末
季餘風 故國俗浮靡無實
21) 위와 같음: 至毅宗 專以詩句酬唱爲務 終致鄭仲夫輩禍亂 麗氏因以不振矣
22) 위와 같음: 科目立法 蹖駁無稽 不可悉數 而其中五賤 不忠孝 樂工 皀隷 工商 雜流
子孫 不許赴擧 誠可怪駭 雜流雖不可赴 豈有永錮子孫之理
23) 『迂書』 권 2: 陞補合製之給初試 乃是麗朝弊風
24) 『迂書』 권 1, 「논여제」 學校: 麗朝學校 與今無異 所謂太學四門學 略倣唐制 而勿論
內外 元無選士 所謂貢擧 令界首官 試五言六韻一首 中格者起送赴擧 此乃認初試 爲貢
擧也 厥後 又令誦四韻百首赴擧 其後又許 千字中能書百字者赴擧 法制可笑如此

다음으로 고려시대의 田制, 즉 토지제도에 대한 유수원의 견해를 살펴보기로 한다. 토지제도 역시 과거제도와 마찬가지로 당나라 제도를 모방한 것으로서 문무백관은 물론, 부병과 한인에 이르기까지 모두 토지를 지급하는 한편 柴地를 지급하여 田柴科로 불렀다고 하였다.25) 그러나 이러한 고려시대의 토지제도는 시행한 지 얼마 안 되어 끝없는 폐단이 생겨나 죽거나 체직된 집에서 점거해 자기 소유로 하여 官에 도로 바치려 하지 않고 私田이라고 칭해 자손에게 전했다고 하였다.26)

이러한 폐단이 생긴 원인에 대하여는 唐나라의 제도를 모방하면서도 순수하게 따른 것은 아니고 황당무계한 법을 그 사이에 끼워넣어 임금 자신부터 360處에 국왕 소유지를 가졌는데 이것이 국왕이 신하에게 하사하는 賜牌地가 되었고 신하들이 받았던 토지를 사망 뒤 환납해야 할 때 부인과 아들에게 떼어주었으며 서리나 工匠, 津夫와 駔子 등 雜流에 이르기까지 토지를 이어 받을 수 있게 하였기 때문이라고 하였다.27) 아울러 토지 분급의 기준이 인품의 고하에 의한 것이었던 점도 폐단이 생겨난 원인으로 지적되었다.28)

유수원은 이런 까닭에 고려시대에는 토지 분쟁이 산더미같이 많았으며 고려 중기 이후에는 백성들이 조금의 땅도 없게 되고 나라의 땅이 모두 사대부의 소유가 되었고 이것이 바로 고려조의 멸망 원인이며 그것은 처음부터 법

---

25) 『迂書』권 1, 「논여제」, 田制: 麗朝田制 亦倣唐制 文武百官 府兵閑人 莫不科受 又給樵採地 謂之田柴科
26) 위와 같음: 行之未幾 爲弊無窮 身死遞職之家 據爲己物 不肯納官 稱爲私田 傳之子孫
27) 위와 같음: 況麗朝田制 則亦不純用唐制 多以無稽之法 參錯於其間 人主治三百六十處御分田 以爲自奉之地 而卽歸賜牌 其外朝臣 隨其官職之陞降 而遞受職田 身死還納之制 妻能守節 則割給若干畝 子孫承家 則又給若干畝 下至軍卒 亦行其制 至於吏隷工匠 津夫駔子雜色之流 亦皆以田授收 其爲煩碎厖雜 紛擾鶻亂 何可勝言
또 「논여제」의 말미 부분에서 고려의 제도가 당나라 제도를 모방하면서도 그 속의 좋은 정신은 따르지 않고 겉모양만 모방하여 정사에 실질이 없게 되었다고 하였다 (『迂書』권 1: 麗制則不然 立法之初 不能循天理則聖制 以成大公至正之治 徒取唐季之法 參以國俗 硬倣一副制度 而其實則雖於唐制 亦昧其裡面精義細密作用之妙 祇以模倣傅會爲事 故自外面觀之 則制度規模 非不闊大 儀文典章 非不彬彬 而其中則政事無實 治規厖雜 反成邯鄲之步 徒爲效嚬之歸 此實出於治無根本而然也).
28) 『迂書』권 1, 「논여제」, 田制: 其中尤無形者 勿論朝士軍卒官階高下 但以人品善惡 分給有差 立法如此 末流之弊 安得防之

제가 잘못되었기 때문이라고 하였다.29) 법제의 잘못이란 앞서 언급했듯이 처음부터 후손들이 토지를 세습할 수 있는 길을 열어준 것을 의미한다.

유수원의 고려시대 토지겸병에 대한 비판은 바로 조선시대의 토지겸병에 대한 비판으로 이어지며 조선시대의 겸병은 고려시대의 겸병에서 기인한 것으로 이해하였다.30) 이어서 유수원은 당시 "겸병이 이미 극에 달하였으니 만일 바로잡지 않는다면 백성은 지탱할 수 없을 것이다(兼倂已極 若不矯正 民無以支保矣)"라고 단언하였다.31) 이 점에서 보면 유수원이 토지개혁의 필요성을 적극적으로 인정하고 있음을 알 수 있다. 그렇다면 유수원을 단지 대상인의 입장을 대변한 상업 중심의 개혁론자로 보는 것은 문제가 있다.

한편 조선시대에 국가에서 조세를 받는 실제 토지가 줄어드는 것에 대하여도 유수원은 그것이 고려 이래의 폐단을 이은 것으로서 당시에 이르러 더욱 심해졌으며, 외방의 조세 면제 규정도 고려의 제도를 따른 것인데 민에게 실제 혜택은 주지 못하고 토지제도만 문란하게 하고 있다고 비판하였다.32)

다음으로 고려시대의 兵制, 즉 군사제도에 대한 유수원의 견해를 살펴보기로 한다. 유수원은 고려 6衛 38領의 군사제도에 대해 당나라의 군사제도를 모방한 것이므로 일단 좋다고 평가하였다.33) 그러나 부병제도는 오로지 토지를 지급하여야 가능하므로 토지제도가 곧 문란해져 군인이 다 없어지고 헛되이 그 명칭만 남았으니 좋은 법이라 할 수 없다고 하였다.34) 토지제도가 갖추어지지 않은 상태에서 부병제도가 독립적으로 제대로 될 수 없다는 것이다.35) 이리하여 부병제도가 변하여 별초(특별 부대)제도가 발달하게 되었는

---

29) 위와 같음: 田訟如山 盜執無窮 及其中世以後 民無立錐之地 以一國之田 盡歸士大夫 …… 遂投公私田籍於火中 火數日不滅 麗氏亦隨而亡 立法果善 則流弊何至於此極

30) 위와 같음: 或曰 然則今日田制 猶勝於麗朝耶 答曰 今日土田 亦盡歸士大夫 百姓何嘗有土田也

31) 위와 같음.

32) 위와 같음: 且卽今土田 數過百萬結 以實結僅居其半 此亦因麗朝流弊而然矣 或曰 何事爲弊 答曰 立案賜牌 皆是麗朝之弊政 而到今益甚 田結安得不日縮 且外方給復之規 亦循麗朝受田之意 而實惠鮮及 田制徒紊

33) 『迂書』 권 1, 「논여제」, 兵制: 麗朝六衛三十八領之制 實倣府兵之法 可謂善矣

34) 위와 같음: 府兵專靠授田 而田制不久紊亂 軍皆散亡 徒擁虛號 何謂美法

35) 위와 같음: 田制不善 則府兵 終無獨立之理

데 이것이 바로 최충헌 등의 무신반란(집권)이 여러 대 계속될 수 있었던 이유
이고 고려 멸망의 원인이라고 하였다.[36]

유수원은 이런 고려의 군사제도가 조선에 계승되었으나 고려와 달리 분급
할 토지가 없어 양민을 保人으로 지급하였으므로 결국 그 폐단은 양민이
모두 없어지는 데 이르게 될 것이라고 하였다.[37] 즉, 조선시대의 군사제도가
고려시대의 그것보다 더 나빠진 것이라는 평가이다. 또 여기에는 조선시대
의 토지겸병이 고려시대보다 심해졌다는 전제가 깔려 있다.

다음으로 고려의 관제에 대하여는 우선 고려가 작은 나라로서 당나라의
제도를 모방하다 보니 쓸데없는 관원이 지나치게 많고 도리어 업무 분장과
책임 소재가 모호하게 되었다고 하였다.[38] 아울러 고려시대의 도평의사사에
대하여는 그 인원이 지나치게 많고 이로 인해 6부가 무력화되었다고 하였
다.[39]

이 도평의사사에 대한 비판은 유수원 당시의 비변사에 대한 비판과 직결
되어 있다.[40] 그리고 조선시대 각읍의 도감이나 임시아문제도 같은 것도 고
려시대 이래의 폐단이 이어져온 것이라고 하였다.[41] 고려시대 관제에 대한
비판 역시 유수원 당시 또는 조선시대 관제의 폐단에 대한 비판과 바로 연결
되어 있음을 알 수 있다.

고려시대 銓注, 즉 관리임용제도에 대하여는 그 제도가 처음 벼슬하는 자
에 대해 겨우 해당자의 이름만 쓰고 이부에서 표시하는 방식뿐으로서 제대
로 갖추어져 있지 않아 뇌물이 성행하고 이를 당연시하였다고 비판하였다.[42]

---

36) 위와 같음: 麗變府兵 而別抄盛 則忠獻之輩 世叛於內 軍制不善 未有不亡國者也
37) 위와 같음: 國初五衛 皆倣麗朝府兵 及翼軍之制 而麗朝則能以田給之 故爲府兵 我國
　　無田可給 故不得不以良民給保 給田之弊 至於無公田以後而 給保之弊 亦將無良民以後
　　已矣
38) 『迂書』권 1,「논여제」官制: 麗朝 以海外偏邦 不思國力之不逮 凡百制度 動皆模擬
　　唐朝 冗官極多 名號徒盛 雖設臺省部院卿監之屬 只是空名而已 分任責成之實 故反蔑如
39) 위와 같음: 至若都評議司 自是謀國論政之地 而商議宰樞 至於七八十員之多 六部徒
　　爲虛設 百事渙散無統
40) 위와 같음: 其弊恰似今日備堂差下之規
41) 위와 같음: 各邑都監權設衙門之制 至今沿襲不罷 誠可歎也
42) 『迂書』권 1,「논여제」銓注: 選法疎濶 元無規制 初入仕 可堪人姓名 吏部圈點入卷

또 공신의 자손은 외현손까지도 음직을 부여한 것에 대해 가소로운 일이라
고 하였다.[43] 인사고과 제도에 대하여 일년에 겨우 근무한 날수만 기록하였
을 뿐이라고 비판하였다.[44]

고려 임용제도에 대한 비판은 상공인의 자손을 금고한 신분적 제한에 대
하여 가장 격렬하게 행해졌다.

> 공상인의 내외 자손에게는 청요직이나 목민관을 주지 않고 오직 교위와 같은
> 유외 잡직을 주어 팔구품에 그치게 하였다. 비록 그 조상이 삼한 공신이라도 고조
> 부 이하 내외의 조상들 가운데 혹 상공업에 종사한 자가 있으면 그 자손을 모두
> 금고하도록 하였다. 이것은 자고로 없는 법이니 공상인이 무슨 죄가 있어 내외
> 자손에 이르기까지 금고하였는가.[45]

이러한 고려시대의 관리 등용법, 인사고과 제도, 공상인의 내외 자손에 대
해 청요직을 허용 않고 교위 등 유외 잡직 팔구품에 그치게 한 것 등에 대한
비판은 바로 조선시대의 士農工商에 대한 엄격한 차별에 기초한 경직화된
양반 위주의 신분제적 지배질서, 유수원 당시 벌열정치하의 노론층 독점의
관리등용 및 제대로 된 인사고과에 기초하지 않는 인사에 대한 비판과 연결
된 것이다.[46]

謂之點圈 故求仕者 皆略銀爲贄 習以爲常
43) 위와 같음: 且開國以後 功臣子孫 勿論內外 玄孫之玄孫 許以初入仕 功臣子孫 雖或
　　錄用 豈有外玄孫之玄孫 亦許懸蔭之理 可笑甚矣
44) 위와 같음: 以考課言之 所考者 只是胥史能否 所謂考功法 不過錄其一年實仕日 謂之
　　年終都歷 呈於兩都目而已
45) 위와 같음: 凡工商內外子孫 勿虛淸要理民之職 只許做校尉等流外雜職八九品而止
　　雖其祖先 係是三韓功臣 若高祖以下 內外祖先 或有工商 則並錮子孫 此實自古所未有之
　　法也 工商有何罪 至於禁錮內外子孫耶
46) 이에 대하여는 차장섭, 앞의 논문(「조선후기 실학자의 벌열론」) 참조.

4. 高麗時代 制度에 대한 認識 2 — 門閥, 租稅, 賦役, 奴婢

유수원은 고려시대의 다른 제도에 비해 문벌제도에 대하여 상당히 자세히 다루었다. 이것은 그가 생존했던 당시 벌열정치하의 소수 가문에 의한 관직 독점과 조선시대의 신분제도에 대해 매우 비판적이었던 것과 관련이 있다. 고려시대의 문벌제도에 대한 고찰과 비판에는 조선시대 신분제와 조선후기의 벌열정치에 대해 준렬한 비판이 깔려 있었다.

우선 유수원은 고려시대 정치가 당나라의 제도를 숭상하였으나 정치의 근본을 몰랐으므로 문벌을 숭상하는 폐단으로 흘렀다고 하였다.[47] 이 문벌 숭상의 폐단은 바로 앞서 언급한 상공인의 금고와 연결되어 있다. 즉, 삼국 이전에는 원래 사농공상의 구분이 없고 농부만이 있어 고려가 정치의 本으로 삼을 것이 없던 형편에 당나라 말 중국인이 많이 우리나라에 오자 唐나라 末期를 모방하게 되었는데 문물을 일거에 중국식으로 변화시키고자 하지만 급히 변화시킬 수 없었으므로 부득이 선비를 높여주고 고무하기 위해 상공인을 금고하여 상공과 같은 잡기를 부끄러워하게 되었다는 것이다.[48]

결국 고려시대는 정치의 근본을 몰라 쓸데없이 시나 읊조리는 것을 문물이 발전한 것으로 잘못 알고 강압적인 법으로 강제하는 것을 예의로 알아서 사농공상의 차별을 둠으로써 사람들은 모두 그 직분을 잃고 일은 모두 실질이 없게 되었다고 하였다.[49]

또한 改嫁女의 자손에 대한 禁錮도 고려시대에 비롯된 것으로 보고 이것

---

47) 『迂書』 권 1, 「논여제」 門閥: 高麗之治 大抵崇尙唐制 不知爲政之本 故其爲弊 流爲 門閥用人矣

48) 위와 같음: 三國以前 元無四民之分 習俗貌樣 秖是種落之類耳 麗朝立國 無所依倣而 爲治 時當唐末 中國人士 多有東來者 麗朝之治 盖倣唐季 而子孫慕華尤切 文物凡事 必 欲一朝變革 而東民椎魯 實無速化彬然之理 故不得不崇用士人 厭賤雜技 以爲鼓舞之地 遂至於禁錮工商之域如此 然後國俗 方可專尙文物 恥學雜技

49) 위와 같음: 今茲麗氏 …… 旣無聖賢開繼之治 又無儒者經術之助 治旣無本 政無所 師 而徒以詞華藻麗 吟吟喞啾之習 認之爲文物 劫制勒束 怵迫苟從之風 認之爲禮義 首 取士農工商四箇字 而紛亂之 人皆失其職 而事皆無其實

은 원래 문벌을 숭상하기 위한 것은 아닌데 마침내 문벌 숭상을 낳았다고 하고 예의라는 것은 이렇게 자손을 금고하는 데에서 생기는 것이 아니라고 하였다.[50]

이러한 문벌 숭상과 사농공상의 차별 개가녀의 자손의 금고에 대한 비판은 바로 신분제 세습에 대한 비판으로서 조선시대의 신분제에 대한 비판 및 개혁론과 연결된다. 유수원은 이렇게 된 원인에 대해 고려 건국 초 중국에서 온 유자가 중국 문물을 제대로 알지 못한 채 국가제도 건설에 참여하였기 때문이라고 하고 士農工商과 다른 '四民一致'를 주장하였다.[51] 이것이 바로 신분제에 대한 유수원의 이념이라고 할 수 있다.

다음 고려시대의 조세제도에 대하여 유수원은 고려시대에는 조세가 조선시대에 비해 적었다는 혹자의 주장에 대하여 고려시대의 1결의 면적은 조선시대보다 매우 적었으므로 부세가 조선시대에 비해 가벼웠다고 할 수 없다고 단언하였다.[52] 즉, 고려시대에는 조선시대에 비해 1결의 면적이 적었다는 것이다.[53] 아울러 공·사의 노비와 상인, 점쟁이, 맹인, 무당, 창기, 승려 자신 및 그 자손에게 토지를 분급하지 않은 것을 불공정하다고 하고 이것이 바로 조세와 요역 부담자의 축소를 초래하였다고 하였다.[54]

이상에서 보면 고려시대 조세에 대한 유수원의 견해에서 우리는 그가 조선시대 조세에 대해 조세부담의 과중을 문제 삼는 것이 아니라 조세부담자의 축소 및 이에 따른 국가세입 감소를 염려하고 있지 않은가 추정된다. 또

50) 위와 같음: 且夷風未殄 禮義掃如 故矯枉過正 又復禁錮忞女子孫 所謂忞女 卽改醮之流也 元其本意 非出於崇尙門閥 而其弊自然爲門閥之歸矣 …… 所謂禮義 其可以禁錮子孫而致
51) 위와 같음: 所謂唐秀才 不過略記中國文物制度之粗粕 正如成均下典 聽得文句之流 而遭逢幸會 得參制作之際 渠安知四民一致 不可廢一而爲國也哉
52) 『迂書』권 1, 「논여제」 租稅: 或曰 麗朝 …… 賦稅 比今日所徵 可謂輕歇之 甚矣 答曰 麗朝 所謂一結者 非如今日之一結也 …… 所謂一結 甚少 安得謂賦稅輕歇也
53) 이와 관련하여 고려시대에는 16結을 1足丁이라 하여 조세와 국역을 담당하게 하였다고 한 것이 주목된다(위와 같음: 且麗朝以田十六結科授者 謂之足丁 而使當租賦國役). 『고려사』의 기록에는 17結=1足丁으로 되어 있다. 단순한 착오인지 유수원 자신이 『고려사』의 기록을 알면서도 이렇게 생각한 것인지가 문제이다.
54) 『迂書』권 1, 「논여제」 租稅: 公私賤口 商工賣卜 盲人巫覡娼妓僧尼等 人身及子孫 皆不許授田 立法之無稽不公 姑置勿論 只以應租賦供力役者言之 其數亦必無多矣

토지분급에서의 신분적 차별을 비판하고 있음을 알 수 있다.

한편 고려시대 부역제도에 대해 유수원은 그것이 인구의 다과를 기준으로 하였으므로 좋은 것이며 당시 논의되고 있던 戶布論도 이에 유래한 것이 아닌가 하는 혹자의 질문을 설정해놓고 이에 대해 부역의 요체는 均等이라는 입장에서 인구의 다과는 빈부와는 관계가 없으므로 불균등하다고 비판하였다.55) 이와 더불어 유수원은 고려시대에 수시로 민호에 대해 세금을 징수하여 백성들의 고통이 매우 깊으며, 유수원이 살던 당시 외방에서 별도의 역을 징수하는 폐단이 바로 여기에서 유래하였다고 비판하였다.56)

위에서 보면 균등을 부역제도의 요체라고 하였는데 이것은 조세제도 전반에 대한 유수원의 이념이라고도 할 수 있다. 그리고 이것은 고려시대 부역제도의 불균등성에 대한 비판 및 당시 호포제 논의와 관련이 있다. 호포제가 부역이 불균등하다는 점에서 유수원은 반대하는 입장에 있었음을 알 수 있다. 아울러 고려시대 민호에 대한 수시 징수가 바로 조선시대 외방의 별도역에 대한 비판과 연결되어 있음도 주목된다.

고려시대 여러 제도 가운데 유수원이 가장 자세하게 논의한 것이 바로 노비제도이다. 그는 정인지가『고려사』를 찬하면서 우리나라에 노비제도가 있는 것이 風敎에 크게 도움이 된다고 한 주장을 정면으로 반박하였다.57)

또 고려조에서 8대의 호적을 조사하여 賤人이 없어야 비로소 벼슬할 수 있게 한 것 및 주인이 放良한 노비라도 그 자손은 다시 노비로 한 것, 원주인

---

55)『迃書』권 1,「논여제」, 賦役: 或曰 麗朝 以人口多寡 分等出役 其法好矣 今之戶布之論 盖亦祖此 未知如何 答曰 役之最要者 不過一均字而已 人之貧富不係於人口之多少 以口出役 寧有均一之理

56) 위와 같음: 且麗朝有事故 則每以民戶 非時科斂 無有紀極 百姓不勝其苦 今之外方之別役 猶踵其弊而不能改也

57)『迃書』권 1,「논여제」, 奴婢: 或曰 鄭麟趾 修麗史而有曰 東國之有奴婢 大有補於風敎 禮義之行 未不由且云 其言何如 答曰 渠安知禮義 先儒於奴婢 已有定論 何可捨此而信麟趾之言乎
이와 더불어 고려시대에 해방된 노비가 원주인에게 욕하거나 그 친족과 다투면 다시 노비가 되며, 해방된 노비가 원주인에 대해 訴寃을 하면 얼굴에 낙인을 찍어 원주인에게 돌려보내던 제도에 대해 정인지가 칭찬한 것은 대단히 무식한 일이라고도 하였다(위와 같음: 麗制 放良奴婢 年代漸遠 則必輕侮本主 若罵本主 或與本主親族相抗 則還賤役使 還賤者訴寃 則墨面還主 此實殘酷無據之政 而麟趾稱以可採 無識其矣).

의 대가 끊어지면 친척이 소유하게 한 것을 강력하게 비판하고 고려시대에
비록 庶孽禁錮를 행하지는 않았지만 이것은 고려시대에 내외 8대 조상에
천인이 없어야 벼슬을 허용한 데에서 비롯되었다고 주장하였다.[58]

한편 유수원은 사노비에게도 역을 부과하자는 주장에 대해 모든 민을 국
가가 똑같이 사랑해야 하므로 양민에게만 역을 징수하는 것은 부당하다고
하면서도 유수원 당시의 제도, 즉 노비제도를 그대로 두고 사노비에게 역을
징수하는 것은 다음과 같이 반대하였다.

국가는 모든 민에 대해 똑같이 사랑해야 하니 어찌 사노비라고 하여 역을 징수
하지 않을 이치가 있겠는가. 다만 현재의 제도로서는 한 푼이라도 사노비에게 징
수해서는 안 된다. …… 고려시대에 …… 세습노비의 경우 사유재산으로 인정하였
다. 이와 같이 하지 않으면 양반이 형세상 보존될 수 없었기 때문이다. 조선시대에
이르러 양반에게 토지를 분급하지 않으면서 문벌 숭상은 고려시대보다 심하여 비
록 굶어 죽더라도 상공의 일은 익히지 않으니 양반이 어찌 보존될 수 있겠는가.
이것이 노비세습제도가 그대로 고려 제도를 따른 이유이다. 양반이 노비를 스스로
부리면서 노비공을 받고 국가는 이를 그냥 두고 따지지 않는다. 그러나 양반의
살림은 나날이 궁색해지고 있다. …… 가난하고 한미한 양반은 노비에 대한 수탈
이 오히려 부족하다고 염려하고 있다. 국가가 어찌 다시 이중으로 신역을 사노비
에게 징수할 수 있겠는가.[59]

위에서 보면 당시 고려시대와 달리 양반들이 토지를 분급받지 못해 양반
의 경제적 여건이 점차 어려워져 가는 가운데 가난한 양반의 노비에 대한

58) 위와 같음: 麗朝用人 考其八世戶籍 不干賤類 乃得筮仕 若父若母一賤 則縱其本主放
許爲良 於其所生子孫 却還 爲賤 又其本主絶嗣 亦屬同宗 天下安有如許慘毒之法也 奴
婢雖賤 是亦人類 安有許贖之後 却還爲賤之理 亦安有內外八代不犯賤 然後方許筮仕之
理也 麗朝雖不禁錮庶孽 庶孽之被錮實源於此 …… 庶孽內外八代 寧有不犯公私賤之理
59) 위와 같음: 國家之於萬民 一視均愛之法 安有私賤則不可徵而獨侵良民之理耶 ……
但以卽今規制 則雖一文之錢 不可徵於私賤矣 …… 麗氏 …… 至於世傳奴婢 亦聽其爲
私財私民 蓋不如此 則士族無他生理 勢難保存故也 至于我朝 旣不以田科授士族 崇尙門
閥 甚於麗朝 雖至餓死 不習工商 士族何以保存乎 此所以奴婢世傳 一循麗制 士之自使
喚自收貢 而國家置之度外 不復問及者也 然而兩班生理 愈往愈窘 …… 而貧賤士族 猶
患其剝割奴婢之不足 國家安得而更徵身役於私賤耶

수탈이 심해지고 있는 상황에서 사노비에 대해 국가에서 役을 이중으로 징수할 수는 없다는 것이다. 이것을 뒤집어서 보면 유수원은 노비제 철폐를 이상으로 하면서, 노비제가 철폐되어 모두 양민이 된 상황에서는 모든 민에게 역을 부과해야 한다는 생각을 궁극적 이상으로 하였음을 추정할 수 있다.

이상에서 유수원이 노비세습제를 강력히 비판하였으며 궁극적으로 노비제 철폐를 이상으로 하였음을 알 수 있다. 고려 노비세습제에 대한 비판은 바로 유수원 당시끼지도 지속되던 노비세습제 비판으로 이어져 고려시대의 잔혹한 법이 지속되는 것이라고 하였다.[60]

5. 結語

고려시대 여러 제도에 대한 논의는 국가의 기본적인 제도를 망라한 것이다. 유수원은 「논여제」의 말미에서 앞서 행한 자신의 고려시대 여러 제도에 관한 논의에 대해 "(위에서) 논한 10조는 나라의 큰 정사가 아닌 것이 없다. 진실로 여기에 법을 잘 세우지 못한다면 그 나머지는 가히 미루어 알 수 있다(所論十條 莫非軍國之大政 苟於此處 不善立法 其餘可推而知也)"라고 하였다.[61] 즉, 유수원은 「논여제」에서 논의한 여러 제도들은 국가 제도의 기본 골격이며 이것이 제대로 되지 않으면 나머지 국가제도들도 제대로 될 수 없다고 생각하였음을 알 수 있다.

이러한 고려시대의 여러 기본 제도들에 대한 논의 가운데에서 우리는 국가의 기본 제도들에 대한 그의 이념, 그리고 고려시대 제도 비판을 매개로 한 조선시대 또는 유수원 당시의 제도에 대한 비판 및 개혁의 방향을 알 수 있었다. 위의 여러 제도들에 대한 논의들의 밑바닥에는 공통적으로 신분제에 대한 그의 철저한 비판의식이 깔려 있었다. 아울러 신분제와 관련된 토지 겸병에 대하여도 적극적으로 반대하는 견해를 가졌음을 알 수 있다.

---

60) 위와 같음: 麗氏 …… 至於賤口 偏用殘酷之法 俾不得從良 故其流之弊 至今愈酷
61) 『迂書』 권 1.

우선 토지 문제에 대한 유수원의 이념을 살펴보기로 한다. 위의 고려시대
전제에 대한 논의에서 보았듯이 그는 토지겸병을 반대하고 토지개혁의 당위
성을 절대적으로 인정하고 있었다. 또 고려시대 군사제도 논의에서도 토지
급부를 군역 부과의 기본 전제로 생각하고 있음을 알 수 있었다. 그러나 현존
자료에 관한 한 유수원은 유형원이나 정약용과 같이 토지개혁론을 구체적으
로 제시하지는 않았다. 토지개혁의 당위성을 절대적으로 인정하면서도 그가
토지개혁론을 제기하지 않은 이유는 무엇이었는지 혹은 그가 토지개혁을 현
실적으로 가능한 것으로 보았는지가 문제이다.

그는 『迂書』 서두의 「記論譔本旨」에서 『迂書』에서 제기하는 자신의 개혁
론이 현실적으로 실행되기 어려운 것임을 토로하였다.[62] 『迂書』의 말미의
「推論法度可行與否」에서도 자신이 제기한 법도를 당장에 그대로 시행할 수
없음을 인정하였다.[63] 이에 이어서 유수원은 자신의 개혁론이 표면치료에서
근본 치료로 단계적으로 시행되어야 하며 『迂書』에서의 논의는 근본 치유책
이고 목하의 치유책은 별도의 방법이 있어야 할 것이라고 하였다.[64]

목하의 치유책, 즉 당장에 해야 할 것에 대하여는 수십 년 이래의 제도를
일단 그대로 따라야 하며 국체가 다소 존중됨을 얻고 백성의 뜻이 다소 안정
되고 사대부의 염치가 크게 잘못되지는 않고 장수와 재상과 관리가 다소 그
체통이 잡혀 여러 정치의 체모가 크게 전도되지는 않은 상태에라야 비로소
표면치료를 시행할 수 있으며 그 표면치료의 요체는 노성한 사람에게 위임
하고 옛 제도를 그대로 준수하는 것이라고 하였다.[65]

따라서 일단은 그대로 안정을 기다리고 다소 안정된 다음 단계에서 표면
치료를 행하며 그 다음 단계에야 비로소 근본 치료, 즉 『迂書』에서 제기한
제도 개혁을 할 수 있다고 생각하였음을 알 수 있다. 그런데 토지개혁과 같은

---

62) 『迂書』 권 1: 或曰 子之爲此書也 果以爲可行於世乎 答曰 若非病風失性之人 豈不
自知其不可行也
63) 『迂書』 권 10: 或曰 設使吾子救今日之弊 則必以所論法度 擧而措之於目前否 答曰
是不可行也
64) 위와 같음: 醫家固有標本之論 苟以時措之義言之 則此亦治本之論也 目下救弊 恐別
有義理 不可硬作此等事也
65) 위와 같음.

것은『迂書』에서 제기한 여러 제도 개혁보다도 더 어려운 것이다.[66] 즉, 토지개혁은 유수원의 생각으로는『迂書』의 개혁이 이루어진 다음 단계에서야 할 수 있는 것이었을 것이다.『迂書』에서 제기된 改革論조차도 당장에는 실시할 수 없는 상태에서 토지개혁론의 구상을 제기할 필요는 없었다. 더구나 유수원은『迂書』에서 제기된 개혁론에 대해서조차 많은 사람들이 의혹의 눈초리를 갖고 있는 상황임을 의식하고 있었다.[67]

다음으로 유수원의 신분관에 대해서 생각해보기로 한다. 위의 고려시대 문벌, 관제 등에 대한 논의에서 보았듯이 그는 四民一致의 입장에서 士農工商의 差別 撤廢를 주장하였다. 그러나 노비제도에 대하여는 그 폐단을 부분적으로 개선할 것만을 생각하는 등 그 철폐를 명확히 주장하지는 않았다. 하지만 위의 고려시대 노비제 논의에서 보았듯이 유수원이 노비제도와 그 세습을 반대하고 있음은 명확하다. 따라서 노비제에 대한 유수원의 이념은 철폐되어야 한다는 데 있으며『迂書』에서의 노비제 개선책은 그 전 단계에 해당하는 것이라고 보아야 한다.

이렇게 보면 노비제 철폐도 유수원의 입장에서는 토지개혁과 마찬가지로『迂書』에서 제기된 개혁안이 실행된 다음 단계에 실시할 수 있는 것이었다.

유수원의 根本 立場은 士農工商의 差別과 良賤制에 기초한 우리 中世의 身分制를 撤廢하려는 것이었다. 우리 중세사회가 기본적으로 兩班支配層의 地主佃戶制와 身分制에 기초하고 있는 것이라면 이것들의 철폐를 궁극적 이념으로 하는 유수원의 개혁사상은 中世社會의 解體를 목표로 하는 것이었다고 결론지을 수 있다(補: 유수원이 궁극적으로 당시 지배체제의 완전한 해체를 생각하였지만 이것을 '中世社會의 解體'로 표현하는 것에 대하여 필자는 현재로서는 유보적인 입장이다).

이상과 같이 유수원의 개혁사상의 단계성과 이념 및 그 성격을 생각할 때

---

66) 유수원 자신이 토지 분급과 그 유지의 어려움을 다음과 같이 토로하였다. "或曰 麗朝口分永業之法 實用唐制 自井田以後 田制之善 最稱唐初 何以斥之 答曰 唐自永徽 以後 口分田 卽爲豪勢侵奪 終不能守其法 …… 以其法制 勢不可久行故也"(『迂書』 권 1,「논여제」, 田制)

67)『迂書』 권 1,「기론선본지」.

그를 '商業 中心의 개혁론자', '大商人 위주의 개혁론자'로 보는 것에는 문제
가 있다. 그 역시 토지개혁을 근본이념으로 하고 있었기 때문이다. 나아가
실학을 농업 중심의 개혁론과 상업 중심의 개혁론으로 나누어 보는 것도 문
제가 있다. 실학자들은 기본적으로 토지개혁을 그들 개혁사상의 밑바탕에
깔고 있었기 때문이다. 북학파의 홍대용과 박지원도 이런 점에서는 마찬가
지이다.

또 실학의 발전단계에서 보면 이러한 유수원의 개혁사상은 아직은 농본주
의와 양반 위주의 신분관을 완전히 벗어나지 못했던 유형원과 이익의 단계
에 비해 農本主義의 克服, 四民一致의 신분관이라는 점에서 한 걸음 더 나아
간 것이며 북학파와 정약용의 선구를 이루는 것이라고 할 수 있다. 유수원의
개혁사상은 유형원, 이익과 다른 유형의 것이라기보다 유형원, 이익의 농업
중심의 개혁론에서 농업과 상공업의 대등한 발전론으로 한 단계 더 발전한
것이며 이런 입장은 북학파만이 아니라 정약용에게도 계승·발전되었다(補:
유수원이 북학파에게 직접 영향을 주었는지 여부에 대하여는 실증적 검토가 필요하
다. 다만 박제가의 발상은 많은 부분이『우서』에서 유래하였을 수 있다. 규장각에서
박제가가『우서』를 보았을 가능성이 적지 않다. 정약용은 규장각에서 스스로『우서』
를 보았을 수도 있고 박제가를 통해『우서』를 알았을 수도 있다).

끝으로 이 글에서는 유수원의 개혁사상을 직접 검토하지는 않았다. 그의
고려시대 인식을 고찰대상으로 하였기 때문이다. 그러나 우리는 이를 통해
그 역시 기본적으로는 토지개혁론자이며 궁극적으로 신분제 철폐를 이념으
로 하였음을 알 수 있었다. 앞으로 그의 개혁사상에 대해 단계적 개혁론이었
다는 관점에 서서 전체적·구조적으로 재고찰할 필요가 있다.

제5장 李瀷과 丁若鏞의 高麗時代 認識

1. 序言

필자는 유형원과 유수원의 고려시대 인식에 관하여 제도를 중심으로 살펴본 바 있다. 이것은 첫째로는 고려시대를 포함한 우리나라와 중국의 역대 제도에 대한 인식이 그들의 개혁론과 관련되어 있었기 때문이었다. 즉, 그들의 개혁론을 이해하기 위하여는 역대 제도에 대한 그들에 인식에 대한 이해가 필요한데 우리나라의 경우 실학자들은 통일 이전의 제도에 대하여는 논의를 거의 하지 않고 고려시대 제도부터 본격적으로 논의하였고 이것은 조선시대 제도에 대한 이해와 관련되어 있었다. 조선시대 제도에 대한 이해는 당연히 조선시대 제도 개혁론과 연결되는 것이었다.

둘째로, 필자는 우리나라 근대 역사학의 단절을 극복하기 위한 방법의 하나로 실학자들의 고려시대 제도 연구를 살펴보고자 하였다. 실학자들의 고려시대 연구를 현대 우리나라 역사학의 고려시대 연구사의 첫머리에 두고자 하는 의도에서였다. 이렇게 함으로써 우리는 앞으로 연구에 시사를 받을 수 있고 이러한 시사를 통해 새로운 연구 방향이 설정된다면 우리 근현대 역사학에서의 단절의 문제는 서서히 극복되어갈 수 있으리라 생각되기 때문이다. 실학자들의 우리 고대사 연구 및 동시대 조선시대에 관한 인식에 대하여도 마찬가지 생각을 할 수 있을 것이다.

이 글에서는 앞서 이익과 정약용은 고려시대 제도에 대한 인식을 그들의 개혁사상과의 관련하에서 개략적으로 살펴보고 유형원, 유수원 등과의 관련 양상의 검토, 또는 상호 비교를 행하고 그들의 실학자들의 연구가 오늘 우리 연구에 시사할 수 있는 바를 생각해보기로 한다.

2. 李瀷의 高麗時代 認識

이익은 자신의 개혁론을 제기하기 위한 근거로서 두 가지 방법을 채택하였다. 하나는 유교 경전 연구를 통하여 경전상으로 개혁의 이념적 모델을 찾아내는 방법이고 다른 하나는 중국과 우리나라 역대의 제도를 검토함으로써 그 득실을 탐구하는 방법이었다. 이런 두 가지 방법은 이미 유형원의『반계수록』에서 시행된 바 있고 정약용의 경우『경세유표』에서 마찬가지로 이 두 가지 방법을 채택하여 개혁론의 근거를 제시하였다.

다만 이익의 경우 유형원·정약용과는 달리, 국가체제 전반에 걸친 총체적 개혁론을 체계적으로 저술하지는 않았다. 이것은 그가 처한 시대적 조건이 달랐기 때문이라고 생각된다. 유형원의 시대는 양란을 통해 국가의 시스템이 붕괴되고 그 운영이 제대로 되지 않는 상황에서 여러 제도의 재건이 체계적·총체적으로 요구되는 때였고, 정약용의 시대 또한 조선후기 국가의 부분적인 개혁을 통하여 다소 안정되었던 체제가 사회변동의 급격한 전진과 정치체제의 파탄으로 말미암아 크게 동요하여, 전반적인 국가 제도의 개혁이 요구되는 때였다.

이에 비해 이익의 시대인 18세기 전반은 이미 노론 집권체제가 확립되어 그들의 이익에 반하는 개혁론을 제기하기 어려웠고 17세기 중·후반이나 19세기 전반기에 비하여는 다소 정치적·사회적으로 어느 정도 안정된 시기였다. 그러나 이익도 유형원이나 정약용과 마찬가지로 小民的 입장에서 자신의 개혁론을 제시하였으며 정약용의 경우 그의 개혁론이 이익에게서 적지 않은 영향을 받았다.

이익은 중국과 우리나라 역대 제도에 관한 고찰 가운데에서도 고려시대 제도에 대하여 큰 관심을 기울였다. 그것은 그들이 조선시대 제도의 연원이 대체로 고려시대에 있었다고 생각하여 조선시대 제도를 이해하기 위하여는 고려시대 제도에 대한 고찰이 필요하다고 생각하였기 때문이다. 또 한편으로는 고려시대와 조선시대의 제도를 비교하고 고려시대 제도를 우월성을 제시함으로써 그것을 자신의 개혁론의 근거로 삼기 위한 것이기도 하였다.

이익의 경우, 고려시대 여러 제도에 대한 그의 견해는 『星湖僿說』 여러 곳에 흩어져 제시되고 있다. 이 글에서는 이것을 모아 체계적으로 제시하고 정약용에게 준 영향 등에 대하여 살펴보기로 한다. 고려시대 제도에 대한 견해를 중앙관제, 지방제도, 과거제도, 인사제도, 토지제도, 조세제도, 진휼제도, 신분제도 등으로 나누어 살피기로 한다.

먼저 고려시기의 중앙관제와 관련하여 이익은 다음과 같이 말하였다.

高麗官制 與今制有異同 三師三公 如漢制門下中書 掌百揆 其郎舍掌諫爭封駁 …… 其都評議使司 今之備邊司也 或稱都兵馬使 國初 合門下爲議政府 後更設備邊司 …… 輿地勝覽 以都評議使司爲議政府 …… 恐誤 松都鄭道傳記可者[1]

이에 따르면 고려시기의 관제(중앙관제)는 今制(조선시기의 제도)와 차이가 있다고 전제하였다. 이런 전제하에, 고려조에는 三師와 三公으로 구성된 門下·中書省이 모든 관료를 장악하였고 이와 별도로 조선조의 備邊司와 같은 都評議使司가 있었는데 조선조 초기에 도평의사사를 門下省에 합쳐 의정부를 구성했다고 하였다. 이것은 도평의사사의 기능이 조선초기의 제도개혁을 통해 의정부에 흡수되었다는 주장이다. 이리하여 도평의사사를 조선조의 의정부에 비정하는 『동국여지승람』의 견해를 비판하였다.

이런 비판은 조선중기 이후 의정부와 별도로 비변사를 설치하고 점차 그 권한을 강화시켜 나아감으로 실제로 비변사가 모든 권한을 장악하게 되고 의정부가 그 기능을 상실하게 되었던 조선후기 상황에 대한 비판이기도 하다. 이러한 고려조 이래 중앙관제의 연혁과 변화에 대한 고찰은 바로 비변사를

---

1) 『성호사설』 권 20, 경사문 「高麗官制」.

혁파하고 의정부의 권한을 회복하려는 이익의 중앙관제 개혁론과 직결된다.

여기에서 조선초기 의정부의 성격을 고찰함에 있어서 이익이 정도전에 의거하고 있는 점이 주목된다. 이상과 같은 이익의 견해는 오늘날의 입장에서는 다소 의문을 제기할 수도 있다. 위의 인용문에서 이익은 도평의사사와 도병마사를 동일시하였는데 과연 그렇게 볼 수 있는가 하는 점이다. 첫째 이익은 도평의사사를 도병마사와 같은 것으로 보아 고려시기 전체를 통하여 도평의사사가 있었던 것처럼 생각하였으나 도병마사는 고려전기에 있었고 도평의사사는 고려후기에 있었으며 양자는 성격을 달리하였다. 도병마사는 별도의 기구라기보다는 비상시에 구성되는 합좌기구적 성격의 것이었던 데 비하여, 도평의사사는 상설적 기구로서 조선후기 비변사와 같이 국가의 모든 권력을 집중하고 있었다.

둘째로, 고려시기의 지방제도에 대하여 이익은 다음과 같이 언급하였다.

高麗成宗十四年 改開州爲開城府 管赤縣六畿縣七 又定十道 合一百九十一縣 六百五十二州 州縣合八百四十三 是時 女眞鞈鞠猶未統會 而比我朝之八道 其官不啻倍過 民安得而不傷乎[2]

이익은 고려 성종 14년 기록에 의거하여 이때 개성부를 두어 적현 6곳, 기현 7곳을 관장하게 하였고 10도에 도합 843주현을 두었다고 보았다. 고려시기에는 아직 여진 지역(평안도 북부와 함경도 지역)이 통합되지 않아 조선조에 비하여 국토가 좁은 데에도 불구하고 조선조에 비하여 배가 넘는 수의 주현을 설치하였으므로 인민들의 고통이 심하였을 것이라고 하였다.

이런 비판 역시 지방 군현의 합리적 통폐합을 주장하는 이익의 지방제도 개혁론과 연결되는 것이라고 하겠다. 다만 여기에서 문제가 되는 것은 이익이 고려시기 지방제도를 몇 단계 변화를 거친 것으로 보지 않고 성종 때 정해진 하나로만 이해하고 있는 점이다.

셋째로, 고려시기 과거제도에 대하여 이익은 비교적 많은 서술을 하였다.

---

2) 『성호사설』 권 1, 천지문 「高麗州郡」.

먼저 이 시기 과거제도에 대하여 그는 다음과 같이 언급하였다.

今之及第出身者 其紅牌上旣書次第 又繼之以望字 望者物望也 高麗自元宗時 各
於入格卷子背上 望科次以啓 此其所本也 今之直赴殿試者 謂之恩賜 高麗自文宗
時有恩賜 與乙丙科及明經 同及第 此其所本也 今之監試有生員試 卽升補試 自毅
宗始置 試詩賦經義 今之進士試 卽國子監試也 自德宗始置 或稱南省試 試詩賦 今
制生員試 只試經義而無詩賦者 有進士試故也3)

이에 따르면 이익은 조선조의 과거제도는 기본적으로 고려조의 제도에 의
거한 것이라는 전제 아래, 조선조의 생원시와 진사시가 모두 고려조에서 기
원한 것이며 급제자의 석차를 홍패에 쓰는 것, 殿試에 直赴하는 것 등도 고
려조 이래의 것이라고 하였다.

그러나 위와 같이 보면서도 이익은 고려조 과거제도와 조선조 과거제도의
차이에 다음과 같이 주목하였다.

國家科制 大抵多因高麗 高麗亦不能一遵成憲 厥初正式 則無甲科 乙科三人丙科
七人同進士二十三人 …… 今世科法不能緻密 比勝國每下 所以倖中者盖多 而庭
試別試之類 刱始不遠而冗濫無數 至於大比 專尙誦讀 皆魯莽無用 所謂節日試黃
柑試四學試之類 亦古無者也 使擧業者 手忙脚亂 終年奔走 殆無遑暇 讀書無隙 故
朝無通經之人士 風日以頹圮 不知末梢 將何如耳4)

이에 따르면 고려조 과거제도에는 처음에 甲科가 없었으며 급제자 수가
33인으로 제한되어 있었다. 그러나 조선조에 들어와서는 정시, 별시 따위가
늘어나 급제자 수가 크게 증가하였고 정식 과거인 大比의 경우 오로지 誦讀
만에 비중을 두어 쓸모없게 되었으며 절일시, 황감시, 사학시같이 전에 없던
시험이 많이 생겨나 과거준비자가 분주하게 매달리지만 실제로는 제대로 공
부할 시간이 없어 조정에 경전에 통한 선비가 없고 풍속이 나날이 쇠퇴하게

---

3) 『성호사설』 권 9, 인사문 「科制本高麗」.
4) 『성호사설』 권 20, 인사문 「高麗試法」.

되었다고 하였다.

　이것은 고려조 과거실시 횟수와 급제자 수가 적었던 것을 근거로 하여 당시 조선조의 별시의 성행에 따른 급제자 수의 증대와 제대로 된 인재를 선발하기가 불가능한 상황을 비판한 것이라고 하겠다.

　한편 과거급제자 수의 증대에 따른 폐단에 대하여 이익은 다음과 같이 언급하였다.

> 高麗之制 無甲科 乙科三人 丙科七人 同進士二十三 合三十三而已 雖有增減者 立法則如此也 今制 合甲乙丙三十三人 而別有生員進士二百人 宜其爲民者漸少而黨論岐貳矣5)

　위의 인용문에서 급제자 수가 늘어나는 데에 따른 폐단에 대하여, 일반민이 줄어드는(국역 부담층 및 생산자층의 감소) 문제 외에 당쟁이 격화되는 것을 들고 있는 점이 주목된다. 과거 급제자 수가 증대함으로써, 제한된 관직에 진출하려는 경쟁이 치열해져 이것이 결국 당쟁의 격화를 낳게 되었다는 것이다.

　이런 그의 설명 방식은 붕당론에서의 그것과 흡사하다. 이익은 당쟁의 격화를 막기 위해서도 과거 급제자 수의 제한은 필요하다고 생각한 것이다. 즉, 고려조와 같이 급제자 수를 제한함으로써 당쟁을 막을 수 있다고 본 것이다.

　科擧制度가 그 응시자들을 과거 준비 과정에서 제대로 교육시킬 수 없게 된, 조선후기 당시의 상황 역시 고려조의 방법을 통하여 해결할 수 있다고 생각하였다. 그는 「高麗經科」라는 글에서 다음과 같이 언급하였다.

> 今之經科 兼誦七書 意欲博通而終兼昧七書 力有不贍 則專心訓詁數行 而不暇他及也 古者 取明一經以上 其意詳盡 高麗睿宗時 命太學崔敏庸等七十人武學韓子純等八人 分處七齋 周易曰麗澤 尙書曰待聘 …… 不詳其節目 槩可推知 其試而入齋 每四時一試 先誦而後出題 問八道 四試然後 願入他齋者 許之 不能者黜之 至四易齋而皆通者 陞爲進士 七易齋而皆通者 陞爲及第 其間 兼通四書及綱目宋元

5)『성호사설』권 20, 경사문「麗無甲科」.

史及明史及麗史者　直許近侍之班　則遠方才學之士　可咻乎登進而朝無滅裂之患
比今之制　豈不天壤乎6)

위 인용문에 따르면 조선조 당시의 經科는 七書를 모두 다 아는지 시험하
려하지만, 그 결과 도리어 칠서 모두에 어둡게 되었고 하였다. 즉, 한꺼번에
칠서 모두에 통달하기는 어려우므로 겨우 훈고 몇 줄 외우는 데에만 매달리
게 되었다는 것이다. 이 폐단을 막기 위해 고려조에서처럼 七齋를 설치하고
서 한 齋에서 한 경전만 통달하게 하고 七齋를 모두 거치게 함으로써 칠서에
모두 통달하게 하자는 제안이다. 고려조 七齋를 통한 학습과 선발 방법을
다시 실시함으로써 조선조의 經科의 유명무실함을 개혁하고자 한 것이다.
　넷째로, 고려시기 인사제도에 대하여 이익은 다음과 같이 언급하였다.

選擧志亦云 吏部掌文銓 兵部掌武選 第其年月 分其勞逸 標其功過 論其才否 具載
于書 謂之政案 中書擬升黜以奏之 門下承制勑以行之 …… 崔忠獻 擅權 私取政案
注擬除授 授其黨與 …… 麗氏所以不振也 今之世 一歲而大政 其實無政案 都目專
付吏兵判書 任其陞黜 與崔忠獻擅授其黨與者 何別 此必非國初定制 意者 中世權
臣作俑 仍爲謬例也 …… 苟欲革改 必須先置考功司 修其政案都目 方庶幾矣7)

이익은 『고려사』 「선거지」에 의거하여 고려조에서는 인사고과를 위해 날
짜별로 공과를 기록하는 치밀한 政案을 만들어 이에 따라서 공정하게 인사
를 하였으나 무신집권기에 최충헌이 자의적으로 인사권을 행사함으로써 이
것이 무너지고, 그 결과 고려가 쇠퇴하게 되었다고 하였다. 또 조선조에 들어
와서는 1년에 한 번 인사를 하지만 정안이 없이 오로지 이조판서와 병조판서
의 자의적 판단에 맡기므로 최충헌의 전횡과 다름이 없으며 조선 초에는 원
래 이렇지 않았을 것인데 아마도 중간에 權臣이 멋대로 한 것이 잘못 관례가
되었을 것이라고 하였다. 이리하여 이익은 인사제도 개혁을 위하여 고공사
를 설치하여 정안을 작성해야 한다고 하였다. 즉, 고려조 정안의 제도에 의거

---

6) 『성호사설』 권 10, 인사문 「高麗經科」.
7) 『성호사설』 권 25, 경사문 「都目」.

하여 조선의 자의적인 인사제도를 개혁하려고 한 것이다.

또 인사제도를 실제로 운행하여가는 과정에서도 이익은 고려조의 제도를 참고하고자 하였다. 이익은『고려사』「형법지」를 인용하여 다음과 같이 말하였다.

前朝刑法志云 曠官廢職 非事君之義 非父母奔喪外不許出 其事有不獲已者 必辭職然後乃行 下批之後 京官限三日 外官限十日 謝恩卽行 慶弔外 諸司官投謁權門 命法司痛理之 其法嚴矣 賦出於民 民終歲勤勤 宵晝無一息休得粟 而輸諸國 食其粟者 却安逸厭事 可乎 勞力勞心 兩相敵均 則必不待許多官 而事將治矣 余每見官務 鞅掌非爲民也 八九是官自起閙8)

부모의 喪인 경우를 제외하면 관직자가 휴가를 갈 수 없으며 부득이한 경우 관직을 사직하고 떠나야 하고 발령이 난 뒤에는 경관의 경우 3일에 한해서, 외관의 경우 10일에 한해서 사은하고 즉시 떠나야 하며 경조사 외에는 權門의 집 방문을 금지한다(인사청탁을 막기 위한 것)는『고려사』「형법지」의 규정을 매우 좋은 것으로 평가하였다. 즉, 조선조에서도 이를 따라야 한다는 뜻으로 해석할 수 있겠다. 또 이어서 위와 같이 해야 하는 이유에 대하여 관직자가 민에게 제대로 봉사하기 위해서라고 한 것, 관직자와 민이 똑같이 노력한다면 굳이 많은 관직수가 필요 없다고 한 것이 주목된다. 쓸데없는 관직을 줄임으로써 민의 부담을 낮추고 관직의 효율성을 높이고자 한 것이라고 생각된다.

다섯째로, 고려조의 토지제도에 대한 이익의 견해를 살펴보기로 한다. 그는 고려사 식화지를 인용하여 다음과 같이 말하였다.

高麗食貨志 一結之田方一百四步三分 是爲一頃也9)

이에 따르면 고려시기 1결은 사방 104보 3분이며 이것이 1경이라는 것이

8)『성호사설』권 14, 인사문「小官俸薄」.
9)『성호사설』권 25, 경사문「麗朝減賦」.

다. 여기서 보면 이익이 고려시기 1결을 소출단위가 아니라 면적단위, 즉 경무법으로 보았음을 알 수 있다. 이것은 이익이 토지파악을 소출단위가 아니라 면적 단위(경무법)로 전환하려는 유형원·정약용과 같은 견해를 가졌기 때문이라고 생각된다. 즉, 고려조의 경무법적 토지파악 방식을 통해 조선조의 결부법을 개혁하고자 한 것이라고 할 수 있다. 유형원, 정약용도 고려조의 토지파악 방식을 경무법으로 보았다. 고려조 토지파악 방식에 실학자들의 이런 식의 이해를 오늘날 우리가 그대로 받아들여야 할지는 의문이지만 적지 않은 시사를 줄 수 있을 것이다.

여섯째, 조세제도 문제와 관련하여 이익은 고려조의 전세 수취율에 대하여 다음과 같이 언급하였다.

太祖卽位三十四日 歎曰 近世暴斂 一頃之租收 至六石 民不聊生 予甚憫之 自今宜用什一 以田一負 出租三升 遂放民三年租 噫 此與漢祖約法三章同符也 然則百負而三十斗也 是時石爲十斗則減其半也 至恭讓王時 征斂漸濫 定爲一結米二十斗之式 則當輸租五十斗矣 …… 麗時田柴之科 州府郡縣 各定結數 今也則柴炭之類 定爲名目 別輸亦多 合計道路剩費 一頃輸百斗 則此比新羅之末 更增小半 視麗朝之制 果何如也[10]

위의 인용문에 따르면 고려조의 전세 수취율은 태조 왕건이 즉위 34일 만에 10분의 1로 낮추어 1결당 30두로 한 것으로 보았다. 이것이 공양왕 때 50두가 되었는데 이익 당시에는 100두가 되었다는 것이다. 이것은 고려조의 전세 수취율에 의거하여 조선조의 높은 수취율을 비판하는 것이라고 하겠다. 다만 고려조의 전세 수취율에 대하여는 현대의 연구자들에 의하여 논란이 있으므로 이익의 주장을 그대로 받아들이는 데에는 신중을 기하여야 할 것이지만 고려의 세율을 연구할 때 참고가 될 수 있을 것이다.

일곱째로, 고려조의 진휼제도에 대하여 이익은 다음과 같이 높이 평가하였다.

---

10)『성호사설』권 25, 경사문「麗朝減賦」.

高麗賑恤之政極備 發倉之典 史不絶書 謂之發倉 與今糶糴之法異矣 …… 國初倉
黑倉 至成宗改名義倉 戶斂米穀 以時收積 以備緩急 忠宣王時 又置有備倉 又設烟
戶米 盖歲豊 則量戶之大小 出穀有差 藏之州廩 以救來歲之荒 卽倣周禮 …… 麗
時旣無官耗之弊 租稅之納 許民自量自槩 公私同用其斗斛 至荒斂賑救 則又設東
西大悲院濟危舖 以養疾病 鰥寡孤獨 官給救恤 疲癃殘疾 無不待養 優民之政 比今
不啻差强11)

위 인용문에 따르면 고려시기에는 진휼제도가 잘 정비되었으며 이때에는
관에서 耗穀을 받거나 환곡이 조세화하는 폐단이 없었으며 동서대비원 등에
서 병자를 잘 돌보았고 노약자에 대한 구휼도 잘하여 조선조에 비하여 월등
하게 좋았다는 것이다. 고려조의 구휼제도에 대한 언급 역시 고려조의 제도
를 갖고서 조선의 제도를 비판하고 개혁의 대안을 제시하는 것이라고 하겠
다.

여덟째, 고려조 신분제에 대한 이익의 견해와 관련되는 것으로 고려조 노
비제에 대한 그의 언급이 있다.

我東奴婢之法 始自箕聖 …… 必不使世傳如今法 …… 後王太祖時 從軍得俘者 得
以有之 轉作世傳之規 一爲賤隷 千萬世不能免焉 …… 高麗太祖 嘗欲放俘爲良 而
慮動功臣之意 許令從便 定宗五年 始立賤者隨母之法 其始必從父故也 賤人多知
母而不知父 …… 苟不可以已之 則反不若從母之爲愈也 成宗六年 定奴婢還賤法
…… 本主之因緣生事 以强制弱 勒還爲奴者 何得以禁之12)

이에 따르면 기자에서 비롯된 노비제는 원래는 세습제가 아니었으며 고려
태조 때에 공신의 동요를 우려하여 포로를 노비로 하게 한 것에서부터 세습
제로 전화되었다고 하였다. 또 이 노비세습제는 처음에는 종부법이었으나
고려 정종 5년에 노비종모법이 시작되었으며 이것은 노비는 아비를 제대로
알 수 없는 점에서 올바른 조치였다고 평가하였다.

노비세습제가 고려 태조 왕건이 부득이 공신에게 포로를 노비로 할 것을

---

11) 『성호사설』 권 24, 경사문 「高麗賑政」.
12) 『성호사설』 권 9, 인사문 「奴婢還賤」.

허락한 데에서 비롯되었다고 한 것은 노비세습제를 반대하는 이익의 입장을
역사적으로 정당화하는 것이라고 하겠다.

또 고려 정종 때의 노비종모법 실시에 대하여 찬성한 것은 일단 노비종모
법을 정착시켜 노비의 수를 감소시키고자 하는 이익 자신의 노비제 개혁론
에 따른 것이며 종모법의 역사적 근거를 고려 정종 때의 종모법 실시에서
찾은 것이라고 하겠다. 그리고 고려 성종 때에 실시된 노비환천법에 대하여
반대하고 있는 것은 궁극적으로 노비제의 철폐를 생각하는 그의 입장에서
나온 것이라고 하겠다.

위에서 주로 고려조 제도를 근거로 하여 이익이 조선조의 제도를 비판하
였으며 개혁의 대안 가운데 많은 부분이 고려조의 것에 의거하고 있음을 살
펴보았다. 그러면 우리는 이익이 조선조가 고려조에 비하여 쇠퇴한 것으로
보지 않았는가 하는 생각을 가질 수도 있겠다. 제도에 대한 그의 견해만을
보면 그런 생각을 할 수 있겠지만 문화 전체의 측면에서는 조선조가 고려조
에 비하여 발전된 것으로 이해하였다. 그는 「國中人才」라는 글에서 다음과
같이 언급하였다.

王氏以武力得之 文風蓋昧昧也 雖有一時翹楚 不過鷹勇鄙俗 無能傳後 八條遺化
滅之盡矣 中世以後 文敎稍備[13]

이에 따르면 고려조는 원래 문풍이 없었는데 중세 이후 文敎가 조금씩
갖춰지기 시작하였다는 것이다. 이리하여 이익은 조선조 유학의 융성에 대
하여 다음과 같이 높이 평가하였다.

聖朝建極 人文始闢 中世以後 退溪生於小白之下 南冥生於頭流之東 皆嶺南之土
上道尙仁 下道主義 儒化氣節 如海潤山高 於是文明之極矣[14]

---

13) 『성호사설』 권 1, 천지문 「國中人才」.
14) 『성호사설』 권 1 천지문 「東方人文」.

위의 인용문에서 보면 조선조에 들어와서 人文이 비로소 열리기 시작하여
중세의 퇴계 이황과 남명 조식에 이르러 문명이 극에 달하였다는 것이다.15)

3. 丁若鏞의 高麗時代 認識

정약용 역시 고려의 제도에 내하여 적지 않은 관심을 보였다. 이 역시 고려
조 제도에 대한 검토를 통하여 자신의 제도개혁론에 일정한 시사를 받거나
입론의 역사적 근거로 이용하기 위해서였다. 따라서 정약용은『경세유표』와
『목민심서』에서 자신의 개혁론 또는 개선안과 관련하여 고려조의 제도에 대
하여 언급하였다. 그는 고려조의 지방제도, 과거제도, 토지제도, 조세제도,
진휼제도 등에 대하여 언급하였다.

첫째, 고려조의 지방제도에 대하여 그는『경세유표』「군현분예」에서 다음
과 같이 말하였다.

> 王者建國 經野分州之 法制一定 不宜變動 在昔高麗之世 州縣陞號者 歲增月衍 或
> 以王妃之姓鄉 或以勳臣之本鄉 或以高僧之本鄉 遂使官制紊亂 詔風大行 逮我聖
> 朝 因循爲法 此必宜改者也16)

이에 따르면 고려시기 지방제도에 있어서 州縣의 승격이 왕비의 고향이라
든가 훈신의 본향이라는 등의 이유로 나날이 늘어나 제도가 매우 문란하였
는데 조선조에 들어와서도 이것을 그대로 따랐으므로 의당 고쳐야 한다는

---

15) 여기서 인문이라는 것은 유학을 가리키는 것으로서, 구체적으로 성리학을 지칭하
는 것으로 생각된다. 위 구절에 이어서 이익은 "余生兩賢之後 猶是文未墜地 自此以
後 如下灘之船 其勢難住 …… 後來者 必將企余而起"라고 하였다. 자신이 퇴계와 남
명을 계승하였으므로 후대의 사람들은 자신에게 의거해야 할 것이라고 하여 스스로
도통을 이은 것으로 자임하고 있는 것이 주목된다. 여기서 우리는 이익이 스스로
자신의 학문을 성리학의 연장선상에서 생각하고 있는 점, 율곡 이이에 대하여는 언
급하고 있지 않는 점이 주목된다.
16)『경세유표』천관수제「군현분예」,『여유당전서』5, 62쪽(이하『전서』로 약칭. 쪽
수는 경인문화사 영인본을 따름).

것이다. 고려조의 폐습의 연장선상에서 조선조의 폐습을 말하고 그 폐지를
주장하는 것이라고 하겠다.

둘째로, 고려조의 과거제도에 대하여는 다음과 같이 언급하였다.

吾東古無科擧 至高麗光宗之時 柴周人雙冀 隨使而來 因病未還 留授科擧之法 顧
學焉而未詳 效焉而未精 但聞聚士試文 以爲進士而已 其規模節目 未之移也[17]

이에 따르면 우리나라에 원래 과거제가 없다가 고려 광종 때에 쌍기에 의
하여 제정되었는데 애초부터 중국의 규모와 제도를 제대로 따르지 않고 단
지 詩文으로 시험하였다고 하였다. 정약용은 고려조 과거제도가 처음부터
매우 미비되었다고 보았던 것이다. 그는 고려조의 과거제도가 큰 변화 없이
조선조에 답습되었다고 보므로 고려조 과거제도에 대한 비판은 바로 조선조
의 과거제도를 비판하는 것이 되고, 이것은 그의 과거제 개혁론으로 연결되
는 것이라고 하겠다.

한편 정약용은 조선후기 당시 과거의 실상에 대하여는 조선 초나 고려시
대보다도 더 격이 떨어진 것으로 보아 다음과 같이 말하였다.

四六之體 其格律精嚴 如近體律詩 高麗之人及國初名臣所作 亦皆如此 忽自中世
以來 此法大亂 科場姑捨 雖碑銘上樑文 亦全不合律[18]

이에 따르면 과거에서 四六體의 격율이 원래 매우 엄격하여 고려와 조선
초 名臣들의 작품은 이와 같았는데 조선후기 당시에는 科擧는 고사하고라도
비명이나 상량문도 매우 律에 맞지 않게 되었다고 하였다.

셋째로, 고려조의 토지제도에 대하여는 토지파악 방식과 관련하여 『고려
사』 「식화지」를 인용하면서 다음과 같이 말하였다.

---

17) 『경세유표』 춘관수제 「과거지규」, 『전서』 5, 278쪽.
18) 『경세유표』 춘관수제 「선과거지규」 2, 『전서』 5, 286쪽.

結負之法 雖自高昔 其實 古者以頃畝爲結負 非如今法, 高麗史食貨志云 文宗八年
判 凡田不易之地爲上 一易之地爲中 再易之地爲下 其不易山田一結準平田一結
一易田二結準平田一結 再易田三結準平田一結 ○ 臣謹案田結之名 見於管子 而
崔致遠四山碑銘 有賜田十結之語 似若新羅之世 已用結負之名 然今考麗史 其文
若此 則 古之結負 非今之結負矣 其不易一易再易之名 猶循周禮授田之古法 而凡
所謂一結之地 其廣狹皆同[19]

이에 따르면 옛날의 결부법은 조선조의 결부법(소출단위)과 딜리 경무법(면
적파악)이었다는 것이다. 그 근거로 고려사 식화지의 문종 8년判에서 "凡田
不易之地爲上 一易之地爲中 再易之地爲下 其不易山田一結準平田一結 一
易田二結準平田一結 再易田三結準平田一結"이라는 기사를 인용하여 고려
시기에 1결의 면적은 모두 동일하였다고 주장하였다. 이렇게 고려조 결부법
이 바로 경무법이었다는 주장은 정약용 자신의 결부법 폐지·경무법 실시의
개혁론을 역사적으로 정당화하기 위한 것이다. 앞서 이익도 고려시기 결부
법을 경무법으로 이해한 것처럼 여겨지지만 정약용과 같이 명확하게 표현하
지는 않았다.

한편 토지제도와 관련하여 정약용은 둔전 문제에 대하여도 고려시기와 연
관하여 다음과 같이 말하였다.

許積上疏曰 …… 高麗時 置陰竹屯田 又於沿海防守處 皆置 及其末世 所任非人
耕種無實 收納倍之 戍卒號怨 我太祖初定四方 盡罷沿海屯田 今之屯田 與麗末害
均[20]

고려 때에 연해 방어처에 모두 둔전을 두었으나 고려 말에 제대로 경작하
지 않고 수납이 배가 되어 戍卒이 원망하여 태조 이성계가 모두 혁파하였는
데 조선후기 당시에도 마찬가지로 둔전의 폐해가 일어나고 있다는 것이다.
이리하여 고려 말 둔전의 폐해 및 이성계의 혁파를 근거로 조선후기 문제가

19) 『경세유표』 전제별고 1 「결부고변」, 『전서』 5, 161쪽.
20) 『경세유표』 지관수제 「전제」 12(정전의 4), 『전서』 5, 156쪽.

되는 둔전 혁파를 주장하는 것이라고 하겠다.

넷째로, 고려조의 조세제도에 대하여는 전세 수취율과 관련하여『고려사』
「식화지」를 인용하면서 다음과 같이 언급하였다.

> 高麗食貨志云 一結之田 方一百四步三分 是爲一頃 …… 臣謹案 今人 以結負解田
> 之法 爲羅麗古俗 而今高麗志曰 一結之田 方一百四步三分 不復云 各等之田 其步
> 數有此 則一結 仍是一頃 非今日差等之一結也 一頃之稅收 至六石者 稅有輕重 其
> 重者 至於六石云耳[21]

이에 따르면『고려사』「식화지」에 1결의 면적을 일률적으로 사방 104보
3분으로 하고 그 차등을 말하지 않았으니 1결의 면적은 모두 같다. 즉, 면적
단위의 파악(경무법)이다. 이 점에 대하여는 앞서도 언급하였는데 이것을 정
약용은 전세율과 관련지어 말하였다. 즉, 위에서 보듯이 1결의 면적이 같다
면 같은 1결이라도 토지 비옥도에 따라서 조세 수취량이 달랐을 것이며 고려
조에 1결당 수취량은 최고 6석이었을 것이라는 것이 정약용의 생각이다.[22]
한편 정약용은 고려 말 이래 200여 년간 써오던 隨等異尺制가 조선 인조
때 폐지된 것에 대하여 다음과 같이 언급하였다.

> 原典六等之斥 今所不用 然其誤不可以不言也 …… 未知此法何所據而如是也 麗
> 季以來 二百餘年 以此之法 因之不變 至我仁祖大王甲戌之年 始改其法 於戲盛
> 矣[23]

---

21)『경세유표』,「전제고」6(방전의),『전서』5, 116쪽.
22) 이익은 고려조 결부법이 경무법이라는 생각을 하였으나 비옥도 차이에 따른 수
취량의 차이는 미처 생각하지 못하였는데, 정약용은 이것을 생각해낸 것이다. 이런
식으로 생각한다면 태조 왕건이 전세 수취 1결당 6석을 3석으로 반감했다는 것도
최고수취량에 대한 것이 된다. 이익은 위 기사를 근거로 조선후기 당시의 전세 수
취율의 과다를 비판하였는데 정약용은 이익과 다소 다른 생각을 가진 것이 된다.
정약용이 田稅에 대하여 인하라는 각도에서만 생각하고 있지 않았음을 보여주는 사
례라고 할 것이다.
23)『경세유표』,「전제고」6(방전의),『전서』5, 117쪽.

『경국대전』 원전에 기록된 수등이척제는 그 기원을 알 수 없는 것인데 인조 때 폐지하니 매우 잘되었다는 것이다. 고려조 결부법이 조선조와 달리 경무법이었다는 정약용의 견해에 따르면 고려시기에 척도가 당연히 단일하였을 것이니, 그로서는 도대체 수등이척제가 어디에서 연원하였는지 이해가 되지 않았을 것이다. 인조 때의 單一量田尺의 실시는 바로 면적단위 파악(경무법)으로의 전화를 용이하게 하므로 정약용이 이를 칭찬하였을 것이다.

아울러 고려조 조세제도에 관련하어 정약용은 염법에 내하여 다음과 같이 언급하였다.

> 高麗建國 則有鹽稅 其制散逸 史無可攷 至忠烈王十四年 始遣使諸道権鹽 ○ ……
> 臣謹按 高麗開國 至是三百餘年矣 既有鹽稅以補國用 猝行権鹽之令 可乎 権鹽者
> 人主而奪商賈之業 必不可效者也 …… 高麗之法 受布給鹽 付之氓民 其竟無逋欠
> 乎 …… 論曰 鹽法之善 莫過於今之均役 歷考中國 勝國之制 皆不便矣[24]

이에 따르면 정약용은 고려조의 염법에 자세히 알 수 없으나 고려 초 이래로 세금으로 징수하여 국가의 용도로 쓰다가 충렬왕 때 갑자기 각염제를 실시함으로써 군주가 그 이익을 독점하게 된 것을 비판하였다. 위에서 보면 이런 비판은 조선조에서 어염세가 국왕의 사적 수입이던 것이 영조에 이르러 균역법을 실시하면서 국가의 세원으로 하게 된 것을 긍정적으로 평가하는 것으로 연결되었다. 전세 이외의 기타 세를 늘림으로써 농민의 부담을 더는 한편 국가 재정을 충실하게 하려는 정약용의 조세제도 개혁론의 근본 취지의 입장에서 고려에 원래 염세가 있었다고 주장한 것이라고 하겠다.[25]

다섯째로 고려조의 진휼제도에 대하여는 『고려사』의 기사를 다음과 같이

---

24) 『경세유표』 「고려염법론」, 『전서』 5, 268-270쪽.
25) 이런 정약용의 입장은 『經世遺表』 「균역사목추의」에 나오는 다음의 구절에서도 확인할 수 있다. "我國三面濱海 而魚鹽之利 盡歸私門 國家一無所賴 肅宗末年 命別設一司 句管一國 魚鹽節目既成而竟未果行 今因均亦 特命革諸宮家折受 庚午秋 分遣使者 各定稅額(乾隆十五年) 諸道魚鹽船利 有厚薄 俗亦不同 兼以幹事者所見各殊 事例互相不同 …… 唯自羅麗之世 人文未闢 法制未具 水稅海租 咸歸私門 或屬諸宮(戚里家) 或屬諸司 或本縣私食其稅 或土豪霸占其地 亂雜橫恣 靡有紀極 若使舜禹見之 不待良役之爲厲民 而立經陳紀久矣"[『경세유표』 「균역사목추의」 1(海稅, 『전서』 5, 259쪽)].

자세히 언급하였다.

高麗之初創 置里倉 賑倉窮民 至成宗五年 益米一萬石 改名義倉 又於諸州府 議置
黑倉 ○ 顯宗十四年判 …… ○ 明宗時制曰 …… ○ 忠烈王時 洪子藩言 …… ○
恭愍王時 …… ○ 辛禑四年 …… ○ 辛昌元年 …… ○ 恭讓王三年 …… 臣謹案
戶租者 以戶斂也 正租者 以丁斂也 然義倉之法 時斂時發 旋又廢之 故忠烈之時
又言刱置 恭愍之時 又言復設 辛禑之時 又言出穀 申昌之時 又言置倉 其恒久不變
網利增額 爲生民切骨之弊 不似今日之還上也 國朝始制 亦唯義倉 略如高麗之法
○ 世宗三年 上謂近臣曰 …… 臣謹案 我朝義倉之法 本皆以官布貿入 非科斂民戶
如前朝之法 又其設倉 專爲賑民 一粒之粟 未嘗以爲經費之補用 一自萬曆倭寇之
後 國用虛竭 軍需浩廣 於是 唯常平賑恤二倉之升 層層添出 色色增設者 皆戶曹及
諸營門諸衙門之所需用也 倉廩之設 本爲救民 今爲斂民 立意頓殊 流波瀰滿26)

위에서 보듯이 정약용은 고려조의 義倉 설치를 여러 차례 인용하고서 이
렇게 여러 차례 설치에 대한 언급이 있는 것은 고려시기 의창이 상설적이라
기보다는 필요에 따라 설치되었다가 폐지되는 식으로 치폐를 거듭하였기 때
문이라고 설명하였다. 이런 그의 주장은 위의 인용문에서 보듯이 조선후기
환곡의 총수가 점차 늘어나고 조세화함으로써 민에게 부담이 가중되는 것에
대한 비판으로 연결되었다.27)

이상에서 보면 정약용의 고려조 제도에 대한 언급은 고려조의 것을 근거
로 조선조의 제도를 비판하기 위한 것, 고려조의 제도 폐단을 조선조가 답습
함으로써 그 폐단이 계속되었다고 보는 것의 두 가지가 있었다. 그러면 정약
용은 고려조의 제도와 조선조 제도의 전체적 관계에 대하여『經世遺表』引
에서 다음과 같이 말하였다.

創業之初 不能改法 因循末俗 以爲經法 此古今之通患也 故我邦之法 多因高麗之舊28)

---

26)『경세유표』지관수제「창름지저」1,『전서』5, 227-228쪽.
27) 이런 비판은 이익의 그것과 같다. 다만 이익은 고려시기 의창을 조세로 보지 않
　　았는 데 비해 정약용은 조세로 파악하면서도 그것이 상설적 기구가 아니라고 하여
　　그 폐단이 조선후기에 비하여 적었다고 한 점에서 양자의 차이가 있다.
28)『經世遺表』引,『전서』5, 2쪽.

이에 따르면 조선조 창업 초의 제도는 대체로 고려조의 잘못된 것을 그대로 답습하였는데 이것이 항구적인 법이 되었다는 것이다. 즉, 고려조와 조선조의 제도에 대하여 모두 부정적으로 보는 것이라고 하겠다. 이것은 周禮에 입각하여 조선조 제도를 전체적으로 개혁하려는 그의 생각에서 나온 것이라고 하겠다.29) 이런 정약용의 생각은 고려조의 제도를 대체로 조선조의 그것보다는 우월한 것으로 보아 이를 근거로 조선조의 제도를 비판하는 이익의 태도와는 약간의 차이가 있다. 전체적으로 보아 고려소의 잘못된 제도를 조선조가 그대로 답습하였다는 식의 생각은 정약용에 앞서 이미 유수원에 의해 제시되었다. 유수원 역시 周禮에 입각하여 근본적 개혁을 생각하였기 때문이라고 생각된다.

4. 結語

이상에서 이익, 정약용의 고려 제도 인식에 대하여 살펴보았다. 앞 장에서 살핀 유형원, 유수원의 고려시대 인식과 관련하여 상호 영향 관계 검토 및 비교를 행하기로 한다. 먼저 유형원은 고려시대의 여러 제도 검토를 통해 그 문제점을 지적하고 이것을 근거로 하여 자신의 개혁론의 근거로 삼았다. 유수원의 경우에도 이 점은 마찬가지였다. 그러나 유수원은 고려시대의 제도를 체계적으로 검토한 점에서 유형원과 다르다.

---

29) 정약용의 이러한 생각은 그가『경세유표』引에서 다음과 같이 말한 것에서도 확인된다. "玆所論者法也 法而名之曰禮 何也 先王以禮而爲國 以禮而道民也 揆諸天理而合 錯諸仁情而協者 爲之禮 威之以所恐 迫之以所悲 使斯民 兢兢然 莫之敢干者 謂之法 先王以禮而爲法 後王以法而爲法 斯所不同也 周公營周 居于洛邑 制法六篇 名之曰禮 豈其非禮而周公謂之禮 …… 以余觀之 奮發興作 使天下之人 騷騷擾擾 勞勞役役 曾不能謀一息之安者 堯舜是堯舜也 …… 夏后氏之禮 非夏后氏獨制也 卽堯舜禹稷契益皐陶之等 所聚精會神竭誠單智 爲萬世立法之程者也 其一條一例 豈人之所能易哉 然 殷人代夏 不能不有所損益 周人代殷 不能不有所損益 何則 世道如江河之推移 一定而萬世不同 非理之所能然也 秦人之法 是秦人之法 非千聖百王之所傳流也 然漢興悉因秦 故曾不敢動一毛 …… 以至百年 得武帝而後 始微變其一二"(『經世遺表』引,『전서』5, 1쪽) 이에 따르면 정약용은 중국에서도 堯舜·三代 이외의 역대 제도를 모두 부정했다.

한편 이익에게서는 고려시대의 여러 제도를 검토하면서 그 장점을 갖고 조선시대 제도를 비판하고 대안으로 삼는 경향이 나타났다. 정약용의 경우 고려시대를 보는 입장은, 유수원이 조선이 고려 제도를 대체로 계승하여 문제점이 그대로 이어진다고 보았던 것과 기본적으로 궤를 같이 한다. 그리고 정약용은 고려시대 전세율 등과 같은 문제에서 이익과 견해차이를 보인다. 그러나 이런 견해가 나오게 된 것 역시 이익의 선행적 연구가 있었기 때문이다. 이익의 연구는 유형원에게서 자극과 영향을 받은 것이다.

다음으로 실학자들의 고려시대 제도 연구가 오늘날 우리에게 갖는 의미에 대하여 생각해보기로 한다. 고려시대에 경무법과 결부법이 일치하였다는 주장, 결적의 변화 주장 같은 것은 오늘날 우리가 경청해야 할 주장이며 고려 과거제에 대한 언급도 고려시대 과거제를 구체적으로 연구하는 데에 시사를 줄 수 있다고 생각된다. 그리고 노비세습제가 고려에서 시작되었다는 견해, 고려후기의 役에 대한 언급도 역시 주목된다. 앞으로 오늘의 연구 수준으로 실학자들의 고려 제도 연구를 평가하며 또 실학자들의 연구를 고려시대 제도사, 사회경제사 연구의 첫머리에 놓고 연구를 시작하는 것이 바람직하다고 생각한다. 이것은 우리 근대 역사학의 단절을 극복하는 한 방법이 될 수 있을 것이고, 이 방법은 조선시대, 특히 조선초기와 중기 연구에도 원용할 수 있을 것이다.

제3부

實學의 歷史理論과 方法

제6장 李瀷의 歷史理論 — 朱熹와 比較하여

1. 序言

근대 이전의 우리 역사학에서 歷史理論을 처음으로 체계적으로 제시한 사람은, 현재까지 알려진 바로는 李瀷이다. 이러한 그의 史論은 일찍부터 주목되어 實學的 歷史認識의 特徵을 보여주는 것으로 이해되어왔다.[1] 이들 연구는 이익의 史論을 대체로 주자학의 道德主義的·經史一體的 역사인식과 對立되는 現實主義的인 것 — 이른바 時勢論 — 으로 이해하였다. 근래 이런 경향에 대하여 비판하는 연구가 나타나기 시작하였으며[2] 유사한 관점에서 이 문제를 깊이 있게 다룬 연구가 다시 나왔다.[3] 이런 반론들을 일정 부분 수용하여, 기본적으로 전자의 관점에서 서면서도 양자의 입장을 절충하는 논문이 최근 발표되었다.[4] 이런 의견차이는 단순히 이익의 역사이론 해석과

---

1) 이런 입장에서의, 이익의 역사인식에 대한 연구로는 다음과 같은 논고가 있다.
  한우근, 「성호 이익의 사상연구 (1)—그의 史論과 朋黨論」, ≪사회과학≫ 1, 1957(『이조 후기의 사회와 사상』, 을유문화사, 1961 재록).; 송찬식, 「성호의 새로운 사론」, ≪백산 학보≫ 8, 1970(이우성·강만길 공편, 『한국의 역사인식』(하), 창작과비평사, 1976 재록).
2) 한영우, 「이익의 사론과 한국사 이해」, ≪한국학보≫ 46, 1987(『조선후기 사학사 연구』, 일지사, 1989 재록).
3) 신항수, 「이익의 筆法論과 역사인식」, ≪한국사학사학보≫ 4, 2001.
4) 정창렬, 「이익의 역사이론에 관한 연구」, ≪한국학논집≫ 36, 한양대학교 한국학 연구소, 2002. 이 논문의 결론 부분에서 "이익에게서 보이는 사실에 대한 현실주의적 인식과 도덕주의적 내지는 春秋大義的 가치평가의 병존은, 종래의 존재와 가치

관련된 것만이 아니라, 조선후기 실학 전체의 성격, 주자학에 대한 이해방식,
양자의 차이점은 기본적으로 어떤 것인가 하는 보다 큰 문제들과 관련된다.

위와 같은 의견 대립이 생긴 것에는 기본적으로 두 가지 오해가 있었기
때문으로 생각된다. 첫째로는 實學의 歷史理論을 기본적으로 道德主義와
絶緣된 現實主義로 보려고 하는 관점이 문제이고,[5] 둘째로는 우리 국사학계

의 낡은 통합을 그 새로운 통합에로 지양하려는 과정에서 나타난, 두 측면의 분열
성이었다고 생각된다. …… 이익은 존재(사실)와 가치(도덕)를 양립화하면서 각각을
자립화시켜 현실주의적 사고를 크게 발전시켰고, 정치적 자주의 원리를 크게 부각
시켰"다고 하였다(앞의 논문, 135쪽). 이익의 경우 존재와 당위가 분리되어 병존하
면서, 현실주의적 사고를 크게 발전시킨 것이라기보다는 새로운 가치가 현실을 현
실대로 냉철하게 보는 사고와 결합되는, 새로운 가치와 존재의 합일을 이루었다고
생각된다(이에 대하여는 뒤에 다시 생각해보기로 한다).
　이상에서 언급된 논문들 외에, 이익의 역사인식에 대한 논문으로 이우성, 「이조후
기 近畿學派에 있어서의 正統論의 전개」(≪역사학보≫ 31, 1966; 이우성·강만길 공
편, 『한국의 역사인식』(하), 창작과비평사, 1976 재록), 정창렬, 「실학의 역사관 ─
이익과 정약용을 중심으로」(『벽사이우성교수정년기념논총』, 창작과비평사, 1990)
및 최영성, 「성호 이익의 역사인식」(『한국사상과 문화』 4, 1999)이 있다. 이 가운데
이우성의 논문은 이익의 역사인식을 正統論의 관점에서 설명한 것으로, 이것은 조
선후기 華夷觀의 變化 문제와도 관련된다.
　이익의 화이관 문제는 필자가 별도의 논고에서 검토한 바 있다(졸고, 「조선후기 화
이관의 변화」, 『근대국가와 민족문제』, 지식산업사, 1995. 補: 이 책 화이관 부분에
수록. 이 책의 화이관 부분에서는 위 논문에서의 논의를 확대하여 이익의 화이관에
대하여 다시 별도로 논하였다). 위 논문에서는 이익이 종족적 화이관과 지리적 화
이관을 탈피하였으나 문화적 화이관은 남아 있었으며 우리를 소중화로 생각했다고
하였다. 다만 여기서 문화적 화이관, 소중화론의 근거가 되는 유교문화는 요순시대
의 이상적 정치로서, 이것은 주자학자들이 생각하는 것과는 다른 개혁사상적 요소
를 갖는 것이라고 하였다(위의 논문, 251쪽). 이 점에서 이익의 이러한 문화적 화이
관은 개방적·보편적 성격을 갖는 것이므로 종래의 주자학 입장에서의 문화적 화이
관과는 전혀 다른 것이다. 따라서 이익의 경우 '문화적 화이관'이기는 하지만 이 용
어를 쓸 경우 주자학자의 그것과 구별이 모호하게 될 염려가 있다. 따라서 다른 용
어를 찾아볼 필요가 있다. 다만 이것을 '華夷觀의 극복'이라고 할지는 좀더 생각해
볼 문제이다. 중국중심주의적 입장이 아니며, 조선후기 성리학자들이 말하는 조선
중화론의 문화적 화이론과 분명히 다른 것이기는 하지만, 이익 역시 인류가 공통으
로 지향해야 할 목표를 華에 두고 있기 때문이다. 중국문화 수용 이전의 우리 고유
문화를 그 자체로서 적극적으로 평가하는, 단재를 비롯한 일제시기 민족주의 역사
학자와는 전혀 다르다. 이익의 화이관은 보편적·개방적인 것이며 이것이 근대 내셔
널리즘을 넘어서는 측면이기는 하지만, 그것이 그대로 21세기 인류가 공통으로 지
향해야 할 목표는 아니다. 동북아 지역이 아닌 다른 문화권에서의 '보편'을 흡수하
여 새로운 문명의 창조가 앞으로 요구되기 때문이다.
5) 우리가 실학에서 현실주의를 찾으려 노력하여온 것은, 주자학을 존재와 당위의 무

에서는 朱熹의 歷史理論을 대체로 道德主義의 관점에서만 이해하는 것이 문제이다. 따라서 우리는 먼저 주희의 역사인식을 제대로 이해할 필요가 있다. 이 글에서는 먼저 주희의 역사이론을 살펴보고 나서[6] 이익의 그것을 검토하고 양자를 비교하여 양자의 같은 점과 다른 점을 정리하기로 한다. 양자의 역사이론 및 역사인식에 대하여 다루어야 할 범위는 광범위하다고 생각되지만, 이 글에서는 가장 쟁점적 사항이 될 수 있다고 여겨지는 時勢·是非·實踐·王朝評價·華夷觀의 문제를 중심으로 다루기로 한다. 또 결어에서는 위의 논의에 기초하여 李瀷의 歷史理論의 性格과 이것이 조선후기 실학의 성격 규정에 갖는 의미, 실학과 주자학의 차이점, 이익의 역사이론의 역사적 위치와 현재 우리에게 갖는 의미 등에 대하여 생각해보기로 한다.

매개적 통합으로 보고 근대로의 이행과정에서 존재와 당위가 분해되어가서, 정치가 도덕과 분리되어 현실주의적으로 되어간다는 丸山眞男식의 생각을 무의식적으로 갖게 되었기 때문이 아닌가 생각된다. 實學 자체는 새로운 道德的 價値의 추구와 事實主義的 思考와의 結合이었다. '現實主義'라는 말은 힘의 논리에 기초한 현실추수적·현실타협적이라는 부정적 의미를 내포할 수 있으며 실제로 우리가 무의식중에 그런 의미로 사용하는 경우가 많다. '事實主義'라는 말로 대체할 필요가 있다. 이 글에서 '事實主義'라는 사실 또는 객관적 힘의 논리를 냉철하게 보면서도 민중의 편에 서서 도덕적 가치를 추구하는 이념이라는 의미로 사용하고자 한다. 현실추수적인 현실주의의 문제점에 대하여는 丸山 자신이 「現實主義의 陷穽」(1958)이라는 글에서 이미 지적한 바 있다(丸山眞男, 『現代政治의 思想과 行動』(增補版, 未來社, 1964). 이 점에서 보면 丸山 자신이 근대사회에서의 도덕과 정치의 분리를 말하는 것이, 현실 정치에서 道德을 배제하기 위한 것이 아니라 오히려 도덕성을 추구하기 위한 것임을 알 수 있다.
6) 朱熹의 역사인식에 대한 기존의 연구로는 다음의 논고를 참고하였다. 이 글에서의 주희의 역사이론에 대한 연구는 아래에 언급된 선행 연구의 도움을 크게 받았다. 그러나 기존 연구들 사이에도 서로 차이가 있으며 필자 나름의 견해를 피력하고자 노력하였다.
麓保孝, 「朱子의 歷史論」, 『朱子學入門』(朱子學大系 1), 明德出版社, 1974(『중국의 역사인식』(하), 창작과비평사, 1985 번역 재록).; 陳芳明, 「宋代 正統論의 形成과 그 內容」, 『中國史學史論文選集』, 華世出版社, 1976(『중국의 역사인식』(하), 창작과비평사, 1985 번역 재록).; 呂謙擧, 「宋代 史學의 義理論」, 『中國史學史論文選集』, 華世出版社, 1976(『중국의 역사인식』(하), 창작과비평사, 1985 번역 재록); 張立文, 「心術, 王覇, 道統的 唯心史觀」, 『朱熹思想硏究』, 中國社會科學出版社, 1981.; 三浦國雄, 「氣數와 事勢 ─朱熹의 歷史意識」, ≪東洋史硏究≫ 42-4, 1984.; 柳仁熙, 「朱熹의 歷史哲學」, ≪哲學≫ 23, 1985.; 李南永, 「朱熹의 歷史哲學」, 『國際中國哲學討論會論文集』, 臺灣大學哲學系, 1986.; 文錫允, 「朱熹에서의 理性과 歷史」, ≪泰東古典硏究≫ 16, 1999.

2. 朱熹의 歷史理論

前近代 中國에서의 歷史理論은 대체로 鑑戒(敎訓)主義, 尚古主義, 循環主義의 특징을 띠거나[7] 褒貶, 讀書人의 敎養書·官吏의 參考書로서의 기능, 論理 대신에 先例의 重視라는 특성을 갖는 것으로 이해된다.[8] 褒貶은 크게 보아 鑑戒主義의 범주에 속할 수 있는 것이므로 위의 두 견해를 합쳐서 보면 전근대 중국의 역사이론은 鑑戒(敎訓)主義, 尚古主義, 循環主義, 先例의 重視라는 특성을 가지면서 독서인의 교양서·관리의 참고서의 기능을 하였다고 정리할 수 있겠다. 이것은 전근대 중국 역사이론이 基本的으로 儒學에 토대를 두고 있는 데 기인하는 것이라고 생각된다.[9]

전근대 중국의 역사이론은 古代로부터 발전되어왔지만, 宋代에 들어서 名分과 義理를 중시하는 성리학의 전개와 더불어 윤리적 성격이 강화되었다.[10] 朱熹의 학문은 이런 宋學의 전통을 계승하면서 집대성한 것이라고 할 수 있다. 이런 점에서 그는 역사에서 功利的인 것을 배격하고 義理와 名分을 매우 강조하였다.[11]

그러나 주희의 역사이론을 단지 의리와 명분을 강조하는 道德主義的인 것으로만 이해할 수는 없다. 그의 인간과 역사에 대한 이해는 氣와 밀접히 관계되기 때문이다. 먼저 그는 인간의 운명과 관련하여 "人之生 適遇其氣 有得淸者 有得濁者 貴賤夭壽皆然 故參錯不齊如此"라고 하였다.[12] 즉, 인간

---

7) 全海宗,「中國人의 歷史意識과 歷史敍述」,『歷史의 理論과 敍述』, 서강대학교 인문
　과학연구소, 1975.
8) 高秉翊,「中國人의 歷史觀」,『思想界』, 1959(『中國의 歷史認識』(상), 창작과비평사,
　1985 재록).
9) 중국인의 역사관을 전체적으로 개관한 것으로는 加賀榮治,「歷史觀」,『思想槪論』,
　大修館書店, 1968이 참고된다.
10) 陳芳明,「宋代 正統論의 形成과 그 內容」,『中國史學史論文選集』, 華世出版社,
　1976(『중국의 역사인식』(하), 창작과비평사, 1985 번역 재록).
　呂謙擧,「宋代史學의 義理論」,『中國史學史論文選集』, 華世出版社, 1976(『중국의 역
　사인식』(하), 창작과비평사, 1985 번역 재록).
11) 송대 역사학 전체의 흐름 속에서 주희의 역사학을 살핀 논고로는 吳懷祺,「朱熹
　的 理學與史學」,(『宋代史學思想史』(第7章), 黃山書社, 1992)이 있다.
12)『주자어류』1, 권 1, 8쪽(이 글에서 이용한 것은 臺灣 文津出版社 간행본, 1985이

의 貴賤夭壽가 모두 氣에 의해 결정된다는 것이다. 이와 마찬가지로 주희는 역사의 전개 과정도 기본적으로 氣에 의한 것으로 파악하였다. 그는 『朱子語類』에서 다음과 같이 말하였다.

> 或說 二氣五行 錯揉萬變 曰 物久自有弊壞 秦漢而下 二氣五行 自是較昏濁 不如 太古之淸 明純粹 且如中星 自堯時至今 已自差五十度了 秦漢而下 自是弊壞[13]

즉, 秦漢 이후 역사의 쇠퇴에 대하여 주희는 二氣五行이 태고에 비해 혼탁해졌기 때문으로 설명한 것이다.

한편 역사의 전개를 일정 數에 따른 순환의 과정으로도 이해하였다. 그는 朱子語類에서 다음과 같이 말하였다.

> 因擧康節元會運世之說 十二萬九千六百年爲一元 一元有十二會 一萬八百年爲一 會 一會有三 十運 三百六十年爲一運 一運有十二世 以小推大 以大推小 個個一般 謂歲月日時 皆相配合也[14]

> 論皇極經世 乃一元統十二會 一會統三十運 一運統十二世 一世統三十年 一年統 十二月 一月 統三十日 一日統十二辰 是十二與三十 迭爲用也[15]

이렇게 우주의 전개 과정을 數에 의한 순환과정으로 봄으로써, 주희는 "古今天下 一盛必有一衰 聖人在上 兢兢業業 必日保治 及到衰退 自是 整頓不起 終不成 一向如此"라고 하여[16] 역사를 一治一亂의 순환과정으로 이해하

다. 따라서 쪽수는 이에 의거하였다).

13) 『주자어류』 8, 권 134, 3208-3209쪽.
14) 『주자어류』 2, 권 24, 596쪽.
15) 『주자어류』 7, 권 100, 2547쪽.
16) 『주자어류』 5, 권 72, 1820쪽. 朱熹의 『資治通鑑綱目』은 邵雍의 『皇極經世』에 영향을 많이 받았다. 이 『황극경세』는 주희 외에 張栻의 『經世年紀』 및 呂祖謙의 『大事記』 등에도 적지 않은 영향을 주었다(吳懷祺 「皇極經世和邵雍的歷史哲學」, 『宋代史學思想史』, 앞의 책, 1992). 이것은 주희를 비롯한 송대 성리학자들이 理의 중요성을 강조하면서도 실제 역사의 전개 과정에 대한 인식에서 循環史觀을 극복할 수 없게 한 하나의 요인이 된다고 여겨진다. 또 순환사관을 극복할 수 없는 한, 역사·

였다.

이상에서 보면 주희는 인간의 운명과 역사의 전개 과정을 기본적으로 氣에 따른 것으로 생각하였으며 역사의 전체 과정을 數에 따른 순환과정으로 이해하였다. 이런 그의 역사이론은 '氣數와 事勢의 歷史意識'으로 이해되기도 한다.[17] 이 글에서는 이것을 '氣數에 따른 循環史觀'으로 부르기로 한다.

그렇다면 功利를 배격하고 義理와 名分을 중시하는 그의 道德主義的 歷史理論과 '氣數에 따른 循環史觀'은 상호 모순되는 것이 아닌가, 그리고 氣數와 事勢를 중시할 때 인간의 실천은 어떤 의미를 가질 수 있는가 하는 의문을 갖게 한다. 이 점에 대하여 '그(주자)는 심각한 비관주의적 정조 가운데에서도 역사의 내면에 흐르는 어떤 정의로운 힘에 대한 신뢰를 포기하지 않는 면모를 보인다'라고 생각하는 견해가 있다.[18] 그 근거를 주희가 "亂極必治 天道循環 自是如此"라고 한 것에 두고 이것을 '理의 歷史論'이라고 하였다.[19]

그러나 朱熹의 위와 같은 언급은 결국 역사에 대한, 그의 循環論的 견해를 되풀이한 것에 지나지 않는다고 생각된다. 그는 "若夫古今之變 極而必反 如晝夜相生 寒暑之相生 乃理之當然 非人力之可爲"라고 하여[20] 이런 순환은 인간의 힘으로 어떻게 할 수 없는 것이라고 하였다.

사회를, 인간의 능동적 실천에 의해, 궁구적 이념에 의해 변혁시킨다고 하는 '根本的 變革에의 展望'을 갖는 것은 불가능하며 바로 여기에 송대 성리학의 한계가 있다고 생각된다. 그러나 『皇極經世』는 나중에 조선에서 서경덕 계열의 학자들에게 영향을 주었고 실학자들에 대한 영향도 있다. 즉, 邵雍의 영향은 이중적이라고 생각된다. 이것은 氣에 대한 관심이 초래하는, 차별성의 강조와 현실 문제의 중시라는 두 측면에서 유래하는 것으로 여겨진다. 소옹·주자학·실학 삼자가 조선 중·후기 사상사에서 갖는 상호관계에 대하여는 앞으로, 張栻까지 고려하면서, 좀더 추구되어야 할 과제이다.

17) 三浦國雄, 앞의 논문(「氣數와 事勢」). 한편 유인희, 「주희의 역사철학」에서도 "역사변천의 객관적 사세와 시기가 있다"고 하였다(44쪽 이하).
18) 문석윤, 앞의 논문(「주희에서의 이성과 역사」), 387쪽.
19) 위의 논문, 388쪽.
20) 「古史餘論」, 『주자대전』 중, 권 72, 710쪽(이 글에서 이용한 간본은 1984년 보경문화사에서 영인한 것이다. 이 영인본은 1771년 전라도관찰사 尹東昇이 왕명으로 간행한 것을 대본으로 하였으며 각 책마다 전체적으로 쪽수를 새로 추가하였다. 이 글에서의 인용 쪽수는 이것을 따랐다).

그렇다면 역사 속에서 이념의 실현은 불가능한 것인가. 이 점에 대하여 주희는 다음과 같이 말하였다.

> 問治亂之機 曰 今看前古治亂 那裏是一時做得 小是四五十年 多是一二百年醞釀 方得如此[21)

즉, 적게는 사오십 년, 많게는 일이백 년의 축적이 있어야 가능하다는 것이다. 이러한 그의 태도에 대하여 역사적 폐해의 사실을 사실대로 철저하게 인식하고서 합리적으로 개혁하려는 理性主義라고 평가하거나[22) '理想의 실현은 반드시 현실을 조건으로 해서 모색되어야 한다'고 생각한 것으로 이해하기도 한다.[23) 사실 위와 같은 주희의 견해 자체는 결코 틀린 것은 아니라고 생각할 수도 있다.

하지만 위와 같은 주희의 생각은, 바꾸어 말하면, 理想은 그것의 실현을 위한, 장기간의 축적에 따른 現實的 條件의 형성이 없으면 실현불가능하다는 말도 된다. 이것을 氣數에 의한 역사의 순환론이라는 그의 생각과 연결시켜보면, 氣數에 의하여 이념을 실현할 事勢가 돌아오지 않으면 그것을 실현할 수 없다는 뜻이 된다.

앞서 살핀 바와 같이, 주희는 "古今天下 一盛 必有一衰 聖人在上 兢兢業業 必日保治 及到衰退 自是 整頓不起 終不成 一向如此"라고 하여 衰退期에는 聖人이 아무리 노력하여도 어쩔 수 없다는 말까지 하였다. 그렇다면 주희의 경우, 이념을 실현하려고 하더라도 그것은 현실적 조건 속에서의 미봉적·단편적 조건이 될 수밖에 없다는 문제가 생길 수 있다.[24) 한편 그는 "孔子修六經 是三代以上之書 曾經聖人手 全是天理 三代以下文字 有得失"

---

21) 『주자어류』, 7, 권 108, 2690쪽.
22) 呂謙擧, 「宋代史學의 義理觀念」.
23) 문석윤, 앞의 논문, 404쪽.
24) 이와 관련하여 주희가 封建과 井田을 三代의 이념으로 보면서도, 다음과 같이 그것을 실행할 수 없으며 실행하려고 하면 폐단만 생긴다고 한 것이 주목된다. 封建 井田 乃聖王之制 公天下之法 豈敢以爲不然 但在今日 恐難下手 設使强做得成 亦意外 別生弊病 反不如前 則難收拾耳(『주자어류』, 7, 권 108, 2680쪽)

이라고 하여25) 普遍的 理念은 六經 속에 이미 구현되어 있다고 생각하였다. 달리 말하면, 주희에게서 理는 역사적 성격을 갖는 것이 아니라 역사를 넘어서는 보편적 가치를 지닌 것으로 이해된다. 그는 儒敎의 經典을 통하여 배울 수 있다고 생각했다.26) 따라서 주희에게서 理는 역사 속에 있는 것이 아니라, 歷史 밖에 있는 것으로서 外在하며 역사 자체와는 무관하다.

그러면 주희가 실제 중국 역사의 전개 과정을 어떻게 생각하였는지 살펴보기로 한다. 그가 보기에 三代 이후 역사의 실제적 전개는 이념과 배치되는 것이었다. 그는 漢나라와 唐나라의 역사에 대하여 다음과 같이 평가하였다.

> 夫人只是這個人 道只是這個道 豈有三代漢唐之別 但以儒者之學不傳 而堯舜禹湯文武以來 轉 相授受之心 不明於天下 故漢唐之君 雖或不能無暗合之時 而其全體却只在利欲上 此其所以堯 舜三代 自是堯舜三代 漢祖唐宗 自漢祖唐宗 終不能合而爲一也27)

이런 그의 생각은 堯舜·三代를 理想視하는 尙古主義에 따른 것으로서 漢·唐의 역사가 전체적으로 보아 利欲에 있는 것이라고 본 것이다. 이렇게 漢·唐나라 시절 역사가 쇠퇴하게 된 것에 대하여, 주희는 앞서도 살핀 바와 같이 "秦漢而下 二氣五行 自是較昏濁 不如太古之淸明純粹"라고 하여 氣가 昏濁해졌기 때문이라고 설명하였다.

주희는 漢·唐의 역사에 대하여도 다음과 같이 매우 부정적으로 평가하였다.

> 管仲資稟極高 故見得天下利害 都明白 所以做得許多事 自劉漢而下 高祖太宗 亦是如此 都是 自智謀功力中做來 不是自聖賢門戶來 不是自自家心地義理中流出 使高祖太宗當湯武 固自不得 若當桓文 尙未可知28)

---

25) 『주자어류』 1, 권 11, 190쪽.
26) 이 점은 문석윤 자신에 의해 그의 논문(399쪽)에서 지적되었다.
27) 「答陳同甫」, 『주자대전』 상, 권 36, 626쪽(하).
28) 『주자어류』 2, 권 25, 631쪽. 이렇게 주희는 漢·唐의 역사를 매우 부정적으로 보면서도 『資治通鑑綱目』 「凡例」의 서두에서는 "凡正統 謂周·秦·漢·隋·唐"이라고 하여 漢·唐은 물론, 秦·隋까지도 正統으로 인정하였다. 이것은 역사에 대한 주희의 이념적 평가가 철저하지 않으며 氣數에 따른 역사의 전개를 대체로 그대로 인정하고

이상에서 보면 주희 역사관은 퇴보사관으로 볼 수도 있지만, 그의 역사관은 기본적으로 循環史觀이다. 그것은 주희가 자신이 살고 있는 宋代를 평가한 것을 통해서 알 수 있다. 宋나라에 대하여 주희는 「大學章句序」에서 "宋德隆盛 治敎休明"이라고 하였으므로[29] 그가 宋나라를 일단 긍정적으로 평가하였다고 볼 수 있다.[30] 그러나 이 구절 바로 앞에 "以及五季之衰 而壞亂極矣 天運循環 無往不復"이라고 하였으므로 송나라가 융성하게 된 것은 어디까지나 天運의 순환에 의한 것이다. 즉, 순환사관에 따라 그렇게 설명한 것이다.

한편 이와 더불어 생각할 수 있는 것이 道統에 대한 주희의 관념이다. 그는 道統과 관련하여서 孟子集註의 끝 부분에서 다음과 같이 말하였다.

有宋元豊八年 河南程顥伯淳卒 潞公文彦博 題其墓曰 明道先生 而其弟頤正叔序之曰 周公沒 聖人之道不幸 孟軻死 聖人之學不傳 道不幸 百世無善治 學不傳 千載無眞儒 無善治 士猶得 以明夫善治之道 以淑諸人 以傳諸後 無眞儒 則天下貿貿焉 莫知所之 人欲肆而天理滅矣 先生 生乎千四百年之後 得不傳之學於遺經 以興起斯文爲己任 辨異端闢邪說 使聖人之道 煥然復明 於世 蓋自孟子之後 一人而已然學者於道 不知所向 則孰知斯人之爲功 不知所至 則孰知斯名 之稱情也哉[31]

위에서 보면 주희는 宋代에 맹자 이후 끊어진 유학의 道統이 宋代의 程顥에 의하여 다시 살아난 것으로 생각하였음을 알 수 있다. 또 「中庸章句序」에

있음을 보여준다. 『資治通鑑綱目』의 본문은 주희의 제자에 의해 이루어져 반드시 주희의 견해와 일치하지 않을 수 있지만, 「범례」 부분만은 주희가 직접 쓴 것이므로 그 자신의 견해라고 할 수 있다. 주희의 위와 같은 태도가 바로 三代 이후에 정통론을 적용하는 것에는 궁색함이 있다는 이익의 견해와 차이가 나는 점이라고 할 수 있겠다.

29) 『경서』, 9쪽.

30) 그러나 이것은 어디까지나 송나라 신하인 주희의 修辭的 표현에 지나지 않을 수 있다. 주희가 살았던 南宋시절은 중국 북방지역을 상실한 뒤, 외적으로 金나라의 압력을 크게 받고 있었으며 내적으로는 지주전호제 전개와 그 모순의 심화에 따라 농민의 저항이 격화되던 시기였다. 주희 자신만 하더라도 만년에 정치적으로 탄압을 받았으며 그의 학문은 僞學으로 금지되기까지 하였다. 이런 현실 속에서 그가 자신이 살고 있는 시기에 이념이 실천될 수 있으리라고 보기는 어려웠을 것이다.

31) 「盡心章句」 하, 『孟子集註大全』 권 14, 『經書』, 761-762쪽.

서는 "程夫子兄弟者出 得有所考 以續千載不傳緒 …… 雖於道統之傳 不敢
妄議 然初學之士 或有取焉 則亦庶幾乎行遠升高之一助云爾"라고 하였
다.32) 주희는 宋代에 道統이 程顥 혼자에게만이 아니라, 程顥·程頤 형제 모
두에게 되살아났다고 생각하였고 그 道統이 주희 자신에게 전해졌음을 은연
중에 표현하였음을 알 수 있다.33)

한편 주희는 道統이 되살아나는 것에 대하여도 다음과 같이 설명하였다.

　　以及五季之衰 而壞亂極矣 天運循環 無往不復 宋德隆盛 治敎休明 於是河南程氏
　　兩夫子出 以接乎孟氏之傳34)

위의 인용문에서 보면 주희가 道統의 부활 역시 궁극적으로 '天運의 循環'
에 의한 것이라고 생각하였음을 알 수 있다.

따라서 주희의 생각으로는, 전체적으로 보아 현실적 역사의 전개는 어디
까지나 氣數의 순환에 의하여 진행되어 역사와 이성(이념)은 괴리되어온 것
이다. 인간은 이런 현실 속에서 선험적 이념으로서의 道 ─ 이미 삼대에 실현된
적이 있으나 후대에 氣의 변화에 따라 파괴되었으며 공자가 六經 속에 정리해놓은
것 ─ 를 위하여 현실조건을 고려하면서 노력할 따름인 것이다. 이런 인간의
주체적 실천이라는 것도 기본적으로 氣數의 제한을 받는 한, 제한적인 것이
될 수밖에 없다. 주희가 역사를 기본적으로 '氣數에 따른 순환'으로 보는 한,
歷史를 進步하는 것으로 파악하여 그 자체 속에서 理念의 發展 과정을 찾고
歷史와 理念을 一致시키지 못하는 한, 달리 말하자면 이념이 선험적으로 역
사와 괴리되어 있는 한, 어쩔 수 없는 한계였다고 생각된다. 이런 그의 역사

─────────────────

32) 『경서』, 767-768쪽.
33) 이 道統의 유래에 대하여 주희는 「중용장구서」에서 "蓋自上古聖神 繼天立極 而
　　道統之傳 有自來矣 其見於經 則允執厥中者 堯之所以授舜也 人心惟危 道心惟微 惟精
　　惟一 允執厥中者 舜之所以授禹也 堯之一言 至矣盡矣 而舜復益之以三言者 則所以明夫
　　堯之一言 必如是而後 可庶幾也"라고 하였다(『경서』, 765쪽). 그 근원은 결국 天에
　　있으며 이것이 上古의 聖人 堯·舜·禹에게 전해졌다고 본 것이다. 이런 생각은 道는
　　어떤 불변의 진리로서, 역사의 전개와 무관하게 처음부터 정해져 있다는 관념과 연
　　결된다.
34) 「大學章句序」, 『경서』, 9쪽.

이론에 따르면, 인간의 노력이 역사에 부분적·단편적 변화를 가져올 수는 있지만 전체적으로 보아 역사 자체가 인간의 노력에 의하여 변화되는 것이 될 수는 없으며 氣數의 순환에 의하여 모든 성취가 다시 無爲로 돌아가는 것이 될 수도 있는 것이다.

끝으로 주희는 華와 夷의 구별을 엄격하게 하는 華夷觀을 갖고 있었다. 이것은 물론 중국의 文物이 주변 이민족의 그것보다 우월하며 仁義에 기초하고 있다는 그의 생각에 따른 것이다. 이것은 그의 격렬한 攘夷論과 연결되며 당시 南宋이 金나라의 압박을 강하게 받고 있던 시대적 상황에 영향을 받은 것이기도 하였다.[35)]

3. 李瀷의 歷史理論

李瀷의 역사이론 가운데 가장 주목되어온 것이 그의 「陳跡論成敗」와 「讀史料成敗」이며, 이 두 글은 道德主義的 歷史認識을 벗어나 時勢를 중시하는 그의 歷史理論을 말해주는 것이라고 이해되어왔다. 다소 장황하지만 먼저, 그의 歷史理論이 집약적으로 들어 있는 「讀史料成敗」의 전문을 살펴보기로 한다. 이해를 돕기 위해 3단으로 나누기로 한다.

① 天下之事 大抵八九是幸會也 其史書所見 古今成敗利鈍 固多因時之偶然 至於善惡賢不肖之別 亦未必得其實也
② 歷考前史 旁證諸書 參驗而校勘之 誠未可以專信一書而爲已定也 昔程子 讀史到一半 便 掩卷 思量料成敗 然後 却看有不合處 又更精思其間 多有幸而成 不幸而敗 盖不合處固多 而合處未可準信 史者作於成敗已定之後 故隨其成與敗而粧點 就之 若固當然者 且善多諱過 惡 必棄長 故愚智之判 善惡之報 疑若有可徵 殊不知當時有嘉謀不成 拙計遇道 善中有惡 惡中有 善也 千載之下 何從而知其是非之眞耶 是以 據史書料其成敗 則合處多 從今日目擊顯見 者而思量 則八九是不合

---

35) 南宋代 華夷論의 이러한 성격에 대하여는 박지훈의 「南宋代 春秋學의 華夷觀」(『京畿史學』 6, 2002)과 陳芳明의 앞의 논문 참조.

此非但吾智之不明 卽幸會之占多也 非但今事之多戾 亦史書之難眞也
③ 余故曰 天下之事 所値之勢爲上 幸不幸次之 是非爲下36)

위에서 보면 이 글 자체 내에 상호 모순되는 것처럼 여겨지는 부분이 있다. 처음 시작 부분 ①에서는 "天下之事 大抵八九是幸會也"라고 하였으나 끝 부분 ③에서는 "天下之事 所値之勢爲上 幸不幸次之 是非爲下"라고 하였다. 첫 부분에 의하면 천하의 일 가운데 십중팔구(80~90%)는 幸會(偶然)이며 끝 부분에 의하면 천하의 일 가운데 가장 중요한 것은 所値之勢(당시의 형세, 時勢)이고 幸不幸(偶然)이다. 위의 글에 따르면 이익이 역사의 결정요인으로 우연성을 강조한 것으로 보이기도 하고, 時勢를 결정요인으로 본 것 같기도 하다.37) 이것을 어떻게 설명해야 할지 문제이다.

이렇게 모순적으로 보이는 것은 이 「讀史料成敗」의 끝 부분의 주장에 논리적 비약이 있기 때문이라고 생각된다. 논의 시작은 역사에서의 성패는 우연적 요인이 십중팔구이며 도덕성 여부와는 관계없다는 주장으로 시작하여 다음에는 이것을 부연설명하고 끝에서 갑자기 "天下之事 所値之勢爲上 幸不幸次之 是非爲下"라고 한 것이다. 이런 주장을 하기 위해서는 所値之勢와 幸不幸(또는 幸會)의 관계에 대한 설명이 있어야 한다. 所値之勢와 幸不幸(또는 幸會)의 관계를 직접 논하지는 않았으나 이에 대한 이익의 생각을 알 수 있게 해주는 글이 있다. 그는 「造命」이라는 글에서 다음과 같이 말하였다.

有天命 有星命 有造命 天命者 氣數之長短 淸濁厚薄是也 長者壽而短者夭 淸者賢而濁者愚 厚者貴而薄者賤也 星命者 七曜四餘及星斗 經緯錯綜 互相參除 吉凶生焉 後世推命之術是也 雖往往有中 然有大數存焉 不過一曲之損益 何足信取乎 造命者 時勢所値 人力參焉 李長源所 謂 君相造命是也 若專言天命 則善不可賞 而惡不可罰也 不獨君相爲然 士庶亦然 如勤力事育 知幾避凶之類 皆足以移易禍福

36) 『성호사설』 경사문, 권 20, 『성호전서』 6, 718쪽.
37) 「陳迹論成敗」에는 "人每以陳迹論成敗 所以多失也 …… 以余考之 古今興亡衰亂 莫非時勢所驅而成 未必由於人之才德"이라는 구절이 있다(『성호사설』 경사문, 권 27, 『성호전서』 6, 1039쪽). 이에 따르면 이익이 역사의 결정 요인을, 기본적으로 時勢로 생각한 것이 된다.

噫觀衰微之世 此路多占分數 如貴賤一段可見 今東俗品別族類 奴隷下賤 百世而
無榮達 卿相之家 駿頑者彙進 噫惜哉[38]

위에서 보면 命(운명)에 대하여 이익은 天命·星命·造命의 세 가지로 설명
하였다. 여기서 天命이란 "天命者 氣數之長短 淸濁厚薄是也 長者壽而短者
夭 淸者賢而濁者愚 厚者貴而薄者賤也"라고 하였듯이 氣數의 長短, 淸濁과
厚薄에 따른 인간의 夭壽·賢愚·貴賤을 말한다. 이것은 세상을 살아가는 인
간이 받게 되는 夭壽·賢愚·貴賤이 氣數에 의해 결정된다는 뜻이다. 다음으
로 星命이란 "星命者 七曜四餘及星斗 經緯錯綜 互相參除 吉凶生焉 後世推
命之術是也"라고 하였듯이 '七曜, 四餘 및 星斗'라는 자연 현상의 '經緯錯綜
互相參除'(상호작용)에 의하여 결정되는 吉凶에 관한 것으로서 오늘날 점술
가들이 따지는 것이다.

끝으로 造命이란 위에서 "造命者 時勢所値 人力參焉 李長源所謂 君相造
命是也 若專言天命 則善不可賞 而惡不可罰也 不獨君相爲然 士庶亦然 如
勤力事育 知幾避凶之類 皆足以移易禍福"이라고 하였듯이 현실적으로 만나
는 객관적 時勢에 대하여 人力이 참여하여 이루어지는 것, 바꿔 말하자면
인간의 주체적 실천이 덧붙여져 이루어지는 것이다. "如勤力事育 知幾避凶
之類 皆足以移易禍福"이라고 하였으므로 인간의 주체적·능동적 실천에 의
해 禍福, 즉 운명이 바뀔 수 있다고 본 것이다. 인간의 주체적 노력에 의하여
역사의 진행을 변혁할 수 있다는 뜻으로 해석된다.

위와 같은 「造命」에서의 논의를 「讀史料成敗」와 서로 맞추어보면 天命은
時勢, 星命은 幸會(幸不幸)와 관련되는 것으로 생각할 수 있을 것이다. 이렇
게 생각할 수 있다면, 時勢와 幸會의 관계에 대한 설명이 「讀史料成敗」에는
누락되어 있지만, 이 둘의 관계를 「造明」에 나타난 天命과 星命의 관계에
대한 설명을 보고 미루어 짐작할 수 있다. 「造明」에서 天命과 星命의 관계에
대하여 위의 인용문에서 보듯이 "後世推命之術是也 雖往往有中 然有人數
存焉 不過一曲之損益 何足信取乎"라고 하였다. 즉, 점술에 의해 吉凶을 往

38) 「造命」, 『성호사설』 천지문, 권 3, 『성호전서』 5, 90-91쪽.

往 맞출 수는 있으나 大數가 이미 天命에 의해 정하여져 있으니 吉凶이란 것도 아주 적은 損益에 지나지 않는 것이며 이는 따질 것이 못 된다고 하였다. 따라서 時勢와 幸會의 관계는 時勢에 의해 큰 것이 정해지고 幸會라는 것은 이에 비하면 극히 적은 損益이라는 것이 된다.

이와 같은 설명을,「讀史料成敗」의 끝 구절 "余故曰 天下之事 所値之勢 爲上 幸不幸次之 是非爲下 天下之事 所値之勢爲上"의 앞에 추가하여 생각 해보면 時勢·幸不幸·是非 삼자의 관계에 대하여 이익이 어떻게 생각하였는 지에 대하여 이해할 수 있을 것이다. 먼저 時勢와 幸不幸 양자의 관계를 보면, 인간의 운명과 역사는 전체적으로는 時勢에 의하여 결정되며 行不幸에 의하여 결정되는 것은 극히 작다는 뜻이 된다.

그렇다면 「讀史料成敗」의 서두에서 "天下之事 大抵八九是幸會也"라고 한 것을 어떻게 생각하여야 할지 문제이다. 이것을 글자 그대로 "천하의 일 가운데 십중팔구가 幸會(요행, 우연)에 의하여 결정된다"라고 보지 않고, 여기 서 십중팔구란 幸會와 是非(도덕성)의 관계에서 볼 때 십중팔구라고 해석하면 문제가 해결될 것이다.

사실 「讀史料成敗」의 서두에서 "天下之事 大抵八九是幸會也"라고 한 뒤 의 부연설명은 전적으로 幸會와 是非의 관계에 대한 것으로서, 역사에서의 成敗는 幸不幸에 의한 것이지 是非(도덕성)와 일치하지 않는다는 것이었다. 즉, "천하의 일은 기본적으로는 時勢에 의하여 결정되지만, 그 나머지 부차 적 면에서는 주로 幸會—도덕적 필연성이 아닌 우연적 요소—에 의하여 결정 된다"라는 식으로 생각하였다고 볼 수 있다. 즉, 行不幸과 是非 둘의 관계에 서 볼 때 是非가 幸不幸보다 부차적 요인이 되지만, 時勢와 幸不幸의 관계에 서는 幸不幸이 時勢에 비하여 부차적 요인이 되는 것이다.

그러면 이익은 역사에서 時勢와 幸不幸만을 생각하고 도덕적 평가는 불필 요한 것이라고 생각하였는지가 문제이다. 이 도덕적 평가 문제와 관련하여 그는 『星湖僿說』에서 다음과 같이 말하였다.

如此然後 忠逆之分明 而勸懲之道嚴 不然 特使爲人臣者 擧皆以綱目爲 甘心屈節

於亂賊而不恥 其於春秋之斧鉞 果何如也[39]

위에서 보듯이 이익은 역사에서 忠逆의 구분을 분명하게 하고 勸善懲惡의
道를 엄격하게 해야 함을 명백히 하였다. 이런 점에서 이익은 「綱目」이라는
글에서 다음과 같이 말하였다.

綱目一書 朱子自爲序 斷非他人所作 然大義旣定 凡例已成 雖操筆在人 不害爲文
公手書也 …… 然是時 朱子衰疾已極 禮書在筆 無力更及他書 旣非臨卷筆削 則容
有事疑而異例 故今逐節校勘 或不無齟齬[40]

위에서 보면 일단『通鑑綱目』서문을 주희의 생각으로, 입장으로 받아들
이는 한편,『通鑑綱目』본문에는 그 서문의 근본정신에 어긋나는 것도 있다
고 하였다. 이 구절은『通鑑綱目』의 서문의 정신에 비추어 철저하게 도덕적
褒貶을 추구해야 한다는 뜻으로 해석될 수 있다.[41]

이리하여 우리 역사에 대하여도 이익은 "如東國通鑑提綱 儘非其人 朝鮮
亦冠紳之國 上下累數千年 豈無一執簡士哉 …… 如馬韓周勤麗時趙位寵 恐
不在反逆之科 此類宜在商量"이라고 인물에 관한 포폄을 하였다.[42]

또 우리 역사를 체계화와 관련하여서도 「三韓正統論」에서 "夫仁賢之化
實自箕子始 而後孫傳業不替 衛滿以欺詐 屛逐之 準率其人南奔 開斥土疆
屬國五十餘 是則東方之正統不絶 而衛氏亦不過 如周之狄人 漢之曹瞞 秉史
筆者 宜不與數也"라고 하여 도덕적 관점에서 馬韓을 正統으로 하는 견해를
제시하였다.[43]

---

39) 「무조」,『성호사설』경사문, 권 22,『성호전서』6, 818쪽.
40) 「강목」,『성호사설』경사문, 권 27,『성호전서』6, 1046쪽.
41) 주희 자신도 「與蔡季通」이라는 편지에서 "綱目竟無心力整頓得 恐爲棄井矣"라고
    하여(『주희집』속집 권 2, 5157쪽) 스스로 불만족함을 표현하였다.
42) 「답안백순」을해,『성호선생문집』권 15,『성호전서』1, 283쪽.
43) 『성호선생전집』권 47, 363쪽.『성호선생전집』은『성호전서』(여강출판사 영인)에
    수록된『성호선생문집』과는 다른 판본이다. 쪽수는 한국문집총간 198-200에 수록
    된『성호선생전집』영인본의 것을 따랐다. 1917년 밀양에서 간행된『성호선생문
    집』(퇴로서숙 본)에는 일부 누락이 있었다. 이에 비하여 1922년 간행된『성호선생

이와 같이 이익은 역사에서 도덕적 평가와 이에 따른 正統의 문제를 생각하였지만, 그에게는 실제 역사의 전개 과정이 도덕 또는 이념과 괴리되는 데 따른 갈등이 없지 않았다. 그는 안정복에게 보낸 편지에서 다음과 같이 말하였다.

> 正統之說 終有窮處 仁義也 則三代後無聞 公正也 則漢猶近之 唐取於獨夫 然畢竟 資其力而奪之 不免爲叛臣 至趙宋 公肆簒賊 心迹可惡[44]

이익은 三代 이후의 역사에 仁義란 존재하지 않았으므로 사실 正統을 따지는 데에 문제가 있다는 것이다.[45] 위 인용문에 따르면 중국 역대 왕조 漢·唐·宋의 역사가 도덕적 관점에서는 모두 부인된다. 특히 宋나라에 대하여는 "至趙宋 公肆簒賊 心迹可惡"이라고 하여 가장 부정적으로 평가하였다. 여기서 "公正也 則漢猶近之"라고 하여 漢나라에 대하여 상대적으로 긍정적 관점에서 평가하는 것이 주목된다.

이것은 王道政治 理念에 대하여 그 나름의 새로운 견해를 갖게 된 것과도 관련이 있다. 이익은 王道와 覇道 문제에 대하여 『성호사설』에서 다음과 같이 말하였다.

전집』(모럼당 본)은 전체원고 수록을 원칙으로 하였다. 두 판본의 차이를 앞으로 자세히 검토해야 하겠지만, 『성호선생문집』은 이익에게서 주자학과 위배되는 것으로 보이는 면모를 삭제하려고 한 것이라고 추정된다. 따라서 『성호선생전집』이 더 사료적 가치가 높은 것으로 일단 판단된다. 이하 『성호선생전집』의 쪽수는 한국문집총간 영인본의 것을 따르기로 한다. 이러한 두 판본의 차이에 대해서는 이미 신항수의 「李瀷의 經·史 解釋과 現實認識」(고려대학교 박사학위논문, 2001)에서 주목하고, 양자를 비교하였다. 그러나 이 두 판본의 차이가 갖는 의미에 대한 필자의 견해는, 이 판본 비교를 통해 이익 사상을 보다 적극적으로 해석하려는 점에서 위의 신항수의 논문과 차이가 있다.

44) 「답안백순문목」, 『성호전집』권 25, 506쪽(문집총간 198).

45) 三代 後의 역사에서 정통을 따지는 데 문제가 있다고 한 것은 앞서도 언급하였듯이 이익이 주희보다 더 철저하게 도덕적 입장에 있었음을 보여주는 하나의 증거이다. 주희는 앞서 살핀 바와 같이 漢·唐은 물론, 秦·隋까지도 正統으로 인정하였다.

漢宣帝云 漢家自有制度 王覇並用 覇者以力假仁者也 漢帝必不曰並用此也 其意
若曰 威德並 施 德刑互資 與子産寬難同 貫德禮者 故爲治之本 政刑亦輔治之具
不可闕一 太子欲專意弛 刑 故云爾 不然 宣帝之所用覇道 果何物 盖五覇之所尙
專在政刑 故此云覇者但指此也 若曰 無本末則可矣 其爲桓文之道 則失其指矣 後
元帝 果以柔弱喪邦 其言有徵[46]

여기서 이익은 표면적으로는 漢나라 宣帝가 王覇並用을 주장하였다는 것
을 부인하였다. 그러나 그는 王道政治에 관련하여 王道란 威嚴과 德, 또는
德治와 刑政이 병행되는 것이라고 새롭게 해석함으로써, 刑政을 가급적 배
제하려고 하여왔던 전통적인 王道政治이념에 변화를 가져왔다.[47]

---

46) 『성호사설』 권 26, 『성호전서』 6, 963쪽. 『孟子疾書』에도 이와 관련하여 다음과 같은
언급이 있다. "有以力不假仁而服人者 秦政是也 有以假仁而服人者 桓文是也 然後者終
非其有 而有力則服 無力則否 是所以服在力不在仁也 故總謂之以力服人 苟非先王之道
以詐力取之 雖有等不同 槩乎其均辜也 然秦政之服人 力不贍也 故力可以敵則衆起而亡
之 桓文之服人假仁也 故沒世而稱述不衰 彼假猶然"(「공손추」 상 3장, 『맹자질서』, 『성
호전서』 4, 521쪽) 즉, 覇道를 어느 정도는 실제 인정한 것이라고 할 수 있다. 『논어질
서』 「위정편」에도 이와 관련한 언급이 있어야 하는데 공교롭게 「爲政篇」에서 이와 관
련된 부분만이 빠져 있다.
47) 한우근은 이익의 정치이념을 王道政治로 보았으나 그 개념상 변화가 일어난 점
에는 주목하지 않았다(『성호 이익 연구』). 조광은 "이익은 주자의 왕도론과 달리 새
로운 왕도론의 전개를 시작하며, 刑政과 같은 외재적 규율을 주요 통치수단으로 하
는 覇道까지도 인정하여 이른바 王覇竝用論을 수용하였다"라고 하였다(「실학의 발
전」, 『한국사』 35, 국사편찬위원회, 1998, 233쪽). 이익이 刑政을 인정한 것은 사실
이지만, 그것을 覇道로 보지 않고 王道 속에 포함시켜 인정하였다는 점이 주목된다.
한편 王覇 문제를 둘러싸고 중국 송대에 이미 朱熹와 事功派 사이에 논쟁이 있었다
(吳懷祺 앞의 논문 가운데 제2절 王覇義理之爭 참조). 주희는 사공파의 陳亮에게 보
낸 편지에서 "老兄視漢高祖·唐太宗之所爲 而察其心 果出於義耶 出於利耶 …… 便謂
其得天理之正 此正是以成敗論是非"(「答陳同甫」, 『朱熹集』 3, 四川敎育出版社)라고 하
였다. 이것은 王覇並用과 義利雙行을 주장하는 사공파에 대한 주희의 王道論·義理
論 입장에서의 비판이다. 사공파와 李瀷은 상대적으로 漢·唐의 정치를 주희보다 더
인정하는 점에서는 같으나, 사공파가 覇道 자체를 인정하는 데 비하여 이익은 功利
的 요소(종래 覇道라고 생각되어온 것)를 王道 속에 포함시켜 보는 점에서 차이가
난다. 이익이 이런 생각을 갖게 된 것은 조선후기 당시에 국가의 적극적 개입을 통
한 제도개혁이 절실하다고 생각하였기 때문이다. 사공파의 생각이, 중국의 경우, 明
末淸初의 經世致用학파에 이어진다는 견해가 있으며 淸初 浙東史學에 대하여 이 지
역에 南宋代에 이미 陳傅良·葉適 등이 존재하였다고 하면서 상호 연관성을 주장하
는 견해도 있다(吳懷祺 앞의 책, 228쪽). 그러나 명말청초 경세치용학파의 경우 강
한 義理 지향성을 갖고 있다. 예건대 王夫之에게서 우리는 그것을 찾아볼 수 있다.

한편 역사에 대한 철저한 도덕적 평가는 이익으로 하여금 중국의 異民族 王朝에 대하여도 긍정적 각도에서 새롭게 평가하도록 하였다. 그는 안정복에게 보낸 편지에서 다음과 같이 말하였다.

西遼之論 …… 彼之立國 非武力之比 此實仁義爲政 首秉周禮 今古所未有 據通考 樂律之精 西國爲最 殆中華之未及也 若其脫舊俗 辦國於九州之外 先興禮樂 四方從化 定位開元 廟號德宗 閱世而先王不忘 非聖而何[48]

西遼事 見盛京志 其人能文章善武藝 赤身投萬里之外 諸夷宗之立 號爲皇帝 傳之六世 歷年七十九 非聖智而何[49]

위 인용문에서 보면 仁義와 禮樂을 기준으로 하여, 西遼가 中華(중원)의 나라가 미치지 못하는 정도에 이르렀다고 하고 遼나라 德宗에 대하여 聖人이라고까지 평가하였다. 아울러 마찬가지 관점에서 이익은 北魏의 孝文帝에 대하여도 그가 中國에 대하여 매우 공헌이 크다고 하였다. [50] 이것은 이익이 도덕적 관념 또는 평가의 적용을 보다 철저하게 하여감으로써 華夷觀에서 種族的 측면을 극복하였음을 의미한다. [51]

그러면서도 그에게는 현실의 힘을 객관적이고 냉정하게 인식하려는 자세도 있다. 이런 점에서 왕부지는 이익과 매우 유사하다고 여겨진다. 앞으로 사공파와 경세치용학파, 이익의 차이점과 유사한 점에 함께 주목하면서 상호 비교해야 할 것이다 (왕부지와 이익 사이에는 화이관의 측면에서 차이가 있는 것으로 여겨지고 이익은 직접적으로는 왕부지의 저서를 접하기 어려웠을 것이다. 왕부지는 은둔생활을 하여 중국 내에서도 그의 책은 잘 알려지지 않았다). 한편 王覇 논의는 일본 古學派에서도 볼 수 있다. "蓋王者之治民也 以子養之 覇者之治民也 以民治之 以子養之 故民亦視上如父母 以民治之 故民亦視上如法吏"라고 하여 패도에 일단 비판적이기는 하다. 그러나 "桓文互興 …… 不能以德服天下 於是王覇之辨興 非必以覇爲非也"라고 하여 覇道의 현실적 필요성을 인정하기도 하였다(伊藤仁齋, 「王覇」, 『語孟字義』 下). 또 일본의 고학파는 공리적 요소를 상당히 인정하였음을 알 수 있다. 이것은 패도를 패도 자체로서 인정하는 것으로서 사공파의 입장과 유사하다고 생각된다. 왕패 문제에 대한 조선실학자, 일본 고학파, 중국 명말청초의 경세치용학파, 주희, 사공파의 견해를 상호 면밀히 비교·검토할 필요가 있다.

48) 「별지」, 『성호선생전집』 권 26, 530쪽.
49) 「답안백순」 戊寅, 『성호선생전집』, 권 26, 530쪽.
50) 「中國賴孝文」, 『성호사설』 경사문 권 26, 『성호전서』 6, 1005쪽.
51) 화이관은 종족적·지리적·문화적 세 측면이 있다. 앞서 언급한 바와 같이 이익은 종족적 측면과 더불어 지리적 측면도 극복하여 '문화적 측면만의 화이관'(문화적으

그러나 이익의 華夷觀이 도덕적 측면에 입각한 것만은 아니다. 그는 華夷
之辨과 攘夷 문제와 관련하여 다음과 같이 말하였다.

隣國之道 小弱不可敵大强 故藤間於齊楚 而事之唯謹 又不得免焉 則避而遠之 若
太王之於狄人 可也 無地可去者 待亡而已 然未亡之前 所可爲者 唯皮幣犬馬而事
之 冀或倖免 外此無策也 我國兵力最劣 偸安爲上計 自麗時始 必妄出高論 凡有外
寇 徒藉大國之力 不然勢窮而乞憐而已 在今光景又異 自大明掃淸胡元之後 華夷
之辨益重 而强弱之勢 有不與數也 廟算不事內修 而攘臂於外攘 待武弁極賤 而將
待有變需用 其謬戾如此也[52]

위의 인용문에서 소국은 현실적인 힘의 관계를 고려하여 대국을 섬길 수
밖에 없다고 하고서, 쓸데없이 高談峻論하는 풍토가 고려시대에 시작되었으
며 명나라가 원나라를 몰아낸 이후 華夷의 구별이 더욱 엄격해지고 힘의
强弱은 고려하지도 않는다고 비판하였다.

이것은 당시 현실적 힘을 고려하지 않고 헛되이 攘夷를 외치고 있는 당시
서인 집권층에 대한 비판이기도 하였다. 이익은 「和戰」이라는 글에서 다음
과 같이 말하였다.

隣敵之道 只有二 可和則和 可絶則絶 無那中間也 …… 旣知其不能禦 又惡夫殘敗
滅亡 內實憂怯 而外示侮慢 必代其虔劉創殺 然後乞和乞降 多見其無謀矣 …… 孟
子謂 小固不可以敵大 過固不可以敵衆 弱固不可以敵强 其曲直有不暇論矣 虛矯
矜伐 奮膛臂而拒轍 幸而不殄 喘息俄定 旋騰口舌 飾怒壯成 談兵說鬪 是何異被毆
於都市 賈勇於闇室哉 故和戰之事 必自先量[53]

위의 인용문에서 보면 이익은 외교관계는 화친과 전쟁의 두 가지밖에 없
다고 한 뒤, 淸나라를 불필요하게 적대시하여 병자호란을 초래하고서도 西
人 정권이 北伐論을 외치고 있다고 하였다.[54]

로 華를 성취하면 夷狄이라도 華로 간주해야 한다는 뜻)을 갖고 있었다.
52) 「華夷之辨」, 『성호사설』 인사문 권 9, 『성호전서』 5, 325쪽.
53) 『성호사설』 인사문 권 13, 『성호전서』 5, 468쪽.

이상에서 보면 이익의 華夷觀은 문화적인 것으로서 도덕성을 띠고 있으면서도 또한 현실 외교관계에서는 힘을 고려하여 夷와도 화친해야 한다고 주장하였다. 두 가지 측면은 일견 모순되는 것처럼 여겨지기도 한다. 그러나 이것은 모순되는 것이 아니다. 이익의 경우 華의 질서는 신분제 질서를 부정하고[55] 民에게 토지를 주는 것을 기초로 하는 것이다. 즉, 민의 입장에서의 체제를 지향하는 것이다. 그렇다면 民을 위하여, 대외적 측면에서 현실적 힘의 강약을 고려하는 것은 당연한 일이다.[56] 이익은 도덕성을 추구하되, 그것은 어디까지나 民의 利益이라는 입장에 선 것이고 현실적 여건에 토대한 것이다. 그에게서 존재와 당위는 분열되어 있는 것이 아니라, 이런 방식으로 통합되어 있다.

4. 朱熹와 李瀷의 歷史理論 比較

위에서 주희와 이익의 역사이론을 각기 살펴보았다. 이와 같은 이익의 역사이론이 주희의 그것과 어떤 점에서 같고 어떤 점에서 다른지 생각해 보기

---

54) 이런 관점에서 이익은 노나라 은공이 會戎한 것과 고려시에 금나라와 화친한 것을 다음과 같이 긍정적으로 평가하였다. "魯隱公二年 春公會戎于潛 秋及戎盟于唐 訟者謂譏失中國之體 竊以爲不然 左氏云 修惠公之好 戎請盟 公辭 秋戎又請盟 盟于唐 唐與潛皆魯地 彼來而此會也 君子之帶戎狄 固有遜禮而遠害者 太王文王事可驗 故亦有以大事小而不恥者 況先君之修好 而一朝絶之 來求而不會 可耶 始請盟而不許 終亦不免 蓋不得已也 …… 漢文帝忘前修好 與之抗禮 生民乂安 武帝雖遠逐匈奴 天下爲之創殘 高麗太祖 斥絶契丹 定宗別設光軍司而禦之 然累世受其虐毒 至成宗 卑遜順事 國以之康寧 及金國暴興 仁宗排羣議 上表稱臣 遂能世結歡盟 邊境無憂 史策是之 豈非春秋會戎之義耶"(「會戎」, 『성호사설』 경사문 권 25, 『성호전서』 6, 951쪽)

55) 실학의 신분제 개혁론에 대하여는 졸고, 「실학의 사회경제사상 —신분제도 개혁을 중심으로」, ≪대동문화연구≫ 37, 2001 참조

56) 이런 이익의 생각은 앞서 살폈듯이 중국을 정복한 이민족 왕조라고 하더라도 오히려 상대적으로 仁義에 가까운 정치를 할 수 있다는 생각에서 나온 것일 수도 있다. 또 이것은 어차피 三代 이후에 이른바 중국의 정통왕조, 즉 漢·唐·宋 같은 나라도 仁義와는 거리가 멀었다고, 극히 부정적으로 평가하는, 그의 견해와도 관련이 있다고 생각된다(補: 이익의 화이관 및 대외관의 문제는 뒤 화이관을 별도로 다루는 부분에서 다시 논의하기로 한다).

로 한다. 앞서 주희의 역사이론을 고찰할 때 보았듯이 주희는 "人之生 適遇 其氣 有得淸者 有得濁者 貴賤天壽皆然 故參錯不齊如此"라고 하였다. 이것 은 이익이 말하는 天命과 같은 것으로 해석할 수 있을 것이다. 따라서 인간의 '貴賤天壽'가 氣에 의해 결정된다고 보는 점에서, 이익과 주희는 생각이 일 치한다.

한편 앞서 주희의 역사이론을 살필 때 보았듯이, 그는 "漢唐之君 雖或不 能無暗合之時 而其全體却只在利欲上"이라고 하였듯이 漢나라 및 唐나라의 실제 역사가 전체적으로 보아, 道에 어긋나는 利欲을 추구하는 것이라고 하였다. 위의 「讀史料成敗」에서 보았듯이 이익 역시 현실의 역사전개는 도 덕과 부합되지 않는다고 보았다. 이 점에서도 주희와 이익은 일치한다. 주희 와 이익의 일치점은 첫째로는 역사가 기본적으로 氣數(또는 時勢)에 의해 결 정되며, 둘째로는 현실 역사의 전개는 도덕과 일치하지 않는다는 두 가지 사실에 있다.

주희와 이익의 역사이론의 상호관계에 대하여, 앞서 보았듯이 기존의 연 구에 두 가지 상충되는 견해가 있다. 첫째, 주희의 역사이론을 當爲를 강조하 는 도덕주의 역사학으로 보면서, 이것에 대하여 이익을 역사이론을 時勢(存 在)를 중시하는 현실주의적 역사이론으로 보는 견해가 기존의 견해 가운데 일반적으로 받아들여졌다. 둘째로는, 비교적 최근에 나타나기 시작한 견해로 서, 주희의 역사이론과 이익의 그것은 모두 도덕주의를 지향하는 것으로 양 자는 이 점에서 차이가 없으며 이익의 역사이론을 時勢의 관점에서 파악하 는 것은 옳지 않다는 견해가 있다. 또 기본적으로 첫번째 관점에 서면서 양자 를 절충하려고 하여 존재와 당위의 양립(분열)이라는 관점에서 보는 견해도 제시되었다.

종래의 견해 가운데, 먼저 첫번째 견해는 받아들이기 어렵다. 그것은 주희· 이익 모두 기본적으로 역사의 전개가 氣(時勢)에 의하여 결정된다고 보기 때 문이다. 이런 점에서, 두번째 견해 역시 받아들일 수 없다. 그렇다면 우리는 주희와 이익의 역사이론의 관계를 어떻게 생각하여야 할 것인가.

두번째 견해와 같은 오해가 생기게 된 것은 이익이 時勢를 역사의 주요 결정 요인으로 본 것을, 도덕적 평가 문제를 역사에서 도덕적 평가를 배제한 것이라고 생각한 데에 있다. 앞서 이익의 역사이론 고찰 부분에서 살폈듯이 이익 역시 철저한 도덕적 평가를 생각하였다.

따라서 우리는 주희와 이익의 역사이론 사이에 일치하는 점을 다음과 같이 정리할 수 있다. 첫째로는 역사가 기본적으로 氣數(또는 時勢)에 의해 결정된다고 보는 점에서 양자는 일치한다. 둘째로는 현실 역사의 전개는 도덕과 일치하지 않는다고 보는 점에서도 양자는 같다. 이에 덧붙여 셋째로 주희의 역사이론과 이익의 역사이론은 철저하게 도덕적 평가를 추구하는 점에서도 일치한다.

그러나 주희와 이익의 역사이론에는 근본적 차이가 있다. 주희는 역사 속에서 인간의 도덕적 실천을 주장하면서도, 앞서 보았듯이 그것은 어디까지나 氣數라는 대세 속에 時勢에 적응하여 부분적으로 이념을 실천해가려는 것이지 時勢를 인간의 노력으로 극복할 수 있다고 생각하지는 않았다. 이것은 주희가 '氣數에 따른 循環論的 歷史觀'에 의거하고 있는 한 어쩔 수 없는 한계라고 생각된다.

이에 비하여 앞서 「造命」에서 보았듯이 이익은 "造命者 時勢所值 人力參焉 李長源所謂 君相造命是也 若專言天命 則善不可賞 而惡不可罰也 不獨君相爲然 士庶亦然 如勤力事育 知幾避凶之類 皆足以移易禍福"이라고 하였다. 時勢에 인간의 주체적 노력이 더해져 禍福(운명)을 바꿀 수 있음을 명백히 하였다. 즉, 인간의 노력에 의해 역사가 바뀔 수 있음을 천명한 것이다. 이것이 주희와 이익의 역사이론의 첫번째 차이점이다.[57]

둘째로, 위 구절에서 이익이 "不獨君相爲然 士庶亦然"이라고 한 것이 주목된다. 이익은 역사 변혁의 주체로서 임금과 재상 같은 고위 지배층만이 아니라 일반 士와 庶民까지 생각한 것이다. 주희는 아마도 역사에

---

57) 이에 따라 주희가 생각하는 실천이 매우 제한적 의미를 갖는 데 비해, 이익의 역사이론은 역사의 변혁을 위한 적극적인 노력을 요청할 수 있게 하는 근거를 마련한 것이다. 다만 이익의 역사관이 '氣數에 따른 循環史觀'을 완전히 극복하였는지 여부는 추후 좀더 검토를 요하는 문제이다. 그러나 造命이라는 개념을 찾아냄으로써 '氣數에 따른 循環史觀'에 일정 부분 변화를 가져온 것만은 분명하다.

참여하는 주체에 庶民은 포함시키지 않았을 것으로 생각된다. 이것은 아미도 양자가 살았던 시대적 차이를 반영하는 것일 수도 있다. 주희가 살았던 南宋 때에는 아직 庶民층이 역사에 능동적 역할을 하기 어려운 시대였던 데 비하여 조선후기는 서민 혹은 민중이 서서히 역사의 전면에 대두하는 때였다고 생각된다.

셋째로, 주희와 이익이 堯舜·三代를 이상시하는 점에서는 같으며 이것은 모든 儒者에게 공통되는 것이다. 그러나 주희는 堯舜·三代를 이상시하였지만 주희에게서 그것은 단지 이상에 그칠 뿐, 현실적 여건상 井田·封建과 같은 제도는 실시할 수 없다고 보았다. 따라서 자신이 살고 南宋代의 地主佃戶制와 지배체제를, 대체로 그대로 인정한 위에서 온건한 개혁을 주장하였다. 이에 비하여 이익은 井田의 이념에 따라 보다 적극적인 개혁, 즉 토지개혁 및 조선후기 현실에 기초한 신분제개혁을 생각한 점에서 주희와 다르다. 양자는 이념을 추구하면서도 그 목표가 달랐던 것으로서, 이익이 주자에 비하여 더 근본적인 개혁을 생각했던 것이다. 즉, 역사 속에서 이념을 일치시키려 하였던 것이다. 이것은 바로 조선후기 실학자 일반과 주자학들과의 차이이기도 하다.

넷째로, 역사에 대하여 도덕적 포폄(평가)을 하는 점에서는 주희와 이익이 같지만 실제 중국 역사의 전개 과정에 대한 주희와 이익의 평가는 다르다. 특히 앞서 보았듯이 주희가 漢나라를 부정적으로 평가한 것과 달리 이익은 漢나라를 상대적으로 긍정적으로 평가하였다. 이것은 그들이 생각하는 도덕의 내용이 다른 데에 기인한다. 이익도 주희와 마찬가지로 王道政治를 이상으로 한다. 그러나 양자는 王道政治의 실제 내용이 다르며 이에 따라 주희에게서는 霸道로 생각될 수 있는 것까지도 이익에게서는 王道政治를 구성하는 요소로 이해되었다.

다섯째로, 주희와 이익은 華夷觀이 서로 다르다. 주희가 이민족을 철저하게 배척하였던 데 비하여, 이익은 仁義라는 기준에 근거하여 중국 주변의 이민족 왕조나 이민족 정복왕조를 긍정적으로 평가하기도 하였다. 즉, 주희의 화이관이 문화주의적 관점에 서면서도 종족적 편견을 벗어날 수 없었던 데 비하여, 이익에게서는 이런 점이 극복되었다.

5. 結語

이상에서 주희와 이익의 역사이론의 양자를 비교하여 양자의 같은 점과 다른 점을 정리하였다. 이제 이상의 논의에 기초하여 이익의 역사이론의 성격, 이것이 조선후기 실학의 성격 규정에 갖는 의미, 실학과 주자학의 차이점, 이익 역사인식의 역사적 위치와 현재 우리에게 갖는 의미 등에 대하여 생각해보기로 한다.

첫째, 이익의 역사이론의 성격에 대하여 살펴보면 이익은 역사가 기본적으로 현실의 힘(時勢)에 의하여 결정된다고 보는 점에서 현실주의자이다. 그러나 그는 도덕주의적 관점에서 역사를 평가하는 일을 포기하지 않았으며 그 도덕적 기준은 民本主義에서 한 걸음 더 나아갔다. 더욱이 이익은 庶民까지 역사의 주체로 생각하였으며 더욱이 이 庶民을 포함하는, 여러 계층의 인간이 현실의 토대를 이루고, 주체적 활동이 역사를 변혁할 수 있는 것이라고 보았다. 그의 역사관은 현실의 규정력을 기본적으로 인정하면서, 여기에 인간의 주체적 노력이 더하여 역사를 변화시키는 것이며, 그 목표는 신분제와 지주전호제가 철폐된 사회였다. 이러한 그의 歷史理論을 '民衆的 입장에서의 事實主義的 歷史理論'이라고 부르고자 한다. 여기에서 존재와 당위는 분리된 것이 아니라, 새로운 민중지향적 가치가 時勢를 객관적으로 인식하는 태도와 결합되었다. 존재와 민중적 당위의 결합, 즉 새로운 합일이라고 할 수 있다. 이 점에서, 이익의 역사이론에서 현실주의적 측면이 강함을 인정하면서도 존재와 당위의 양립(분열)이라고 보는 관점 역시 타당하지 않다고 생각된다.

둘째, 이것이 조선후기 실학의 성격 규정에 갖는 의미에 대하여 생각해보기로 한다. 위와 같은 지향성은 실학이 이미 이익의 단계에서 우리 '중세사회'(補: 이 표현은 앞으로 재고를 요한다)를 부정하는 생각을 갖고 있었음을 의미한다.

셋째, 조선후기 실학과 주자학의 차이점과 관련하여 어떤 의미를 갖는지 생각해보기로 한다. 양자 모두 역사이론에서 時勢를 역사를 결정하는 기본 요인으로 차이가 없다. 따라서 조선후기 실학이든, 주자학이든 모두 현실에 토대한 학문이라는 점에서는 차이가 없다. 양자는 추구하는 목표에서 다르다. 주자학은 지주전호제와 사대부의 신분적 지배를 인정한 위에서 농민사회의 안정을 꾀한다. 주자학은 중세사회의 기본구조는 인정한 위에서 그 모순을 부분적으로 개선 또는 개혁하여 사회와 국가를 안정시킬 것을 꾀한다. 이것은 주자학이 기본적으로 氣數에 따른 순환적 역사관을 갖고 있어서 인간의 노력에 의한 역사의 근본적 변혁을 생각할 수 없었기 때문이다. 이에 비하여 조선후기 실학은 우리 중세사회의 근본적 해체를 생각한다. 즉, 주희가 보다 현실주의적이며, 이익이 보다 이념지향적이라고도 할 수 있다. 이런 차이는 주희와 이익이 처한 시대적 성격의 차이를 반영하는 것이기도 하다.[58]

넷째, 이익의 역사이론의 역사적 위치를 살펴보기로 한다. 이익의 역사이론은 時勢를 기본적으로 인정하며 역사에의 도덕적 평가를 강조하는 점에서는 주자학의 역사이론의 연장이다. 그러나 도덕적 평가의 기준이 달라지고 서민층을 포함한 인간의 주체적 노력에 의하여 역사의 변혁이 가능하다고 보는 점에서, 주자학의 역사인식에 비하여 발전된 것이다. 그러나 아직 이익

---

58) 주희도 현실 세계에서의 인간의 실천을 강조한다. 이 점에서 주희의 사상은 당시 남송대 불교·도교에 비하여는 '實學'이라고 할 수 있다(사실 불교 같은 것도 인간의 구원을 지향하는 점에서는 현실적이라고 말할 수도 있다. 補: 위대한 사상치고 근본적 의미에서 현실적이지 않은 것은 없으며 인간 생활에 모두 유용하다. 문제는 후대의 에피고넨들과 정치세력이 그것을 사적 혹은 집단적 이익을 위해 이용하는 데에 있다). 그러나 주희가 생각하는 실천이라는 것이, 부분적으로는 국가 제도 등을 문제 삼고 있으면서도, 기본적으로는 인간의 도덕적 수양이라는 측면에 위치해 있다. 개개인의 도덕적 완성을 목표로 하는 爲己之學·修己治人을 목표로 하는 점에서 주자학과 조선후기 실학은 같으며 이 점에서 양자는 모두 유학의 범주에 속한다. 그러나 조선후기 實學은 修己가 구체적 治人(단순히 정치가 아니라 제도적 개혁을 위한 인간의 노력을 포함)의 과정 속에서 이루어진다고 본다(補: 실학에서 修己와 治人은 상호 포섭적이며 순환적이다. 이것은 정약용의 大學 주석을 보아도 알 수 있다). 또 실학의 경우 治人의 내용이 민중적이고 실천의 주체에 민중까지 포함시킨다. 이런 점들에서 조선후기 실학은 주자학과 단절이 있다.

의 경우 역사에서 진보의 관념이 명확하게 표출되지 않았다. 진보관념은 이
후 정약용에 의해, 역사에서 技藝(기술)가 진보한다는 생각으로 명확히 표출
되었으며 그는 정치제도의 진보도 일정 단계까지는 인정하였다.59)

다섯째, 끝으로 이익의 역사이론이 현재 우리에게 갖는 의미에 대하여 생
각해보기로 한다. 아울러 그의 역사이론은 어디까지나 현실적 조건(時勢)을
기본적으로 생각하는 점에서, 현대 역사학이 나아가고 있는 '科學的 歷史學
의 방향'과 일치한다. 그러나 그것은 俗流的 現實主義, 즉 현실추수주의에
빠지지 않고 그것이 인간의 주체적 노력에 의한 역사의 변혁(造命)을 생각한
다는 점에서 '强力한 實踐的 의의'를 갖는다. 더욱이 그것은 '民衆的 지향'을
갖고 있는 점에서 오늘날 우리의 지향과 일치한다.

여섯째, 그의 華夷觀이 普遍的 價値에 토대하면서, 개방적 자세로써 중국

---

59) 진보관념이 명확하지 않은 것, 역사에서 기술발전 문제에 대하여 생각하지 않은
점이 바로 이익의 역사이론이 정약용의 역사이론에 비해 갖는 한계일 수 있다. 한
편 진보관념을 생각할 때 명말청초 王夫之의 역사관이 참조된다. 그는 道器一元이
라는 철학적 입장에 서서 一治一亂의 순환적 역사관을 비판하였다고 이해된다(鄧嗣
禹, 「왕부지의 사관과 사론」, 『중국의 역사이론』(하), 창작과비평사, 1985). 왕부지
의 역사인식에 대하여는 『王船山學術討論集』下(中華書局, 1963)에 실린 논문, 姚薇
元, 「王夫之的史學理論初探」, 肖龍父, 「淺論王夫之的歷史哲學」, 嵇文甫, 「關于王船山
的歷史觀問題」, 吳澤, 「王船山歷史觀略論」 등이 참고된다[補: 국내 연구로는 權重達,
「王夫之의 史論」(『中國近世思想史硏究』, 중앙대출판부, 1998)을 참고할 수 있다]. 한
편 정약용의 경우 물질적 측면에 한하여 진보사관을 가진 것으로 흔히 이해되고 있
지만 그는 적어도 夏·殷·周 三代의 기간에는 정치제도의 측면에서 발전이 진행되었
다고 보았다. 『論語古今注』에서 그는 "子張曰 十世可知也 子曰 殷因於夏禮 所損益可
知也 周因於殷禮 所損益可知也 其或繼周 雖百世 可知也"라는 구절[『論語』「爲政篇」.
補: 이 구절의 공자 답변에 대하여 공자의 답변이라고 보기에는 너무 역사철학적
내용을 담고 있다는 견해도 있음(貝塚茂樹, 『孔子』)]에 대하여 정약용은 다음과 같
은 주석을 붙였다. "補曰 因仍也襲也 仍遵其經禮(禮制之大者) 小變其儀文(禮節之小者)
其所損益 具在典籍(孔子之時 夏殷禮未盡亡) 可按而知也 禮者 一王之典章法度 補曰 夏
禮未盡善 故殷雖因之 而有所損益 殷禮猶未盡善 故周雖因之 又有所損益 典章法度 至
周而大備 盡善盡美 無可損益 有王者興 必一遵周禮 百世而不變 故曰 其或繼周者 雖百
世可知也 若王者不興 雜亂妄作 茫無定準 則其變 不可知 古曰 其或者 未定之辭"(『與
猶堂全書』 2, 170쪽. 쪽수는 경인문화사 영인본의 것을 따름) 은나라의 정치제도는
하나라의 것을 토대로 보완한 것이고 주나라의 것은 은나라의 것을 토대로 보완하
여 완벽해졌다는 것이다. 진보 관념의 측면에서 왕부지의 역사관을 이익·정약용의
그것과 비교하는 일이 앞으로 필요하리라 생각된다(補: 정약용의 진보관의 문제는
이 책의 정약용의 역사이론 부분에서도 언급하였다).

주변의 이민족에 대하여 긍정적으로 평가하고 있는 것은, 앞으로 인류사회
가 지향해야 할 방향을 지시하는 것이기도 하다. 이 점에서 그의 역사이론은
근대세계의 내셔널리즘을 넘어서는 지평을 갖고 있다.[60]

이 글에서는 주희와 이익의 역사인식에 대하여 매우 제한적 측면의 역사
이론에 대하여만 검토하였고 철학 및 사회사상과의 연관성 문제도 살피지
못하였으며 이익 다음의 정약용 역사이론에 대하여는 제대로 언급할 기회를
갖지 못하였다. 주희·이익·정약용 각자의 역사인식에 대한 포괄적 고찰과
이것들의 철학 및 사회사상과의 관련성에 대한 검토, 삼자의 비교는 추후의
과제로 남기기로 한다.[61]

---

60) 실학이 근대성을 넘어서는 성격을 갖는 점에 대하여는 다음의 논문을 참고하라.
임형택, 「21세기에 다시 읽는 실학」, 『21세기에 다시 읽는 실학』(대동문화연구원
동양학학술회의 논문집), 2002.11.29.; 졸고, 「근대의 모색과 실학사상」, ≪한국사상
사학≫ 19, 2002.12.; 졸고, 「동북아 시대의 실학 개념과 향후 연구방향 —일국사적
근대성의 추구를 넘어서」, 경기문화재단 주최 국제실학학술회의 발표 논문,
2003.4.30.
61) 정약용의 역사이론에 대하여는 필자가 이미 간략하게 검토한 바 있다(補: 이때
소옹·사공파 및 왕부지·고학파 등과의 비교도 함께 행하고자 한다).
졸고, 「정약용의 역사이론의 전개와 그 성격」, ≪국사관논총≫ 93, 국사편찬위원회,
2000. (補: 이 책에 「정약용의 역사이론」으로 수록.)

제7장 丁若鏞의 歷史理論

1. 序言

丁若鏞은 이전의 實學의 연구 성과를 집대성하면서 조선후기 사회의 거의 모든 문제에 대하여 체계적으로 改革思想을 제기하였다. 역사학 분야에서도 많은 기여를 한 그는 한백겸, 이익 등 선배 실학자들의 연구 성과를 계승하면서 실학의 역사학을 한층 높은 수준으로 발전시켰다. 이것은 특히 역사이론의 분야에서 그러하였다. 한편 정약용의 역사인식은 그의 개혁사상과 밀접한 관련이 있다. 개혁사상은 현실의 문제를 직시하는 데에서 나오는 것이며 올바른 현실 인식은 투철한 역사인식에서 비롯되는 것이기 때문이다. 따라서 정약용의 개혁사상을 제대로 이해하기 위하여는 그의 역사인식에 대한 이해가 필수적이다.

정약용의 역사인식에 대하여는 이미 기존의 연구가 있으며 그의 역사이론에 관해서도 일부 연구가 행해졌다. 이 글에서는 정약용의 역사인식 가운데 이론적 측면을 체계적으로 심도 있게 검토하고자 한다. 그의 역사이론은 李瀷의 역사이론과 더불어 오늘 우리의 역사학을 발전시키는 데 많은 시사를 줄 수 있기 때문이다.[1]

---

1) 정약용의 역사인식과 관련된 기존의 연구로는 다음과 같은 논문들이 있다. 아래 논문들 가운데 정약용의 역사이론과 관련된 것은 고병익과 정창렬의 논문이다. 고병익, 「다산의 진보관 ─그의 기예론을 중심으로」, 『효성조명기박사화갑기념불교사학논총』, 1965.; 한영우, 「다산 정약용의 사론과 대외관」, 『김철준박사화갑기념사

정약용의 역사인식에 관련된 저작들 가운데 짧은 잡문 형식의 글들은 연대를 명확히 알기 어려운 것들이 많다. 이 글에서는 이들 저작들에 대하여 가능한 한 구체적으로 연대 고증을 행하고자 한다. 연대가 정확히 파악되어야 그의 역사인식의 형성과 발전 과정을 정확히 추적할 수 있기 때문이다. 이를 위해서는 1930년대에 간행된『與猶堂全書』만이 아니라 정신문화연구원 등에 소장된 필사본을 이용하기로 한다. 정확한 연대 고증을 토대로 정약용의 역사이론을 역사의 동인과 사관, 역사의 방법과 목적으로 나누어 검토하기로 한다.[2] 그리고 이런 논의를 바탕으로 결어에서는 조선후기 역사학에서의 정약용의 역사학의 위치와 성격 및 앞으로 우리들이 행하여야 할 과제에 대하여 생각해보기로 한다.

2. 歷史의 動因과 史觀

1) 歷史의 動因

역사의 동인과 관련된 자료로는「地理策」,「百濟論」,「高句麗論」,「技藝論」(1·2·3) 등이 있다.「地理策」은 "乾隆 己酉 閏五月 內閣親試 御批居首"라는 주석이 붙어 있어[3] 저작 시기를 정확히 알 수 있다. 즉, 이것은 1789년(정

학논총』, 1983.; 하우봉,「다산 정약용의 일본관」,『김철준박사화갑기념사학논총』, 1983.; 정창렬,「실학의 역사학 —이익과 정약용을 중심으로」,『민족사의 전개와 그 문화』(하), 창작과비평사, 1990.; 하우봉,「남인계 실학파와 일본 인식」,『민족사의 전개와 그 문화』(하), 창작과비평사, 1990.; 졸고,「아방강역고에 나타난 정약용의 역사인식」,≪규장각≫ 15, 1992.; 졸고,「정약용」,『한국의 역사가와 역사학』, 창작과비평사, 1994.; 졸고,「조선후기 화이관의 변화 —근대의식의 성장과 관련하여」,『근대국가와 민족 문제』, 지식산업사, 1995.; 졸고,「조선후기 역사학의 발달」,『한국사 인식과 역사이론』, 지식산업사, 1997.

2) 여기에서 사용된 '역사'란 과거의 사실 자체로서의 역사가 아니라 '역사학' 또는 '역사 연구'라는 의미로 사용하였다. '사관'이라는 용어는 역사를 어떤 유형으로 보는가 하는 제한적 의미로 사용하였다. 즉, 진보사관·순환사관·퇴보사관 등이 여기에 포함될 것이다.

3)『與猶堂全書』1, 150쪽. 이 글에서『與猶堂全書』의 쪽수는 경인문화사 영인본

조 13년) 윤 5월로서 정약용이 28세 때이다. 이해 3월에 정약용은 과거에 급
제하였으며 바로 奎章閣 抄啓文臣이 되었다. 이 「지리책」은 바로 규장각 초
계문신으로서 정조의 策問에 대하여 對策으로서 올린 글이다.

다음으로 「百濟論」, 「高句麗論」은 그 저작시기에 대한 명확한 자료는 없
으나 『雜文』 前編에 실려 있으므로 일단 유배 이전의 前期作으로 추정된
다.[4] 전기 가운데에서도 언제인지가 문제이다. 정신문화연구원 소장 필사본
『與猶堂集』 『잡문』 전편의 제3책 제1권에는 「田論」(1~7: 초고본)이 실려 있
고 「백제론」과 「고구려론」은 제3책 제2권에 실려 있다.[5] 「田論」 초고본은
정약용이 38세 때인 1799년 작인데,[6] 「백제론」과 「고구려론」은 「田論」 초고
본보다 뒤에 저술되었다고 생각된다. 『잡문』 각 장르의 글은 연대순으로 배
열되었다고 여겨지기 때문이다. 한편 1800년 정약용은 『文獻備考刊誤』를
저술하였다.[7] 『文獻備考刊誤』는 우리 역사와 관련된 내용이 많다. 이 작업
을 수행하면서 동시에 「백제론」, 「고구려론」 등을 저술하지 않았나 생각된
다. 따라서 「백제론」, 「고구려론」의 저작시기는 1800년 무렵으로 추정된
다.

「技藝論」(1~3)은 『잡문』 전편 제3책 제1권에 들어 있으며 「전론」(초고본)
뒤에 실려 있으므로[8] 「전론」보다 뒤의 작품이라고 생각된다. 하지만 『잡문』
제3책 제2권에 실린 「백제론」, 「고구려론」보다는 앞에 실려 있으므로 이들
보다는 앞의 저작으로 여겨진다. 따라서 일단 1799~1800년 무렵이라고 추
정된다. 정약용은 1796년 10월 35세 때 정조의 명으로 규장각에 들어가 도서
를 교열하게 되었다.[9] 이때 朴齊家와 교유하면서 北學派의 학문에 접하게

(1981)의 것을 따르기로 하며 이하 『與猶堂全書』를 『전서』로 약칭한다.
4) 정약용의 『잡문』은 그가 61세 때 저술한 「自撰墓誌銘」에 정리되어 있는 그 자신
의 저작 체계에 따르면 후편에 속하며 전편에 속하는 것은 유배 이전의 전기작이
다. 이에 대하여는 졸고 「정약용 저작의 체계와 여유당 잡문의 재구성」(≪규장각≫
8, 1984)을 참조. 위의 논문은 규장각 및 정신문화연구원 소장 『여유당집』 필사본
을 이용하여 「열수전서」 등을 연구하였다.
5) 위의 졸고, 36쪽.
6) 졸고, 「정약용의 토지제도 개혁론」, ≪한국사상사학≫, 1998 참조.
7) 정규영 편, 『俟菴先生年譜』, 1921, 125쪽. 쪽수는 1984년 정문사 영인본의 것을
따르기로 한다. 이하 『연보』로 약칭한다.
8) 앞의 졸고, 36쪽.

되었다. 북학파의 영향을 받고 그것이 충분히 소화되어 자기 것으로 내면화
된 상태에서 씌어진 것이 「技藝論」이라고 할 수 있다.

「地理策」은 韓百謙 이래의 歷史地理學을 계승한 것으로 우리 고대의 강
역과 관련된 역사지리학적 위치 비정을 행하였다. 이런 가운데 역사의 動因
과 관련하여 다음과 같이 자신의 견해를 피력하였다.

> 防禦之層疊 非函谷之比也 班孟堅二都之賦 始之以地利之優劣 終之以德化之深
> 淺 則東京之能致長久 非山河之力也 …… 唯金元以來 每都燕京 以威夷狄 玆所謂
> 守要害 以據上頭也 其所以控制四方 又何足疑乎 燉煌張掖 實爲匈奴之右臂 福餘
> 泰寧 足塞蒙古之咽喉 則其折其撤而 或衰或熾者 固其勢也 …… 肅墻有憂 則一隅
> 不可以偏安也 古人之言 曰在德不才險 又曰地利 不如人和 臣敢以是二說者 爲殿
> 下誦之[10]

여기서 보면 漢나라의 東京이 장구히 지속될 수 있었던 것은 山河의 힘,
즉 地利가 아니라 하고 결론적으로 나라가 장구히 유지될 수 있는 것은 덕에
있는 것이지 지세의 험한 데에 있는 것이 아니며 地利가 人和만 못하다고
하였다. 이것은 유학자들의 일반적 견해로서 정약용도 이를 그대로 따르고
있는 것이라 하겠다. 즉, 「지리책」을 지을 28세 때까지는 아직 유가의 전통적
견해에 속해 있으며 자신의 독창적 견해를 전개하지 못하였다고 생각된다.
다만 중간에 보면 金나라와 元나라는 북경에 도읍을 정하여 사방을 통제할
수 있었으며 돈황 등 요충지를 장악하는 것이 성쇠와 관련된다고 하여 形勢
의 중요성에 대하여 언급하였다. 즉, 이 시기에도 형세를 중시하는 인식의
단초를 갖고 있었다고 할 수 있다.

역사의 動因에 대한 생각은 「技藝論」에 가서 매우 독창적인 면모를 갖게
되었다. 그는 인간과 동물의 차이를 인간이 技藝(기술)을 갖고 있는 데에 두
고[11] 이 기예의 발전에 대하여 다음과 같이 언급하였다.

---

9) 『연보』, 70-71쪽.
10) 『전서』 1, 「지리책」, 152쪽.
11) 『전서』 1, 「기예론」 1, 226쪽.

智慮之所推運有限 巧思之所穿鑿有漸 故雖聖人不能當千萬人之所共議 雖聖人不
能一朝而盡其美 故人彌聚則 其技藝彌精 世彌降則其技藝彌工 此勢之不得不然
者也[12]

기예를 발전시키는 데 있어 聖人 한 사람의 힘이 여러 사람이 함께 의논한
바를 당할 수 없으며, 성인이라도 하루아침에 완벽한 것을 이룰 수 없으므로
사람이 많이 모일수록, 시대가 내려올수록 기술이 더욱 정밀해진다고 하였
다. 즉, 시대가 내려올수록 기술이 발전하며 그 기술 발전의 동력은 여러 사
람의 힘에 있다고 본 것이다. 더욱이 위에서 보듯이 이것에 대하여 '形勢상
어쩔 수 없는 것'이라고 하여 歷史的 必然으로 이해하였다. 이런 그의 견해
는 「지리책」에서 아직 전통적 유가의 견해에 머무르고 있었던 것에 비하여
질적으로 다른 것으로 발전하였다고 할 수 있다. 이 「기예론」의 저작시기는
앞서 언급한 바와 같이 1799~1800 무렵(정약용 38~39세 무렵)이다. 1796년
규장각에 들어가 박제가 등과 교유하면서 수용한 북학사상의 기술발전론을
자기 나름으로 발전시켜 역사 및 민중과 연결하여 이해하게 된 것이라고 하
겠다.

이런 정약용의 견해는 「百濟論」·「高句麗論」에서 우리 역사와 관련하여
구체적으로 전개되었다. 이들의 저작 시기는 앞서 언급하였듯이 1800년(정약
용 39세)『文獻備考刊誤』를 지을 무렵으로 추정된다. 「백제론」에서 그는 다
음과 같이 말하였다.

百濟於三國最强 而其亡最先 …… 國之長久 多于定都 必能據形要之地 積威制之
勢 堅鞏不動 維繫衆心 而後一朝有患 其命令行而勢力湊矣 百濟始都慰禮 慰禮者
今之漢陽之東北也 …… 北阻道峯三角 南滯列水 沃野千里 而盡南海 此所爲天府
金湯之地也 故厥享國四百九十四年 …… 至文周王時 始都熊川 轉徙夫餘 纔一百
八十五年而亡 由是觀之 地利而可忽哉 夫餘在大野之中 百里之內 亭壁無所依 藩
籬無所蔽 …… 終使都城失守 而新羅拊其背矣 故立國者 能察地勢而建都 一於是
不動焉 則外侮不如是[13]

12) 위와 같음.

여기서는 백제의 멸망 원인이 수도와 관련되어 설명되었다. 나라의 장구함이 수도를 정하는 것과 많이 관계되므로 반드시 요충지에 정해야만 위력으로 제압할 수 있는 형세를 이루고 견고하여 동요하지 않으며 백성들의 마음을 묶어둘 수 있어서 하루아침에 환란이 있더라도 명령이 통하고 세력을 모을 수 있다는 것이다. 백제가 처음 도읍을 정한 위례성은 당시 한양 동북쪽으로서 지리적 이점이 많은 요새지였는데 문주왕 때에 이르러 도읍을 공주로 옮기고 다시 부여로 옮겨서 겨우 185년 만에 망했으며 그것은 부여가 방어물이 없는 벌판 중에 있었기 때문이라고 하였다. 그리고 결론적으로 나라를 세우는 자는 지세를 살펴 도읍을 정하고 여기서 한결같이 있으면서 움직이지 말아야 한다고 하였다. 이것은 국가의 장구함을 도읍지의 지리적 형세보다는 도덕의 우열에 두던 「地理策」의 견해와 매우 달라진 것으로 지리적 요인을 우선적으로 내세우고 있는 것이라 하겠다.

그러나 거의 일방적으로 지리적 요인의 중요성만 생각한 것은 아니다. 「百濟論」과 거의 같은 시기에 지어졌다고 생각되는 「高句麗論」에서는 고구려의 멸망원인을 인간의 주체적 대응과 관련하여 다음과 같이 설명하였다.

高句麗 都卒本四十年 徒都不而城 厥享國四百二十有五年 此時土馬强壯 彊土灰拓 漢魏之際 中國屢發兵侵擾 莫之能勝 至長壽王十五年 徒都平壤 厥享國二百三十九年而亡 雖民物殷富 城郭鞏固 卒莫有補 若是者何也 鴨綠之北 風氣早寒 地與蒙古接 其人皆雄勍鷔悍 又彊胡雜處 四面受敵 故其備禦深固 此所以能長久也 平壤在二河之南 …… 而堅城鉅鎭之重重外護者 若白巖盖牟黃城銀城安市之類 項背相望 首尾聯絡 平壤之人 豈有懼哉 …… 安市城主 以彈丸之 一城 拒大唐百萬之師 莫之賞焉 此其故無他 所恃者平壤也 …… 晉宋南渡而亡天下 此中 國之殷鑑也 句麗百濟 南渡 而失其國 此東邦之覆轍也 傳曰無敵國外患者亡 兵法曰置之死地而後生[14]

위에서 보듯이 서두에서 고구려가 국내성을 도읍으로 하였을 때에는 군대

13)『전서』1,「백제론」, 240쪽.
14)『전서』1,「고구려론」, 240쪽.

가 강하며 강토를 널리 개척하였고 여러 차례 중국의 침입을 받아도 이겨낼 수 있어 425년이나 지속하였는데 장수왕 때 평양으로 옮긴 뒤에는 239년 만에 망하였다고 하였다. 평양은 인적·물적 자원이 풍부하며 성곽이 공고한 데도 그렇게 빨리 망하게 된 원인에 대하여는 고구려 사람들이 평양으로 수도를 옮긴 뒤에는 평양의 이런 지리적 이점만을 믿고 두려움이 없어졌기 때문이라고 하였다. 또 이렇게 고구려가 망한 것을 중국에서 晉(西晉)과 宋(北宋)이 양자강 이남으로 옮겨가서 멸망한 것에 비하고 우리나라에서 고구려와 백제가 같이 그 전철을 밟았다고 하였다.

결론적으로 적국이나 외침이 없으면 망하게 되며 死地에 놓이게 된 뒤에라야 살아날 수 있다고 하였다. 즉, 이것은 지리적 이점만을 믿으면 안 되며 인간의 주체적 대응이 중요하다는 뜻이다. 그러면 이 주장이 지리적 이점을 강조하는 「백제론」에서의 주장과 모순되는지가 문제이다. 「고구려론」에서는 이런 인간의 주체적 대응 자체를 그가 처한 객관적 형세와 관련하여 설명하였다. 위에서 보듯이 고구려가 국내성 시절 그렇게 강성하였던 이유에 대하여 차가운 기후, 이웃에 강한 적국이 많은 것 등의 객관적 형세로 설명하였으며 결론에서 주장한 인간의 주체적 대응도 외침이나 死地라는 객관적 형세에 기초한 것이다. 따라서 「백제론」에서 지리적 이점을 강조한 것과 「고구려론」에서 주체적 대응을 주장한 것은 상호 모순되는 것이 아니다. 기본적으로 객관적 형세 또는 지리적 이점을 역사의 동인으로 보는 것이다.

다만 이 객관적 형세가 인간의 주체적 대응에 영향을 주어 외부의 상황에 대한 인간의 주체적 대응이라는 형태로 역사를 움직여간다고 생각한 것으로 볼 수 있다. 인간의 주체적 대응 자체를 주관적으로 강조하는 것이 아니라 객관적으로 설명하려 한 것이다. 이것은 「기예론」에서 기술을 강조하고 그 발전이 인간 다수의 노력을 통해 이루어진다고 하면서 그것을 어쩔 수 없는 형세로서의 객관적인 것 또는 역사적 필연성으로 설명한 방식과 궤를 같이 하는 것이라 하겠다.

한편 이 「고구려론」에 따르면 백제의 멸망원인을 고구려와 같은 차원에서 설명하고 있으므로 지리적 약점이 아니라 오히려 장점에 의해 방비태세가

해이하게 된 것으로 파악하고 있는 것으로 여겨진다. 백제 멸망과 관련된
「고구려론」에서의 이런 설명 역시 「백제론」에서의 설명과 모순되는 것이 아
니다. 양자 모두 기본적으로 지리적 요인에 의해 설명하는 것이기 때문이다.
다만 「고구려론」에 입각해 생각할 수 있는 백제의 부여가 갖는 지리적 이점
은 물산이 풍부하다는 것으로 해석되고 「백제론」에서 설명된 지리적 단점은
방어하기 어려운 평야에 있다는 점으로 이해된다. 따라서 부여는 지리적 장
점과 단점을 동시에 갖고 있고 이것들이 모두 멸망원인으로 작용하였다고
본 것이다.

역사의 동인에 대한 정약용의 견해는 인간과 자연의 관계에 대한 그의 생
각과 관련이 있다. 그는 「周易四箋」에서 周易 64괘를 天地, 四時, 日月을
상징한 14辟卦와 인간사의 변화를 상징한 50衍卦의 두 가지로 엄격히 나누
고 전자에 대하여 天道, 후자에 대하여 人道라고 생각하였으며 이 14벽괘에
서 50연괘가 파생하여 50연괘의 변화가 14벽괘의 기본적 틀 속에서 일어난
다고 보았다.15) 즉, 인간사의 변화는 人道가 자연의 변화인 天道에 의해 좌
우된다고 생각한 것이다. 이것은 자연과 인간을 통하여 하나의 법칙이 존재
한다고 보는 天人合一的인 주자학적 자연관의 해체이기도 하다.16) 이상과
같은 자연관의 변화를 통해서 자연은 그 자체로서의 법칙성을 가진 존재가
되는 동시에, 인간사에 기본적으로 영향을 미치는 것으로 인식되는 길이 열
렸다고 생각된다.17)

---

15) 방인, 「다산 역학사상에 대한 연구」, 한국학대학원 한국철학전공 석사학위논문,
    1982, 99쪽.
16) 졸고, 「정약용의 기술발전론」, 『과기고고연구』 2, 아주대 박물관, 1997, 84쪽 이
    하 참조.
17) 이런 자연관의 변화를 보여주는 저술인 『맹자요의』, 『주역사전』 등은 「기예론」,
    「고구려론」, 「백제론」보다 나중의 작품이다. 철학적 토대가 먼저 정리된 뒤에 사회
    사상이 새롭게 전개될 수도 있으나, 사회사상이 먼저 전개되고 나중에 이의 근거가
    될 철학을 정리할 수도 있다.

2) 史觀

사관과 관련된 자료는 「原牧」, 「技藝論」, 「湯論」, 「逸周書克殷篇辨」, 合編 『尚書古訓』 「堯典」 등이 있다. 여기서 사관이라는 용어는 앞서도 언급하였듯 이 역사의 전개 과정을 어떤 패턴 또는 유형으로 이해하였는가 하는 제한적 의미로 사용하였다. 원목은 규장각 소장『여유당집』잡문 전편 제2책 제1권 에 실린 「原教」, 「原政」 등에 실린 原 장르의 글 가운데 맨 마지막으로 수록되 어 있다. 따라서 原 형식의 글 가운데 맨 마지막에 저술된 것으로 볼 수 있다. 잡문 전편에 실려 있으므로 일단 유배 이전의 전기작으로 추정할 수 있다. 다만 저작시기를 정확히 판단하기는 어려우나 곡산부사 시절의 저작이 아닌 가 생각된다. 정약용 자신이 목민관을 직접 지내게 된 것이 목민관의 근본의 의를 생각하게 하는 계기가 되었다고 생각되기 때문이다. 정약용은 1797년 윤 6월 36세 때 곡산부사에 제수되어 1799년 4월까지 역임하였다.[18] 이 시기 가운데 처음에는 업무파악 등 신경 쓸 일이 많았을 것이고 1797년 겨울『麻科 會通』을 완성하였으며 1798년 4월에는『史記纂注』를 완성하여 올리고 있 다.[19] 따라서 「원목」의 저작시기는 1797년 윤 6월 이후 1799년 4월까지의 곡산부사 시기 가운데에서도 1798년 4월『史記纂注』완성 이후 시기일 개연 성이 크다.[20] 「技藝論」은 앞서 언급하였듯이 1799~1800년 무렵으로 추정된 다.[21]

「湯論」은 잡문 후편에 실려 있으므로 유배 이후의 후기작이라고 할 수 있다.[22] 정약용은『梅氏尚書平』(초고본)을 1810년 강진에서 완성하였는데[23]

---

18) 『연보』, 87쪽 및 104쪽.
19) 『연보』, 95쪽 및 96쪽.
20) 1798년 정약용은 「應旨進農政疏」를 올리고(『전서』 1, 194쪽 「應旨進農政疏」 제 목 아래 '戊午在谷山'이라고 되어 있다), 이 저술작업에 이어서 근본적인 농업개혁 론을 생각하여 1799년 「전론」을 저술하였다. 「원목」은 「전론」과 더불어 짝을 이루 는 것으로서 「전론」이 경제분야에서의 그의 근본입장을 정립한 것이라면, 「원목」은 그의 정치분야에서의 근본입장을 정립한 것이라고 할 수 있다.
21) 「기예론」은 「전론」과 「탕론」에 따른 제도개혁을 뒷받침하는 기술발전을 생각한 것 이다. 이 세 저작으로 정약용 사상의 근본입장이 완전히 정립되었다. 후기 연구는 유 교 경전 및 기타 연구를 통해 이 입장을 심화·발전시켜나가는 것이라고 할 수 있다.

여기에 「탕론」에 대한 언급이 있다. 따라서 「탕론」의 저술시기는 1801~
1810년으로 비정된다.[24] 현재 저술시기를 정확히 확정할 수는 없으나 1810
년 무렵이라고 생각된다. 1810년 봄 완료된『매씨상서평』의 저술작업을 준
비 또는 진행하면서 저술되었다고 생각되기 때문이다. 잡문 후편에 실린 여
러 論들 가운데 맨 마지막에 실린 점도 이 추론을 뒷받침한다. 한편『逸周書
克殷篇辨』은 1834년 이후의 것이며 「堯典」을 수록하고 있는 합편『尙書古
訓』은 1834년에 이루어졌다.[25]

「原牧」(1798~1799년 무렵 추정)에서 정약용은 인류 역사의 전개 과정에 대
하여 다음과 같이 언급하였다.

　　邃古之初 民而已 豈有牧哉 民于于然聚居 有一夫與鄰鬨莫之決 有叟焉善爲公言
　　就而正之 四鄰咸服 推而共尊之 名曰里正 於是數里之民 以其里鬨莫之決 有叟焉
　　俊而多識 就而正之 數里咸服 推而共尊之 名曰黨正 數黨之民 以其黨鬨 莫之決
　　有叟焉 賢而有德 就而正之 數黨咸服 名之曰 州長 於是數州之長 推一人而爲長
　　名之曰國君 數國之君 推一人而爲長 名之曰方伯 四方之伯 推一人而爲宗 名之曰
　　皇王 皇王之本 起於里正 牧爲民有也 當是時 里正從民 望而制之法上之 …… 州
　　上之國君 國君上之皇王 故其法便民 後世一人自立爲皇帝 封其子若弟 及其侍御
　　僕從之人 以爲諸侯 諸侯簡其私人 以爲州長 州長薦其私人 以爲黨正里正 於是皇
　　帝 循己欲而制之法 以授諸侯 諸侯循己欲而制之法 以授州長 州授之黨正 黨正授
　　之里正 故其法 皆尊主而卑民 刻下而附上 壹似乎民爲牧生也[26]

---

22) 졸고, 「정약용의 저작 체계와 여유당잡문의 재구성」. 「탕론」은 잡문 후편 제7책
　　제1권에 실려 있다(위의 논문, 42쪽, 이 잡문 후편 제7책 제1권에 실린 여러 論들
　　가운데에서도 맨 마지막에 실려 있다).

23) 졸고, 「정약용의 상서연구 문헌의 검토」, ≪동방학지≫ 51·52·53합집, 1987,
　　738쪽.

24) 졸고, 「정약용의 정치사상」[『한국사학사연구』(우송조동걸선생정년기념논총 1),
　　나남, 1997, 395쪽]에서 필자가 「탕론」의 저술시기를 1801~1811년 사이로 비정하
　　였는데, 초고본『매씨상서평』저술시기에 대한 필자의 기억 착오에 의한 오류이다.
　　이 논문에 앞서 졸고 「정약용의 상서연구 문헌의 검토」(≪동방학지≫ 54·55·56합
　　집, 1987, 738쪽)에서 초고본『매씨상서평』이 1810년 봄에 저술되었음을 밝힌 바
　　있다.

25) 졸고, 「정약용의 상서연구문헌의 검토」, ≪동방학지≫ 54·55·56합집, 755쪽 및
　　756쪽.

26) 「원목」, 『전서』1, 203-204쪽.

여기서 보면 우선 먼 역사의 시초에는 民만이 있어 그냥 모여 살고 있었다고 하였다.27) 따라서 「원목」에 따르면 이것이 바로 인류 역사의 제1단계가 된다. 그러다가 사람들 사이에 문제가 생기자 이를 해결할 수 있는 사람을 선출하여 里正으로 하였고 里 사이의 문제를 해결하기 위해 黨正이 선출되었으며 黨 사이의 문제를 해결하기 위해 主長이 선출되었고 주장 가운데 한 사람이 추대되어 國君이 되었으며 국군 가운데 한 사람이 추대되어 方伯이 되었고 방백 가운데 한 사람이 추대되어 皇王이 되었다고 하였다.

그런데 이때에는 백성들의 소망에 따라 아래 里正으로부터 법이 제정되어 위로 黨正에게 올라가고 당정이 법을 제정하여 州長에게 올리고 다시 國君, 皇王으로 올라가는 식이어서 그 법이 백성을 편안하게 하였다는 것이다. 따라서 「원목」에 따르면 이것이 바로 인류 역사의 제2단계가 된다.

다음으로 후세에는 한 사람이 스스로 서서 황제가 되어 자기 자식과 동생 및 자기를 모시던 시종들을 제후로 삼고 제후는 다시 자기의 私人들을 추천하여 州長으로 하고 주장들은 자기의 사인들을 추천하여 黨正과 里正으로 삼았다고 하였다. 이 때문에 황제는 자기 욕심에 따라 법을 제정하여 제후에게 주고 제후는 자기 욕심에 따라 법을 제정하여 주장에게 주고 주장은 당정에게 주며 당정은 이정에게 주므로 그 법이 모두 왕을 높이고 민을 낮추며 아래를 수탈하여 위에 빌붙게 되었다는 것이다. 따라서 「원목」에 따르면 이것이 인류 역사의 제3단계에 해당한다.

이렇게 보면 정약용은 「원목」에서 인류 역사를 군주가 없던 시대 제1단계, 민의 里正, 黨正, 州長 등 추대와 州長, 國君, 方伯 들의 단계적 간접 선거 방식을 통해 皇王이 선출되어 민을 위하여 통치하던 제2단계, 후세에 皇帝가 스스로 서서 제후 등을 임명하므로 왕을 높이고 민을 수탈하는 제3단계라는 세 시기로 나누었음을 알 수 있다. 그 자신이 살고 있는 시기는 물론 후세인 제3단계에 속한다고 생각하였을 것이다. 이렇게 보면 인류 역사의 제2단계에서 제3단계로의 변화는 도덕적 퇴보로 파악한 것이 된다.

27) 이것은 정약용이 인간의 처음 단계를 부정적으로 본 느낌을 갖게 한다.

다음 「技藝論」 1(1799~1800년 무렵 추정)에서는 기술발전의 관점에서 인류 역사에 대하여 다음과 같이 파악하였다.

智慮之所推運有限 巧思之所穿鑿有漸 故雖聖人不能當千萬人之所共議 雖聖人不能一朝而盡其美 故人彌聚則 其技藝彌精 世彌降則其技藝彌工 此勢之不得不然者也[28]

여기서 보면 인류의 기술은 시대가 내려갈수록 더욱 공고해지며 이것은 형세상 어쩔 수 없는 필연적인 것이라고 하였다. 이것은 발전사관, 진보사관이라고 부를 수 있으며 형세상 필연적이라고 본 것은 역사에 대한 법칙적 인식이라고 할 수 있다. 이런 기술 발전의 강조는 중국에서의 기술도입 등을 통하여 기술발전을 이루기 위한 것이었으며 이것이 바로 정약용이 「기예론」을 쓴 목적이기도 하다.

한편 정약용은 「기예론」 3에서 인류의 역사의 전개 과정과 관련하여 다음과 같은 언급을 하였다.

夫孝悌近於天性 明於聖賢之書 苟擴而充之 修而明之 斯禮義成俗 此固無待乎外 亦無雜乎後出者[29]

이것은 효제와 같은 도덕성은 천성이며 聖賢의 책, 즉 유교의 경전에 모두 밝혀져 있으므로 이를 확충하고 닦으면 禮義가 풍속을 이루게 될 것이니 이외의 것이나 후대의 것을 뒤섞을 필요가 없다는 말이다. 즉, 인간의 도덕과 관련된 학문은 옛 유교 경전에 따라 실천하기만 하면 된다는 뜻이다. 사관과 관련하여 생각하면 인간의 도덕성이란 역사 속에서 불변하는 것이며 도덕에 관한 학문은 과거의 유교 경전에서 완성되어 더 이상의 발전이 없었다는 것이다.

「기예론」에서 정약용은 기술의 진보사관 및 이에 근거한 기술 도입론과

---

28) 『전서』 1, 「기예론」 1, 226쪽.
29) 『전서』 1, 「기예론」 3, 227쪽.

더불어 인간 도덕성은 불변하며 이를 밝히는 학문은 과거 儒學에서 이미
완성되어 더 이상의 발전을 기대할 필요가 없다는 생각을 피력하였다. 또
이와 거의 같은 시기에 지어졌다고 생각되는 「원목」에서는 인간의 도덕이
역사와 더불어 타락하였다는 퇴보사관도 함께 갖고 있었다. 이 세 가지 생각
을 종합하면 정약용은 이 무렵(1798~1800년 무렵) 인간의 역사는 도덕적으로
타락해왔으나 도덕성은 불변하는 것이고 유교 경전에 수양방법이 다 밝혀져
있으므로 유교 경전에 따라 실천하여 인간의 도덕성을 회복하는 동시에 기
술발전을 추구하여야 한다는 견해를 가졌던 것으로 볼 수 있겠다.[30]

「원목」에서 표명된 정약용의 생각은 강진 시절(1801~1810) 저술된 「湯論」
에서 더욱 구체화되었다. 첫째, 여기서는 통치자의 발생을 민을 위해 민이
추대하고 선출한다는 생각에서 더 발전하여 통치자가 잘못하였을 때의 人民
革命權을 명확하게 주장하였다. 둘째, 「원목」에서는 자신의 주장이 추상적·
일반적 방식으로 표현되었는데 「탕론」에서는 역사적 내용과 결부하여 설명
하는 방식으로 발전하였다.

이 「탕론」에서 사관과 관련되는 것으로는 다음과 같은 언급이 있다.

湯放桀可乎 臣伐君而可乎 曰古之道也 非湯剙爲之也 神農氏世衰 諸侯相虐 軒轅
習用干戈 而征不享 諸侯咸歸以與炎帝戰于阪泉之野 三戰而得之以代神農(見本
紀) 則是臣伐君 而黃帝爲 之將臣伐君而罪之 黃帝爲首惡 而湯奚問焉 …… 古者
下而上 下而上者順也 今也上而下 下而上者逆也 故莽操懿裕衍之等 逆也 武王湯
王黃帝之等 王之明 帝之聖者也 不知其然 輒欲貶湯武而卑於堯舜 豈所謂達古今
之變者哉[31]

---

30) 정약용이 생각한 도덕성의 회복은 오늘날 우리가 생각하는 협의의 것이 아니라
도덕성에 기초한 법률·제도까지 포함되는 것이다. 그것은 「원목」에서 도덕성의 타
락을 군주의 사욕에 대한 법률의 제정으로 파악한 것에서 엿볼 수 있다. 또 이 시
기 그가 이미 「田論」을 저술하여(1799) 철저한 토지개혁을 추구한 것에서도 그렇게
생각할 수 있다. 따라서 인간의 도덕을 밝히는 길이 유교 경전에 다 되어 있다는
정약용의 견해는 도덕성에 기초한 제도개혁의 모범까지도 유교 경전에 다 들어 있
다는 뜻으로 해석되어야 할 것이다. 이런 전제 위에서 정약용은 강진 시절 유교 경
전을 연구하여 자신이 추구하는 이상적 제도의 모델을 그 속에서 찾으려 하였다.
31) 「탕론」, 『전서』 1, 233쪽.

여기서 보면 殷나라의 湯임금이 夏나라의 傑을 放伐한 것을 黃帝 軒轅氏
가 神農氏를 내친 것과 더불어 비교하면서 그것이 정당하다고 주장하였고
결론적으로는 周나라의 武王, 殷나라 湯임금, 黃帝 등의 방벌을 두고 堯舜보
다 낮추어 보는 것은 下而上(아래에서 위로 올라가는 방식, 즉 민을 위주로 하는
것)의 古와 上而下(위로부터 내려오는 방식, 즉 임금을 위주로 하는 것)가 되는
今의 차이를 모르기 때문이라고 하였다. 여기서 古란 당연히 주나라 무왕,
은나라 탕임금, 황제의 시대를 의미할 것이다. 주나라 무왕, 은나라 탕임금은
중국 역사상 三王의 시대(三代)에 해당하며 황제는 五帝의 시대에 해당한다.
여기서 삼왕과 오제는 같은 古의 시대로 파악되었다. 今은 정약용이 생각하
기에 자신이 살고 있는 때를 포함하는 동시대를 의미할 것인데 「원목」에서
유추해보면 皇帝가 출현한 이후(秦나라가 戰國을 통일한 이후)의 시대일 것이
다. 「탕론」에서 보면 이렇게 인류 역사는 古와 今의 두 단계로 이해되었고,
여기서 古에는 五帝와 三王의 시대가 모두 포함되고 今은 皇帝 출현 이후
정약용 당시까지를 의미하였다. 古 이전에 대한 언급은 없다.

한편 1834년 저작인 합편『尙書古訓』「요전」에서는 정약용의 시대 구분
과 관련하여 다음과 같은 언급이 있다.

禪受者 官天下 世傳者 家天下 其禮不得上同 今以三王之禮 冒之五帝 其合乎32)

여기서 보면 五帝의 시대를 三王의 시대와 명확히 나누었다. 오제의 시대
는 선양이 이루어졌고 삼왕의 시대는 세습의 시대였다는 것이다.

정약용은 1834년(73세) 이후 저술한 「逸周書克殷篇辨」에서 「湯論」에서의
생각을 이어서 더욱 발전시켜33) 새로운 군주의 출현에 대하여 帝命(상제의
명령, 즉 天命)과 候戴(제후들에 의한 추대)라는 용어로 설명하였으며, 중국 역
사의 구체적인 사례들을 폭넓게 언급하였다.34) 사관과 관련하여서는 다음과

32)『전서』2, 합편 상서고훈 권 2,「요전」, 532쪽.
33) 이것은 그가 이 글에서 "余昔作湯論 今又書此而屬之"라고 한 것에서도 알 수 있
다(『전서』3, 매씨서평 권 4,「일주서극은편변」, 195쪽).
34) 이에 대하여 졸고,「정약용의 정치사상」참조.

같은 언급이 있다.

今人以秦以後之眼 仰視秦以前之天 其萬事萬物 無一非倒景斜光 湯武其最大也[35]

　秦나라 이후를 今이라 보고 그 이전과는 완전히 도치된 것이라는 말이다. 이 경우 秦 이전은 물론 古로 파악되며 今과 정반대 상황이다. 따라서 「逸周書克殷篇辨」의 시대구분 방식은 「탕론」의 그것과 완전히 같다. 여기서도 역시 군주출현 이전단계에 대하여는 언급하지 않았다.

　「일주서극은편변」의 견해를 합편『尙書古訓』「요전」의 견해와 합쳐서 보면 1834년(73세) 이후 가장 말년단계의 정약용은 인류의 역사를 제1단계 五帝의 시대, 제2단계 三王의 시대, 제3단계 秦나라(皇帝) 이후의 세 단계로 나누고 있음을 알 수 있다. 이것을 「원목」과 비교해보면 군주출현 이전단계가 빠져 있으며 그 대신 「원목」에서 군주출현 이후 황제출현 이전의 제2단계가 五帝와 三王의 시대로 다시 세분되었다. 「탕론」과 비교하면 군주출현 이전시대에 대한 언급이 없는 것은 마찬가지이고 「탕론」에서 秦나라 이전과 이후의 두 단계로 되어 있는 것과 달리 진나라 이전이 오제와 삼왕으로 다시 세분되어 있는 점이 다르다. 이렇게 보면 말년단계에서 정약용은 도덕적 관점에서는 역사가 제1단계 五帝 - 제2단계 三王 - 제3단계 皇帝以後(今) 점차 퇴보해온 것으로 보았다는 문제가 생긴다. 한편 말년단계에서 군주발생 이전에 대한 언급은 없다. 정약용이 군주출현 이전을 하나의 단계로 설정하는지 여부가 문제이다.

---

35)『전서』3, 매씨서평 권 4, 「일주서극은편변」, 194쪽.

3. 歷史의 方法과 目的

1) 歷史의 方法

역사의 방법과 관련된 자료로는 「地理策」, 「進史記選纂注啓」, 『我邦疆域考』「朝鮮考」·「弁辰考」·「樂浪考」, 「寄兩兒」 등이 있다. 「지리책」은 앞서 언급하였듯이 1789년 28세 때에 지은 글이다. 한편 정약용은 먼저 보았듯이 1898년 4월 곡산에서 『史記纂注』를 완성하여 올렸다. 이 책과 더불어 정조에게 보고서 형식으로 올린 것이 「進史記纂注啓」이다. 따라서 「진사기찬주계」의 저술시기는 1798년 4월이라고 할 수 있다.36) 『我邦疆域考』는 1811년 정약용이 50세 때 저술되었으며 1823년에서 1836년 사이 晩年에 증보 작업이 이루어졌다.37) 「조선고」·「변진고」·「낙랑고」는 증보부분에 속하지 않으므로 1811년 작이라고 할 수 있다.38) 「기양아」는 연대를 확실히 규정하기는 어려우나 강진 유배시기 두 아들에게 보낸 편지이다.

「지리책」에서 정약용은 역사학의 방법과 관련하여 어떠한 방법으로 역사를 연구해야 하는지에 대해서 직접 언급하지는 않았다. 그러나 우리는 여기서 그가 역사, 특히 역사지리를 연구하는 방법 또는 입장이 어떠하였는지를 엿볼 수 있다. 漢四郡과 三韓의 위치 등 우리의 역사지리를 연구함에 있어서 그는 漢書 「地理志」, 『通典』과 『後漢書』 등 중국 측 자료를 기본으로 하여 이들이 정확하다고 보고 이들을 『三國史記』 등 우리 측 자료보다 더 신뢰하였다.39)

아울러 우리 측 사료에 대하여는 그것이 비합리적이라는 점에서도 비판하였다. 그는 「지리책」에서 다음과 같이 말하였다.

---

36) 『與猶堂全書』에 수록된 「진사기찬주계」의 제목 아래에는 "戊午春 在谷山"이라고 되어 있다(『전서』 1, 216쪽). 여기서 무오년은 1798년이며 이때 정약용은 37세였다.
37) 졸고, 「아방강역고에 나타난 정약용의 역사인식」, ≪규장각≫ 15, 1992, 64-66쪽.
38) 위의 졸고, 65쪽.
39) 『전서』 1, 「지리책」, 152쪽.

大抵東方久染夷沫之俗 素無文獻之徵 所傳史籍 率多荒唐鄙俚之語 或稱神人降
於檀木 或稱 卵胎於漂壺 人神雜糅 事理乖舛 此臣所以深喩乎東方之鷘遠而竊有
望於聖朝之察邇者也40)

여기서 주목되는 것은 우리의 역사책 가운데 특정한 것을 비합리적이며
황당하다고 비판하는 것이 아니라 일반적으로 그러하다고 비판하는 점이다.

다음으로 1798년 4월 37세 때 저술한「進史記纂注啓」서두에는 자신이
『史記纂注』에서 주석을 붙인 원칙에 대하여 설명하였다. 이 가운데 그의 역
사 연구방법을 엿볼 수 있는 것으로 다음과 같은 언급이 있다.

一. 注釋只有一家說 或諸家說相同者 不標人名書名 諸家說不同 而所爭不大者 只
云一云如此 所爭不少 聚訟不決者 著其人名書名 云服虔曰索隱曰41)

여기서 보면 일가의 설만이 있거나 제가의 설이 같으면 그냥 기록하고 제
가의 견해차이가 있으되 큰 문제가 아닌 경우 '어떤 사람은 이렇게 말한다'
라고만 하며 큰 문제인 경우 각자의 인명 또는 서명을 기록한다고 하였다.
따라서『史記纂注』에서는 아직 정약용이 자기 나름의 명확한 설을 수립하지
않고 단지 통설을 소개하거나 견해차이가 클 경우 각자의 견해를 소개하는
데 그치고 있는 것이 아닌가 생각된다.42) 다만 그가 사실 고증에 있어 제가의
설을 두루 참고하는 태도를 갖고 있음이 주목된다.

정약용은 1811년 50세 때 저술한『我邦疆域考』에서 광범위한 자료의 수
집과 엄격한 자료비판에 근거하여 논리적으로 타당한 결론을 끌어내는 식의
치밀한 문헌 고증 또는 실증적 방법으로 우리나라 역사지리를 연구하여 정
리하였다. 예를 들어『我邦疆域考』의「조선고」에서는 "箕子當時 其疆域未

---

40)『전서』1,「지리책」, 154쪽.
41)『전서』1,「진사기찬주계」, 216쪽.
42) 필자는 아직『史記纂注』를 발견하지 못하였다.『사기찬주』를 발견하여야 이 문
제에 대한 확정적인 결론을 내릴 수 있을 것이다. 또「진사기찬주계」에 씌어진 범
례로 보아 정약용이『사기찬주』에서 史論식으로 자신의 견해를 적극적으로 표명했
다고 보기는 어려우며 세세한 사실 고증에 치우쳐 있는 것으로 보인다.

必曠遠(기자 당시 그 강역이 반드시 넓은 것은 아니었다)"라는 주장을 제시한 뒤
『魏略』,『唐書』,『魏志』,『大明一統志』등과 같은 자료를 광범위하게 제시하
여 이들을 근거로 자신의 주장을 입증하는 방식을 취하였다.[43]

『我邦疆域考』「변진고」에서는 초보적이며 소박하지만 언어학적 연구 방
법도 도입되었다. 그는 여기서 弁韓에 대하여 설명하면서 다음과 같이 말하
였다.

弁者 駕洛也 駕洛者 伽耶也 東俗 凡冠幘之尖頂者 通謂之弁 亦謂之駕那[44]

弁韓의 弁은 가락인데, 가락이란 가야라는 것이며 우리나라 풍속에서 모
자 가운데 끝이 뾰족한 것을 고깔(弁)이라고 하며 가나라고 한다는 것이다.
다만『아방강역고』에서도「지리책」과 마찬가지로 우리 측 사료보다는 중
국 측 사료를 더 중요시하는 문제점이 있었다.『아방강역고』「변진고」에서
다음과 같이 말하였다.

我邦史冊 皆據漢魏晉諸史 點綴成文 其或收拾於本國之傳記者 皆虛荒誕妄不根
之說 卵剖櫃 汎 鷄鳴鵲噪 下俚詿言 可愧之甚 今乃輕違中國之信史 自立委巷之野
言 豈可曰揆其本乎[45]

우리 측 사료를 불신하는 이유로 황당하며 근거가 없는 비합리적인 신화,
전설적인 면을 갖고 있는 점을 거론하였다. 우리 측 사료에 대하여 비합리적
인 태도라고 비판하는 것은 앞서 살폈듯이「지리책」에서도 이미 나타났다.
다만『아방강역고』에서는 잘못되었다고 생각되는 자료에 대하여 그냥 버리
는 것이 아니라 그렇게 된 이유 또는 배경에 대하여 설명하려고 하는 모습이
보인다. 예를 들어 최치원의 삼한 위치비정이 틀린 이유에 대하여 "崔孤雲
久游中國 反昧本鄕之事"라고 하였다.[46] 또 틀린 사료들에 대하여 그것들이

---

43)『전서』6,『아방강역고』권 1, 287쪽.
44)『전서』6,『아방강역고』권 1, 306쪽.
45)『전서』6,『아방강역고』권 1,「변진고」, 308쪽.

갖는 의미에 대하여 생각하는 자세가 보인다. 이런 자세는 이미 「지리책」에서 나타났으나 『아방강역고』에서는 심화되었다.

한편 「寄兩兒」에서는 저술의 방법에 대하여 "著書之法 必詳其時代先後然後可有考驗"이라고 하였다.[47] 이것은 정약용이 저술을 할 때의 일반적 태도이다. 이를 통해 그가 역사적 사실을 연대에 따라 체계적으로 이해하는 것을 중시하고 있음을 알 수 있다. 연구에서는 당연히 더욱더 이런 방법의 필요성을 인식하였을 것이다. 『아방강역고』는 바로 이런 방식에 의해 저술되었다.

2) 歷史의 目的

역사의 목적과 관련된 자료로는 「地理策」, 「寄二兒」 3·4, 「寄淵兒」, 『經世遺表』 「田制」 4, 「倉廩之儲」 1, 「禮官之屬」 貢擧院 條, 「田制考」 6의 「邦田議」, 「田制別考」 1의 「結負考辨」 등이 있다. 이 가운데 「지리책」은 앞서 언급한 바와 같이 1789년 28세 때의 저작이다. 「기이아」는 강진 유배시절 아들에게 보낸 것으로 같은 이름의 편지가 몇 통 있다.[48] 「기연아」 역시 강진 유배 시절 아들 丁學淵에게 보낸 편지이다. 이 글에서 인용할 「기이아」에서 첫번째로 인용할 것은 1802년 12월 22일 강진에서 보낸 것이다.[49] 이에 앞서 「기이아」가 2편 있으므로 「기이아」 3이라고 부르기로 한다. 두번째 인용할 것은 연대가 『여유당전서』에는 나타나 있지 않다. 「기이아」 3 바로 뒤에 이어서 있으므로 「기이아」 4라고 부르기로 한다. 저술시기는 1803년 봄이다.[50] 「기연아」는 1808년 겨울에 쓴 편지이다.[51] 『경세유표』를 저술한 것은

46) 『전서』 6, 『아방강역고』 권 1, 「변진고」, 306쪽.
47) 『전서』 1, 「기양아」, 447쪽(처음 편지).
48) 1801년 초 경상도 장기로 유배 가는 도중에 하담에 도착하여 지은 편지도 제목이 「寄二兒」로 되어 있다. 제목 아래에 "辛酉 三月初二日 到荷潭書"라는 기록이 있다(『전서』 1, 439쪽).
49) 제목 아래 "壬戌 十二月 十二日 康津謫中"이라고 되어 있다(『전서』 1, 440쪽).
50) 「기이아」 4는 「기이아」 3에 바로 이어져 있고 내용상으로도 역사에 대한 언급 등 서로 연결되는 측면이 있다. 이렇게 보면 「기이아」 4의 저술시기를 일단 1803년

1817년 정약용이 56세 때이다.52)

정약용은 「지리책」에서 역사를 하는 목적과 관련하여 다음과 같이 말하였다.

歷代史家 各志地理 必欲辨其方域 考其物産 此其故何也 誠以御天下者 如御一家
堂奧宦窔 不可以不辨 庾庫庖湢 不可以不識 苟不能然 無以定規撫施號令 而條達
一王之治理53)

여기서 보면 역대 지리지 등에 대하여 그 목적이 국왕의 통치에 도움을
주기 위한 것이라고 하였다. 역사를 연구하는 목적을 현실 정치를 위한 실용
적인 데에 있음을 알 수 있다. 더욱이 국왕이 구체적인 물산, 지리, 문물,
제도 등 물질적인 측면을 알아야 한다고 것이 주목된다.

한편 「기이아」 3에는 "士大夫子弟 不識國朝故事 不見先輩論議 雖其學貫
穿今古 自是菌莽"라고 하여54) 우리나라 역사인식의 중요성을 강조하였다.
우리 역사인식의 중요성은 단지 우리의 과거를 알기 위한 것이 아니라 자신

초 무렵으로 추정할 수 있다. 정신문화연구원 소장 필사본에도 본문 앞의 제목에는
연대가 기록되어 있지 않으나 책머리에 기록된 목차를 보면 다행히 계해 춘(1803년
봄)이라고 연대가 기록되어 있다(「열수전서」 속집 3).
강진 시절 아들들에게 보낸 편지는 『여유당전서』를 보면 배열이 연대상 뒤죽박죽
된 것처럼 되어 있으나, 정신문화연구원 소장 필사본(『열수전서』 속집 3)을 보면 연
대순으로 정연함을 알 수 있다. 아들들에게 보낸 편지는 『열수전서』 속집 3의 제2
권과 제3권에 실려 있다. 다만 이 필사본에도 연대배열이 순서에 맞지 않는 것들이
있다.
51) 제목 아래에 "戊辰冬"(1808)이라고 기록되어 있다(『전서』 1, 441쪽). 다만 『여유
당전서』를 보면 이 편지 앞에 수록된 편지들이 연대상 뒤지는 것들이 있으며 정신
문화연구원 소장 필사본(『열수전서』 속집 3)에도 그렇게 되어 있다. 『열수전서』 속
집 3 제2권에 수록된 편지 8통의 목차가 책머리에 실려 있는데 실제로 제2권 본문
에 수록된 것은 10통이다. 즉, 2통이 추가되어 있다. 이 추가된 2통은 『여유당전서』
에도 같은 위치에 수록되어 있다. 「기연아」는 이 추가된 2통 가운데 하나이다(『열
수전서』 속집 3 제2권의 9번째 편지). 이 편지가 다른 편지들보다 연대가 앞서면서
도 뒤에 수록된 것은 10번째 편지 「시이아」와 더불어 나중에 추가되었기 때문이라
고 여겨진다. 이런 서지학적 문제들에 대하여는 별도의 논고에서 다루기로 한다.
52) 『사암선생연보』 순조 17년(1817)의 기록에 "邦禮草本 輯功起而未卒業"이라고 되
어 있다(『연보』, 200쪽).
53) 『전서』 1, 「지리책」, 150쪽.
54) 『전서』 1, 440쪽.

이 살고 있는 현실을 이해하기 위한 것이라고 생각된다. 여기서 강조된 것은 조선의 고사이다. 선배들의 논의라는 것도 고려시대 이전은 그 구체적인 것은 거의 남아 있지 않았으므로 조선시대의 그것이라고 보아야 할 것이다.

「기이아」 4에서는 『紀年兒覽』이라는 책에 대하여 비판하면서 역사의 목적에 대하여 다음과 같이 직접적으로 언급하였다.

紀年兒覽 吾亦始以謂佳書 今乃仔細看 所見不如所聞也 大抵本意在於示該治爭 多聞 '不于實 用實理上 立得一副當繩尺' 故其所著之煩而寡要約 而多蔓如是也[55]

여기서 보면 『기년아람』이 실용과 실리적인 데에 입각해 하나의 척도를 세우지 않은 데에서 산만하게 되었다고 비판하고 역사를 하는 목적을 實用과 實理에 두고 있다. 실용이란 현실적으로 도움을 주는 것, 즉 현실 정치나 제도개혁 등에 도움을 주는 것을 뜻하는 것으로 생각할 수 있다.

한편 實理가 의미하는 것은 역사를 통해 어떤 법칙이나 원리의 발견을 추구하려 한 것이 아닌가 여겨진다. 역사의 목적을 단순히 실용적인 데에 두지 않고 실리의 발견을 추구한 점이 주목된다. 그가 實理와 같이 역사에 대하여 어떤 법칙이나 원리의 발견을 추구하려 한 것은 앞서 살핀 바와 같이 역사의 동인과 사관에 대하여 이미 그 나름으로 확고한 견해를 가지게 된 것과 관련이 있다고 생각된다. 그의 사관은 역사를 일정한 유형과 추세 아래 총체적으로 이해하려는 것이며 역사의 동인에 대한 견해는 역사를 관통하여 이끌어가는 일관된 힘을 상정하고 있다.

다음으로 『經世遺表』에 수록되어 있는 「田制」 4, 「倉廩之儲」 1, 「禮官之屬」「貢擧院」 條, 「田制考」 6의 「邦田議」, 「田制別考」 1의 「結負考辨」 등에서는 자신의 개혁론을 주장하기에 앞서 그를 위한 전제로서 중국과 우리나라 역대 제도에 대하여 언급하였다. 「전제」 4에서는 사마천의 『史記』「秦本紀」의 開阡陌 기사와 관련하여 이것을 주자가 阡陌을 헐어버렸다고 해석한 것과 달리 천맥을 새로이 개설하였다는 뜻으로 해석하였으며,[56] 「예관지속」

---

55) 『전서』 1, 441쪽.

302   제3부 實學의 歷史理論과 方法

에서는 과거제도와 관련하여 과거제도에 앞서 있었던 천거제도에 대해 언급
하였다.57) 또 「전제고」 6의 「방전의」에서는 우리나라 토지제도와 관련하여
箕子 이래 평양에 井田이 있었음을 부인하였고58) 「전제별고」 1의 「결부고
변」에서는 고려시기까지는 경무법과 결부제가 일치되었다고 하였다.59)

개천맥에 대하여 새로이 해석한 것은 井田制하에서 천맥제도가 시행된 것
이 아니며 정전제개혁론이 토지를 반드시 100무라는 일정 단위로 구획하기
것은 아니라고 보기 때문이다.60) 또 중국의 과거제도에 앞서 천거제도를 언
급한 것은 과거제도에 천서제도를 결합하려는 정약용의 과거제도 개혁론과
관련이 있다.61) 한편 평양에 남아 있다고 말해지던 기자의 井田을 부인한
것은 정약용이 생각한 井田制 개혁론은 이전 실학자들이 殷나라의 井田이라
고 생각하던 평양의 기자 정전과 구획방식이 달랐기 때문이며62) 고려시대까
지 결부법이 경무법이 일치하였다는 주장은 결부법을 경무법으로 개혁하려
고 하기 때문이었다.63)

정약용이 직접 역사에 대하여 연구한 것은 주로 역사지리 분야와 역대의
제도에 관한 것이며 이것은 그의 개혁론을 뒷받침하기 위해서였다. 이런 점
에서 보면 정약용은 앞서 살핀 바와 같이 역사의 실용적 목적을 주장하였을
뿐 아니라 역사의 실용적 목적을 위해 그 자신이 직접 역사를 연구하였다고
할 수 있다. 그의 역사 연구가 실용적인 데 집중되었다는 사실은 그가 역사의
목적에 대하여 實用을 중시하였다는 증거가 된다.

---

56) 『전서』 5, 『경세유표』 지관수제 「전제」 4, 107쪽 이하.
57) 『전서』 5, 『경세유표』 예관지속 「공거원」 조, 18쪽 이하.
58) 『전서』 5, 『경세유표』 지관수제 「전제고」 6, 115쪽 이하.
59) 『전서』 6, 『경세유표』 지관수제 「전제별고」 1, 161쪽 이하.
60) 졸고, 「정약용의 토지제도 개혁론」, 《한국사상사학》 10, 1998.
61) 졸고, 「정약용의 과거제도 개혁론」, 《역사학보》 157, 1998.
62) 졸고, 「정약용의 토지제도 개혁론」 참조. 평양 기자 정전의 구획방식과 같은 것
    은 유형원의 토지개혁론이다. 이것은 양자의 토지개혁론의 차이를 드러내는 것이
    다.
63) 졸고, 「정약용」, 『한국의 역사가와 역사학』(상), 창작과비평사, 1994, 336쪽.

4. 結語

이상 정약용의 역사인식에 대하여 역사의 동인과 사관, 역사학의 방법과
목적을 중심으로 살펴보았다. 이것을 요약해보면 다음과 같다.

첫째, 역사의 동인과 관련하여 정약용은 28세 때의 「지리책」 단계에서는
역사에서의 지리적 요인을 인정하면서도 도덕적 요인을 보다 중시하는 전통
적인 유가의 견해에 머물렀다. 그러나 1799~1800년 무렵(38세~39세경)에
저술된 것으로 추정되는 「기예론」에서는 시대가 내려갈수록 기술은 진보하
며 이것은 민중의 힘이 발전하는 어쩔 수 없는 형세라고 하였다. 1800년 무
렵(39세경) 저술된 것으로 추정되는 「백제론」에서는 지리적 요인을 역사를
움직이는 동인으로 보았으나 이와 같은 시기에 저술된 것으로 추정되는 「고
구려론」에서는 주변의 상황이라는 도전에 대한 인간의 주체적 응전을 아울
러 중시하였다. 그에게 있어서 지리적 요인의 강조와 주체적 응전의 인정은
모순되는 것이 아니며 주체적 응전 자체가 지리적 상황에 따른 것으로 생각
되었다. 이것은 「기예론」에서 민중의 힘을 기술발전의 요인으로 보면서도
민중의 노력에 의한 기술발전을 필연적인 형세로 파악한 생각과 궤를 같이
한다. 둘째, 사관과 관련하여 정약용은 1798~1799년 무렵(37세~38세경)의
저작으로 추정되는 「原牧」에서는 인류 역사를 군주가 없던 시대인 제1단계,
민의 里正, 黨正, 州長 등 추대와 州長, 國君, 方伯 들의 단계적 간접 선거
방식을 통해 皇王이 선출되어 민을 위하여 통치하던 제2단계, 후세에 皇帝가
스스로 서서 제후 등을 임명함으로써 왕을 높이고 민을 수탈하는 제3단계의
세 시기로 나누었다. 따라서 인류 역사의 제2단계에서 제3단계로의 변화는
도덕적으로 퇴보한 것으로 파악한 것이 된다.

1799~1800년 무렵(38세~39세경)의 저작으로 추정되는 「기예론」에서는
기술의 진보사관과 더불어 인간 도덕성은 불변하며 이를 밝히는 학문은 과
거 유학에서 이미 완성되어 더 이상의 발전을 기대할 필요가 없다는 생각을
아울러 피력하였다. 「원목」에서는 인간의 도덕이 역사와 더불어 타락하였다
는 퇴보사관이 나타나므로 「원목」과 「기예론」을 저술한 1798~1800년 무렵

정약용은 기술 진보사관, 도덕적 퇴보사관, 인간성 불변 사관을 동시에 갖고 있었다고 할 수 있다. 그러나 그에게 있어서 이 세 가지는 서로 모순되는 것이 아니라 세 가지가 합쳐 하나의 사관을 이루었다. (補: 정약용은 정치제도 측면에서도 夏·殷·周 三代에는 단계적으로 진보하여 周나라 단계에서는 盡善盡美한 것으로 평가하였다. 이 책 제6장 「이익의 역사이론」 가운데 주 59) 참조) 이 무렵 정약용은 역사인식의 기본 틀을 확립했다고 여겨진다. 이것은 또한 이 시기 「田論」·「原牧」 등이 저술되어 그의 경제사상과 정치사상의 기본골격이 이루어진 것과 궤를 같이 하는 것이다.

1801~1810년(40~49세) 사이에 저술된 「탕론」에서는 인류 역사가 古와 今의 두 단계로 이해되었다. 여기서 古에는 五帝와 三王의 시대가 모두 포함되었으며, 今은 皇帝 출현 이후 정약용 당시까지를 의미하였고 古 이전에 대한 언급은 없다.

1834년 지어진 「요전」에서는 五帝의 시대를 三王의 시대와 명확히 나누어 오제의 시대는 선양이 이루어졌고 삼왕의 시대는 세습의 시대였다고 하였다.

1834년(73세) 이후 지어진 「逸周書克殷篇辨」에서의 시대구분 방식은 「탕론」의 그것과 완전히 같으며 여기서도 역시 군주출현 이전단계에 대하여는 언급하지 않았다. 「일주서극은편변」과 「요전」의 견해를 합쳐서 보면 1834년 이후 정약용은 도덕적 관점에서는 역사를 제1단계 五帝 - 제2단계 三王 - 제3단계 皇帝以後(今)로서 점차 퇴보해온 것으로 파악하였다고 할 수 있다.

셋째, 역사의 방법과 관련하여 정약용은 1789년(28세)에 저술한 「지리책」에서 직접 언급하지는 않았다. 그러나 「지리책」을 통해 우리는 그가 우리 측 사료보다 중국 측 사료를 더욱 중시하며 우리 측 자료에 대하여 비합리적이라는 점에서 비판적 태도를 갖고 있었음을 알 수 있다. 또 1798년(37세) 저술된 「진사기찬주계」에서는 관련된 학설을 두루 참고하여 정리하는 태도를 갖고 있었음을 엿볼 수 있다.

1811년 50세 때 저술한 『아방강역고』를 통해서는 광범위한 자료의 수집과 엄격한 자료비판에 근거하여 논리적으로 타당한 결론을 끌어내는 식의 치밀한 문헌 고증 또는 실증적 방법으로 우리나라 역사지리를 연구·정리하였음을 알 수 있다. 더욱이 『아방강역고』에서는 언어학적 방법이 사용되고 있음도 주목된다. 그러나 『아방강역고』에서도 우리 측 사료보다 중국 측 사료를 중시하며 비합리적이라고 비판하는 태도가 여전히 유지되었다. 다만 틀렸다고 생각되는 사료에 대하여도 그 의미와 틀린 이유를 생각하였다. 강진 시절 저작된 「寄兩兒」를 통해서는 역사에서 연대적 배열을 매우 중시하는 태도를 가졌음을 알 수 있다.

넷째, 역사의 목적에 대하여 정약용은 實用과 實理를 생각하였다. 역사에서 실용성을 중시하는 것은 1789년 28세 때 「지리책」을 지을 적부터 이미 분명하게 드러난다. 이것은 강진 시절 초기(1802~1803, 42~43세) 아들에게 보낸 편지에서 거듭 확인되며 1817년 56세 때 『經世遺表』를 지을 때까지 일관되게 유지되었다.

그러나 이런 실용성만이 아니라 정약용이 역사의 목적으로 實理를 생각한 것을 간과해서는 안 된다. 정약용의 경우 역사에서의 實理는 역사의 동인에 대한 이해와 역사전개의 법칙성에 대한 유형적·총체적 파악을 의미한다.

정약용의 이러한 역사인식은 매우 독창적인 면모를 갖는 것이지만 그 이전 선배 실학자, 특히 이익의 역사인식을 계승·발전시킨 것으로 여겨진다. 역사의 동인과 관련하여 실제의 역사를 도덕과 분리되며 형세에 의해 좌우되는 객관적 실체로 인식하는 것은 이미 이익에게서 나타났다.[64] 그러나 이익과는 달리 정약용은 인간의 주체적 또는 능동적 행위의 중요성을 인식하는 동시에 이 주체적 행위의 담지자를 민중으로 보았다. 다만 이 주체적 행위조차 형세로 이해되었다.

한편 정약용은 인간의 역사에 대해 총체적으로 정치사적 관점에서 시대를

---

64) 이익의 역사인식에 대하여는 다음의 논문이 참고된다.
　송찬식, 「성호의 새로운 사론」, ≪백산학보≫ 8, 1970.; 한영우, 「이익의 사론과 한국사 이해」, ≪한국학보≫ 40, 1987.; 정창렬, 「실학의 역사학 ―이익과 정약용을 중심으로」, 『민족사의 전개와 그 문화』(하), 1990. (補 정창렬, 「이익의 역사이론에 관한 연구」, ≪한국학논집≫ 36, 2002.; 졸고, 「주희와 이익의 역사이론 비교」, ≪한국사연구≫ 122, 2003.)

구분하여 이해하였다. 삼대 이후 점차 타락 또는 퇴보하여왔다고 보는 점에
서는 유가의 전통적인 퇴보사관과 유사하다. 그러나 기술의 진보라는 관점
은 정약용에게만 보이는 독특한 것이며 이익에게서 보이지 않는 것이다. 이
것은 정약용이 북학파의 북학론을 수용하면서 그 스스로 생각해낸 것으로
보인다.

또 국가 또는 군주발생 이전단계를 상정하고 이 단계에서 계약에 의해 군
주가 생겨났다고 본 점은 정약용의 독특한 견해이다.[65] 그리고 그는 이러한
국가 또는 군주의 발생을 일종의 발전으로 본 것으로 생각된다. 아울러 군주
의 선출과 세습이라는 관점에서 오제와 삼왕의 시대를 명확히 구분한 것 역
시 정약용의 독특한 견해이다.

시대구분과 관련해 우리가 주목할 것은 정약용이 시대구분에 그치지 않고
그에 기초해 새 시대를 전망하고 만들어나가려고 한 점이다. 이런 목적에서
그의 「원목」, 「탕론」, 「일주서극은편변」 등 근본적 정치사상을 담은 저작들
이 씌어졌다. 새 시대란 군주가 세습이 아니라 오제의 시대처럼 민에 의해
선출되고 민을 위하여 『경세유표』 등에서 주장된 여러 제도개혁이 달성되는
시기이다. 또 이에 더하여 이와 같은 개혁을 기술의 진보가 뒷받침하는 시대
라고 할 수 있다. 이를 위해 「기예론」을 저술하였고 『경세유표』에서 이용감
설치 등을 주장하였다. 즉, 그는 오제의 시대와는 다른 전혀 새로운 발전된
사회를 지향하고 있다. 이 점에서 정약용 역사인식은 복고적인 것이 아니라
발전지향적인 것이다.

다음으로 중국 측 자료를 기본적으로 신뢰하면서 치밀한 고증에 의하여
우리의 역사지리를 체계적으로 정리하는 방법은 한백겸 이래의 조선후기 역
사지리학의 전통을 계승하여 더욱 발전시킨 것이다. 역사의 목적으로 실용
성을 강조하는 것은 유가의 전통적 견해이지만 이것은 대체로 도덕적 관점
에서 교훈을 얻으려는 측면이 강하였다. 그러나 도덕적인 측면보다는 지리

---

65) 현재로서는 정약용이 서양의 사회계약론에 영향을 받았다고 주장할 수 있는 자
    료는 전혀 눈에 뜨이지 않는다. 다만 명말청초 인물인 黃宗羲의 『明夷待訪錄』이 어
    떤 영향을 주었는가 하는 것은 앞으로 좀더 검토할 문제이다.

와 같은 물질적 측면 및 제도 등에 기본적으로 관심을 갖는 점에서 정약용은 유가의 전통적 견해와 다르다. 이것은 역사의 동인을 기본적으로 물질적인 데에 두는 것에 기인하며 그가 현실 제도의 총체적 개혁을 주장하는 것과 관련이 있다. 아울러 역사의 목적에서 실용성과 더불어 實理, 즉 객관적 법칙 또는 추세의 발견을 생각한 것은 정약용의 독특한 견해이며 이것은 역사를 형세에 따른 객관적 실체로 파악하는 그의 견해에 따른 것이다.

이런 정약용의 역사인식을 어떠한 성격을 가진 것으로 이해할지가 문제이다. 이것은 역사인식만이 아니라 그의 사상 전체의 성격, 나아가 조선후기 실학 전체의 성격과도 관련되는 문제이다. 첫째, 역사에서 기본적으로 물질적 요인을 중시하여 이것을 도덕과 분리하고 형세에 따른 추세 또는 법칙이라는 관점에서 보려는 것은 전통적 유가의 견해를 완전히 벗어난 것이라고 할 수 있다. 둘째, 역사를 기술의 진보라는 각도에서 이해하는 것, 군주의 발생을 계약에 의한 것으로 보고 군주 선출의 시대와 세습의 시대를 명확히 구분한 것 역시 전통적 유가의 견해와는 전혀 다른 것이다. 더욱이 정약용이 구상하는 미래의 세계는 단순히 오제시대 단계로의 회귀가 아니라 기술적 진보가 이루어지고 새로운 제도가 확립되어 오제시대의 그것과는 다르다. 이 점에서 그의 사관은 복고적인 것이 아니라 발전지향적인 것이었다. 셋째, 치밀한 고증에 의한 연구 방법은 우리 근대 문헌고증사학의 선구를 이루는 것이었다. 넷째, 역사의 목적으로 실용성을 강조하되 도덕적 교훈이 아니라 물질적·제도적 측면에 기본적으로 관심을 갖는 것, 그리고 객관적 법칙으로서의 實理의 발견을 주장한 것 역시 전통적 유가의 견해를 벗어난 것이다. 이상의 점들에서 우리는 정약용의 역사인식의 성격을 '近代的'이라고 규정할 수 있다(補: 이 규정은 용어상 재고를 요한다. 전 단계 역사인식으로부터의 근본적 역사인식의 전환을 의미하며 근대 너머를 지향하는 요소를 갖는다). 서양 역사학의 영향을 받기 이전에 우리의 역사학이 독자적으로 이 단계에 도달하였다.

후대에 미친 영향을 살펴보면 정약용의 역사인식 가운데 치밀한 문헌 고증의 태도와 그에 따른 역사지리학 연구는 일제시기 우리나라 문헌고증사학 쪽으로 계승된 것으로 여겨진다. 그러나 역사의 동인과 사관 등에 대한 그의 견해는 우리 근대 역사학에 영향을 주지 못하였으며 역사학을 현실의 개혁과 관련지어 연구하는 태도도 우리는 계승하지 못하였다.

이것들을 계승하여 더욱 발전시키는 것은 오늘 우리의 과제로 남아있다. 특히 정약용의 역사인식은 인간과 자연 혹은 물질적 요소와의 관계, 기술 발전의 주체로서의 민의 발견, 인간의 자유의지, 주체성, 실천 등의 문제와도 관련하여 역사철학적으로 많은 시사를 준다. 우리는 이것들을 더욱 체계화하고 더욱 세련화해야 한다. 이것은 앞으로 유물론과 관념론의 대립을 넘어 통일에 대비하는 우리의 역사인식의 정립을 위하여 반드시 필요한 일이다.[66]

---

66) 정약용의 역사이론과 관련하여 그의 華夷觀 및 對外 認識에 관한 검토가 필요하다. 이 글에서는 이를 미처 검토하지 못하였다. 별도의 논고에서 이를 다루기로 한다(補: 이 책의 화이관 부분에서 언급. 한편 현재 필자로서는 통일 문제에 관하여 선험적 당위로 접근할 필요는 없다고 생각한다).

제4부

實學의 華夷觀

제8장 朝鮮後期 華夷觀의 變化

1. 序言

조선후기는 급격한 사회·경제적 변동에 따라 우리 중세사회가 해체되고 근대사회로 이행되어가는 시기였다. 사회·경제적 변동과 더불어 사상적인 변화도 진행되었다. 이런 사상적인 변화 속에서 우리 중세 이래의 전통적인 華夷觀이 변화되고 있음이 주목된다. 화이관이란 중국의 천자를 정점에 두는 세계관 또는 상하관계적인 국제질서의 개념이다. 따라서 화이관의 변화는 상하관계적 국제질서 관념의 변화를 의미한다. 바꿔 말해 국제질서 관념이 수평적인 것으로 전화되고 있음을 뜻한다. 또 화이관의 변화는 대외적인 자주성의 확립에도 기여하였다. 이런 변화들은 근대의 국제질서가 관념상 평등관계와 각국의 자주성을 원칙으로 하는 것이라면 '근대의식의 성장'이라고도 할 수 있다(補: 이 표현은 재고를 요한다).

조선후기 화이관의 변화는 대체로 두 계열에서 진전되었다. 하나는 주자학 계열이며, 다른 하나는 실학 계열이다. 주자학 계열에서는 이전의 小中華의식에 尊明事大의식의 강화와 對靑 적대의식의 증대라는 요소가 첨가되어 화이관이 더욱 강고해졌으나 화이관의 강고화 자체가 화이관의 변화를 내포하고 있었다. 또 실학 계열에서는 화이관의 비판이라는 변화가 일어나고 있었다. 양자는 서로 모순·대립하는 측면이 있으면서도 전체적으로 보아 화이관의 변화를 통해 근대의식의 성장에 기여하였다. 주자학 계열은 자주성의 확립에 기여한 면이 크다. 이런 화이관의 변화는 17세기에서 19세기에 걸쳐 단계적으로 발전되어갔으며, 개항 이후 근대 민족주의가 형성되는 사상적 기반을 형성하였다(補: 근대 민족주의와의 관련 문제도 재고를 요한다).

한편 조선후기 화이관의 변화는 천문지리관·대외관 및 사회경제사상의 변화와도 관련이 있다. 서구에서 유입된 새로운 천문지리적 지식은 중국을 세계의 중심으로 보던 종래의 천문지리관에 변화를 일으켰다. 중국을 세계의 중심으로 생각하는 것은 원래 화이관의 한 요소를 형성하고 있었으므로 천문지리관의 변화는 당연히 종래의 화이관에 변화를 일으키는 요인이 되었나. 또 화이관은 중국을 華로 보고 이민족을 夷로 보는 것이므로 외국을 어떻게 보는가 하는 대외관의 변화 역시 화이관의 변화와 밀접히 관련된다. 조선후기에는 점차 청·일본과 같은 외국을 보는 관점에서 변화되었다. 아울러 한 사람의 화이관은 그가 대내적인 사회·경제 문제에 대하여 어떤 견해를 갖고 있는가 하는 것과 대체로 밀접히 관련되어 있다. 民의 입장에서 대내적으로 적극적인 개혁을 생각하는 경우, 대외적으로 온건성·소극성을 띠는 경우가 많으며, 대내적으로 보수적이면 대외적인 강경 자세를 갖기가 쉽다. 조선후기 화이관의 변화의 의미는 사회·경제 사상과 관련시킬 때 그 의미가 좀더 분명히 드러날 수 있다.

이 글에서는 먼저 조선후기 이전 중국과 우리나라에서의 화이관의 전개를 간단히 살피고 조선후기 화이관의 변화를 주자학과 실학의 두 계열로 나누어 시기에 따른 단계적 발전을 천문지리관, 대외관, 사회·경제 사상 등과 관련지어 살피기로 한다.[1] 아울러 화이관의 변화가 대외적인 면에서 근대의식

---

1) 화이관의 단계적 발전은 조선후기 당시의 대외적인 상황 혹은 국제 정세의 변화와도 관련이 있으므로 단계 구분은 이런 상황의 변화와 관련시킬 필요가 있다. 조선후기의 전반적 단계 구분도 고려하여야 한다. 대체로 조선후기는 17세기를 체제의 동요와 재편, 18세기를 사회·경제의 빠른 발전과 체제의 상대적 안정 속에서의 모순의 심화, 19세기 전반기를 사회·경제 및 체제적 모순의 극대화로 이해할 수 있다고 여겨진다. 대외적인 상황은 17세기를 동아시아 질서의 재편기, 18세기를 상대적 안정기, 19세기 전반기를 서구세력의 점진적 침입과 동아시아 질서의 동요라는 식으로 볼 수 있다고 생각된다. 이렇게 보면 대외적인 단계 구분은 조선후기사의 일반 단계 구분과 대체로 조응된다.

의 성장과 관련하여 갖는 의미 및 기능, 개항 후 우리 근대 민족주의 형성과
의 관련성, 조선후기 화이관 변화의 특징과 그 의미 등에 대하여 생각해보기
로 한다.2)

2. 朝鮮後期 以前의 華夷觀

먼저 화이관의 구조를 살펴보면 화이관에는 문화·종족·지리의 세 측면이

2) 이 글에서는 편의상 이렇게 실학과 주자학의 둘로 구분하였으나 조선후기 사상사
에는 다양한 편차가 있을 수 있다. 주자학 계열이라 해도 조선후기 모든 주자학자
들이 반드시 주자와 완전히 일치하는 것은 아니다. 또 '실학'이라는 용어에 대하여
는 논란이 있으나 이 글에서는 '주자학에 비판적인 일군의 조선후기 학문 경향'에
대하여 잠정적으로 사용하였다.
한편 조선후기 화이관의 변화에 대한 기존의 연구는 다음과 같다.
천관우,「홍대용의 실학사상」, 《문리대학보》 11, 서울대학교 문리대학, 1958.; 이
우성,「이조후기 근기학파에 있어서의 정통론의 전개」, 《역사학보》 31, 1966.; 송
찬식,「성호의 새로운 사관」, 《백산학보》 8, 1970.; 김철준,「수산 이종징의 사학
」, 《동방학지》 15, 1970.; 변원림,「안정복의 역사인식」,『사총』 17·18합집,
1973.; 이만열,「17~18세기 사서와 고대인식」, 《한국사연구》 10, 1974.; 한영우,
「17세기 반존화적 도가사학의 성장」, 《한국학보》 1, 1975.; 한영우,「실학자들의
사관」, 《독서생활》 1976년 6월호.; 한영우,「다산 정약용의 사론과 대외관」,『김
철준박사화갑기념 사학논총』, 1983.; 한영우,「허목의 고학과 역사인식」, 《한국학
보》 40, 1985.; 한영우,「이익의 사론과 한국사의 이해」, 《한국학보》 46, 1987.;
유근호,「근세조선의 국제인식」,『조선조의 정치사상』, 평화출판사, 1980.; 유근호,
「근대적 국제관의 형성」, 앞의 책, 1980.; 손승철,「북학의 중화적 세계관 극복」,
『강원대학교논문집』 15, 1982.; 손승철,「북학의의 존주론에 대한 성격분석」,『인문
학연구』 17, 강원대, 1983.; 손승철,「17~18세기 한국사상의 보수성과 진보성의
갈등에 대한 연구」, 《강원사학》 1, 1985.; 조영록,「17~18세기 존아적 화이관의
한」, 《동국사학》 17, 1982.; 유봉학,「북학사상의 형성과 그 성격」, 《한국사론》
8, 서울대학교 국사학과, 1982.; 하우봉,「다산 정약용의 일본관」,『김철준박사화갑
기념사학논총』, 1983.; 하우봉,「성호 이익의 일본 인식」, 《전북사학》 8, 1984.;
유초하,「화서 이항로의 사회사상」,『민족문화연구』 13, 1978.; 이영춘,「우암 송시
열의 존주사상」, 《청계사학》 2, 1985.; 정옥자,「정조대 대명의리론의 정리작업」,
《한국학보》 69, 1992.
이 밖에 조선후기 화이관의 변화에 대한 연구로서는 졸고,「조선후기 사학사 연구
현황」, 근대사연구회 편,『한국 중세사회 해체기의 제 문제』(상), 도서출판 한울,
1987의 제3장 (1) 정통론과 화이론 참조(補: 이 책에 수록. 이 책의 연구사 검토 부
분에는 이후의 연구에 관한 언급도 있음).

있다. 중국문명이 발전하는 과정에서 자기정체성의 확립으로서 형성된 것이
화이관으로 춘추전국에서 漢代에 이르는 시기에 형성되었다. 이 시기는 중
국문명의 기초가 완성되어 자기 특성을 갖추게 되는 때이다. 중국대륙의 학
자들은 이 시기를 고대에서 중세로의 전환기로 이해하기도 한다.[3] 이런 과정
에서 자기 문화에 대한 우월 관념을 근거로 주변 '異民族'에 대한 지배를
정당화하려고 한 것이 화이관이다. 따라서 화이관은 기본적으로 문화적 요
소를 갖추고 있다. 이런 우월한 문화를 갖춘 것은 중국인만이라고 생각하였
으므로 중국인이 가장 우수한 '종족'이라는 종족적 요소가 더해졌다. 문화와
종족에 대한 우월 관념은 자신들이 거주하는 곳이 세계의 중심이라는 생각
과 자연히 연결된다.[4]

한편 漢代 이래 유교문화가 중국의 지배 이데올로기가 됨으로써 유교문화
가 화이관 가운데 문화적 측면의 핵심적인 부분이 되었다. 따라서 유교문화
의 수용 여부와 그 정도가 華와 夷를 판별하는 기본적인 기준이 되었다. 중국
宋學에서는 이전에 비해 화이의식이 더욱 강조되며, 이것이 북방 이민족의
침입과 관계가 있었다.[5] 조선후기 화이관의 강화는 이것이 북방 이민족의
침입과 유사한 모습을 띤다. 그러나 중국에서의 화이관의 강화가 중세사회
의 재편 시기에 있었던 것에 비해, 17세기 이후 조선에서의 그것은 중세사회
해체기(補: 표현 재고 필요)에 있었던 점에서 본질적인 차이가 있다.

우리나라에 유교가 들어온 것은 삼국시대부터이나 이것이 지배이데올로
기로서 확립된 것은 통일신라 이후이다. 이에 따라 점차 우리 자신을 중화로

---

3) 이에 대하여는 민두기·박한제, 「중공에서의 고대사 구분 논쟁」 1; 민두기·이범학,
「중공에서의 고대사 구분 논쟁」 2(민두기 편, 『중국사시대구분론』, 창작과비평사,
1984) 참조.
4) 중국에서의 화이관의 전개에 대하여는 다음 논저를 참조.
平岡武夫, 「天下的世界觀과 近代國家」, 『東光』 2, 1947.; 那波利貞, 「中華思想」, 岩波
講座 『東洋思想』 제7권.; 安部健夫, 「淸朝와 華夷思想」, 『淸代史의 硏究』, 1971.; 安
部健夫, 「中國人의 天下觀念」, 『元代史의 硏究』, 創文社, 1972.; 윤내현 외, 『중국의
천하사상』, 민음사, 1988.; 費孝通 외, 『中華民族 多元一體的格局』, 1989.; 이성규, 「
중화사상과 민족주의」, ≪철학≫ 37, 1992.
5) 송대의 화이관의 전개에 대하여는 박지훈의 「宋代 華夷論 硏究」(이화여자대학교
박사학위논문, 1990) 참조.

보는 小中華 의식이 형성되어갔다고 여겨진다. 그러나 통일신라에서 고려후
기에 이르는 시기에 유교는 불교와 함께 지배 이데올로기를 형성하고 있었
으므로 소중화 의식의 발전에는 한계가 있었다.

고려후기 주자학이 수용된 이후에 불교가 지배 이데올로기에서 탈락되어
감에 따라 소중화 의식이 강화되어갔다. 특히 16세기에 '조선주자학'이 형성
될 때에는 우리 문화의 연원을 箕子에서 찾고 기자를 유교의 성원으로 존중
하였다. 이것은 소중화 의식에서 자기 존중적 태도를 더욱 강화하는 것을
의미한다.[6]

3. 朝鮮後期 朱子學者의 華夷觀

1) 송시열

17세기 주자학자들은 16세기 사림의 소중화 의식을 계승하면서 이를 더욱
발전시켰다. 이 가운데 대표적인 사람은 송시열이다. 그는 箕子를 유교의
聖人으로 존중하였다. 이것은 16세기 조선 주자학자들의 견해를 계승한 것
이지만 기자묘를 공자묘와 같은 지위로 끌어올릴 것을 생각한 점에서[7] 16세
기의 견해보다 한 걸음 더 나아간 것이다. 이것은 송시열이 우리나라에서
이미 기자 단계부터 공자의 유교와 대등한 유교가 발전하였다고 보는 것이
다. 이렇게 보면 우리는 오히려 중국보다 유교의 발전 면에서 앞서는 것이
된다.

---

6) 고려에서 한말까지 기자조선에 대한 인식의 변천에 대하여는 박광용, 「기자조선에
   대한 인식의 변천」(≪한국사론≫ 6, 서울대학교 국사학과, 1980) 참조. 우리나라에서
   주자학 수용 이전까지는 사대 관념이 힘의 논리에 따른 상황주의적인 것이었고, 주
   자학의 심화로 이념적인 경직화를 겪는다고 한다(유근호, 「근세조선의 국제인식」).
   그러나 주자학의 심화는 사대 관념의 심화와 더불어 자존 의식의 증대도 가져왔다.
   공자보다 앞선 기자를 16세기 사림이 강조하는 것은 그 한 예이다.
7) 『송자대전』 권 131, 「잡저·잡록」, 24a.

혼히 송시열은 대표적인 崇明事大論者로 이해된다. 그는 임진왜란 때 明
祖를, 요순 이래 周나라에 이르는 천하국가의 정통을 계승한 유일한 왕조로
간주하였다.[8] 더욱이 송시열은 조선의 주자학이 명보다 더 앞섰다고 생각하
였다.[9] 명에 양명학 등 이른바 이단이 번성하는 데 비하여 조선이 純正한
주자학을 잘 보존하고 있다고 생각하는 견해는 이미 16세기 사림에게도 나
타났지만, 송시열은 이런 견해를 한 단계 발전시켜 주자성리학 면에서 명에
대한 조선의 우월성까지 주장한 것이다. 이상 두 가지 점에서 송시열은 유교
문화의 측면에서 당시 조선문화에 대하여 극단적인 우월감을 갖고 있었다고
할 수 있다.

한편 송시열 당시, 明은 이미 망해버리고 중국은 淸이 차지하여 중국 땅에
는 현실적으로 중화가 사라지고 조선이 유교문화의 계승자라고 생각하였
다.[10] 16세기 소중화 의식은 이전보다 강화된 것이었으나, 현실적으로 중국
의 정통왕조인 명이 존재하는 상황에서 우리 자신을 중국 천자의 臣下國으
로 보는 하위적 또는 아류적인 것이었다(補: 따라서 송시열이 우리 역사 전체를
중국과 대등하게 보는 것도 아니며 더욱이 明나라에 대한 우리의 문화적 우위를 주장
하는 것도 아니다. 그가 보기에 中華의 正統은 어디까지나 明나라에 있었고 明 멸망
이후에야 중화의 정통을 조선이 이어받은 것으로 된다). 그러나 송시열이 보기에
조선후기에는 우리 자신이 바로 중화문화의 유일한 담당 주체, 즉 본류가
되었다. 이것은 淸나라에 대한 극단적 배격과 표리를 이루는 것이었다.

이상과 같은 송시열의 화이관은 17세기 동아시아 질서의 재편이라는 상황
에서 지배층의 입장에서 적극적으로 대응한 것이다. 17세기 동아시아 질서
의 재편에서 조선의 지배층에게 가장 큰 문제는, 중국에서 漢族의 왕조인
명나라가 쇠퇴·멸망해가고 조선이 夷로 멸시하던 여진족이 대두하여 명나라

---

8) 김준석, 「노론 정통주자학파의 사회·정치운영 개선론」, 『조선후기 국가 재조론의
   대두와 그 전개』, 연세대학교 박사학위논문, 1990, 1장 1절 반청북벌론의 이론 구
   조, 233쪽[補: 이 학위논문은 최근 다른 논문들, 소론에 관한 몇 편을 추가하여 『조
   선후기 정치사상사 연구』(지식산업사, 2003)로 간행되었다].
9) 『송자대전』 권 131, 「잡저·잡록」, 24a.
10) 김준석, 앞의 글, 233쪽.

를 대신해가고 있었던 사실이다. 중국사에는 이전에도 위진남북조의 北魏라든가 遼·金·元과 같이, 원래 夷族 왕조가 대두한 적이 많으며 이것은 우리 지배층의 대외 관계에 많은 영향을 미쳤다. 그러나 16세기 전까지는 우리 스스로 화이관에 철저한 것은 아니었으므로 우리가 그들을 받든다 하여도 이념상의 큰 문제는 아니었으며, 대외적으로 현실주의적 대응을 할 수 있었다. 16세기 조선 주자학의 형성에 따른 소중화 의식의 강화는 여진(淸)을 종주국으로 인정할 수 없게 하여 침략을 자초하였다.[11]

이런 상황에서 송시열의 화이관과 청나라 배척의 주장이 나왔다.[12] 그러나 이것은 대외적으로 아무런 현실적 대응책을 갖지 않는 것이었다.[13] 그의 화이관은 오히려 대내적인 의미를 갖는 것이었다. 즉, 북벌 또는 반청을 앞세워 대민 통제를 강화하고 신분질서를 재건하여 당시 동요하던 지배체제의 재편을 꾀하는 것이었다. 상하관계적 질서는 대내적인 면에서 보면 신분질서이고 대외적인 면에서 보면 화이관적 질서이다. 이 점에서 보면 송시열의 화이관은 그의 신분관과 논리적으로 서로 연결되는 것이다.

2) 한원진

송시열의 학문과 화이관을 가장 충실하게 계승한 사람은 한원진이다.[14]

---

11) 이런 이념적 문제와 아울러 현실적인 이유도 있었다. 당시 조선의 서인 정권은 인조반정에 의해 성립되었다. 인조반정의 양대 명분은 광해군의 廢母殺弟라는 유교적 '패륜'과 여진에 대한 현실주의적인 외교 정책이었다. 따라서 서인 정권은 여진에 대해 강경 자세를 취해야 할 부담을 갖고 있었다. 하지만 서인 집권층이 사상적으로 엄격한 화이관 경향이 적었다면 여진에 대해 더욱 탄력적으로 대응할 수 있었으며 두 차례의 호란을 예방할 수도 있었을 것이다. 당시 여진의 목표는 중원의 정복이었다. 여진이 조선에게 요구하는 것은 여진의 우위를 인정하고 그들의 편에 서라는 것이었다.
12) 여진의 침략은 지배층 내에서만이 아니라 일반민 사이에도 청에 대한 적대감을 크게 하여 반청은 일반민 사이에서도 감정적으로 호응을 받을 수 있었다. 또 華로서의 조선 문화의 우월성에 대한 강조 역시 전란으로 상처받은 일반민에게 약간의 심리적 만족을 줄 수 있었을 것이다.
13) 효종 자신은 이른바 북벌에 더욱 적극적 자세를 가졌으나 송시열은 외양보다 내수를 우선시하였다.

그는 華에 대립되는 것을 세분화하여 禽獸·夷狄·亂賊·異端으로 나누고 이 가운데 이단의 폐해가 가장 크다고 하였다.15) 한원진 당시에는 정치적 대립이 극렬하였다. 그는 난적(반대 정파)의 폐해가 이단 다음으로 커서 이적보다 난적의 폐해가 큰 것으로 보고16) 攘夷보다 난적 토벌을 우선시하였다.17) 이런 것들은 결국 華와 夷를 구별하여 배척하는 것이, 실질적으로는 내부 비판으로 전화된 것을 의미한다. 송시열에게도 양이와 북벌은 실질적인 것이라기보다는 대내적인 체제 정비를 위한 이데올로기로 이용한 측면이 있었지만18) 외세 배척이라는 현실적인 의미가 어느 정도 있었다. 그러나 한원진에게서 양이는 이제 완전히 관념적인 것으로 전화하여 현실적인 외세 배척의 의미를 상실하고 대내적인 이데올로기적 통제의 수단으로만 기능하게 되었다.19)

다음으로 한원진의 화이관은 송시열과 마찬가지로 당시 조선을 유일한 華로 보는 전제에서 출발한 것이므로 기본적으로 문화적인 화이관이다. 그러나 그는 이적이 華로 변화될 수 있는 가능성을 부정하였다.20) 이것은 이론적으로 氣에 의한 차별성에 근거한다.21) 이리하여 그는 元나라와 같은 이민족 왕조를 중국의 정통왕조에서 배제하였다. 이것은 물론 청에도 적용된다. 그의 이런 태도는, 함께 송시열을 계승하여 존화양이를 주장하면서도 청에 대하여 탄력적인 태도를 갖는 이항로와는 다소 차이가 있으며, 동시에 실학자인 이익과는 정면으로 대립된다.

---

14) 송시열의 학문은 권상하에게 계승되고, 권상하 학문의 정통 계승자가 한원진이다.
15) 「졸수재설변」, 『남당선생문집습유』권 6, 「잡저」.
16) 위와 같음.
17) 김준석, 「한원진의 이학 비판과 노론 전권 정치론」, 『조선후기 국가재조론의 대두와 그 전개』 가운데 4의 2 朋黨觀 참조(429쪽).
18) 이영춘, 「우암 송시열의 尊周 사상」 참조.
19) 대명의리론의 이런 전개에 대하여는 정옥자, 「정조대 대명의리론의 정리 작업」 참조.
20) 김준석, 앞의 글, 363쪽.
21) 人物性 同異 논쟁에서 한원진은 氣에 의한 차별상을 강조하는 이론(湖論)의 대표자였다.

한원진이 氣에 의한 차별성을 강조한 것은 결국 인간 내부의 차등성을 주장하는 것으로서, 신분제 옹호로 기능하게 된다. 따라서 기에 의한 차등성에 기초하여 한원진이 華와 夷를 엄격히 구별하는 자세는 바로 대내적인 신분질서 유지와 연결되어 있었다.

한원진 단계인 18세기 동아시아는 이미 중국의 주인으로서 청나라의 위치가 확고해져 국제적으로 안정기였다. 한편 조선사회 내부에서는 '中世社會解體'(補: 이 용어는 재고를 요함)가 본격화됨에 따라 송시열과 같은 화이관에 대하여는 비판적인 견해가 많이 대두되고 있었다. 이런 상황에서 한원진은 주자학적인 질서를 유지하기 위해 청의 배척보다는 내부의 이단적인 견해에 대한 비판에 더 힘을 기울이게 되었다. 그러나 그의 화이관이 대내적인 신분질서 유지와 연결되어 있는 점 역시 송시열과 같다.[22]

3) 이항로

19세기 이항로는 강력하게 척사를 주장하였다. 이것은 송시열 이래의 존화양이론의 연장선상에 있는 것이었다. 그의 견해에 따르면 요순에서 주공까지는 도를 실천한 統이며, 공자에서 尤翁(송시열)까지는 학문을 전수한 통이다. 공자는 요순과 유사하며, 맹자는 우임금과 유사하고 주자는 주공과 유사하며, 우옹은 맹자와 유사하다고 하여 요순 이래의 도통이 공자·맹자·주자를 거쳐 송시열에게 이어진 것으로 보았다.[23]

---

22) 다만 17세기 송시열이 집권층의 핵심에 있었던 것과 달리 한원진이 속한 호론계 노론은 낙론계 노론에 비해 중앙 정계에서 조금씩 멀어져 부분적으로 재야적 성격을 갖게 되고, 역설적으로 이것이 신분관·화이관 면에서 낙론계에 비해 더욱 강경하고 보수적인 자세를 갖게 하는 것으로 여겨진다. 권력에 가까웠던 낙론계 노론 일반의 화이관·신분관은 앞으로 더 구체적인 검토가 요구된다. 다만 낙론계 속에서 북학파가 형성된 점이 주목된다. 북학파의 화이관에 대하여는 후술하기로 한다.
23) 「堯舜」, 『화서선생유문』 권 12, 17쪽.
補 이항로와 관련된 최근의 연구 가운데 저서만 들면 다음과 같다.
오영섭, 『화서학파의 사상과 민족운동』, 국학자료원, 1999.; 강대덕, 『화서 이항로의 시대 인식』, 신서원, 2001.; 박성순, 「화서 이항로의 心主理說과 척사론 연구」, 고려대학교 박사학위논문, 2003.

다만 이항로의 척사론은 正(華)에 대립되는 邪를 배격하는 것인데 여기서
배격의 중점은 夷라기보다 禽獸이다. 華와 禽獸의 구별은 이미 한원진에게
서 나타났다. 그러나 한원진이 금수보다 이적의 해가 더 크다고 한 데 비해,
이항로는 "北虜(청)는 夷狄으로 오히려 말할 수 없다"고 하였다.[24] 이것은
이적에 대한 배척이 서양에 대한 배척으로 전화된 것이며 송시열 이래의 화
이론이 근대적인 반외세 사상으로 발전하는 전기가 되었다고 하겠다. 더욱
이 위에서 보듯이 청에 대하여는 어느 정도 인정하는 것이 주목된다.[25] 이런
두 가지 점에서 이항로의 화이관은 송시열·한원진에 비하여 발전된 것이라
하겠다.

이상과 같은 이항로의 화이관은 19세기의 국제 정세를 반영한 것이다. 18
세기에 현실적인 외세 배격의 의미를 상실하였던 존화양이론이 19세기에 들
어 서서히 외세가 밀려오자 다시 외세 배격의 의미가 커지기 시작하여 衛正
斥邪論으로 발전한 것이다. 그러나 현실적으로 청이 쇠퇴함에 따라 청에 대
하여는 주자학 계열에서도 배격 의식이 상대적으로 약화되었다.

한편 이 시기는 중세사회 해체 말기에 해당하여 사회적 모순이 가장 격화
된 시기여서 위정척사의 '衛正'을 위하여는 '正'의 올바른 정립도 요구되었
다. 이리하여 위정척사론은 이전의 존화양이론에 비하여 내부에 좀더 사회
개혁성을 띠게 되었다. 이것은 위정척사에 상대적으로 民의 자발적 참가를
어느 정도 가능하게 하였다.

이리하여 이항로는 정전제에 의한 토지개혁을 생각하는 등 매우 개혁적인
사회사상을 주장하였다.[26] 토지문제에서 송시열은 대체로 지주제를 옹호한

---

24) 「양화」, 앞의 책, 권 12, 16쪽.
25) 이것은 이적의 변화 가능성을 인정하는 것이다. 최익현은 「대일절화소」에서 청
    은 오랑캐이나 중원을 지배한 뒤 중국의 인의를 배워 사람이 되고자 하였다고 긍정
    하였다(『면암집』권 3). 이렇게 위정척사파가 청을 어느 정도 긍정하는 것은 당면의
    적이 서양과 일본이 된 점에 있으나, 청이 중국을 지배한 뒤에 정책이 주자학적 질
    서를 옹호하는 방향으로 나아간 것에도 기인한다고 여겨진다. 청에 대한 적대 의식
    보다는 오히려 '동지적'인 면을 생각한 것으로도 여겨진다. 이것은 반제국주의를 위
    한 공동 투쟁으로 발전해가는 맹아로도 기능할 수 있었다(補: 이 점은 재고를 요한
    다).
26) 유초하, 「화서 이항로의 사회사상」, ≪민족문화연구≫ 13, 1978, 163쪽.

것으로 보이며, 한원진은 매우 미온적인 개혁책을 제시하였는데, 이항로는 이런 한원진에 대한 비판 위에서 적극적인 토지개혁을 주장하였다.[27] 이것은 위정척사파 운동에 민중의 자발적인 에너지를 동원시킬 수 있게 하였다.

이 시기는 세도정치를 통해 집권 노론 내에서도 재야 세력이 생겨나는 권력 분화가 진행되었다. 이항로는 바로 재야적인 노론에 속하였다. 바로 이 점에서 그의 위정척사 사상이 더욱 실천적인 반외세 사상이 되고 사회사상에 민중적인 면이 나타날 수 있었다.

그러나 이항로 역시 "천지간에 한 맥의 양기가 우리 東에 있다"고 하여 당시 조선만을 華로 보았다.[28] 또 그가 생각하는 正(華)은 상하관계적 신분질서를 기본으로 하는 것이었다. 이런 한계는 이후 위정척사계의 의병 운동에 계속 남아 민중의 자발적 참여를 저해하는 요소가 되었다. 이항로는 재야적인 성격이 있으나 어디까지나 지배층의 입장에서 19세기의 대내외 정세에 적극적으로 대응하였다.

4. 朝鮮後期 實學者의 華夷觀

1) 이익

양란 후 국기 '再造'의 방략을 둘러싸고 유형원 같은 실학자는 民의 입장에 서서 지배층 또는 지주적 입장의 재조론자인 송시열을 비롯한 주자학파와 대립하였다.[29] 그러나 유형원 같은 실학자도 반청의식을 갖고 있었다.[30]

---

27) 위의 글, 163-164쪽.
28) 「양화」, 『화서선생유문』 권 12, 17쪽.
29) 김준석, 앞의 글, 4-5쪽(補: '再造'라는 용어는 논란의 소지가 있다. 추후 논의를 통해 다른 용어로 대체되어야 할 것으로 생각된다).
30) 17세기 반청의식, 청에 대한 이화시는 당시 상층·하층 모두, 그리고 상층 내의 서인·남인 모두에게 공통되는 것이었다고 여겨진다. 이것은 병자호란 때 주화파인 최명길과 같은 사람도 마찬가지였다. 최명길의 경우 현실적 상황에서 일시 적응하자는 것이지 청을 화, 즉 우리의 상국으로 받아들이자는 것은 아니었다. 이것은 그가 병자

호란으로 인한 피해를 겪은 지 얼마 안 되었으며, 대륙 정세가 유동적인 상황에서 이것은 당연한 것이었다고도 여겨진다. 반청의식은 攘夷的 성격을 갖기 쉽고, 攘夷는 중세의 상하관계적 질서의 유지로 연결되기 쉽다(補: '中世'라는 용어는 재고를 요한다). 이것은 실학자의 대내적인 개혁사상과 모순될 수 있다. 이런 문제점은 이익에 이르러 해소되었다.

먼저 그는 종족적인 면에서 화이관을 탈피하였다. 종족적인 면에서의 탈피는 중국의 異民族 왕조와 明나라를 새롭게 보는 것과 관련이 있다. 그는 "明나라가 악독하였다는 말은 무고가 이니다. 명이 천하를 잃음에 다시 明을 생각하지 않는다"고 하였다.[31] 더욱이 그는 "사실 요·금·원 삼국은 예악이 갖추어져 있었다"고 하여 이민족 왕조에게 중화적인 요소를 인정하였다.[32] 아울러 그는 일본에 대하여 매우 긍정적으로 평가하였다.[33] 그는 "왜인의 문자는 해박하고 통달하지는 못하였으나 틀림이 없으므로 이를 따라가면 끝내는 올바른 지식과 실천에 이를 것이다"라고 하였다.[34] 이것은 일본의 華로의 변화 가능성을 인정하는 것이라 하겠다. 아울러 이익은 "오늘날 중국은 대지 가운데 땅 한 조각에 불과하다"라고 하여[35] 지리적 화이관을 탈피하였다.[36] 이익

호란 뒤 후일을 도모하기 위해 명과 밀통한 사실에서도 알 수 있다. 다만 17세기 후반 소론계의 박세당 단계에 이르면 화이관에 비판적인 자세가 나타나기 시작한다.

31) 「오삼계」, 『성호사설유선』 권 8. 소론계인 이종휘는 직접적으로 이익의 영향을 받았는지는 확실하지 않지만 이익과 마찬가지로 명에 대한 매우 부정적 견해를 제시하였다. 그에게서 종족적 화이관의 탈피가 명에 대한 부정적 인식의 전환과 관련됨을 알 수 있다. 그런 이종휘 역시 문화적인 화이관을 벗어나지는 못하였다. 이종휘의 화이관에 대하여는 조영록, 「17~18세기 존아적 화이관의 한 시각」의 제2장 '이종휘의 존아적 소화의식' 참조.

32) 「中國賴孝文帝」, 앞의 책, 권 8.

33) 이에 대하여는 하우봉의 「이익의 일본관」(『조선후기 실학자의 일본관 연구』, 일지사, 1989) 참조.

34) 「답안백순」(己卯), 『성호사설유선』 권 1.

35) 「분야」, 『성호사설유선』 권 1.

36) 이익에게 이런 새로운 지리 인식이 나타나게 된 것에는 조선후기에 중국을 통해 서구의 새로운 천문지리학이 수용된 것과 관련이 있다. 서양 선교사가 전래한 지도에서 보면 중국은 이미 세계의 중심이 아니라 한 구석에 불과하며, 천문학적으로 보아도 중국은 세계의 중심이 아니었다. 서구 천문지리학의 수용에 대하여는 孔薰義의 「조선 실학자의 중화적 세계관 극복에 관한 연구」(서울대학교 석사학위논문, 1985) 참조. 일제시기에는 조선후기 사상의 변화와 발전을 인정하지 않거나 변화를

은 종족적·지리적 화이관을 탈피하여 "중화를 귀하게 여기고 夷를 천하게 여김은 옳지 않다"라고 하였다.[37] 그러나 이것이 그가 화이관을 완전히 탈피하였음을 의미하는 것은 아니다(補: 여기에서의 화이관의 완전한 탈피는 문화적 화이관까지 벗어나야 완전히 근대적인 것, 혹은 근대 민족주의 사상이 될 수 있다는 생각이 잠재하고 있었다. 현재로서는 문화적 화이관을 여전히 지닌 것은 오히려 더 긍정적 의미를 지니는 것으로 생각하고 있다). 그는 "나는 중국 안에서는 다시 성인이 나지 않고 그 밖에서 날 것이라고 항상 말해왔다. …… 夷狄을 바탕으로 夷狄을 행한 자로서 聖人이라고 가리킬 만한 인물이 없겠는가"라고 하였다.[38] 여기서 聖人이라는 기준으로 夷狄과 華의 구분이 없어지고 있다. 성인이라는 유교적 가치관은 여전히 남아 있다고 하겠다. 즉, 그 역시 문화적 화이관마저 벗어난 것은 아니었다. 이에 근거하여 그는 우리를 소중화로 생각하였다. 다만 그는 16세기 사람이나 송시열과는 달리 단군조선부터 유교문화가 있었던 것으로 생각하였다.[39] 아울러 이익이 생각하는 유교문화는 요순시대의 이상적 정치로서, 이것은 당시 주자학들이 생각하는 것과 다른 개혁사상적 요소를 갖는 것이었다.

이익이 주로 활동한 18세기 전반은 대외적으로 이미 淸나라의 대륙 지배가 공고해지고, 국내적으로는 중세사회의 해체가 본격화하였다. 더욱이 청을 통해 서구와 그 문물에 대한 지식이 상당히 전해지고 있었다. 이런 상황에서 이익은 民의 입장에서 적극적인 사회개혁론을 펴는 동시에 화이관에 대하여도 근본적인 변화를 일으켰다. 이것은 民의 입장에서의 대응이라고 할 수

인정하더라도 외래사조의 전래라는 각도에서 이해하였다. 해방 후, 특히 1960년대 이후에는 사상의 내재적 발전이라는 각도에서 보려는 경향이 커졌다. 그러나 사상의 변화에 외적·내적 조건을 아울러 고려해야 한다. 외적인 것의 영향이 인정되지만 그것은 조선의 내적 조건에 의한 주체적 수용이었다.

37) 「답안백순목」, 『성호선생전집』 권 25.

38) 「답안백순」, 『성호선생전집』 권 27. (補: 여기서 夷狄을 바탕으로 夷狄을 행한다는 말을 오해하여서는 안 된다. 夷狄의 가치를 인정하는 말이 아니다. 『中庸』에서 나오는 말로서 이적의 위치에 처하게 되어서는 그 처지에 맞게 행동해야 한다는 말이다. 자신이 처한 처지에서 가장 적합하게 행동해야 한다는 뜻으로서 中庸을 의미한다. 이 점에서 이 말은 가장 유교적 도리에 맞는 처신을 언급한 것이다).

39) 이에 대하여서는 한영우, 「18세기 전반 남인 이익의 사론과 한국사 이해」, 『조선후기 사학사 연구』, 일지사, 1989, 207쪽 이하의 '단군에 대한 해석' 참조.

있다. 특히 그의 화이관의 변화는 그에게서 노비제 부정과 양반제의 회의 등 신분관의 변화가 나타나는 것과 논리적으로 일치한다.

2) 북학파

북학파 가운데 화이관의 변화와 관련하여 주목되는 것은 洪大容, 朴趾源, 朴齊家이다. 홍대용은 「의산문답」에서 "각기 자기 민족과 친하며 각기 자기 군주를 높이며 각기 자기 나라를 지키며 각기 자기 풍속에 편안함이나 華와 夷는 하나이다"라고 하여 '華夷一也論'을 주장하였다.[40] 이것을 화이관을 완전히 벗어난 것으로 볼 수도 있다. 위에서 보면 홍대용이 종족적 화이관을 벗어난 것은 확실하며 더욱이 그는 지전설에 근거하여 지리적 화이관을 벗어났다.[41] 그러나 그는 「의산문답」에서 "공자가 바다를 건너 九夷에 살았다면 구이의 문화를 중화의 제도로 고치고 역외에서 周나라의 도를 일으켰을 것이다"라고 하였다.[42] 즉, 화와 이가 하나인 근거는 이도 유교문화로 바뀔 수 있기 때문이다. 홍대용 역시 아직 화이론을 벗어나지 못하였음을 알 수 있다.[43]

---

40) 『담헌서』 상, 권 4.
41) 조영록, 앞의 글, 32-33쪽.
42) 위와 같음.
43) 홍대용의 화이관이 연행 이전에는 전통적인 것이었으나 연행 이후 華夷一也로 변했다는 견해가 있다(유봉학, 「북학사상의 형성과 그 성격」). 이것은 화이일야론을 화이관에서 완전히 벗어났다고 보는 것으로 여겨진다.
(補: 華夷觀을 완전히 벗어나지 않아 문화적 화이관의 요소를 여전히 갖고 있다고 말하면, 필자가 홍대용 등 실학자들의 화이관(문화적 화이관 유지)이 아직 근대사상에 미달하는 것으로 간주한다고 오해할 수 있다. 현재 필자는 실학자가 문화적 화이관을 유지한 것을 근대성 미달의 요인으로 보는 것이 아니라, 오히려 근대를 넘어서는 요소를 갖는 것으로 평가한다. 또 실학자들의 문화적 화이관은 보편적·개방적 성격을 갖는 것이지만, 이것만이 인류가 지향해야 할 보편적 가치라고 생각하지는 않는다. 불교의 이념, 기독교의 이념, 서구근대에 나타난 진보사상도 모두 인류가 공통적으로 지향해야 할 목표라고 생각한다. 이 점에서 실학자들의 문화적 화이관(이념적 유교)만으로는 불충분하다. 현재 필자는 바로 이 점에서 실학자들이 아직 '문화적 화이관을 벗어나지 못하였다'라고 말하는 것이다. 다만 홍대용의 경우 莊子적 사유의 경향이 있는 것처럼 여겨진다.)

다음 박지원에게서는 대명의리론의 잔재가 매우 분명히 드러난다. 그는 "동토 수천 리가 강을 경계로 하여 홀로 선왕의 제도를 지키니 明 황실을 밝힘이 오히려 압록 이동에 남아 있는 것이다. 힘이 부족하여 이적을 물리치고 중원을 맑게 하여 선왕의 옛 제도를 광복할 수 없으나 또한 崇禎(명나라의 연호)을 높여 중국을 보존할 것"이라고 하였다.44) 여기에는 대명의리론, 반청 의식, 당시 조선이 유일한 중화라는 의식이 모두 드러나 있다.

이런 박지원의 주장은 송시열과 거의 차이가 없는 듯이 보인다. 그러나 송시열이나 한원진 등과 달리 박지원은 적극적으로 청의 문물 도입을 생각하였다. 그는 "지금의 중국은 옛날의 중국이 아니라고 하여 …… 중국 고유의 좋은 법과 아름다운 제도마저도 아울러 배척하니 장차 어느 나라를 본받아 진보해나가겠는가"라고 하였다.45) 다만 박지원은 청조 그 자체로서 긍정하는 것이 아니라 남아 있는 중국의 문물을 도입하고자 한 것이다. 그는 「北學議 序」에서 "삼대 이래로 한·당·송·명의 옛 법이 남아 있다"라고도 하였다.

이것은 가장 적극적인 북학론자인 박제가에게도 마찬가지이다. 그는 「尊周論」에서 "이적의 중화를 배척했다 하여 오래된 주나라마저 배척했다는 말은 듣지 못하였다. …… 청나라가 이미 천하를 차지한지 백여 년이 되었으나 그 지역은 옛날 중화 사람들의 자녀와 예의가 나는 곳이다"라고 하였다.46) 다만 「北學辨」에서는 "우리나라에는 정주의 학설을 말할 뿐 나라 안에 이단의 학설이 없으므로 사대부는 감히 육상산이나 왕양명의 학설을 말하지 못한다. …… 이것이 중국의 큰 규모보다 도리어 못한 이유이다"라고 하여47) 육·왕의 학설에 대하여 탄력적인 자세를 취하였다.

이상 홍대용·박지원·박제가의 화이관은 대체로 같은 것이었다고 여겨진다.48) 이들은 지리적 화이관에서는 더욱 분명히 벗어났으나 아직 문화적 화

44) 「도강록」, 『열하일기』 권 11.
45) 「北學議 序」.
46) 『북학의』 내편.
47) 『북학의』 외편.
48) 북학파의 화이론 극복은 존주론 - 이이제이 - 화이일야의 단계로 나누어 발전하

이론에 머물고 있으며, 대명의리론, 반청의식에서 보듯이 종족적 화이관도
이익처럼 명백히 청산하지는 못하였다. 이들의 기본 논리는 청나라의 문물
을 청나라 조정과는 분리시키고, 청나라의 문물은 명나라, 즉 중화의 것을
계승한 것이므로 받아들일 수 있다는 것이다. 그러나 이들은 以夷制夷라 하
여 이적적인 것도 수용할 수 있다고 하였다.

북학파의 淸에 대한 부정적 인식은 대명의리론을 계승한 것이기는 하지만
중국 민중에 대한 봉건적 지배세력으로서의 청의 실체 및 우리에 대한 침략
세력으로서의 청의 모습을 보게 히는 것이다. 이 점은 상대적으로 청과 일본
에 대하여 긍정적인 눈을 가졌던 기호남인계 실학자들이 잘 보지 못하였던
것을 볼 수 있게 하였다고 여겨진다. 또 북학파에서 華의 실체는 당시 주자학
자들과는 달리 박제가에서 보듯이 陸·王사상도 포용할 수 있는 탄력적인 것
이었다. 이런 북학파의 화이관은 이익에 비하여 지리적 화이관의 극복에서
는 더 적극적이었으나 종족적인 면에서는 뒤진 면이 있다.

북학파의 활동시기는 대체로 18세기 후반으로서 조선에 비해 발전된 청나
라의 문물을 적극적으로 도입할 것을 주장하였다. 북학파의 주장은 17세기
의 존화양이론에 비하여 정반대로의 전화라는 생각을 갖게 한다. 이런 주장
을 하기 위한 이론적 기초가 이들의 새로운 화이관이다. 그러나 이들도 화이
론을 완전히 극복한 것은 아니고 17세기의 대명의리론적 화이론의 잔재가
많이 있었다. 대명의리론의 잔재는 이들이 당색이 노론이었던 것과도 관련
이 있다고 여겨진다.49) 북학파의 변화된 화이관은 그들이 대체로 신분제의

였으며, 첫째 단계가 박제가, 마지막 단계가 홍대용이라고 보는 견해(손승철, 「북학
의 중화적 세계관 극복」) 및 박지원·박제가는 화이관을 극복하지 못했으나 홍대용
은 화이일야로써 적극적으로 화이관을 극복했다는 견해가 있다(유근호, 「근세조선
의 국제 인식」,『조선조의 정치사상』). 홍대용은 「의산문답」을 지은 만년에, 문화적
화이관은 유지되었으나 대청멸시론은 극복하였다.
49) 이런 점에서 화이관을, 주자학자와 실학자가 아니라 서인(혹은 노론)과 남인 등
당색에 따라 분류하는 것이 더 타당하다는 견해가 제기될 수 있다. 그러나 북학파
의 화이관은 17세기 서인 주자학자의 것보다는 오히려 남인 실학자의 것과 더 동질
성을 지닌다. 북학파와 남인 실학자는 화이관의 변화라는 점에서 공통되며, 북학파
와 17세기 서인 주자학자는 화이관이 질적으로 다르다(補: 이 점과 관련하여 북학
파에서 화이관 변화의 단계를 찾아낼 수 있는지, 이리하여 마지막 단계에서는 정약

변화를 지향하는 것과 논리적으로 일치된다.

3) 정약용

북학파의 더욱 발전된 면과 이익의 적극적인 면을 아울러 계승한 것이 정약용이다. 그는 명백히 지리적 화이관에서 벗어났음은 물론, 종족적 화이관에서도 명백히 벗어났다. 지리적 화이관과 관련하여 그는 "내가 보기에는 이른바 중국은 가운데가 아니며 이른바 동국은 동쪽이 아니다. …… 동서남북은 중국 아닌 곳이 없다"라고 하였다.50) 이것은 대체로 지전설에 입각한 것이며 이익과 마찬가지로 서양 천문지리학의 영향을 받았다고 여겨진다.

아울러 정약용은 "이른바 중국이란 무엇을 일컫는가? 요, 순, 우, 탕, 문, 무, 주공의 정치가 있는 것을 중국이라 한다"라거나51) "聖人의 법은 중국이 夷狄의 행실을 하면 이적으로 여기고, 이적이 중국의 행실을 하면 중국으로 여긴다"라고 하였다.52) 이런 논리의 연장선상에서 정약용은 「동호론」에서 탁발위·선비·거란과 더불어 청나라를 어질고 선한 나라로 보았다.53) 이것은 종족적 화이관과 반청의식이 그에게서 완전히 일소되었음을 의미한다.

정약용의 이런 변화는 그의 대외관과도 관련이 있다. 그는 「기예론」에서 청나라 문물은 청조에 들어온 이후 더 발전한 것이라고 하였다.54) 이것은 북학파가 청조의 문물과 청조를 분리시키고 청조의 문물은 이전 명나라의 것이므로 수용해야 한다는 논리와 다르다. 앞에서 보았듯이 청조의 도덕적 우위성과 더불어 문물의 발전에 기여한 바를 인정하는 것이다. 일본에 대하여도 유학이 매우 발전하고 문물이 앞선 것으로 보았다.55) 다만 초기에는 일본에 대해 안심하는 태도가, 후기에는 일본에

용 등 남인실학자와 완전히 마찬가지 입장에 도달하였는지 여부가 문제가 된다).
50) 「송한교리사연서」, 『여유당전서』 1 시문집.
51) 위와 같음.
52) 「탁발위론」, 『여유당전서』 1 시문집.
53) 앞의 책.
54) 앞의 책.
55) 이에 대하여는 하우봉, 「다산 정약용의 일본관」 참조.

대한 우려의 태도가 나타난다.

이상 정약용의 화이관은 18세기 후반 안정되어 있던 동아시아 질서에 입각한 것으로 외국에 대해 대체로 우호적인 태도를 갖고 있다. 그러나 19세기에 들어서자 국제정세에 변화가 나타나기 시작하였다. 서양의 진출이 서서히 나타나고 일본 내부에도 막부의 통제력이 이완되고 있었으며, 청나라에서는 18세기 말 이미 내부 동요가 시작되었다. 이에 따라 정약용에게 일본에 대한 우려의 태도가 나타남과 더불어 서양 선박의 출몰에 대해 깊은 관심을 보인다. 이것은 그의 변화된 화이관이 빈외세적 방향으로 열려 있었음을 의미한다.

한편 정약용의 화이관은 앞에서 보듯이 여전히 문화적인 것을 견지하고 있으며 여기에 입각하여 당시 조선을 華로 보고 매우 자기 존중의 자세를 보였다.56) 정약용에게서 이런 화의 실체는 유교였으나 이것은 民의 입장에서 평등적인 새로운 것이었다. 이 점은 양반제와 노비제를 철저히 부정하는 그의 평등적 신분관으로 나타난다.57) 평등적 신분관은 그의 수평적이며 개방적인 화이관 및 대외관과 논리적으로 일치한다.

5. 結語

조선후기의 주자학자와 실학자들의 화이관은 기본적으로 문화적인 것에 입각해 있었다. 먼저 주자학자들의 경우, 17세기 송시열은 우리가 기자 이래 유교 국가라는 생각에 근거하여 우리를 華로 보았으며, 당시 명이 망한 상황에서 조선을 유일한 華로 보았다. 더욱이 그의 문화적 화이관은 심지어 우리를 어느 면에서는 중국 이상으로 보는 매우 자존적인 성격의 것이었다. 아울

---

56) 「송한교리사연서」에서 "聖人의 정치와 학문을 우리나라가 이미 옮겨왔다"라고 하였다. 정약용은 화이관의 자기 존중의 측면에 대하여는 조영록, 「17~18세기 존아적 화이관의 한 시각」 참조.
57) 졸고, 「정약용의 신분제 개혁론」, 《동방학지》 51, 1986 참조.

러 그의 화이관에는 반외세적 요소가 강하였다. 이런 점들은 16세기 사림의 화이관에 비하여 한 걸음 발전한 것이었다. 다음 18세기 청이 공고해진 상황에서 한원진의 경우 반외세적인 요소는 다소 후퇴하였으나 華와 대립되는 것을 이적과 금수 등으로 구분하는 이론적 세련화를 보였다. 19세기에 들어와 이항로에서 존화양이론은 위정척사론으로 발전하는 가운데 청에 대한 배척 의식이 왜와 서양에 대한 반외세로 전화되었다. 이것은 이적과 금수를 구분하여 청나라는 전자에 서양과 왜는 후자에 비정하는 데 기초한 것이었다. 더욱이 그는 청에 대하여 다소 중화적인 요소를 인정하였다. 이것은 이전의 주자학자들과 달리 이적의 중화로의 변화가능성을 어느 정도 인정한 것이라 하겠다.

조선을 유일한 華로 생각하는 조선후기 주자학자들의 문화적 화이론은 결과적으로 우리로 하여금 중국중심주의를 벗어나게 하는 것이었다(補: 이것은 지나친 자기중심주의와 폐쇄성을 낳은 원인이 되기도 하며 한국근대민족주의의 부정적 측면이 바로 여기에서 유래한다고 여겨진다). 종족적인 면에서도 중국중심주의를 벗어나게 하고 지리적인 면에서 중국중심주의도 무의미하게 하였다. 아울러 자기 '민족'과 그 문화에 대한 극단적인 우월의식은 이민족의 침략에 대하여는 강력하게 배척하게 하였다. 이것은 자아의 확립과 외세의 배척이라는 우리 근대 민족의식 형성의 한 기반으로 작용하였다. 반청에서 전환된 이항로의 왜와 서양에 대한 반외세의식은 바로 개항 후 의병 투쟁을 거치면서 우리의 반제국주의적 근대 민족주의가 형성되는 밑바탕이 되었다.

다만 주자학자들이 자아를 존중하는 근거가 우리문화가 아니라 중국의 유교문화이며, 그 가운데에서도 주자학이었고, 주자학으로 당시 사회를 해체하고 중세사회(상하관계에 입각한 체제, 補: 앞서도 언급하였듯이 중세사회라는 용어는 재고를 요한다)를 재건하고자 한 것이 문제이다. 그리고 지나친 자존의식은 외국 문물의 도입을 방해하는 요소로 작용하기도 하였다. 그러나 이항로의 경우 신분관은 보수적이지만 실학자의 토지개혁론까지 수용하여 민중의 지지를 받을 수 있는 토대가 마련되었다.

한편 17세기 이미 실학과 주자학이 사회사상 면에서 대립하기 시작하였으나, 아직 실학의 경우 화이관, 또는 대외관의 면에서는 주자학자들과 명백한 차이를 보여주지 못하였다. 주로 18세기 전반기에 활약한 이익에 이르러 지리적 종족적인 면에서 화이관이 극복되었다. 특히 청과 같은 중국의 이민족 왕조를 중화적인 것으로 보고 명에 대하여는 매우 비판적이었다. 그러나 그 역시 아직 문화적인 화이론자로서 우리를 소중화로 생각하였다. 다음 시기인 18세기 후반 북학파의 정약용도 종족적·지리적 화이관은 벗어났으나 모두 문화적 화이론자였다. 그러나 이들에 와서는 地轉說과 같은 새로운 천문학적 지식으로 지리적인 화이관의 극복이 더욱 명확한 이론적 기초를 갖게 되었나. 또 정약용의 경우 문화적 화이관의 관점에서 華와 夷의 대등성 혹은 대등성이 가능함을 명확히 하였고 북학파의 경우 부분적으로 夷의 가치를 인정하는 면도 나타났다.

다만 노론계인 북학파와 기호남인계인 정약용 사이에는 차이가 있었다. 정약용의 종족적 화이관 극복이 일본·청 등에 대하여 華에 가깝다는 견지에서 출발하여 매우 개방적인 데 비하여, 북학파의 화와 이의 대등성 주장은 결국 우리만을 중국과 대등하게 보는 데에 그치고 있는 것으로 보인다(補: 앞서 언급한 바와 같이 이 점과 관련하여 북학파들이 마지막 단계에 종족적 화이관을 완전히 극복하는지, 청나라 조정 자체를 긍정적으로 평가하게 되었는지 여부를 검토해볼 필요가 있다. 홍대용의 경우 이런 변화를 명백히 인정할 수 있는데 박지원의 경우 끝까지 청나라 조정을 타도의 대상으로 보고 있는 것으로 여겨진다. 다만 그가 지향하는 것은 동아시아 전체가 새로운 체제를 지향해야 한다는 점에서 17세기 대명의리론, 북벌론과는 전혀 성격을 달리하는 것이다). 정약용은 청의 문물 도입을 청 자체의 것으로 보고 있었던 데 비하여, 북학파는 명이 남긴 것이라는 식으로 문물 도입을 주장하는 한계를 보인다. 이런 점에서 정약용은 북학파에 비해 화이관의 극복에서 한 걸음 더 나아갔다. 이런 차이는 북학파가 대명의리론과 청에 대한 적대감을 견지하였던 데 비해 정약용은 그렇지 않았기 때문이다(補: 그러나 박지원이 淸나라를 현실적으로 보는 데에 비하여 정약용은 다소 관념적으로 보고 있다). 아울러 상대적으로 북학파가 외세에 비판적인 데 비하여, 정약용은 외세에 경계하는 자세가 적었다. 그러나 실학자의 화이관은 대체로 신분제에 개방적 태도를 취하는 등 민의 입장에서의 사회개혁적 자세를 보인다는 점에서 일치하며, 이것은 논리적으로 그들의 화이관과 일치하는 것이었다. 주자학의 경우도 그들의 화이관이 대내적인 신분제 옹호 태도와 일치한다.

실학자들의 개방적인 화이관은 개항을 경유하여 우리가 근대 국제사회로 편입되는 과정에서 외국의 문물에 대하여 개방적 태도와 서양을 인정하는 자세를 취할 수 있는 토대를 마련해주었다고 여겨진다. 그러나 대외개방적인 태도는 개화파처럼 쉽게 외세에 이용되거나 친외세적인 것으로 기울게도 하였다. 개항을 전후하여 자존과 자주의 입장에 서면서도 대외개방적 태도를 취하는 것이 요청되었으나 현실적으로 이것은 동학농민전쟁의 시기에 이르기까지 실현되지 않았다. 이후 의병전쟁과 계몽운동을 거치면서 자주성과 개방성의 결합은 개방운동과 계몽운동의 양측에서 서로 상대편의 입장을 수용하는 가운데 이루어져 갔다. 주자학에서 출발한 배외의식과 실학에서 출발한 대외개방적 자세는 처음에는 상호 모순되었으나 결과적으로 우리 근대의식 또는 민족주의를 형성하는 데 상호 보완적인 기능을 하였다(補: 과연 이렇게 되었는지에 대하여 현재 필자는 다소 회의적이다. 실학을 근대민족주의와 관련시키려는 시도 역시 재고를 요한다).

다음으로 조선후기 화이관의 변화 또는 극복의 특징을 보기로 한다. 조선후기 주자학자와 실학자들은 다 같이 文化的 華夷論者였다. 양자의 차이는 결국 華를 무엇으로 보는가, 중국 주변의 異民族에 대하여 어떻게 보느냐(華 또는 華의 가능성을 인정할 수 있는지 여부)였다. 주자학자들은 대체로 양반층의 입장에서 상하관계의 질서를 화로 보았고, 실학자들은 수평 또는 그에 가까운 사회질서와 경제체제를 화로 생각하였다. 일본 德川시대의 화이관의 변화 과정에서 國學派가 나타난 것과 달리 우리의 고대 이래 고유문화를 그 자체로서 긍정하는 태도는 조선후기에 나타나지 않았다. 우리 고유 문화 자체를 내세우는 것은 한말·일제하를 거치면서 비로소 형성되었다. 이것은 한편으로 주체성의 부족이라고도 여겨지지만, 다른 한편으로는 우리가 보편적 문화를 중시하는 것이라고 생각된다. 이것은 근대 민족주의 형성에는 부정

적 작용을 한 면이 있으나 그것을 넘어서는 데에는 긍정적 작용을 하리라고
여겨진다.

제9장 洪大容의 華夷觀

1. 序言

북학파 실학자를 대표하는 학자 가운데 하나인 홍대용의 사상에 대하여는 일찍부터 연구가 시작되어 현재 비교적 많은 연구가 축적되어 있다. 특히 그의 사상 가운데 화이론은 '중화사상 또는 화이관의 극복'이라는 각도에서 주목되었다. 이것은 대체로 실학에서 '근대 민족주의적' 성격을 찾으려는 의도와 관련된 것이었다. 전체적으로 보아 조선후기에 화이관의 변화가 진행되고, 특히 실학파의 경우 화이관이 점차 전통적 화이관을 극복하고 '近代民族主義的' 방향으로 발전해가고 있었던 것은 사실이며(補: 이 점에 대하여는 재고를 요한다. 실학에서의 화이관의 변화는 오히려 근대를 넘어서는 성격을 갖는 것으로 생각되어야 할 것이다) 주자학 계열에서의 화이관의 강화도 결과적으로는 '우리의 근대 민족주의' 형성에 이바지하였다(補: 주자학 계열 위정척사론이 바로 한국근대민족주의 멘탈리티 형성에 주된 요인이 된다고 생각된다).

그러나 조선후기 실학자들에게 나타나는 화이관의 변화는 대체로 종족적·지리적 화이관의 극복이지 문화적 화이관까지 벗어난 것은 아니었다. 여기서 마찬가지로 문화적 화이론자였던 조선후기 주자학자와의 차이가 문제가 된다.

한편 화이관의 변화, 학문의 변화는 세계와 인간을 새롭게 보는 철학 상의 변화와 밀접한 관련이 있다. 홍대용의 경우 그 학문이 주자학과 어떤 관련이 있는지가 문제가 된다.

만약 주자학의 틀 속에 있다면 그의 화이관은 기본적으로 중세적인 틀 속에 있다고 할 수 있다. 아울러 홍대용의 화이관은 연행을 계기로 변화가 있으며, 연행 이후 조선후기 주자학자들과는 근본적 차이가 있게 되었다.

이상의 문제점들에 기초하여 먼저 홍대용의 학문, 즉 학문관과 철학에 대해 살펴 이를 주자의 그것과 비교하고 조선후기 화이관의 변화를 전반적으로 개관한 다음, 홍대용에게서 나타나는 화이관의 변화를 종족·지리·문화적 각도에서 시기적 발전에 따라 고찰하여 조선후기 주자학자들의 화이관과 비교하기로 한다. 끝으로 결어에서는 홍대용의 화이관이 후대에 미친 영향 또는 기능 및 현재적 의의에 대해 생각해보기로 한다.

2. 洪大容의 學問

1) 학문관

홍대용은 안동 김문의 金昌協 등을 잇는 金元行의 제자로서 서인 - 노론계의 학문 가운데 洛論을 계승한 것으로 생각되고 있다. 낙론은 인성과 물성의 異同 여부를 둘러싼 논쟁, 즉 '人物性同異論'에서 人性과 物性이 동일하다는 입장을 취하는 학파이다. 문제는 홍대용의 학문이 낙론 속에서 형성·발전되어왔다고 해서 그의 학문을 바로 낙론으로 볼 수 있는가 하는 것이다. 낙론은 율곡 계열의 '主氣論'적 주자학의 한 분파이므로 기본적으로 주자학의 틀 가운데 있다고 생각되기 때문이다. 홍대용은 인물성동이론과 관련하여 일관되게 인물성동의 입장에 서며 이 점에서 그는 확실히 낙론계의 입장을 계승하고 있다. 그러나 그의 인물성동론은 전 단계의 낙론의 그것과는 질적인 차이가 있다고 생각된다.

홍대용의 학문의 성격을 알기 위해서는 그의 학문관이 어떠하며 주자의 그것과는 어떤 동일성과 차이점이 있는지 살펴볼 필요가 있다. 먼저 홍대용의 학문관을 학문의 방법, 독서의 대상과 순서, 학문에 임하는 태도로 나누어 살펴보기로 한다. 이와 관련되는 자료는 「與梅軒書」, 「乾淨衕筆談」(續), 「桂房日記」, 「毉山問答」, 「與鐵橋書」, 「從兄湛軒先生遺事」 등이 있다.

홍대용은 학문을 시작하는 초학자의 자세에 대해 "初學讀書 孰不苦其難也 然任其苦難 …… 若稍自堅忍 不忘省檢 旬日之間 必有消息 苦難漸去 趣味日新"이라 하였다.[1] 어려움을 참고 착실히 점진적으로 독서하여 나아가라는 뜻이다. 그러나 홍대용의 학문 방법이 일방적으로 독서를 통한 궁리에만 있는 것은 아니다. 그는 "涵養無功 則致知不精 …… 大抵 文學與事業 必以涵養爲本"이라고 하였다.[2] 이것은 涵養, 즉 居敬을 학문의 기본으로 하고 있음을 뜻한다. 이렇게 보면 홍대용의 학문 방법은 居敬을 기본으로 하면서 그것을 기초로 착실히 독서하여 궁리해 나아가는 것이라고 할 수 있다. 「건정동필담」(속)에서는 "止水明鏡 體之立也 開物成務 用之達也"라 하여 거경과 궁리를 體와 用의 관계로 설명하였다.[3]

독서의 대상과 순서에 대하여는 「의산문답」에서 다음과 같이 말하였다.[4]

虛子曰 所讀聖賢之書 長習詩禮之業 探陰陽之變 測人物之理 存心而忠敬 作事以誠敏 經濟本於周官 出處擬於伊呂 傍及藝術 星曆兵器 籩豆數律 博學無方 其歸 則會通於六經 折衷於程朱 此虛子之學也 實翁曰 如爾之言 儒者之學 綱領具備 以此 何所不足而問我

여기에서 보면 실옹의 입장, 즉 홍대용의 학문의 최종적 입장인 經世濟民은 周官에 근본하고[5] 여러 실용적인 학문에 두루 통하되 육경에 회동하는 것임

1) 『湛軒書』 外集 권 1 「與梅軒書」.
2) 『담헌서』 내집 권 2 「桂房日記」, 25쪽(甲午 12월 12일)
3) 『담헌서』 외집 권 3, 4-5쪽.
4) 『담헌서』 내집 보유 권 4, 17쪽.
5) 『周官』은 『周禮』의 다른 이름이다. 그러나 『周官』은 『尙書』 가운데 한 편을 가리키기도 한다. 여기서 周官이 둘 가운데 무엇을 가리키는지가 문제이다. 이 둘에 나타난 周나라의 제도에 대한 서술에는 상충되는 부분이 있다. 둘 가운데 어느 쪽을 택하는가에 따라 제도 개혁에 대한 입장이 달라질 수 있다. 그러나 어느 쪽을 택하든 국가의 제도 개혁을 중시하는 점에서는 차이가 없다. 독립 저서로서의 『周禮』와 『尙書』의 한 편으로서의 「周官」의 차이에 대하여는 정약용의 『梅氏尙書平』의 「周

을 알 수 있다. 홍대용이 기본적으로 유가의 입장에 있었음은 「여철교서」에서 "吾儒與老佛 互稱三敎 以中古以降 高明俊士 出於此則入乎彼 先賢之以爲 彌近理而大亂眞 擇術求道者 豈可不變之"라 한 것에서도 확인된다.[6] 아울러 「조형담헌선생유사」에 보면 "東人著書中 以聖學輯要 磻溪隧錄 爲經世有用之學"이라 하였다. 경세학의 실용적 서적으로는 이이의『聖學輯要』와 유형원의『磻溪隧錄』을 중시하였음을 알 수 있다.[7]

학문에 임하는 태도에 대하여는 「여철교서」에서 다음과 같이 실천을 강조하였다.[8]

讀書 將以明夫天理 而措諸事也 苟能讀之精 講之熟 見之的 得之眞 則彼書者 乃無用之故紙也 可以束之高閣矣 …… 知行兩端 固不可偏廢 …… 不入於頓悟 必歸於訓詁 …… 不知讀書盡 後便去行之方 大有事在 譬如有人欲作遠行 徐者 一部路程記也.

즉, 독서는 그 자체에 목적이 있는 것이 아니라 실천에 목적이 있으므로, 현실과 괴리된 불교의 頓悟나 훈고적인 학습은 말아야 하며, 책은 여행에 비유하면 여행을 위한 안내서에 불과하다는 것이다.

다음으로 주자의 학문관에 대하여 학문의 방법, 독서의 대상과 순서, 학문에 임하는 태도의 순서로 살펴보기로 한다. 주자의 학문관에 대한 자료로는

官」 부분 참조(『與猶堂全書』 3, 경인문화사, 183쪽 이하).

6) 『담헌서』 외집 권 1, 8쪽.

7) 홍대용의 경세실용의 학문의 전개에 대하여는 유봉학, 「북학사상의 형성과 그 성격」 참조. 위에서 홍대용이 유형원의『반계수록』에 앞서 이이의『성학집요』를 들고 있는 점이 주목된다. 즉, 홍대용은 유형원의 경세실용의 학문을 이이의 연장선상에서 파악하는 것이다. 유형원에 관제개혁론 등에 대한 이이의 영향은『반계수록』에서 확인된다. 그러나 유형원의 학문을 이이의 연장선상에서 파악할지는 별개 차원의 문제이다(補: 그러나 당색을 넘어 이이의 학문을 받아들이는 유형원의 개방적 태도에 주목하고 싶다. 실학의 형성이 당색에 따라 다른 경로로 형성되었으나 의식적·무의식적으로 상대방에게 서로 영향을 주었음에 유의하고 싶다). 유형원의 학문은 토지개혁론 등의 측면에서 이이와 근본적인 차이가 있다. 홍대용이 유형원을 이이의 연장선상에서 파악한 것은 홍대용이 서인 학문의 연장선상인 노론 낙론계 출신이라는 점과도 관련이 있다고 여겨진다.

8) 『담헌서』 외집 권 1, 5쪽.

「行宮便殿奏箚」(二),『朱子語類』의 「讀書法」(上·下) 등이 있다.

주자의 학문 방법과 관련하여 「행궁편전주차」(2)에서는 "爲學之道 莫善於 窮理 窮理之要 必在於讀書 讀書之法 莫貴於順序而致精 而致精之本 則又在於 居敬而持心 此不易之理也"라고 하였다.9) 즉, 거경을 기본으로 하여 궁리해 나아간다는 '居敬窮理'가 학문의 방법이며 궁리의 방법으로는 주관적인 사색 보다는 객관적인 독서를 중시함을 알 수 있다. 그는 이어서 "窮理 必在乎讀 書"라고도 하였다.10)

그러면 어떤 책을 읽는지가 다시 문제가 된다. 주자는 "其粲然之迹 必然之 效 蓋莫不具於經訓史冊 欲窮天下之理 而不卽是以求之 則正牆面而立"이라고 하여11) 유교의 경전과 역사서를 읽도록 하였다. 구체적으로는 "先讀大學 以 定規模 次讀論語 以立其根本 次讀孟子 以觀其發越 次讀中庸 以求古人之微妙 處"라 하여 처음『大學』을 읽고『論語』,『孟子』,『中庸』의 순서로 읽도록 하였 다.12) 이렇게 四書를 읽은 다음에 "先看於孟中庸 更看一經 却看史 方易看 先 讀史記 …… 有餘力則看全史也"라 하여 五經을 읽고 그 다음에『史記』등의 역사서를 보도록 하였다.13)

한편 주자는 학문에 대하여 매우 실천적인 관점에서 임하였다. 즉, 그는 "人須當以堯舜爲法 如射者之於的 …… 到得堯舜地位 方做得一箇人"이라 하 여 학문의 목표를 성인에 두어야 한다고 하였다.14) 아울러 "學問 就自家身己 上要處 理會"라고 하였다.15) 이런 실천적 학문관은 주자 자신이 中庸章句의 서두에서 中庸에 대하여 정자의 말을 인용하면서 바로 '實學'이라고 한 것에 서도 드러난다.

이상 홍대용의 학문관과 주자의 그것을 비교해보면 홍대용은 학문의 방법 면에서 居敬窮理의 입장을 취하여 학문에 임하는 태도가 기본적으로 실천에

9)『주자대전』권 14, 14쪽.
10) 위의 글, 15쪽.
11) 위의 글, 14-15쪽.
12)『주자어류』권 14, 3쪽.
13)『주자어류』권 11.
14)『주자어류』권 55, 4쪽.
15)『주자어류』권 10, 3쪽.

있는 두 가지 점에서 주자와 일치된다고 여겨진다. 그러나 이 점에 근거하여
홍대용의 학문을 주자학과 동일시해서는 안 된다. 우선 위에서 보았듯이 홍
대용은 독서의 대상과 순서의 면에서 주자와 크게 차이가 나기 때문이다. 주
자는 四書를 기본으로 하는 데 비해 홍대용은 六經을 기본으로 함과 동시에
『周官』 및 『성학집요』, 『반계수록』 같은 경세 실용의 학문을 중시하였다. 아
울러 홍대용은 철학의 면에서 주자와 크게 다르다. 다음 절에서는 홍대용과
주자의 철학을 비교해보기로 한다.

2) 철학

홍대용의 철학과 주자의 철학을 비교할 때 양자가 자연과 인간의 관계 및
인간, 그리고 궁극적 실재에 대해 어떤 견해를 가졌는지가 문제가 될 수 있다.
먼저 자연과 인간의 관계 및 인간에 대한 홍대용의 견해를 살펴보기로 한다.
이와 관련되는 자료는 「의산문답」과 「心性問」 및 「答徐成之論心說」 등이 있다.
홍대용은 자연과 인간의 관계에 대해 「심성문」에서 "草木之理 即禽獸之理
禽獸之理 即人之理 人之理 即天之理 理也者 仁與義而已"라고 하였다.16) 여기
서 그가 자연으로서의 초목, 금수의 이와 인간의 이를 동일 차원에서 생각하
고 그 이는 바로 仁義로 봄을 알 수 있다. 자연과 인간을 하나의 통일적인
유기체 또는 생명체로 보는 사고이다.
이런 그의 견해는 만년에까지도 변하지 않았다. 「의산문답」에서 홍대용은
"實翁曰 夫地者 活物也 土者 其膚肉也 水者 其精血也 雨露者 其膚汗也"라 하
여 무생물인 땅을 살아 있는 것으로 보았으며17) 자연과 인간의 관계에 대하
여는 "人之異於物者 幾稀也"라거나 "自天而視之 人與物均也"라고 하였다.18)
인성과 물성의 동일성 여부는 인간 내부에서 인간성에 서로 차이가 있는지

---

16) 『담헌서』 내집 권 1, 1쪽.
17) 『담헌서』 내집 권 4, 34쪽.
18) 앞의 책, 18쪽. 이것을 상대주의로 보고 장자와 비교한 것으로 송영배, 「홍대용
   의 상대주의적 사유와 변혁의 논리」가 있다.

와 관련되므로 바로 인간관과 밀접한 관련이 있다. 인간성에 대해 홍대용은
「답서성지논심설」에서 "孟子之道性 只主於四端 程子之論心 必言其本善 此其
何故也 觀其用則異 而語其本則同 惟此本體之明 不以聖而顯 不以愚而晦 不以
禽獸而缺 不以草木以亡 無他 體 神且粹 不拘於氣而失其本故也"라고 하여 초
목·금수의 性과 인간과의 동일함과 더불어 인간 내부에서 인간성이 상호 동
일하다는 견해, 즉 평등적 인간관을 표명하였다.[19] 다만 여기에서는 "孔子曰
民可使由之 不可使知之 夫民之心 本自虛靈洞徹 萬理咸備 聖人之不使知之 而
終不可爲堯舜之聰明叡智者 何也 是亦局於氣也"라 하여 氣의 차이를 근거로
聖人과 凡人의 차이를 인정하였다.[20]

「의산문답」에서는 인간성 내부의 평등성 여부에 대하여는 직접적인 언급
이 없다. 그러나 "民可使由之 不可使知之 君子從容而說敎 智者從宜而立言
…… 害於民義"라 하여 일반민과 군자, 지자와의 차이는 도덕적 차이가 아니
라 단지 지적 능력의 차이임을 분명히 표명되었다. 그리고 인성과 물성의 관
계에 대하여도 '以人視物 人貴物賤 以物視人 物貴而人賤 自天而視之 人與物均
也 夫無慧故無詐 無覺故無爲 然則物貴於人 亦遠矣'라 하여 물성과 인성의 완
전 평등을 주장하였다.[21] 이 경우 논리적으로 당연히 인성 내부의 평등 관념
은 보다 공고하다. 아울러 「의산문답」에서는 氣에 의한 인성·물성 등의 차별
을 말하지 않고 있다. 이것은 홍대용이 초기에는 인간성의 평등을 말하면서
도 氣에 의한 차별을 인정하였으나, 「의산문답」 단계에서는 그것을 완전히
극복하였음을 의미한다.[22] 이러한 완전한 평등적 인간관이 바로 「의산문답」
단계의 화이관의 철학적 기초가 되었다.

한편 궁극적 실재로서 홍대용은 「심성문」의 단계에서 이미 "理者 氣善則亦
善 氣惡則亦惡 是理無所主宰 而修氣之所爲而已"라 하여 이의 主宰性을 부인

---

19) 『담헌서』 내집 권 1, 3쪽.
20) 위와 같음.
21) 『담헌서』 내집 권 4, 18쪽.
22) 여기서 氣는 차별성의 근거가 아니라 개체로 하여금 다양한 특성을 갖게 하면서
　　인간과 자연 사이에 공통의 어떤 윤리성을 갖게 하는 것으로 이해한다. 주자학에서
　　의 인간과 자연 사이의 유기체적 통일성이 차별성을 기초로 한 것이라면, 홍대용의
　　경우 평등성 또는 균등성을 기초로 하는 점에서 차이가 난다.

하였다.23) 이리하여 「의산문답」 단계에서는 모든 것을 기의 변화와 작용으로 설명하였다.

다음 주자의 철학을 자연과 인간의 관계, 인간관, 궁극적 실재관으로 나누어 살펴보기로 한다.24) 주자의 철학은 기본적으로 자연과 인간에 하나의 理, 즉 태극이 관통한다는 '天人合一觀'에 기초하였다. 그는 "太極 天地萬物之理"라 하였으며25) 『중용』의 첫 구절 天命之謂性에 대한 주석에서 "性卽理 天以陰陽五行 化生萬物 氣以成形而理亦賦焉 猶命令也 於是 人物之生 因各得其所賦之理 以爲 健順 五常之德 所謂性也"라 하였다. 즉, 태극이 바로 만물의 理이고 인과 물에 모두 같이 理가 부여되어 있는 것이 된다. 문제는 理法인 태극을 기초로 한 천인 합일적 세계관이 사회사상에 대하여 갖는 의미이다. 자연과 인간이 합일됨으로써 인간 세계의 이법, 즉 질서는 자연적 理法과 같은 성격의 것이 된다.26)

다음으로 주자가 생각한 인간세계는 상하관계적 질서가 지배하는 세계였다. 따라서 그에게 있어서 상하관계적 질서는 인간 세계의 영원불변하는 자연의 이법이다. 여기에 바로 주자학의 계급성이 있다. 이런 그의 생각은 또 그의 인간관과 관련이 있다. 즉, 주자는 하나의 이법으로서 세계를 통일적으로 보면서도 인간의 경우 기질의 차이를 주장하여 "其氣質之稟 或不能齊 是以不能皆

---

23) 『담헌서』 내집 권 1, 1쪽.
24) 한 사람의 사상은 그가 의식하든 않든 그 밑바닥에 그것을 지탱하는 철학적 기초가 있어 이것이 그 사상 전반의 방향과 성격을 규정한다. 따라서 우리는 홍대용의 화이관을 살핌에 앞서 그 철학적 기초를 살필 필요가 있다. 사실 우리나라와 중국의 중세 후반기의 지배 이데올로기였던 주자학은 매우 세련된 철학적 체계를 갖고 있었으며 주자학의 사회사상은 이 체계화된 철학에 그 논리의 토대를 두고 있었다. 홍대용의 화이관이 주자학에서 근본적으로 벗어나는 것이라면 주자학을 그 표피에서가 아니라 철학적 기초에서부터 벗어나야 한다. 이런 철학적 기초는 화이관 등 사회사상에 대하여 논리적으로 선행하며 한 사람의 사상의 전체 성격을 규정하는 것이 되기 때문이다(補: 논리적 선행이 시간적으로 선행하는 것은 아니며 실제의 형성 과정에는 철학적 입장은 상호 영향을 주어 순환적 관계를 지니게 된다).
25) 『주자어류』 권 1, 「淳錄」.
26) 한편 주자학에 있어서 천인합일적 사고는 음양오행적 사고와도 관련이 있다. 음양오행적 사고는 자연에 적용될 뿐 아니라 인간 세계에도 적용된다. 이것은 인간세계의 여러 현상을 무리하게 음양오행에 맞춰 이해하게 하며 上下關係的 秩序와 왕조의 지배 질서를 似而非 自然科學으로 설명하게 하여 양자가 서로 하나의 理法 속에 통합되게 된다.

有以知其性之所有而全之也"(「대학장구서」)라 하였다. 즉, 사람은 기질의 차이에 따라 인간성에 있어서 차이가 난다는 것이다. 즉, 이것은 불평등한 인간관을 의미한다. 끝으로 주지하듯이 주자는 궁극적 실재를 태극, 즉 이로 보았다.

이상 홍대용의 철학과 주자의 철학을 비교하면 홍대용은 자연과 인간을 하나의 유기체적 통일체로 보고 있는 점에서 주자의 입장을 계승하였다. 그러나 궁극적 실재에 대해 주자가 理로 생각한 것과 달리 홍대용은 氣의 관점에서 접근하였으며 주자가 차등적 인간관을 가진 것과 달리 평등적 인간관을 가졌다. 이 점들을, 앞서 제1절에서 보았듯이 홍대용에 있어서 학문의 순서와 대상이 주자와 달랐던 사실과 아울러 생각하면 홍대용의 학문은 주자학을 벗어난 것이라고 할 수 있다.[27] 홍대용의 화이관은 이런 그의 학문 전체의

---

27) 조선후기에 주자학을 벗어나는 방식에는, 자연과 인간의 합일을 생각하는 유기체적 사고를 그대로 유지하면서 진행되어가는 방식과 유기체적 사고를 부정하면서, 즉 인간과 자연을 분리해가면서 벗어난 두 가지 방식이 있다고 여겨진다. 홍대용은 전자에 해당된다. 후자에 해당되는 대표적인 사람이 정약용이다. 이에 대하여는 졸고, 「정약용의 정치경제 개혁사상」(연세대학교 박사학위논문, 1991) 가운데 '철학적 기초' 부분 및 졸고, 「정약용의 신분제 개혁론」(≪동방학지≫ 51, 1986) 가운데 '정약용의 평등적 인간관' 부분 참조. 또 정약용에 선행하는 박세당 등도 자연과 인간의 분리를 생각하였다(류인희, 「실학의 철학적 방법론」, ≪동방학지≫ 35, 1983). 최근 정약용과 최한기의 철학을 다른 두 유형으로 보는 논고가 있으며(금장태, 「다산과 혜강의 인간 이해」, 동양학 24, 1994) 허남진, 『조선후기 기철학 연구』에서는 임성주, 홍대용, 최한기의 철학을 기철학이라는 각도에서 한 범주로 이해하여 그 발전을 추적하였다(補: 위와 같은 점에서 보면 조선후기에 주자학적 패러다임이 해체되는 것에는 세 가지 방식이 있다고 생각된다. 첫째, 정약용적인 것, 즉 유기체적 사고를 벗어나 인간과 자연의 분리를 생각하는 방식, 둘째, 홍대용적인 것, 즉 유기체적 사고를 유지하면서 理의 평등성을 극대화시켜나가는 방식, 셋째, 최한기적인 것, 즉 전혀 새롭게 氣의 개념을 창출하고 이에 입각하여 인간과 자연을 통일적으로 설명하려 하는 방식이 있었다고 생각된다. 여기에서 유의할 점은 정약용이 일단 유기체적 사고방식을 벗어나기는 하였으나 그의 철학 체계에서 인간과 자연은 上帝에 의해 다시 통합된다. 따라서 조선후기 주자학을 벗어나는 세 흐름이 모두 인간과 자연이 궁극적으로 통일된다는 입장에 있었다. 이 점에서 서구의 근대 철학 가운데 신칸트 학파가 인간과 자연의 분리를 주장한 것과는 다르다. 신칸트 학파 및 막스 베버 같은 학자는 인간과 자연을 각기 존재와 당위로 분리함으로써 인문학과 자연과학의 방법상의 분리를 주장하였으나, 조선후기 우리나라에서 주자학이 해체되는 방식은 모두 이것과는 다르다. 따라서 존재와 당위의 분리라는 도식을 써서 조선후기 사상이 근대적 방향을 향하고 있었다는 식의 설명은 잘못된 것으로 생각된다. 물론 그들이 서구 근대와 같은 방향을 지향하였던 것도 아니다).
유기체적 사고를 유지하면서 주자학을 벗어나는 경우 人物性同의 입장과 결부하여

성격과 관련된다. 다음 장에서는 그의 화이관을 살펴보기로 한다.

3. 華夷觀의 變化

1) 조선후기 화이관의 변화[28]

華夷觀에는 세 가지 측면이 있다. 첫째는 중국(華)이 문화적으로 가장 우수하며 주변의 이민족은 미개하다고 생각하는 文化的 측면이다. 이런 문화적 화이관은 유교가 국교화된 漢代 이후에는 중국문화의 핵심을 유교로 보았으며 중국의 천자가 유교문화의 총체적 담당자로서 주변의 이민족을 유교적 도로써 계서적으로 지배한다고 생각하였다. 둘째는 이러한 문화의 우월의식에 서서 중국 민족이 가장 우수하며 주변의 이민족은 중국 민족보다 뒤떨어지고 중국 민족만이 그런 우월한 문화를 가질 수 있다고 보는 種族的 측면이다. 셋째로는 중국이 지리적으로도 세계의 중심에서 주변의 이민족을 지배한

인간 평등을 생각하고 자연과 인간의 분리를 생각하면 人物性異의 입장에서 인간 평등을 생각하는 것으로 여겨진다. 조선후기 근대 사유로의 이행에는 한 가지의 길만이 있는 것은 아니다. 한편 天人 분리의 사고는 荀子와도 관련이 있다고 생각된다. 이익, 정약용 등에게는 순자적인 요소가 많다(補: 그러나 일방적으로 순자적인 것으로 볼 수는 없고, 순자적 요소와 맹자적 요소의 종합 또는 지양이라고 보아야 할 것이다). 홍대용도 부분적으로 순자를 긍정하고 있으나 궁극적으로는 인간관, 인간과 자연의 관계에 대한 견해 등에서 순자와 대립되는 입장이라고 여겨진다.
아울러 홍대용이 「의산문답」 단계에서 도달한 완전한 평등적 인간관은 낙론을 이미 벗어난 것이다. 낙론은 기본적으로 상하관계적 질서를 전제로 한 주자학의 틀 속에 있다. 홍대용이 낙론에서 출발하여 그것을 넘어선 것은 그것이 갖는 보편성으로서의 理의 강조를 심화시킴으로써 가능하였다. 또 이런 철학적 변화에는 새로운 자연과학적 인식의 획득이 큰 영향을 주었다고 생각된다. 조선후기 사상의 변화에는 조선 내에서 사상 자체의 발전 및 당시 조선사회의 내재적 발전 외에 외적인 영향을 인정하여야 한다고 생각된다.
28) 補: 이 부분은 졸고, 「조선후기 화이관의 변화」라는 논문 가운데 관련 부분을 요약한 것이다. 이 논문이 이 책에 수록되어 있어 중복되는 점이 있다. 그러나 홍대용의 화이관에 대한 이 논문의 원래 모습을 유지하고 독자의 편의를 위해 그대로 두었다.

다고 생각하는 地理的 측면이다. 따라서 화이관에는 문화적 화이관, 종족적 화이관, 지리적 화이관의 세 측면이 있으며 이 세 측면의 화이관은 결국 '中國中心主義 世界觀'으로서 중국 중심의 동아시아 국제 질서의 형성 이후 그 질서를 지탱하는 이데올로기로 기능하여왔다.

이런 동아시아 국제 질서는 16세기 이후 동요하기 시작하였으며 16세기 말 17세기에 걸쳐 그 질서가 재편되기는 하였으나 점차 중국 중심의 국제 질서는 변화·해체되어갔다. 현실 속에서의 이런 변화와 병행하여 그것을 지탱하던 이데올로기인 중국중심주의 세계관, 즉 화이관도 변화되어갔다. 중국 자체에서 전통적인 화이관에 변화가 초래되었을 뿐 아니라 주변의 이민족도 점차 중국중심주의 세계관을 부정하면서 자국중심주의 세계관을 추구하였다. 이것을 우리는 사상사적으로 '近代的 民族意識의 成長'이라고 볼 수 있겠다(補: 위와 같은 변화는 기존 동아시아 체제의 사상사적 해체이기는 하지만 이것을 근대적 민족의식의 성장이라고 보는 관점은 신중하게 다시 검토되어야 한다).

동아시아 전체의 변화와 더불어 우리도 조선후기에 화이관이 변화해갔다. 이하 먼저 조선후기 화이관의 변화를 개략적으로 살펴보기로 한다. 조선후기 화이관의 변화는 대체로 두 계열에서 진행되었다. 하나는 주자학 계열이며 다른 하나는 실학 계열이다. 주자학자들의 화이관의 변화의 경우 우선 주목되는 것이 17세기의 宋時烈, 18세기의 韓元震, 19세기의 李恒老이다. 송시열은 기자 이래 유교 국가라는 생각에 근거하여 우리를 華로 보았으며 당시 明이 망한 상황에서 조선을 유일한 화로 보았으므로 종족적·지리적 화이관을 극복한 문화적 화이관으로 볼 수 있다. 더욱이 그의 문화적 화이관은 심지어 우리를 어느 면에서는 중국 이상으로 보는 매우 자존적인 성격의 것이었다. 아울러 그의 화이관에는 반외세적 요소가 강하였다. 이런 점들은 16세기 사림의 화이관에 비하여 한 걸음 발전한 것이었다.

다음 18세기 淸이 공고해진 상황에서 한원진의 경우 반외세적인 요소는 다소 후퇴하였으나 華와 대립되는 것을 이적과 금수 등으로 구분하는 이론적 세련화를 보였다. 19세기 들어와 이항로에게서 존화양이론은 衛正斥邪論으로 발전하는 가운데 淸에 대한 배척 의식이 왜와 서양에 대한 반외세로 전화되었다. 이것은 이적과 금수를 구분하여 청나라는 전자에 서양과 왜는 후자에 비정하는 데 기초한 것이었다. 더욱이 그는 淸에 대하여 다소 중화적인 요소를 인정하였다. 이것은 이전의 주자학자들과 달리 夷狄의 중화로의 변화 가능성을 어느 정도 인정한 것이라 하겠다.

조선을 유일한 華로 생각하는 조선후기 주자학들의 문화적 화이론은 결과적으로 우리로 하여금 중국중심주의를 벗어나게 하는 데 도움을 주었다. 종족적인 면에서도 중국중심주의를 벗어나게 하고 지리적인 면에서 중국중심주의도 무의미하게 하였다. 아울러 자기 민족과 그 문화에 대한 극단적인 우월 의식은 이민족의 침략에 대하여는 강력하게 배척하게 하였다. 이것은 자아의 확립과 외세의 배척이라는 우리 근대 민족의식 형성의 한 기반으로 작용하였다. 反淸에서 전환된, 이항로의 왜와 서양에 대한 반외세 의식은 바로 개항 후 의병투쟁을 경유하면서 우리의 반제국주의적 근대 민족주의가 형성되는 밑바탕이 되었다.

다만 주자학자들이 자아를 존중하는 근거가 우리의 문화가 아니라 중국의 유교문화이며 그 가운데에서도 주자학이었고 이 주자학으로 당시 해체하고 있던 중세사회(상하관계에 입각한 체제. 補: 앞서도 언급한 바와 같이 '중세사회'라는 표현은 재고를 요한다)를 재건하고자 한 것이 문제이다. 그리고 지나친 자존의식은 외국 문물의 도입을 방해하는 요소로 작용하기도 하였다. 그러나 이항로의 경우 신분관은 보수적이지만 실학자의 토지개혁론까지 수용하여 민중의 지지를 받을 수 있는 토대가 마련되었다.

한편 17세기 이미 사회사상 면에서는 실학과 주자학의 대립이 시작되었으나, 실학의 경우 화이관 또는 대외관의 면에서는 아직 주자학자들과 명백한 차이를 보여주지 못하였다. 주로 18세기 전반기에 활약한 이익에 이르러 지리적·종족적인 면에서 화이관이 극복되었다. 특히 청과 같은 중국의 이민족 왕조를 중화적인 것으로 보고 명에 대하여는 매우 비판적이었다. 그러나 그 역시 아직 문화적인 화이론자로서 우리를 소중화로 생각하였다. 다음 시기인 18세기 후반 북학파와 정약용도 종족적·지리적 화이관은 벗어났으나 공히 문화적 화이론자였다. 그러나 이들에게 와서는 지전설과 같은 새로운 천문학적 지식으로 지리적인 화이관의 극복이 명확한 이론적 기초를 갖게 되었다. 또 정약용의 경우 문화적 화이관의 관점에서 華와 夷의 대등성을 좀더 명확히 하였고 북학파의 경우 부분적으로 夷의 가치를 인정하는 면도 나타났다.

다만 노론계인 북학파와 기호남인계인 정약용 사이에는 차이가 있었다. 정약용의 종족적 화이관 극복이 淸 등에 대하여도 華에 가깝다는 견지에서 출발하여 매우 개방적인 데 비하여 북학파의 華와 夷의 대등성 주장은 결국 우리만을 중국과 대등하게 보는 데에 그치고 있는 것으로 보인다. 정약용은 청의 문물 도입을 청 자체의 것으로 보았던 데 비하여 북학파는 明이 남긴 것이라는 식으로 하여 문물 도입을 주장하는 한계를 보인다(補: 위와 같은 북학파의 한계에 대한 주장은 다시 면밀히 재검토해볼 필요가 있다. 북학파 자체도 마지막 단계에 변화가 보이며 사람마다 편차가 있다고 생각되기 때문이다). 이런 점들에서 정약용은 북학파에 비해 화이관 극복에서 한 걸음 더 나아갔다. 이런 차이는 북학파가 대명의리론과 청에 대한 적대감을 견지하였던 데 비해 정약용은 그렇지 않았기 때문이다. 다만 북학파 가운데 홍대용은 만년에 가서는 대청 멸시 의식을 완전히 극복한 것으로 보인다. 다음 절에서는 그의 화이관을 시기적 발전에 따라 고찰하기로 한다.

2) 홍대용의 화이관

홍대용의 화이관에 대한 사료는 「答韓仲由書」, 「與金直齋鍾厚書」, 「又答直齋書」, 「毉山問答」 등이다. 이것을 통해 홍대용의 화이관의 대강을 살펴볼 수 있다. 여기에서는 변화와 발전도 보이며 일관된 입장도 찾을 수 있다. 「답한중유서」는 연행 이전의 것이고 「요김직재종후서」와 「우답직재서」는 연행 이후의 것이며 「의산문답」은 만년의 것이다.

먼저 연행 이전의 화이관을 살펴보기로 한다. 연행 이전의 「답한중유서」에서 홍대용은 다음과 같이 말하였다.[29]

我國之服事大 二百有餘年 及壬辰再造之後 則君臣之義 兼父子之恩 大明所見待

---

29) 『담헌서』 내집 권 3, 8-9쪽.

我國之所依仰 無異內藩 而非他外夷之可備也 夫金汗之稱兵猾夏 乃大名之賊也
…… 當日朝廷 皆能舍生仗義 以三學士心爲心 則終不必掃蕩北庭而殿天子 其廢
關節約 堅壁自强 則恢恢乎 有餘地矣

여기에서는 송시열과 같은 대명의리론과 척화론 등에 대한 지지가 분명히
드러난다. 이것은 청나라가 오랑캐로서 황제를 참칭하고 우리에게 신복을 강
요하였다는 생각에 기초한 것이었다.

다음 연행 직후의 「여김직재종후서」에서는 "康熙以後 與民休息 治道簡檢 有
足以鎭服一時 其耳目習宿 安若故常"이라 하여 청나라 조정에 대해 긍정적인
평가를 하였다.[30] 「우답직재서」에서는 "夷狄之所以爲夷狄者 亦何在 其非以無
禮義 無忠孝 好殺伐而類禽獸也 …… 以其(淸)久居中國 務遠圖 稍尙禮義 略倣忠
孝 殺伐之性 禽獸之行 不若其初起之心"이라 하였다.[31] 여기에서 보면 홍대용
의 대명의리론과 대청관에는 분명히 변화가 일어났다. 청나라의 변화를 예의를
숭상하고 대략 충효를 본받는다거나 民과 더불어 휴식하였다는 유교적 덕목의
관점에서 긍정하였다. 이것은 문화적 화이관의 관점이라고 하겠다.

그러나 그의 대청관이 완전히 바뀐 것은 아니었다. 즉, 「우답직재서」에 보
면 이 단계에서 그는 "不幸淪沒 臣服胡戎"이라거나 "使三代遺民 聖賢後裔 削
頭弁髮 同歸於蠻癩"이라 하여[32] 청나라를 여전히 오랑캐로 생각하였다.

晩年 사상의 완성작으로 생각되는 「의산문답」에 나타난 화이관을 살펴보기
로 한다. 이것을 지리·종족·문화의 세 측면으로 나누어 보기로 한다. 지리적인
화이관은 중국이 천하의 중심이라는 생각에 기초한 것이다. 「의산문답」에서
홍대용은 "夫地者 水土之質也 其體正圓 旋轉不休 淳浮空界 萬物得以依附於其
面也"라고 하여 지구는 둥글고 自轉하며 공중에 떠 있다고 하였다.[33] 이렇게
되면 땅에는 중심되는 곳이 없게 되어 지리적 화이관은 저절로 극복된다.[34]

---

30) 앞의 책, 10쪽.
31) 앞의 책, 14쪽.
32) 앞의 책, 15쪽.
33) 『담헌서』 내집 권 4, 19쪽.
34) 이런 방식으로 지리적 화이관을 극복한 것은 정약용도 마찬가지이다. 졸고, 「조
    선후기 화이관의 변화」 가운데 정약용 부분 참조(補: 이 책에 수록. 아울러 이 책에

한편 홍대용은 「의산문답」에 보면 우주가 무한하며 중심이 없다는 견해를
갖고 있었는데 이 역시 지리적 화이관을 극복할 수 있었던 요인이다.[35] 우주
무한설과 지구 자전의 관점에서 보면 지구는 아주 미세한 것이며 중국을 중
심에 놓고 하늘을 구분한 종래의 分野說도 자연 부정된다. 「의산문답」에서
홍대용은 "夫地界之於太虛 不啻 微塵 …… 以周地之界 分屬宿度 …… 以九州
之偏 磧配衆界 …… 不足道也"라고 하였다.[36] 그러나 홍대용은 「의산문답」에
서 "冀方千里 號稱中國 負山臨海 風水渾厚 日月淸照 寒署適宜 河嶽鐘靈 篤生
善良"이라고도 하였다.[37] 지리적 화이관은 부정하였지만 역사에서 지리가 미
치는 영향은 강조한 것이다.[38]

지리적 화이관은 종족의 우열을 전제로 한 것이다. 「의산문답」에서 홍대용
이 이미 완전히 평등적 인간관에 도달하였음은 앞서 그의 철학을 논할 때
언급하였다. 이런 생각에 기초하여 그는 '內中國而外四夷'해야 한다는 허자
의 질문에 대해 실옹의 입을 빌려 "天地所生 地之所養 凡有血氣 均是人也"라
고 하여 종족적 균등성을 주장하였다.[39]

가장 문제가 될 수 있는 것은 홍대용의 문화적 화이관을 유지하였는지의
여부이다. 「의산문답」에서 이와 관련되는 곳은 다음의 두 구절이다.

① 天地所生 地之所養 凡有血氣 均是人也 出類拔華 制治一邦 均是君王也 重門
深濠 謹守封疆 均是邦國也 章甫委貌 文身假題 均是習俗也 自天示之 豈有 內外
之分哉 是以各親其人 各尊其君 各守其國 各安其俗 華夷一也[40]

② 四夷之侵疆中國 謂之寇 中國瀆武四夷 謂之賊 相寇相賊 其義一也 孔子周人也

는 별도로 이익과 정약용의 화이관을 다룬 논문을 싣고 있다).
35) 홍대용의 우주론에 대하여는 다음의 논고가 참고된다.
 小川晴久, 「지동설에서 무한우주론으로」; 박성래, 「홍대용의 과학사상」.
36) 앞의 책, 26쪽.
37) 앞의 책, 35쪽.
38) 이것은 정약용의 경우도 마찬가지이다. 졸고 「정약용」(한영우 외, 『한국의 역사
 가와 역사학』(상), 창작과비평사, 1994, 329-330쪽) 참조.
39) 「의산문답」, 『담헌서』 내집 권 4, 36쪽.
40) 위와 같음.

王室日卑 諸侯衰弱 吳楚滑夏 寇賊無厭 春秋者 周書也 內外之嚴 不亦宜乎 雖然
使孔子浮于海居九夷 用夏變夷 興周道於域外 則內外之分 尊攘之義 自當有域外
春秋 此孔子之爲聖人也[41]

①에서 '華와 夷는 하나(대등)'라고 한 것을 갖고 흔히 화이관의 극복이라고
본다. 여기서 華와 夷가 하나인 것은 사람됨, 군왕, 방국(나라), 습속의 측면에
서이다. ②에서 공자가 이 지역에 갔다면 화 = 이로써 변화시켜 주나라의 도,
즉 유가의 이념을 그곳에서 일으켰을 것이라고 하였다. 즉, 홍대용은 종족·국
가·습속 등을 상대주의의 관점에서 균등하게 본 것은 사실이지만 중국 域外
의 지역에 '儒家의 이념'이 실현되어야 한다고 생각하였다. 다만 이것은 중국
지역과 역외가 모두 대등하게 될 수 있다는 전제에서였다. 유가의 이념의 실
현을 생각한 것은 우리가 그의 학문관을 보아도 알 수 있다. 그의 학문관은
어디까지나 유교를 근본으로 한 것이며 유교에서 말하는 삼대의 정치를 이상
으로 보는 입장에 있었다.[42]

이렇게 홍대용에서의 화이관의 변화를 문화적 화이관에 서서 지리적·종족

---

41) 앞의 책, 36-37쪽.
42) 역외춘추론은 당시 정치사에 대한 홍대용의 견해와도 관련이 있다. 그는 당시의
당쟁에 대하여 비교적 균형 잡힌 태도를 갖고 있었다. 즉, 그는 노론 출신이었음에
도 소론 측에 대해 동조적인 태도를 취해 스승인 김원행에게 꾸중을 듣기도 하였다
(「미상기문」, 『담헌서』 내집 권 1, 57쪽). 다만 만년에 쓴 것으로 생각되는 「여정광
현서」, 「여채생서」 등에는 노론 청류로서의 그의 정치적 입장이 드러나 있다. 즉, 「
여정광현서」에서는 이인좌난과 관련해 남인 가운데 죄에서 벗어날 자 거의 없다 하
였고(『담헌서』 내집 권 3, 1-2쪽) 「여채생서」(앞의 책, 4-5쪽)에서는 영조의 탕평책
이 是非를 가리지 않는 것이라고 비판하였다. 이것은 역사에서 시비를 가려야 한다
는 것이다. 「의산문답」의 域外春秋論도 시비를 가릴 것을 전제로 하는 것이다. 따라
서 그가 당시 정치사에 대해 시비를 엄격히 가리려는 태도 자체는 역외춘추론과 모
순되는 것이 아니라 일치된다.
다만 영조대 이후의 노론 청류는 일반적으로 주자학적 이념에 충실하며 이에 입각
하여 영조대의 탕평을 비판하였다. 홍대용이 단지 노론계의 사상에 머물렀다면 그
것은 노론 청류 일반의 사상과 기본적으로 크게 다르지 않았을 것이다. 홍대용은
만년에는 낙론의 사상을 벗어나 독자적인 사상의 형성에 이르렀다. 따라서 역외춘
추론은 의리를 전제로 하는 것이기는 하지만 주자학적 입장에서의 춘추의리론이 아
닌, 수평적이고도 상대적인 윤리를 전제로 한 의리론, 즉 '근대적 가치관'에 입각한
것이 되었다(補: 근대적 가치관이라는 표현은 재고되어야 한다).

적 화이관을 극복하였다고 볼 때 송시열, 한원진 등과 그의 차이점은 어디에
있는지 문제이다. 첫번째 차이는 지리적 관점, 우주관의 변화이다. 둘째로, 송
시열 등이 우리를 기자 이래 華라고 보았지만 그것은 어디까지나 중국의 아류,
중국의 신하라는 전제 아래 있는 것이었다. 홍대용의 논리로 보면 우리가 華의
문화를 실현하기만 하면 우리와 중국은 완전히 대등하게 되며 그런 화가 될
가능성은 어느 종족에게나 있다. 셋째, 「의산문답」 단계에 이르러서는 淸에
대한 멸시 감정이 완전히 청산되었다고 생각된다.[43] 넷째, 홍대용이 생각하는
華의 실체는 주자학을 벗어난 그 나름의 유교에 입각한 이상적인 문화였다.
다섯째, 홍대용은 역사에서 현실을 매우 중시하고 그 추세를 일단 받아들이는
태도를 취하였다.[44] 여섯째, 부분적으로 道家的인 요소가 있다. 홍대용은 기
본적으로 유가의 입장에 서서 도가와는 달리 인간의 문명을 긍정하였다. 더욱
이 그는 북학파의 일원으로서 그의 「燕記」 등을 보면 발전된 중국의 문물에
주목하고 그것의 도입을 생각하고 있었음을 알 수 있다. 그러나 「의산문답」에
서는 문명이 가진 문제점에 대한 회의와 반성을 아울러 갖고 있으며 인간적
가치를 상대화시켜 보는 점에서 부분적으로 도가적인 요소도 있다.

  이상에서 홍대용의 화이관을 세 시기로 나누어 살펴보았다. 여기서 우리는
그의 화이관이 각 시기에 따라 변화·발전되었음을 알 수 있었다. 제1단계에
서는 대명의리론과 척화론이 그대로 남아 있으며, 제2단계에서는 이것을 어
느 정도 극복했지만 부분적으로 그 잔재가 남아 있었고, 제3단계인 「의산문

---

43) 「의산문답」에 청나라에 대한 직접적 언급은 없다. 그러나 이미 「우답직재서」에
   서 청나라가 유적인 것으로 변화하였다는 점을 긍정하였다. 「우답직재서」에서 오랑
   캐라 비판하는 것은 변발과 같은 습속인데 이런 습속의 차이는 「의산문답」에서는
   모두 동일한 차원에서 긍정된다. 또 이민족이 중국을 차지하는 것에 대해서도 윤리
   적 비판을 가하지 않고 "南風之不競 胡運之日長 乃人事之感召 天時之必然也"(「의산
   문답」, 『담헌서』 권 4, 36쪽)라 하여 그 필연성을 인정하였다.
   한편 홍대용과 달리 같은 북학파 가운데 박지원, 박제가 등은 청나라 조정에 대한
   부정적 인식이 연행 이후에도 유지된다고 여겨진다(졸고, 「조선후기 화이관」의 변
   화 가운데 북학파 부분 참조). 이것은 우리로 하여금 북학파의 북학론의 의미를 재
   검토하게 하며 북학파 사이의 내부 편차에 유의하게 한다.
44) 「의산문답」에서 "中國之不振 則所由來者漸矣 …… 文治勝而武力衰 處士橫議周
   道日蹙 …… 胡運之日長 …… 天時之必然也"라 하였다(『담헌서』 권 4, 36쪽). 여기
   에는 부분적으로 퇴보사관의 요소도 있다.

답」에서는 종족적·지리적 화이관은 극복되었으나 문화적 화이관은 재해석
된 유교의 관점에서 그대로 유지되었다. 다만 이것은 주자학자의 문화적 화
이관과는 다르다.

4. 結語

이상 홍대용의 역사인식에 대하여 화이관을 중심으로 살펴보았으며 아울
러 그의 학문도 검토하였다. 그의 학문은 유기체적인 天人合一과 실천성의
면에서 주자학과 유사하지만 주자학을 벗어나 평등적인 인간관을 가졌으며
실용적인 학문을 매우 중시하였다. 그의 화이관은 3단계로 발전하여 제1단계
에서는 아직 대명의리론과 척화론이 남아 있으나, 제2단계인 燕行 직후에는
이것이 어느 정도 극복되었으며, 제3단계의 「의산문답」에서는 완전히 청산
되었다. 다만 이 시기 그의 화이관에서 지리적·종족적 화이관은 벗어났으나
문화적 화이관은 유지되었다.

그러나 이때의 華는 그의 학문에 대한 검토에서 알 수 있듯이 재해석된
유교의 華로써 모든 종족이 보편적으로 향유할 수 있는 개방적인 華였다. 이
것은 정약용 및 다른 실학자들의 것과 마찬가지였다. 이런 개방적인 화이관
은 개항을 경유하여 우리가 근대 국제사회로 편입되는 과정에서 외국의 문물
에 대하여 개방적 태도와 서양을 인정하는 자세를 취할 수 있는 토대를 마련
해주었다고 여겨진다.

끝으로 이렇게 홍대용이 문화적 화이관을 유지한 것이 오늘날 우리에게
어떤 의미가 있는가 하는 문제를 생각해보기로 한다. 조선후기 화이관의 변화
또는 극복의 특징은 주자학자이든 실학자이든 공히 文化的 華夷論者였다는
점에 있다. 양자의 차이는 단지 華를 무엇으로 보는가, 중국 주변의 異民族에
대하여 어떻게 보느냐(華 또는 華로의 轉化 가능성을 인정할 수 있는지 여부)였다.

화이관의 변화 과정 속에서 일본에 국학파가 나타난 것과는 달리 우리의
고대 이래의 고유문화를 그 자체로서 긍정하는 태도는 나타나지 않았다. 우

리 고유문화 자체를 내세우는 것은 한말·일제하를 거치면서 비로소 형성되었다. 홍대용이 우리의 습속을 중국과 대등한 것으로 생각한 것은 다른 실학자들보다 한 걸음 나아간 것이지만 그가 우리 문화 전체를 중국과 대등하게 보고 중국 유교의 이념을 부정한 것은 아니었다. 홍대용을 포함한 실학자 일반의 이런 입장은 한편으로 주체성의 부족이라고도 여겨진다. (補: 필자는 현재 이것을 주체성의 부족이라고 여기지 않고 있다. 결국 주체성이라는 민족 단위가 개개인에서 먼저 출발해야 하며 민족적 주체성·정체성이란 근대에 만들어진 허구이다. 계급을 넘어선 민족의 공통적 멘탈리티나 문화 같은 것은 생각할 수 있겠으나 민족은 이익 공동체는 아니며 사실은 민족 자체가 상상된 개념이다. 이런 상상이 부분적으로 유익할 수 있으나 민족 혹은 국가 전체의 이익이라는 의미에서 '國益'이라는 것은 존재하지 않는다.)

하지만 이것은 다른 한편으로는 우리의 실학이 보편적 문화를 중시하는 것이다. 이것은 근대초기의 민족주의 형성에는 '否定的' 작용을 한 면이 있다 (補: 否定的이라는 표현은 가치 판단을 내포하고 있다. 이 논문 작성 시에 필자는 아직 한국에서의 '민중적 민족주의'의 유용성을 믿고 있었고 이에 입각해 남북 통일이 되어야 한다고 생각하고 있었다. 그러나 현재로서는 국가적 민족주의, 부르주아적 민족주의 등과 민중적·개방적 민족주의의 구별이 무의미하다고 생각된다. 민족을 단위로 생각하는 개인은 억압 받게 되며 전체주의를 벗어날 수 없고 국가 권력의 폭력성에 쉽게 눈을 감게 된다). 그러나 그것을 넘어서는 데에는 오히려 긍정적 작용을 하리라고 여겨진다.45)

---

45) 홍대용의 역사인식은 단순히 국제관계에서 중국 중심의 질서를 부정하는 데 그치는 것이 아니었다. 그것은 무한 우주에서의 인간의 위치를 자각하여 인간과 자연의 균등을 전제하여 문명의 문제점을 잘 인식하는 것과 연결되어 있었다. 이런 점에서도 그의 사상은 단순히 중세를 부정하고 근대로 가려는 것 이상의 것이었다(補: 이 논문 작성 당시에 이런 생각을 이미 하고 있었으나 근대와 민족주의를 부정하고 실학을 전체적으로 이것을 넘는 측면에서 보아야 한다는 생각에는 아직 도달하지 못하였다. 이것은 일차적으로는 필자의 게으름과 지적 성실성의 부족에서 연유하는 것이다. 하지만 우리 학계에 만연하고 있었으며 여전히 막강한 힘을 발휘하는 '일국사적 내재적 발전론'과 '근대성 및 민족주의'의 담론적·지적 헤게모니가 반공 이데올로기나 레드 컴플렉스보다도 더 깊게 의식적·무의식적으로 우리를 짓눌러 왔던 것도 필자가 쉽사리 자유롭게 자신의 생각을 전개할 수 없었던 이유 가운데 하나라고 생각된다).

제10장 李瀷과 丁若鏞의 華夷觀

1. 序言

정약용은 실학자 가운데에서도 가장 선명하고 두드러지게 화이관의 변화를 보여주고 있는 인물이다. 화이관의 변화 문제는 실학의 전체 성격, 실학이 추구하는 국제 관계의 방향과 관련된다. 따라서 이를 알기 위해서는 정약용에게서 나타나는 화이관의 변화 양상을 검토해야 한다.

이 글에서는 먼저 이익의 화이관을 그의 대외 인식과 더불어 살펴보고 정약용의 화이관 역시 그의 대외 인식과 더불어 검토한 다음, 정약용 화이관의 역사적 위치를 생각하고 그것이 갖는 의미에 대하여 생각해보기로 한다.[1]

---

1) 이익과 정약용의 화이관에 대하여 이미 다른 논고에서 검토해본 바 있으며(졸고,「조선후기 화이관의 변화」,『근대국가와 민족문제』, 지식산업사, 1995. 補: 이 책에 수록), 이익의 역사이론을 다루는 부분에서 그의 화이관에게 대하여 언급하기도 하였다(「주희와 이익의 역사이론 비교」, ≪한국사연구≫ 122, 2003. 補: 이 책에 '이익의 역사이론'이라는 제목으로 수록). 따라서 중복되는 점이 있다. 그러나 정약용의 화이관은 중요성으로 보아 다시 따로 논의할 필요가 있으며 정약용에서의 화이관의 변화와 그 성격을 드러내기 위해서는 이익의 화이관의 검토, 양자의 비교가 필수적이므로 이익의 화이관도 아울러 언급하기로 한다.

2. 李瀷의 華夷觀

먼저 이익이 중국의 異民族 王朝에 대하여도 긍정적 각도에서 새롭게 평
가한 점에 대하여 살펴보기로 한다. 그는 안정복에게 보낸 편지에서 다음과
같이 말하였다.

> 西遼之論 …… 彼之立國 非武力之比 此實仁義爲政 首秉周禮 今古所未有 據通
> 考 樂律之精 西國爲最 殆中華之未及也 若其脫舊俗 辦國於九州之外 先興禮樂 四
> 方從化 定位開元 廟號德宗 閱世而先王不忘 非聖而何[2]

> 西遼事 見盛京志 其人能文章善武藝 赤身投萬里之外 諸夷宗之立 號爲皇帝 傳之
> 六世 歷年七十九 非聖智而何[3]

위 인용문에서 보면 仁義와 禮樂을 기준으로 하여, 西遼가 中華(중원)의
나라가 미치지 못하는 정도에 이르렀다고 하고 遼나라 德宗에 대하여 聖人
이라고까지 평가하였다. 아울러 마찬가지 관점에서 이익은 北魏의 孝文帝에
대하여도 그가 中國에 대하여 매우 공헌이 크다고 하였다.[4] 이것은 이익이
도덕적 관념 또는 평가의 적용을 보다 철저하게 하여감으로써 華夷觀에서
種族的 측면을 극복하였음을 의미한다.[5] 종족적·지리적·문화적 화이관의
세 측면 가운데 종족적 측면이 완전히 극복되었음을 보여준다.
　다음으로 이익에게서는 지리적 화이관이 극복되었다. 그는 "오늘날 중국
은 대지 가운데 땅 한 조각에 불과하다"라고 하였다.[6] 중국이 지리적으로
세계의 극히 일부에 지나지 않는다고 하는 것은 그 중심성을 부정하는 것이

---

2) 「별지」, 『성호선생전집』 권 26, 530쪽.
3) 「답안백순」 戊寅, 『성호선생전집』 권 26, 530쪽.
4) 「中國賴孝文」, 『성호사설』 경사문 권 26, 『성호전서』 6, 1005쪽.
5) 화이관은 종족적·지리적·문화적 세 측면이 있다. 앞서 언급한 바와 같이 이익은
　종족적 측면과 더불어 지리적 측면도 극복하여 '문화적 측면의 화이관'(문화적으로
　華를 성취하면 夷狄이라도 華로 간주해야 한다는 뜻)을 갖고 있었다.
6) 「분야」, 『성호사설유선』 권 1.

라고 하겠다. 이익에게 이런 새로운 인식이 나타나게 된 것에는 조선후기에 중국을 통해 서구의 새로운 천문지리학이 수용된 것과 관련이 있다. 서양 선교사가 전래한 지도에서 보면 중국은 이미 세계의 중심이 아니라 한 구석에 불과하며, 천문학적으로 보아도 중국은 세계의 중심이 아니었다.[7]

그러나 이익은 어디까지나 유학자였다. 유교 경전의 대한 주석서인 여러 疾書들은 유교 요순·공맹의 이념을 밝히는 것을 목표로 하고 있으며 그의 개혁론도 그 나름으로 해석된 유교 이념에 입각하고 있다. 이렇게 그의 사상은 유교 이념에 토대하고 있으므로 그는 종족적·지리적·문화적 화이관의 세 측면 가운데 종족적·지리적 화이관은 벗어났으나 문화적 화이관은 여전히 갖고 있다. 하지만 여기에서 그의 유교적 이념은 주자학적 이념이 아니라 자신의 생각으로는 공·맹의 본의, 실제적으로는 그에 의해 재해석된 유교 이념이라는 점에 유의해야 할 것이다.[8]

위와 같은 이익의 華夷觀은 대외 정책, 북벌론과 관련하여 노론 집권층과 전혀 다른 생각을 갖게 하였다. 그는 攘夷 문제와 관련하여 다음과 같이 말하였다.

> 隣國之道 小弱不可敵大强 故藤間於齊楚 而事之唯謹 又不得免焉 則避而遠之 若太王之於狄人 可也 無地可去者 待亡而已 然未亡之前 所可爲者 唯皮幣犬馬而事之 冀或倖免 外此無策也 我國兵力最劣 偸安爲上計 自麗時始 必妄出高論 凡有外寇 徒藉大國之力 不然勢窮而乞憐而已 在今光景又異 自大明掃淸胡元之後 華夷之辨益重 而强弱之勢 有不與數也 廟算不事內修 而攘臂於外攘 待武弁極賤 而將待有變需用 其謬戾如此也[9]

위의 인용문에서 소국은 현실적인 힘의 관계를 고려하여 대국을 섬길 수

---

7) 서구 천문지리학의 수용에 대하여는 孔薰義, 「조선 실학자의 중화적 세계관 극복에 관한 연구」, 서울대학교 석사학위논문, 1985 참조.
8) 주희 역시 자신의 이념이 바로 공·맹의 본의라고 생각하였다. 그러나 내용과 성격에 있어서 주희와 이익의 이념은 근본적으로 다르다. 주희는 인간의 상하관계를 기본으로 생각하고 이익은 평등관계를 기본으로 생각하였다.
9) 「華夷之辨」, 『성호사설』 인사문 권 9, 『성호전서』 5, 325쪽.

밖에 없다고 하고서, 쓸데없이 高談峻論하는 풍토가 고려시대에 시작되었으며 명나라가 원나라를 몰아낸 이후 華夷의 구별이 더욱 엄격해지고 힘의 强弱은 고려하지도 않는다고 비판하였다. 이것은 당시 현실적 힘을 고려하지 않고 헛되이 攘夷를 외치고 있는 당시 서인 집권층에 대한 비판이기도 하였다.

또 이익은 「和戰」이라는 글에서 다음과 같이 말하였다.

> 隣敵之道 只有二 可和則和 可絶則絶 無那中間也 …… 旣知其不能禦 又惡夫殘敗滅亡 內實憂怯 而外示侮慢 必代其虐劉創殺 然後乞和乞降 多見其無謀矣 …… 孟子謂 小固不可以敵大 過固不可以敵衆 弱固不可以敵强 其曲直有不暇論矣 虛矯矜伐 奮膛臂而拒轍 幸而不殄 喘息俄定 旋騰口舌 飾怒壯成 談兵說鬪·是何異被毆於都市 賈勇於閨室哉 故和戰之事 必自先量[10]

위의 인용문에서 보면 이익은 외교 관계는 화친과 전쟁의 두 가지밖에 없다고 한 뒤, 淸나라를 불필요하게 적대시하여 병자호란을 초래하고서도 西人 정권이 北伐論을 외치고 있다고 하였다.[11]

---

10) 『성호사설』 인사문 권 13, 『성호전서』 5, 468쪽.
11) 이런 관점에서 이익은 노나라 은공이 會戎한 것과 고려 때에 금나라와 화친한 것을 다음과 같이 긍정적으로 평가하였다. "魯隱公二年 春公會戎于潛 秋及戎盟于唐 訟者謂譏失中國之體 竊以爲不然 左氏云 修惠公之好 戎請盟 公辭 秋戎又請盟 盟于唐 唐與潛皆魯地 彼來而此會也 君子之帶戎狄 固有遜禮而遠害者 太王文王事可驗 故亦有以大事小而不恥者 況先君之修好 而一朝絶之 來求而不會 可耶 始請盟而不許 終亦不免 盖不得已也 …… 漢文帝忘前修好 與之抗禮 生民乂安 武帝雖遠逐匈奴 天下爲之創殘 高麗太祖 斥絶契丹 定宗別設光軍司而禦之 然累世受其虐毒 至成宗 卑遜順事 國以之康寧 及金國暴興 仁宗排羣議 上表稱臣 遂能世結歡盟 邊境無憂 史策是之 豈非春秋會戎之義耶"(「會戎」, 『성호사설』, 경사문 권 25, 『성호전서』 6, 951 쪽)

3. 丁若鏞의 華夷觀[12)]

정약용은 문화적·종족적·지리적 화이관의 세 측면 가운데 지리적 화이관과 종족적 화이관의 두 측면을 극복하였다. 그는 「送韓校理使燕序」에서 종래 지리적 화이관의 근거, 즉 중국이 지리적으로 세계의 중심이라는 견해에 대하여 다음과 같이 비판하였다.

以余觀 其所謂中國者 吾不知其爲中 而東國者不知其爲東也 …… 夫旣得東西南北之中 則無所往而非中國 …… 則所謂中國者 何以稱焉 有堯舜禹湯之治之謂中國 有孔顔思孟之學之謂中國[13)]

어느 곳이나 자신의 입장에서는 중국이 아닌 곳이 없다는 것이다. 이것은 명백히 중국이 지리적으로 천하의 중심이라는 견해를 부정한 것이라고 할 수 있다. 즉, 지리적 화이관의 극복이다. 그러나 요·순·우·탕 임금의 정치와 공·안·사·맹의 학문이 있는 것을 中國이라고 하였다. 유교 정치와 학문, 유교문화를 바로 중국, 즉 華라고 보았다. 즉, 그는 문화적 華夷觀은 갖고 있다고 하겠다.

한편 정약용은 자신의 이런 문화적 화이관을 「拓拔魏論」에서 다음과 같이 더욱 체계적으로 전개하면서 지리적 화이관과 종족적 화이관을 함께 부정하였다.

聖人之法 以中國而夷狄 則夷狄之 以夷狄而中國 則中國之 中國與夷狄 在其道與政 不在乎疆域也 故周之先 間於燻粥 則未嘗非夷狄也 而一朝有太王王系者興 而

---

12) 정약용의 華夷觀에 대하여는 아직 본격적인 연구가 없다. 조선후기 역사학 및 화이관의 변화, 그리고 정약용의 역사인식을 개괄적으로 다루는 과정에서 부분적으로 언급되었다. 정약용의 화이관의 변화에 대한 기존의 연구로는 다음의 논문이 참고된다.
조성을, 「정약용」, 『한국의 역사가와 역사학』(상), 창작과비평사, 1994.; 조성을, 「조선후기 화이관의 변화」, 『근대국가와 민족문화』, 지식산업사, 1995(이 책 수록).; 조성을, 「조선후기 역사학의 발달」, 『한국사의 인식과 역사이론』, 지식산업사, 1997.
13) 『여유당전서』 1, 시문집 270쪽.

禮樂文物可述焉 則中國之 秦之先 伯益之後 未嘗非中國也 而自非子以來 崇利棄
義 不肯與中國和好焉 則夷狄之 聖人之夷夏 本如是矣 拓拔氏之地 東連濊貊 ……
號曰鮮卑 其始也未嘗非夷狄也 …… 賢哲之君 世世承襲 復井田之制 遵周官之職
敎化洋溢 禮樂煥爛 …… 何不進之爲中國 而必斥 而不予統也 史家之偏隘如是也
故後世自外國而入主中國者 無所勸焉 復胡服語胡語曰 汝旣不欲中國我 寧我夷
狄汝矣 率堯舜禹湯之遺民 而夷狄之[14]

위의 인용문에서 "聖人의 법은 중국이 夷狄 짓을 하면 이적으로 간주하고
夷狄이 중국의 일을 하면 중국으로 간주한다 중국과 이적의 구별은 그 도와
정치에 있는 것이지 강역(지리적 위치)에 있는 것이 아니다"라고 한 것은 道와
정치(문화적 요소)에 근거하여, 지리적 화이관을 분명하게 부정한 것이다.

한편 위에서 보면 본래 중국이었던 秦나라에 대하여 "秦나라의 선조는 백
익의 후손이므로 바로 중국이었다. 그러나 한비자 이래로 이익을 숭상하고
의리를 버리면서, 중국과의 和好를 싫어하였으므로 이적으로 간주하였다"라
고 하였다. 종족이 본래 중국인이라도 夷狄의 道를 행하면 이적으로 간주된
다는 것이다. 또 선비족은 원래 이적이지만 성인의 도와 정치를 행하였으므
로 중국으로 간주해야 옳다는 것이고 이런 관점에서 선비족의 北魏를 正統
으로 간주하지 않은 漢族 역사가들을 비판하였다. 위에서 보았듯이 정약용
은 「탁발위론」에서 지리적·종족적 화이관을 동시에 부정하고 문화적 가치
(道와 정치)에 근거한 화이관을 분명하게 제시하였다. 이상 「사한교리사연서」
와 「탁발위론」은 정약용이 유배 가기 이전에 지은 글이다.

강진 유배 이후 정약용은 유교 경전을 주석하면서 위에서 언급한 문화적
화이관을 다시금 분명하게 말하였다. 그는 『論語古今注』에서 "夷狄에게 임
금이 있는 것이 중국에 임금이 없는 것만 못하다(夷狄之有君 不如諸夏之亡也)"
라는 구절(『論語』「八佾篇」)에 대하여 다음과 같이 주석을 달았다.

14) 『여유당전서』1, 시문집 243쪽. 정약용은 이 글을 쓰기 전에 한원진의 「졸수재설
변」을 이미 읽었을 가능성이 없지 않다. 탁발위론의 서두 부분이 한원진의 주장을
의식하면서 쓰고 있는 듯한 인상을 주고 있기 때문이다. 즉, 정약용이 「졸수재설변」을
읽고 이것을 비판하기 위해 탁발위론을 썼을 가능성이 없지 않다고 여겨진다.

補曰 夷狄謂用夷狄之道也 諸夏謂用諸夏之法也 君不君臣不臣是亦夷狄而已 安
夷狄而苟保君位 不若遵先王之法 修華夏之禮 而不保君位也 …… 邢曰 夷狄之有
君而無禮義 中國雖偶無君 若周召共和之年 而禮義不廢 故曰 夷狄之有君 不如諸
夏之亡也 ○ 駁曰 非也 孔子欲居九夷 夷狄非其所賤 況罪累不明 而無故斥之曰
汝之有君 不如我之亡君 豈有味之言乎[15]

위에서 "夷狄이란 이적의 도를 말하며 중국이란 중국의 법을 말한다. 여기
에서 보면 정약용은 교화가 있으면 중국의 人民이든, 九夷의 人民이든 모두
禮義를 알 수 있다고 하였다. 중국과 이적 사이에 종족적 차별 관념을 분명하
게 극복하였음을 알 수 있다. 임금이 임금답지 못하며 신하가 신하답지 못하
면 또한 이적일 따름이니 이적의 도에 안주하여 임금 자리를 보존하는 것이
선왕의 법을 따르고 중국의 예를 닦다가 임금 자리를 보존하지 못하게 된
것보다 더 못하다는 것이다"라고 하여 夷狄과 中國의 구분이 道에 있음을
다시금 명백하게 하였다.[16]

이상에서 우리는 정약용이 유배 이전에 이미 종족적·지리적 화이관을 분
명하게 극복하였으며 유배 이후 강진 시절에도 이런 생각을 『논어고금주』의
주석을 통해 명백히 표현하였음을 알 수 있다. 유배 이전과 이후에 일관되게
문화적 화이관에 입각하여 종족적·지리적 화이관을 부정하는 생각을 갖고
있었다고 할 수 있다.

다음으로 이러한 화이관을 가진 정약용이 어떠한 대외인식을 갖고 있었는
가 생각해보기로 한다.

먼저 정약용의 對淸 認識을 살펴보기로 한다. 그가 종족적·지리적 화이관

---

15) 『여유당전서』 2, 174쪽.
16) 『논어고금주』에서는 "有教無類"(『논어』 「위령공편」)라는 구절에 대하여도 다음
과 같이 주석을 붙였다. 『논어고금주』, 『여유당전서』 2, 324쪽, "補曰 修道之謂教
○ 補曰 類有二 一曰族類 百官萬民 以貴賤別也 一曰種類九州四夷 以遐邇別也 有教則
皆可以歸於大道 是無類也 …… 斯民也 堯舜三代之民也 秦漢以來 無善俗 九夷八蠻
五戎六狄 苟其教之 皆可以襲冠帶而知禮義 豈有類乎 天之降衷 無有貴賤 無有遐邇 有
教則皆同 是無類也"

을 벗어났음은 이미 앞에서 살펴보았다. 따라서 문제는 문화적 관점에서 그가 淸나라를 어떻게 보는가 하는 데에 있다. 정약용이 淸나라에 대하여 구체적으로 평가한 자료는 많지 않다. 그러나 첫째로, 그가 胡 또는 胡虜라는 식으로 청나라를 비난하는 말을 한 적이 전혀 없음이 주목된다.

둘째로, 직접적으로 淸나라와 관련하여 언급한 부분은 「東胡論」이라는 글에서 찾을 수 있다. 그는 이 글에서 다음과 같이 말하였다.

> 女眞再主中國 而其在金也 虜宋之二帝 而終不加害 將相和附 規模宏遠 非海陵之狂昏 未易亡也 淸之得國也 兵不血刃 市不易肆 而貴盈哥以來 有泰伯仲雍之風者 數人 不亦韙哉[17]

위에서 보면 청나라 이전 금나라 시절 여진족이 송나라 두 황제를 포로로 하면서도 해치지 않는 등 규모가 컸으며 청나라에 들어 와서는 泰伯·仲雍과 같은 有德者가 여럿 나와 위대하다고 하였다. 청나라를 유교의 이념의 관점에서 긍정하는 것이라 하겠다. 이것은 청나라와 중국의 문물을 분리시키고 전자는 부정하면서 후자를 긍정하는 북학파의 태도와는 다르다고 하겠다.[18] 이와 관련하여 정약용이 '嘉慶' 등 청나라의 연호를 거리낌 없이 자주 사용하는 것이 주목된다. 이것은 그가 청나라를 유교적 관념에서 정통으로 인정하는 방증이 될 수 있겠다. 한편 「동호론」에서 정약용은 선비·거란 등도 아주 긍정적으로 평가하는데, 이런 평가는 거란 등을 긍정적으로 평가한 이익의 영향으로 생각된다. 그리고 정약용의 경우 이익에서 한 걸음 더 나아가 "史稱東夷 爲仁善 眞有以哉"라고 하여[19] 선비·거란·여진과 우리를 東夷로 묶어서 긍정하였다.

다음으로 그의 대외인식이 가장 분명하게 드러난 對日認識에 대하여 살펴보기로 한다. 정약용을 포함한 남인계 실학자의 일본 인식에는 許穆의 日本

---

17) 『여유당전서』 1, 시문집 243쪽.
18) 물론 홍대용의 경우 후기에 변화가 있을 것으로 여겨지나, 박지원의 경우 『열하일기』를 쓸 때까지도 청나라를 인정하지 않은 것으로 생각된다.
19) 위와 같음.

認識이 큰 영향을 주었다. 먼저 허목에 대하여 간략히 살펴보기로 한다. 이익, 정약용 등 남인계 실학자의 일본 인식은 허목의 日本認識을 계승·발전시킨 것이다. 허목에게서는 변동하는 17세기 상황에서 주변국 일본에 대하여 새로운 각도에서 보려는 태도가 나타나기 시작하였다.

그는 일본에 대하여 「黑齒列傳」이라는 체계적인 글을 남겼다. 이것은 허목의 역사서 「東事」 가운데 한 항목으로 되어 있다. 「東事」의 구성은 우리나라 역대 왕조의 역사에 대하여 「世家」라는 명목으로 정리하고 우리 내외의 종족 또는 지역을 「濊貊」, 「鞨鞨」, 「乇羅」, 「紙乘」, 「黑齒列傳」으로 나누어 정리하였다. 이것을 갖고 허목이 "한국사를 「世家」와 「列傳」으로 편성한 것은 이를테면 우리나라를 중국과 다른 또 하나의 독립된 天下秩序로 상정한 것이라고 볼 수 있다"라는 견해가 있지만 이렇게 보기는 어렵다.[20]

다만 허목은 「黑齒列傳」에서 일본을 전체적으로 夷라는 관점에서 평가하

---

20) 한영우, 「허목의 고학과 역사인식 —東事를 중심으로」, 《한국학보》 40, 1985, 67쪽. 그러나 과연 그렇게 볼 수 있을지 의문이다. 우리 역대 왕조에 대하여 「本紀」가 아니라, 「世家」라는 명목으로 정리하였기 때문이다. 『史記』 이래 중국 역대의 紀傳體 역사서에서 「世家」는 어디까지나 諸侯의 역사를 말한다. 우리나라에서도 『三國史記』에서는 고구려, 신라, 백제에 대하여 「本紀」라는 명칭을 사용하였으나 『高麗史』부터는 자발적으로 격을 낮춰 「世家」라고 하였다. 다음으로 「列傳」에는 두 가지가 있다. 하나는 개인들의 전기이며 다른 하나는 중국 주변 민족에 대하여 중국의 입장에서 정리하여놓은 것이다. 「東事」에 수록된 「黑齒列傳」은 두번째 성격의 것이라고 할 수 있다. 가운데에 中華가 있고 중국에 복속되는 미개한 여러 이민족이 주변에 존재하는 중국중심주의 천하관에 따른 것이다. 따라서 중국 正史에서 이런 성격의 「列傳」에 수록된 주변 종족은 그들의 華夷觀에 의하여 모두 夷로 상정되었다. 이 점을 갖고 허목이 우리를 華로 하는 독자적인 천하를 상정하려 하였다고 보려 한 것이다. 그러나 「東事」에 언급된 「濊貊」, 「鞨鞨」, 「乇羅」, 「紙乘」, 「黑齒列傳」 가운데 예맥은 古朝鮮으로 보았으며, 말갈에 대하여는 고구려의 별종이라고 보았다. 탁라는 바로 제주도를 말하며 「地乘」은 우리나라 각 지역에 대한 역사지리적 정리이다. 따라서 「東事」에서 언급된 우리 주변의 종족이라야 '흑치열전'에서 말하는 일본밖에 없다. 단지 이것을 갖고 허목이 우리나라를 중심으로 독자적 천하를 상정하였다고 보는 것은 다소 무리한 해석이라고 여겨진다. 허목이 '흑치열전'을 지은 동기는 임진왜란을 겪은 지 얼마 안 되는 당시로서 자연히 일본에 대한 경계의식을 갖게 됨으로써 일본에 대한 관심이 커져서라고 생각된다. 허목 자신은 『미수기언』의 「東事 序」에서 "黑齒 東海中 蠻夷强國 七道六十一州六百十一縣 故作黑齒列傳"라고 하였다. 즉, 강국으로서의 일본에 대한 경계 의식 때문에 '흑치열전'을 지은 것이라고 볼 수 있다. 이런 입장을 허목이 일본에 대하여 갖고 있었다면, 일본을 우리의 附庸으로 간주하는 天下觀을 가졌다고 볼 수 없다.

였다.21)『미수기언』의 「東事序」에서 "흑치는 동해 가운데 있는 蠻夷(黑齒東海中蠻夷)"라고 하였으므로 허목이 일본을 기본적으로 夷로 보았음을 알수 있다. 이런 입장에서 그는 일본인에 대하여 淫巧奇技를 잘하며 온 나라사람들이 모두 죽음을 가벼이 여긴다고 부정적으로 평가하는 한편 일본의종교와 풍속에 대하여도 野蠻視하였다.22)

그러나 허목이 「흑치열전」에서 나름대로 일본 역사를 체계적으로 정리하고 일본의 3대 도읍지 등 지리적 사항에 관심을 가짐으로써 일본에 대한체계적이고 객관적 이해의 길을 열었음에 주목하고 싶다.

더욱이 허목이 「흑치열전」의 말미에서 다음과 같이 말한 것이 주목된다.

然其喜怒哀樂 善善惡惡 其性均也 今日本之倭 求儒書 問俎豆禮俗 可謂蠻夷盛事23)

이렇게 허목이 당시 변화하기 시작하는 일본에 대하여 말한 것은 매우 중요한 언급이다. 性善의 보편적 입장에 서서 모든 인간을 대등하게 보는 것이다. 일본이 儒學에 관심을 갖고 禮俗을 알려고 하는 것을 매우 긍정적으로평가함을 알 수 있다. 이것을 人性의 보편성이라는 바로 그 앞의 말과 연결시켜 보면 결국 그는 일본의 華로의 변화 가능성을 인정하였다고 볼 수 있다.이런 입장은 다음의 이익, 정약용에게 계승되어 더욱 발전되었다.

정약용의 일본 인식에 대하여는 이미 기존의 치밀한 연구가 있으며, 정약용이 긍정적 일본 인식을 갖고 있었음을 밝혀 주었다.24) 다만 이 연구는 유배이전 정약용의 일본 인식과 유배 이후 일본 인식 사이에 변화가 있음에 주목하여 전기에는 매우 긍정적으로 일본을 인식하였으나 후기에는 경계의식이나타났다고 하였다. 그러나 다소간의 변화는 있지만, 정약용의 긍정적 일본

---

21) 허목의 일본 인식에 대하여는 하우봉, 『조선후기 실학자의 일본관 연구』(서강대학교 박사학위논문, 1988) 36-43쪽 '허목의 일본관' 부분에서 체계적으로 정리되었다. 여기서는 허목이 일본을 夷로 보았고 대체로 부정적으로 인식하였다고 보았다.
22) 하우봉, 앞의 논문, 41-42쪽.
23) 「흑치열전」, 『미수기언』 원집 권지 36.
24) 하우봉, 「다산 정약용의 일본관」 『김철준박사화갑기념논총』, 1983.

인식에는 후기에도 근본적으로 변함이 없었다. 이 글에서는 이 점에 주목하고 싶다. 또 이런 그의 긍정적 일본관은 화이관과 밀접한 관계가 있으므로 양자의 관계에 대하여도 고찰하고자 한다. 먼저 정약용의 일본 인식에 대하여 유배 이전과 유배 이후로 나누어 검토해보기로 한다.

유배 이전 정약용의 일본 인식을 가장 잘 살펴볼 수 있게 하는 글이 그의 「日本論」 1·2이다. 그는 「일본론」 1에서 다음과 같이 말하였다.

> 日本今無憂也 余讀其所謂古學先生伊藤氏所爲文 及荻先生太宰純等所論經義 皆
> 燦然以文 由是知日本今無憂也 雖其議論間有迂曲 其文勝則已甚矣 夫夷狄之所
> 以難御者 以無文也 …… 日本之俗 喜浮屠 尙武力 唯剽掠沿海諸國 奪其實貨糧帛
> 以充其目前之慾 故我邦爲患 自新羅以來 未嘗數十年無事 …… 今我州縣 不與交
> 兵 已二百餘年 中國互相市貨 舟航絡續 苟非有禮義文物 有以大變其輕窕貪貨之
> 俗 何累千百年 莫之或改者 能一朝而帖然寧息 如此哉[25]

이를 보면 일본에 유학이 발달하게 됨으로써 조선후기 수백 년 동안 평화가 유지될 수 있었다는 것이다.

한편 「일본론」 2에서는 여러 가지 이유를 들어 일본의 침략이 없을 것이라고 하였다. 그중에서도 다음의 구절이 주목된다. 일본에 통합(중앙집권화)이 확립된 것을 일본 침략의 우려가 없다고 한 것이다.

> 日本之舊 未統合 諸洲亡賴之徒 各以其意治兵行劫 故羅麗之際 爲患頻數 今一島
> 一奧 莫不統轄於國君 其無敢擅起戎禍 審矣 …… 若夫覘國力之虛實 察武備之疏
> 密 量度於勝敗之數 而爲之權而已 則彼已百來 我已百敗 無噍類矣 豈至今安然無
> 事哉[26]

일본이 중앙집권화되었으므로 지방의 독자적 세력이 침략할 일은 없으리라고 생각한 것이다. 만일 일본이 국가 전체의 힘과 무력을 고려했더라면

---

25) 「일본론」 1, 『여유당전서』 1 시문집, 241쪽.
26) 「일본론」 2, 『여유당전서』 1 시문집, 241쪽.

이미 여러 차례 침략하였을 것인데도 그 사이 전쟁이 없었다고 한 것은 일본의 국가 차원에서의 전면적 침략은 없을 것이라고 예상한 것이라고 할 수 있다.

한편 전기, 즉 유배 이전 정약용은 「技藝論」에서 일본이 중국과 직통하게 됨으로써 기술 능력이 중국과 대등하게 되어 백성이 부유하고 군비가 충실하게 되었다고도 하였다.[27] 이것은 그가 중국에서 기술 도입을 주장하기 위한 근거로 내세운 것이다. 이를 통해 우리는 정약용이 일본을 앞으로 당시 조선이 낙후된 기술을 발전시키기 위한 하나의 모델로 보고 있음을 알 수 있다.

정약용의 이러한 긍정적 일본관은 후기에도 기본적으로 계속되는 것으로 생각된다. 강진 시절 두 아들에게 보낸 편지에서 그는 다음과 같이 말하였다.

日本近者 名儒輩出 如物部雙柏 號徂徠 稱爲海東夫子 其徒甚多 往在信士之行 得條本廉文三度而來 文皆精銳 大抵日本 本因百濟得見書籍 始蒙昧 一自直通江浙之後 中國佳書 無不購去 且無科擧之累 今文學遠超吾邦 愧甚耳[28]

위에서 보면 전기와 마찬가지로 역시 일본 유학의 발전을 매우 칭찬하며 심지어 조선보다 앞섰으니 심히 부끄럽다고까지 하였다.

한편 이 밖에 유배 이후의 일본 인식을 보여주는 자료로는 『民堡議』가 있다. 『民堡議』「總義五則」에서 정약용은 일본의 침략 가능성을 고려하고 이에 대한 대비를 생각하였다.[29] 이렇게 같이 일본에 대한 대비책 강구가 나타난 것을 근거로, 앞서 언급하였듯이 전기 정약용의 일본관이 후기에는 변화하였다고 보는 견해가 있다.[30] 전기에 비하여 침략할 경우 어떻게 할 것인가, 또 어떤 대비를 해야 할지 보다 적극적·구체적으로 생각하는 점에서

---

27) 「기예론」 3, 『여유당전서』 1 시문집, 227쪽, "日本往來江浙 唯務移百工織巧 故 …… 日本在海中絶域 而其技能 與中國抗 民裕而兵强 鄰國莫敢侵擾 其已然之效如是也"
28) 「示二兒」, 『여유당전서』 1 시문집, 443쪽.
29) 『민보의』, 『여유당전서』 보유 3.
30) 하우봉, 「정약용의 일본관」, 1983, 675쪽 이하.

는 다소 변화가 있다고 생각된다. 그러나 이런 점이 전기에 비해 두드러지게 나타는 것은『民堡議』라는 책의 성격이 국방을 위한 것이라는 점에 있다고 생각된다.

사실『민보의』를 보아도 정약용은 전기와 마찬가지로 일본이 당장 조선을 침략할 가능성이 있다고 생각하고 있지는 않다. 그는『민보의』에서 장래의 일본 침략 문제와 관련하여 다음과 같이 언급하였다.

若有境外之寇 顧當何如 …… 歷觀前史 倭之侵伐無處 …… 然此其舊習 今統合旣久 紀綱有主 乘潮駕浪出沒之賊 必不作矣 …… 若其國網衰弱 邊徼叛亂 薩摩長崎之人 別爲部曲 不遵關白之命令 略朝鮮之財帛[31]

이것을 일본이 당장 침략해올 가능성이 있다고 생각한 것으로 보기는 어렵다고 생각된다. 현재는 일본의 통일과 기강이 살아 있어 침략의 문제가 없는데 중앙 정부의 힘이 약화될 경우 薩摩와 長崎의 사람들이 반란을 일으켜 중앙 정부에서 떨어져 나와 그 통제를 받지 않고 우리의 재물을 약탈하려고 올 수 있다는 것이다. 일본의 전면적 침략이라기보다 지역적 변란이 조선에 여파를 미칠 것에 대하여 생각한 것이다. 더욱이 그것이 당장에 일어나리라고 생각한 것은 아니다.

한편 앞에서 보았듯이 정약용은 유배 이전과 유배 이후 일관되게 문화적 화이관에 기초하여 종족적·지리적 화이관을 부정하였으며 夷狄에 대하여도 中國으로의 전화 가능성이 있다고 하였다. 그는 이 논리를 전기에는「탁발위론」에서 鮮卑族의 拓拔氏(北魏)에 적용하였다. 이 논리는 보편주의적인 것이므로 어느 종족에게도 적용할 수 있다. 정약용의 긍정적 일본 인식은 바로 이 논리를 일본에 적용한 데 따른 것이다. 즉, 일본이 선왕의 道와 정치를 행한다면 일본도 중국으로 간주할 수 있는 것이다. 또한 이런 주변 민족에 대한 긍정적 인식이 바로 개방적·보편적 화이관을 갖게 하였다고 할 수 있다. 양자는 상호 인과적·보완적이라고 할 수 있겠다.

---

31)『민보의』,『여유당전서』보유 3, 336쪽.

기본적으로 일본의 儒敎 문화가 매우 발전된 것으로 보는 점에서는, 위에서 보았듯이 전기와 후기에 차이가 없다. 따라서 일본을 華로 간주하는 것, 文이 매우 발달하였다고 보는 점에서는 변화가 없다고 볼 수 있으며, 그렇게 생각하는 한에서는 여전히 침략 개연성을 낮게 보았다고 생각된다. 다만 장래에 일본 국내의 외곽에서 변화가 일어나서 중앙의 통제가 어려워질 경우, 이들이 조선을 공격할 것에 대하여 염려한 것일 따름이며 이런 경우에도 일본의 전면적인 조선 침략을 예상하는 것은 아니다. 전기와 후기 일본관의 차이점은 후기에는 일본의 지역적 변란이 조선에 미칠 영향의 예상 및 그에 대한 대비책이 나타난 것이라고 하겠다.

4. 結語

위에서 정약용의 화이관을 살펴보았다. 그의 화이관은 지리적·종족적 측면을 완전히 극복하고 문화적 관점에 입각해 있는 것이었다. 이런 화이관의 변화와 더불어 그에게서는 대외 인식의 변화도 나타났다. 청나라의 문물을 긍정할 뿐만이 아니라 청나라 조정까지도 仁·善의 관점, 즉 유교적 가치관의 관점에서 긍정하였고, 일본에 대하여도 유교문화가 매우 발전한 나라로 생각하였으며 침략 개연성을 전·후기 일관되게 낮게 생각하였다.

이런 정약용의 화이관은 멀리는 허목이 일본의 유학이 발전하는 것을 매우 긍정적으로 평가하고 華로의 전화 가능성까지 어느 정도 생각한 것에서 비롯한다. 그러나 정약용의 화이관의 변화는 직접적으로는 이익의 화이관에서 영향을 받았다고 생각한다. 이익이 중국사에서의 東夷族 정복 국가들에 대하여 유교의 이념에서 매우 긍정적으로 평가한 것에 영향을 받아 淸나라를 적극적으로 긍정하였으며, 또 이익이 일본의 유학을 긍정적으로 평가하는 것에서 정약용이 일본을 긍정적으로 평가하게 되었고 이런 점들이 합쳐져 결국 지리적·종족적 화이관을 완전히 극복하게 되었다고 생각한다.

한편 정약용은 이익보다 한 걸음 더 나아가 화이관의 문제를 이론적으로 명확하게 정리하였다. 이 점에서 정약용은 이익과 차이가 난다. 앞으로 좀더 실증적 작업이 필요하기는 하지만 정약용의 이런 이론 작업은 한원진의 「졸수재변」 같은 주자학적 입장에서의 화이관에 대한 이론적 글이 있고 여기에 정약용이 자극을 받았기 때문일 수 있다.

끝으로 정약용의 화이관이 오늘날 우리에게 갖는 의미에 대하여 생각해보기로 한다. 오늘날의 근대 민족주의 관념에서 문화적 화이관의 요소가 남아 있는 것을 부정적인 요소 혹은 한계가 있는 것이라고 평가할 수도 있다. 그러나 그렇게 평가할 것이 아니라, 오히려 근대의 자기 민족의 고유성을 지나치게 강조하는 부정적 요소를 넘어설 수 있게 하는 긍정적 요소, 즉 근대성과 민족주의의 한계를 극복할 수 있게 하는 개방적·긍정적 요소를 갖는 것으로 볼 수 있다. 이것은 21세기 우리가 지향해야 할 가치이다. 이렇게 볼 때 실학은 오늘날 우리에게 단지 연구의 대상이 아니라 새로운 의미, 살아 있는 사상으로 다가온다.

後記

이 책에 수록된 논문들이 원래 수록된 곳과 원 제목을 밝히면 다음과 같다.

제1부 朝鮮後期 歷史學과 史學史硏究 動向

제1장 朝鮮後期 歷史學의 발달

「조선후기 역사학의 발달」,『한국사의 인식과 역사이론』, 지식산업사, 1997.

제2장 朝鮮後期 史學史 硏究 動向

1) 朝鮮後期 史學史 硏究 動向 1(1945~1984)

「조선후기 사학사 연구 현황」,『한국 중세사회 해체기의 제 문제』(상), 도서출판 한울, 1987.

2) 朝鮮後期 史學史 硏究 動向 2(1985~1994)

「조선후기 사학사 연구 동향(1985~1994)」, ≪한국사론≫ 24, 국편, 1994.

3) 朝鮮後期 史學史 硏究 動向 3(1995~2003)

新稿

제2부 實學의 高麗時代 認識

제3장 柳馨遠의 高麗時代 認識

「유형원의 고려시대 인식」,『한국사의 구조와 전개』, 혜안, 2000.

제4장 柳壽垣의 高麗時代 認識

「유수원의 고려시대 인식」, ≪실학사상연구≫ 10·11합, 1999.

제5장 李瀷과 丁若鏞의 高麗時代 認識

新稿

제3부 實學의 歷史理論

제6장 李瀷의 歷史理論

「주희와 이익의 역사이론 비교」, ≪한국사연구≫ 122, 2003.

제7장 丁若鏞의 歷史理論

「정약용의 역사이론의 전개와 그 성격」, ≪국사관논총≫ 93, 2000.

제4부 實學의 華夷觀

제8장 朝鮮後期 華夷觀의 變化

「조선후기 화이관의 변화」, 『근대국가와 민족문제』, 지식산업사, 1995.

제9장 洪大容의 華夷觀

「홍대용의 역사인식」, ≪진단학보≫ 79, 1995.

제10장 李瀷과 丁若鏞의 華夷觀

新稿

* 기존 원고의 경우 가급적 원래 모습대로 두었다. 수정·보완한 곳에 대하여 補의 표시를 붙여 원래의 내용과 구분하도록 하였다.

■ 지은이

趙誠乙

1982년 서울대학교 동양사학과 졸업
1992년 연세대학교 사학과 박사(한국사 수료)
2000~2001년 뉴욕주립대학교 교환교수

논저: 『남북역사학의 쟁점』(공저), 『여유당집의 문헌학적 연구』, 「정약용의
신분제 개혁론」, 「정약용의 토지제도 개혁론」, 「실학의 사회경제사상」, 「미
국에서의 한국사 시대구분론」

한울아카데미 653

朝鮮後期史學史研究

ⓒ 조성을, 2004

지은이 | 조성을
펴낸이 | 김종수
펴낸곳 | 도서출판 한울

편집책임 | 서영의
편집 | 이강규

초판 1쇄 인쇄 | 2004년 2월 15일
초판 1쇄 발행 | 2004년 2월 28일

주소 | 413-832 파주시 교하읍 문발리 507-2(본사)
      121-801 서울시 마포구 공덕동 105-90 서울빌딩 3층(서울 사무소)
전화 | 영업 02-326-0095, 편집 02-336-6183
팩스 | 02-333-7543
홈페이지 | www.hanulbooks.co.kr
등록 | 1980년 3월 13일, 제406-2003-051호

Printed in Korea.
ISBN 89-460-3260-X 93910

* 가격은 겉표지에 표시되어 있습니다.